Butterwegge · Cremer · Häusler · Hentges ·
Pfeiffer · Reißlandt · Salzborn
Themen der Rechten – Themen der Mitte

Christoph Butterwegge · Janine Cremer
Alexander Häusler · Gudrun Hentges
Thomas Pfeiffer · Carolin Reißlandt
Samuel Salzborn

Themen der Rechten – Themen der Mitte

Zuwanderung, demografischer Wandel und Nationalbewusstsein

Leske + Budrich, Opladen 2002

Gedruckt auf alterungsbeständigem und säurefreiem Papier

Die Deutsche Bibliothek – CIP-Einheitsaufnahme
Ein Titeldatensatz für die Publikation ist bei
Der Deutschen Bibliothek erhältlich

ISBN 3-8100-3419-3

Redaktion: Christoph Butterwegge
Satz: Leske + Budrich, Opladen
Druck: DruckPartner Rübelmann, Hemsbach
Printed in Germany

Inhalt

Einleitung

In der Fachdiskussion über den Rechtsextremismus setzt sich allmählich die Erkenntnis durch, dass seine aktuellen Erscheinungsformen und Wirkungsmöglichkeiten nicht vom politischen Diskurs der gesellschaftlichen Mitte getrennt, vielmehr nur in Verbindung damit begriffen werden können. Die schon fast zum Allgemeinplatz gewordene Feststellung, dass „Rechtssein“ kein Identitätsmerkmal sozialer Randgruppen darstellt, hat die Auseinandersetzung darüber nicht eben leichter gemacht. Hieraus resultiert vielmehr ein wissenschaftlicher Erklärungsbedarf, welche ökonomischen, politischen und sozialen Faktoren für die Erfolge des Rechtsextremismus (mit)verantwortlich sind und wie der Verweis auf Diskurse der „Mitte“ inhaltlich zu füllen ist.

Rassistisch motivierte Gewalttaten vollziehen sich in einem gesellschaftlichen Klima, das durch Horrormeldungen über den demografischen Wandel („Vergreisung“ und Schrumpfung der Bevölkerung) einerseits sowie Auseinandersetzungen über die Formen der Zuwanderung und des interkulturellen Zusammenlebens andererseits geprägt ist. In den öffentlichen Debatten darüber droht eine zunehmende Ethnisierung sozialer Beziehungen und ökonomischer Konflikte. Typisch hierfür sind Kontroversen um die Reform des Staatsbürgerschaftsrechts („Doppelpass“), Initiativen zur Anwerbung ausländischer Fachkräfte („Green Card“) sowie von den Zuwanderern erwartete Integrationsleistungen (Anpassung an die „deutsche Leitkultur“).

Zu untersuchen war in diesem Zusammenhang, ob die extreme Rechte ihre Programmatik durch Anleihen beim öffentlichen Diskurs umsetzt und welche Wirkungen sie dabei entfaltet. Anhand einzelner Beispiele werden die Argumentationsweisen und Propagandastrategien rechtsextremer Strömungen in deren Bezugnahme auf Positionen der Mitte verdeutlicht. In diesem Kontext wird der Frage nachgegangen, ob bzw. in welcher Form ein Konsens mit Verlautbarungen, Kampagnen oder programmatischen Optionen aus der etablierten Politik von Rechtsextremen gesucht und wie er hergestellt wird. Umgekehrt greift die „Mitte“ zunehmend Problemstellungen auf, die zuerst nur in ultrarechten Kreisen erörtert worden sind, weshalb die Hauptthese des Buches lautet, dass es immer mehr Überlappungen bzw. ideologische Schnittmengen zwischen Themen der Rechten und solchen der Mitte gibt.

Auf der Grundlage einer von Alexander Häusler und mir für die Landesarbeitsgemeinschaft der Migrantenvertretungen Nordrhein-Westfalen (LAGA

NRW) erstellten Medienexpertise „Themen der Rechten – Themen der Mitte. Rechtsextreme Einflüsse auf Debatten zu Migration, Integration und multikulturellem Zusammenleben“ beschäftigte sich ein wissenschaftliches Forschungsprojekt an der Abteilung für Politikwissenschaft des Seminars für Sozialwissenschaften der Universität zu Köln im vergangenen Jahr mit der Frage, ob der Rechtsextremismus ein Rand(gruppen)problem oder ein gesamtgesellschaftliches Phänomen ist. Gefördert wurde das Projekt, aus dem die hier dokumentierten Fallstudien hervorgingen, durch das Ministerium für Schule, Wissenschaft und Forschung des Landes Nordrhein-Westfalen. Dank für seine Unterstützung gebührt besonders Herrn Ministerialrat Dr. Wolf Jenkner (Düsseldorf). Als wiss. Mitarbeiter führte Alexander Häusler das Forschungsprojekt zusammen mit zwei studentischen Hilfskräften durch. Auch bei den übrigen Autor(inn)en handelt es sich ausnahmlos um jüngere Wissenschaftler/innen, die zu Themen wie „Zuwanderung“, „Asylpolitik“ und „Rechtsentwicklung“ arbeiten. Uns ging es darum, durch Bündelung unterschiedlicher Kompetenzen ein möglichst umfassendes Bild der Überschneidung von (ultra)rechten und Mainstream-Diskursen zu zeichnen. Sowohl die Projektleitung wie auch die konzeptionelle Gestaltung und die redaktionelle Gesamtverantwortung für das Buch lagen bei mir.

Köln, im Frühjahr 2002 *Christoph Butterwegge*

Zuwanderung in der Diskussion

Carolin Reißlandt

Kontroversen über Zuwanderung: Migrations- und Integrationspolitik unter neuen Vorzeichen?

Die Migration bzw. Integration von Zuwanderern gehört in der Bundesrepublik seit jeher zu den am heftigsten umkämpften Politikfeldern. Bis heute sind die zentralen Fragestellungen, um die in der Debatte über Zuwanderung gestritten wird, im Grunde genommen dieselben wie 1955, zu Beginn der „Gastarbeiter"-Anwerbung. Sie lauten noch immer: Wird (mehr) Zuwanderung befürwortet, und wenn ja, welche Form(en) und aus welchen Gründen? Welche Argumente bzw. Interessen stehen im Vordergrund? Wie gehen Politik, Wirtschaft und Gesellschaft mit hier lebenden Migrant(inn)en um, wie definieren und gestalten sie Integration?

Nicht nur die extreme Rechte, sondern auch Kräfte der politischen Mitte hegten Befürchtungen, aufgrund der Regierungsübernahme durch SPD und Bündnis 90/Die Grünen im Herbst 1998 würde es auf diesem Gebiet zu einem Paradigmenwechsel kommen. Entgegen solcher Annahmen blieben notwendige Veränderungen (außer im Bereich der Anwerbung hoch Qualifizierter) jedoch aus, obwohl die – weit fortgeschrittene – Debatte darüber hauptsächlich deshalb neue Impulse erhielt, weil der Mangel an qualifizierten Arbeitskräften in Teilbereichen der Wirtschaft sowie der demografische Wandel ein gewisses Maß an Zuwanderung notwendig erscheinen ließen. Beinahe schon klassisch zu nennende Argumentationsmuster der äußersten Rechten wurden von Politikern und Parteien der Mitte aufgegriffen, um weitere Beschränkungen zumindest im Bereich der humanitär begründeten Zuwanderung (Flucht, Asyl) zu begründen.

Eine kurze historische Zusammenfassung (bundes)deutscher Ausländerpolitik verdeutlicht im Folgenden die Rahmenbedingungen, vor deren Hintergrund sich 2000/01 die gesellschaftspolitische Debatte um ein Zuwanderungs- und Integrationsgesetz entwickelte. Neben der Reform des Staatsangehörigkeitsrechts war die Arbeit der vom Bundesinnenminister eingesetzten Unabhängigen Kommission „Zuwanderung" (sog. Süssmuth-Kommission) im Hinblick auf eine zukunftsfähige Gestaltung des Einwanderungs- und Integrationsprozesses von besonderer Bedeutung, auch wenn ihr Abschlussbericht keineswegs die Grundlage für den noch mehrfach veränderten Entwurf des entsprechenden Artikelgesetzes bildete. Die Stellungnahmen – zuerst zum

Süssmuth-Bericht und später zu den ersten Entwürfen für ein Zuwanderungsgesetz – verdeutlichen aber den überparteilichen Konsens zu diesem Thema, der von einem breiten gesellschaftlichen Bündnis getragen wurde. Die Terroranschläge von New York und Washington am 11. September 2001 bewirkten, dass die „innere Sicherheit“ seither auch die deutsche Debatte um Migration dominierte, wie die ausländerspezifischen Zielsetzungen und Maßnahmen der anschließend verabschiedeten „Sicherheitspakete“ zeigten. Das abschließende Fazit bewertet den Verlauf der aktuellen Zuwanderungsdebatte und die Verabschiedung des Gesetzentwurfes der rot-grünen Bundesregierung.

1. Das „verleugnete Einwanderungsland“

Zu Beginn des Jahres 2000 hatte die Bundesrepublik Deutschland 82 Millionen Einwohner. Fast 9 Prozent davon, knapp 7,5 Millionen Menschen, besaßen keinen deutschen Pass, waren also rechtlich betrachtet Ausländer/innen. Hinzu kamen etwa 3,2 Millionen Menschen, die als Aussiedler/innen oder Spätaussiedler/innen zugewandert sind, sowie rund eine Million eingebürgerte Migrant(inn)en. Insgesamt liegt der Anteil ein- und zugewanderter Personen bei fast 12 Prozent; den größten Teil davon machen Familien aus, die im Zuge der Anwerbung von „Gastarbeitern“ gekommen sind. Über 40 Prozent der Ausländer/innen leben seit mehr als 15 Jahren in der Bundesrepublik, fast zwei Drittel der Kinder und Jugendlichen mit ausländischem Pass sind hier geboren.[1]

Die Ursachen dafür, dass ein Großteil der Zuwanderer, die schon seit langem in Deutschland leben und arbeiten, rechtlich betrachtet immer noch den Ausländerstatus haben und damit von politischer Partizipation weitgehend ausgeschlossen sind, liegen hauptsächlich in Versäumnissen der hiesigen Ausländer-, Migrations- und später auch Asylpolitik. Staaten wie Australien oder Kanada, die eine vergleichbar hohe Zuwanderungsrate aufweisen, sich aber im Unterschied zur Bundesrepublik traditionell als Einwanderungsländer definieren, betreiben dagegen seit jeher eine Integrations- bzw. Einbürgerungspolitik, die zugewanderte Menschen einbezieht, ihnen dauerhafte Bleibeperspektiven und gleiche Rechte zusichert, sie also zu Staatsbürger(inne)n macht.

Bereits die Anwerbepolitik von „Gastarbeitern“ aus Ländern des Mittelmeerraumes in den 50er- und 60er-Jahren war auf eine *befristete* Zuwanderung ausgerichtet, die den Arbeitskräftemangel bestimmter Wirtschaftszweige

1 Vgl. Henning Storz, Einwanderungsland Deutschland, in: ders./Carolin Reißlandt (Hrsg.), Staatsbürgerschaft im Einwanderungsland Deutschland. Handbuch für die interkulturelle Praxis in der Sozialen Arbeit, im Bildungsbereich, im Stadtteil, Opladen 2002, S. 28

der westdeutschen Nachkriegsökonomie ausgleichen sollte: Die überwiegend jungen, männlichen Angeworbenen lebten damals ohne Familienangehörige separiert von der deutschen Bevölkerung in Baracken oder Sammelunterkünften und arbeiteten meist im industriellen Sektor auf Stellen, die wegen des relativen Überhangangebotes und des steigenden Anspruchsniveaus einheimischer Arbeitnehmer immer seltener mit diesen besetzt werden konnten.[2] Sie übernahmen wichtige Ersatz-, Erweiterungs- und Pufferfunktionen in sog. Wirtschaftswunder- und Rezessionszeiten, galt doch zumindest theoretisch noch das „Rotationsprinzip", nach dem einem befristeten Arbeitsaufenthalt die Rückkehr in das jeweilige Herkunftsland folgen sollte. Diese Form einer staatlich organisierten Arbeitsmigration endete im November 1973 mit dem Anwerbestopp, zu einer Zeit, als Westeuropa mit dem „Ölpreisschock" bzw. der darauf folgenden Wirtschaftsrezession konfrontiert war und sich abzeichnete, dass temporäre Arbeitsaufenthalte der „Gastarbeiter" sich zunehmend in Daueraufenthalte mit Familiennachzug verwandelten.[3]

Schon damals diskutierte man darüber, ob die Bundesrepublik als Einwanderungsland zu betrachten sei, wenngleich die Regierungspraxis immer mehr zur Zuwanderungsbegrenzung tendierte, wie die Politik des Anwerbestopps und der Rückkehrförderung in den 70er- und 80er-Jahren verdeutlichte. Als sich die sozialen Probleme der „Gastarbeiter" und ihrer nachgezogenen Familienangehörigen zuspitzten, forderte der damalige Ausländerbeauftragte der Bundesregierung 1979 in dem nach ihm benannten „Kühn-Memorandum", endlich die faktisch bestehende Einwanderungssituation der nun schon zweiten Generation auch politisch zu akzeptieren.[4] Damals trug die „Gastarbeiterfrage" bereits, wie der Osnabrücker Migrationsforscher Klaus Bade es rückblickend formulierte, „unverkennbare Züge eines echten Einwanderungsproblems", das regierungsamtlich dementiert, im politischen Entscheidungsprozess verdrängt und im Verwaltungshandeln tabuisiert wurde.[5]

Seit den frühen 80er-Jahren wurde legale, ökonomisch begründete Zuwanderung in die Bundesrepublik zwar für EU-Bürger/innen („Freizügigkeit"), sonst aber nur in Ausnahmefällen für einen befristeten Zeitraum – entsprechend sog. Anwerbestopp-Ausnahmeverordnungen – für ganz bestimmte Berufe oder Stellen, bei denen ein öffentliches Interesse an der individuellen Arbeitskraft von Migrant(inn)en bestand, zugelassen. In den Medien und der

2 Vgl. Klaus Bade, Migration und Asyl im geteilten Deutschland, in: Blätter für deutsche und internationale Politik 2/2001, S. 231ff.

3 Vgl. Bundesministerium für Familie, Senioren, Frauen und Jugend (Hrsg.), Familien ausländischer Herkunft in Deutschland. Leistungen – Belastungen – Herausforderungen, Sechster Familienbericht, Berlin 2000, S. 38

4 Vgl. Kühn-Memorandum (Bundesausländerbeauftragter 1979), zit. nach: Bundesministerium für Familie, Senioren, Frauen und Jugend (Hrsg.), Familien ausländischer Herkunft in Deutschland, a.a.O., S. 39

5 Siehe Das Manifest der 60. Deutschland und die Einwanderung, in: Klaus J. Bade (Hrsg.), Das Manifest der 60. Deutschland und die Einwanderung, München 1994, S. 17

Öffentlichkeit zeichnete sich auch eine Politisierung des Themas „Ausländer" ab, die 1981 in einer „zu Horrorvisionen verzerrten Asyldiskussion" gipfelte.[6] Im Vorfeld hatten sich – damals ein Novum bundesdeutscher Debatten um Migration – die öffentlichen Diskussionen auf den Feldern der Asyl- und Ausländerpolitik vermischt. Die 80er-Jahre mit einem immer ausdifferenzierteren Migrationsgeschehen, drängender werdenden sozialen Problemlagen von Migrant(inn)en und fehlenden Antworten in Form geeigneter Integrationskonzepte hat man daher als „verlorenes Jahrzehnt" zur Gestaltung der Einwanderungssituation bezeichnet.[7]

Nach dem Fall der Berliner Mauer und der Wiedervereinigung 1989/90, in deren Gefolge vermehrt Zuwanderer aus Osteuropa (Aussiedler/innen) und Flüchtlinge in die Bundesrepublik kamen, änderte sich die Debatte durch mehrere zentrale Projekte der Migrations- und Asylpolitik, die bis heute nachwirken: Am 1. Januar 1991 trat mit dem neuen Ausländergesetz ein „hastig verabschiedetes und höchst kompliziertes Paragraphenwerk" in Kraft, das die Einbürgerung und den Familiennachzug von bereits lange hier lebenden „Gastarbeitern" erleichterte, den Schutz von Ehepartner(inne)n bzw. Kindern politisch Verfolgter ausdehnte und eine sog. Altfallregelung für geduldete Asylbewerber/innen einführte, d.h. ihnen ein dauerhaftes Aufenthaltsrecht zugestand. Gleichzeitig wurden jedoch die Ausweisungsbefugnisse (z.B. bei Straftaten) verschärft und die Ermessensspielräume der Ausländerbehörden im Aufenthaltsrecht ausgeweitet.[8]

Nach einer mehrmonatigen, teilweise kampagnenartig zugespitzten Diskussion über den angeblich massenhaften Missbrauch des in der Verfassung verankerten Grundrechts (Art. 16 GG) durch „Wirtschaftsflüchtlinge" schlossen CDU/CSU, FDP und SPD am 6. Dezember 1992 den sog. Asylkompromiss, der das Grundrecht auf politisches Asyl durch die „Drittstaatenregelung" und das „Flughafenverfahren" stark eingeschränkte. Am 1. Juli 1993 traten die Grundgesetzänderung und das novellierte Asylverfahrensgesetz, am 1. November 1993 trat das neue, nicht minder umstrittene Asylbewerberleistungsgesetz in Kraft. Während die Integration bereits hier lebender Migrant(inn)en zwar durch pragmatische, unsystematische Maßnahmen für einige Zuwanderergruppen – wie z.B. Spätaussiedler/innen – gefördert wurde, blieb gleichzeitig die „Einwanderungssituation" hartnäckig und appellativ politisch dementiert, mit der Folge, dass Integration und Zuwanderung weiterhin nicht als Gesamtkomplex in der Politik thematisiert, geschweige denn umfassend gestaltet wurden.[9]

---

6 Siehe Bundesministerium für Familie, Senioren, Frauen und Jugend (Hrsg.), Familien ausländischer Herkunft in Deutschland, a.a.O., S. 40

7 Vgl. Klaus J. Bade, Tabu Migration: Belastungen und Herausforderungen in Deutschland, in: ders. (Hrsg.), Das Manifest der 60, a.a.O., S. 19

8 Vgl. Franz Nuscheler, Internationale Flucht, Migration und Asyl, Opladen 1995, S. 187f.

9 Vgl. Bundesministerium für Familie, Senioren, Frauen und Jugend (Hrsg.), Familien ausländischer Herkunft in Deutschland, a.a.O., S. 43f.

1994 griffen daher Wissenschaftler/innen verschiedener Disziplinen im „Manifest der 60" die alte Forderung nach einer umfassenden Gesetzgebungskonzeption von Zuwanderung und Eingliederung in Deutschland erneut auf. Ihrem Plädoyer für einen Paradigmenwechsel in der Einwanderungspolitik schlossen sich viele Bürger/innen an, wiewohl es zumindest bis 2000/01 auf der politischen Agenda kaum Beachtung fand. Bis auf kleinere migrationspolitische Projekte, etwa das Rückführungsabkommen für Vietnames(in-n)en 1995 oder die Novellierung des Ausländergesetzes 1996, wodurch die Einbürgerung und der Familiennachzug erleichtert wurden, blieben die zentralen Probleme der Zuwanderung unter der CDU/CSU-geführten Bundesregierung ungelöst. Das migrationspolitische Grunddogma der konservativen Regierungsparteien bestand aus zwei Glaubensartikeln: „Erstens ist die Bundesrepublik kein Einwanderungsland und soll es auch nicht werden; zweitens gibt es einen Wesensunterschied zwischen ‚deutschstämmigen' und ausländischen Bürgern."[10]

2. Migrationspolitik und Zuwanderungsdebatte unter der Regierung Schröder/Fischer

2.1 Projekte rot-grüner Migrationspolitik und die Anfänge der neuen Zuwanderungsdebatte

Als die CDU/CSU/FDP-Koalition abgelöst wurde, hofften ihre Kritiker/innen u.a. auf einen Paradigmenwechsel in der Ausländer- und Asylpolitik. Tatsächlich bekannten sich in der am 20. Oktober 1998 zwischen SPD und Bündnis 90/Die Grünen geschlossenen Koalitionsvereinbarung erstmalig zwei Regierungsparteien zur Anerkennung der faktischen Einwanderungsrealität in der Bundesrepublik bzw. dazu, dass ein „unumkehrbarer Zuwanderungsprozeß in der Vergangenheit stattgefunden hat, und setzen auf die Integration der auf Dauer bei uns lebenden Zuwanderer, die sich zu unseren Verfassungswerten bekennen".[11] Mit der Schaffung eines modernen Staatsangehörigkeitsrechts bzw. der Novellierung des aus dem Jahr 1913 stammenden Reichs- und Staatsangehörigkeitsgesetzes (RuStAG) als zentralem migrationspolitischem Reformvorhaben der folgenden Legislaturperiode wollten sie dies untermauern. Außerdem sollte, so die Vereinbarung, das Kommunalwahlrecht für Nicht-

10 Alfons Söllner, Asylpolitik im „deutschen Frühling". Eine zeitgeschichtliche Momentaufnahme, in: Christoph Butterwegge/Siegfried Jäger (Hrsg.), Europa gegen den Rest der Welt?, Flüchtlingsbewegungen – Einwanderung – Asylpolitik, Köln 1993, S. 135

11 Siehe Vorstand der SPD (Hrsg.), Koalitionsvereinbarung zwischen der Sozialdemokratischen Partei Deutschlands und Bündnis 90/Die Grünen: Aufbruch und Erneuerung – Deutschlands Weg ins 21. Jahrhundert, Bonn, 20.10.1998, S. 47

EU-Ausländer/innen eingeführt und das eigenständige Aufenthaltsrecht von Ehegatt(inn)en verbessert werden. Die Gleichberechtigung und gesellschaftliche Teilhabe von Minderheiten wollte man mit einem „Gesetz gegen Diskriminierung und zur Förderung der Gleichbehandlung" erreichen, das Benachteiligungen aufgrund von Behinderung, Herkunft, Hautfarbe, ethnischer Zugehörigkeit oder sexueller Orientierung verhindern sollte.[12]

Im Bereich von Flucht und Asyl vereinbarten die Koalitionspartner, das sog. Flughafenverfahren und die Dauer der Abschiebehaft im Lichte des Verhältnismäßigkeitsgrundsatzes zu überprüfen sowie geschlechtsspezifische Verfolgung durch eine Änderung der Verwaltungsvorschriften als Asylschutzgrund anzuerkennen. „Wir setzen uns mit Nachdruck", versprach man, „für eine gemeinsame europäische Flüchtlings- und Migrationspolitik ein, die die Genfer Flüchtlingskonvention und die Europäische Menschenrechtskonvention beachtet."[13]

Im Juni 1999 wurde nach monatelangen Debatten die Reform des Staatsangehörigkeitsrechts verabschiedet. Zur Abkehr von der ursprünglichen Gesetzesfassung (die u.a. Mehrstaatigkeit vorsah) hatten die von der CDU initiierte „Doppelpass"-Kampagne vor der hessischen Landtagswahl im Februar des Jahres und die danach veränderte Bundesratsmehrheit geführt, weshalb nunmehr das ursprünglich von der FDP vorgeschlagene „Optionsmodell" realisiert wurde. Zentrales Element der Reform blieb zwar die Ergänzung des bis dahin fast ausschließlich geltenden Abstammungsrechts (ius sanguinis, bei dem sich die Staatsbürgerschaft allein aus der ethnischen Herkunft ableitet) um das Geburtsrecht (ius soli/Geburtsortsprinzip, bei dem die Staatsbürgerschaft erhält, wer im Land geboren ist oder sich zur Verfassung bekennt), wodurch hier geborene Kinder ausländischer Eltern unter bestimmten Voraussetzungen zusätzlich zu der ihrer Eltern automatisch die deutsche Staatsbürgerschaft erhalten. Das Zugeständnis gegenüber der bürgerlichen Opposition bestand allerdings darin, dass sich Jugendliche künftig im Alter von 18 bzw. 23 Jahren zwischen einer von beiden entscheiden müssen (Optionspflicht); geschieht dies nicht, verlieren sie die deutsche Staatsangehörigkeit. Das Prinzip der Vermeidung von Mehrstaatigkeit wurde – entgegen der Koalitionsvereinbarung – auch für alle anderen Einbürgerungsmöglichkeiten verankert, wenngleich man zahlreiche Ausnahmen (z.B. bei EU-Bürgern und Asylberechtigten) zuließ.[14]

Am Ende der 14. Legislaturperiode sind weder die Erwartungen der Befürworter/innen des neuen Staatsbürgerschaftsrechts noch die Befürchtungen seiner Gegner/innen eingetroffen. Kadriye Aydin, beim Interkulturellen Rat in Deutschland tätige Juristin, interpretiert die vorliegenden Einbürgerungszah-

12 Vgl. ebd., S. 49
13 Ebd.
14 Vgl. Kadriye Aydin, Eine erste Bilanz. Erfahrungen des Interkulturellen Rates in Deutschland, in: Henning Storz/Carolin Reißlandt (Hrsg.), Staatsbürgerschaft im Einwanderungsland Deutschland, a.a.O., S. 116

len nicht so optimistisch wie regierungsamtliche Stellen, indem sie lediglich die Einführung des „ius-soli-Prinzips" als Erfolg bezeichnet: „Obwohl sich Trends und Tendenzen erst durch längerfristige Beobachtungen abzeichnen, ist bereits jetzt ersichtlich, dass der große ‚Run' bei den Einbürgerungen – zumindest im Jahr 2000 – ausgeblieben ist."[15] Die Gründe dafür seien vielfältig, bilanzieren auch andere Expert(inn)en, aber v.a. die Aufgabe der bisherigen Staatsangehörigkeit, die Optionspflicht für Kinder und Jugendliche, der Nachweis ausreichender Deutschkenntnisse sowie das politische Klima in Deutschland hinderten viele Migrant(inn)en daran, ihren Rechtsanspruch auf Einbürgerung wahrzunehmen.[16] Angesichts solcher und anderer, mit der verwaltungstechnischen Umsetzung des neuen Staatsangehörigkeitsrechts einhergehenden Schwierigkeiten forderte u.a. der Interkulturelle Rat in Deutschland eine weitere Novellierung des Staatsangehörigkeitsrechts im Rahmen der Zuwanderungsgesetzgebung mit den Kernpunkten „Hinnahme von Mehrstaatigkeit", „Abschaffung der Optionsregelung" und „Erweiterung des ius-soli-Grundsatzes".[17]

Um die Jahrtausendwende herum häuften sich die Schlagzeilen, wonach (in) Deutschland „80.000 qualifizierte Fachkräfte für Informationstechnologie" fehlten.[18] Daraufhin kündigte Bundeskanzler Schröder in seiner Rede zur Eröffnung der Computermesse CeBIT am 23. Februar 2000 in Hannover, von den Arbeitgebern und ihren Verbänden gedrängt, eine stärkere branchenbezogene Öffnung des Arbeitsmarktes für ausländische Spezialist(inn)en an. Daraus entstand seine äußerst medienwirksame Green-Card-Initiative, die einem Kontingent von 20.000 IT-Experten einen auf fünf Jahre befristeten Aufenthalt in der Bundesrepublik ermöglichen sollte, einen Familiennachzug jedoch ausschloss.[19] „Der besondere Charme der Idee bestand (...) darin", so kommentierte die *Frankfurter Allgemeine Zeitung* (FAZ), „dass der Kanzler die Ausländerpolitik erstmals mit deutschen Interessen und nicht nur mit deutschen Verpflichtungen in Verbindung brachte."[20]

Im September 2000 plädierte der Präsident des Deutschen Industrie- und Handelstages (DIHT), Hans-Peter Stihl, für ein Einwanderungsgesetz, das den Zuzug ausländischer Fachkräfte erleichtern und ein unbefristetes Aufenthaltsrecht sowie die Staatsbürgerschaft in Aussicht stellen solle. Michael Rogowski, Präsident des Bundesverbandes der Deutschen Industrie (BDI), machte sich für einen jährlichen Zuzug von 300.000 bis 400.000 qualifizierten Arbeitskräften aus anderen Ländern stark. Die Zuwanderung solle sich nach dem Bedarf des Arbeitsmarktes richten und im Prinzip nach oben unbegrenzt

15 Ebd., S. 108
16 Vgl. ebd., S. 118ff.
17 Siehe ebd., S. 132f.
18 Siehe Pressemitteilung der Bertelsmann-Stiftung v. 21.2. 2000
19 Zur Green-Card-Debatte vgl. ausführlicher: Johann Welsch, Green Cards für die New Economy. Eine erste Bilanz, in: Blätter für deutsche und internationale Politik 12/2000, S. 1473ff.
20 Red-Green Card, in: FAZ v. 15.7.2000

sein. Deutschland müsse zu einem Einwanderungsland ausgebaut werden und sich künftig an Vorbildern wie Kanada oder Australien orientieren.[21] Ungeachtet der konkreten Zahlen waren sich die Vertreter der deutschen Wirtschaft einig, dass es langfristig massiver Zuwanderung bedürfe, um den gegenwärtigen und vor allem künftigen Mangel an qualifizierten Fachkräften zu beheben.

Die darauf folgende Diskussion lässt sich am anschaulichsten mit der im nordrhein-westfälischen Landtagswahlkampf des Jahres 2000 von dem CDU-Politiker Jürgen Rüttgers geprägten „Kinder statt Inder"-Parole in Erinnerung rufen, die auf einen Sturm der Entrüstung stieß. Das Argument, Zuwanderung mildere, entsprechend der nationalen Interessen geregelt, die negativen Folgen des demografischen Wandels für soziale Sicherungssysteme und den Arbeitsmarkt, spielte damals in Vorbereitung der (am 26. Januar 2001 vom Bundestag verabschiedeten) Rentenreform eine wichtige Rolle.[22] Auf dem Höhepunkt der Diskussionen um die „Vergreisung" und „Schrumpfung" der (einheimischen) Bevölkerung schürten Publikationsorgane unterschiedlicher Couleur die Angst vor dem „Aussterben" und der „Überfremdung" des deutschen Volkes. Mit dieser angeblichen Gefahr wurde auch die Forderung nach einer aktiveren Familien(förderungs)politik anstelle von arbeitsmarktbezogener Zuwanderung begründet.[23]

Bundespräsident Johannes Rau forderte in seiner ersten Berliner Rede am 12. Mai 2000 über eine Regelung der arbeitsmarktbegründeten Zuwanderung hinaus eine breite Diskussion darüber, wie eine von *sozialen und* wirtschaftlichen Interessen geprägte Einwanderung in Deutschland gestaltet werden könne und eine neue, ganzheitliche Integrationspolitik auszurichten sei. Besonders die Förderung der Integration sei, wie er betonte, „eine gesamtgesellschaftliche Aufgabe allererster Ordnung", die insbesondere in Kindergärten, Schulen, der Jugendarbeit, der Ausbildung und im Arbeitsleben wahrzunehmen sei.[24]

Als Bundesinnenminister Otto Schily im Juli 2000 die 21 Mitglieder umfassende „Unabhängige Kommission ‚Zuwanderung' der Bundesregierung" unter Vorsitz von Prof. Dr. Rita Süssmuth (CDU) einsetzte, die alle mit Migration einschließlich der Integration verbundenen Fragen prüfen und Empfehlungen zur politischen Gestaltung eines Gesamtkonzepts abgeben sollte, entwickelte die Debatte um Zuwanderung eine neue Dynamik. Zum 1. August trat die Green-Card-Regelung in Kraft, im folgenden Monat wurde der noch von der CDU-Familienministerin Claudia Nolte in Auftrag gegebene Sechste Familienbericht der Bundesregierung veröffentlicht, welcher erstmals regie-

---

21 Vgl. Spiegel online v. 10.6.2001; Spiegel online v. 1.5.2001

22 Vgl. Henning Storz, Einwanderungsland Deutschland, a.a.O., S. 31

23 Vgl. Christoph Butterwegge, Standortnationalismus, Rechtsextremismus und Zuwanderung, in: Widerspruch 41 (2001), S. 58f.

24 Siehe Partner für Berlin (Hrsg.), Bundespräsident Johannes Rau „Ohne Angst und Träumereien: Gemeinsam in Deutschland leben". Berliner Rede im Haus der Kulturen, Berlin, Mai 2000, S. 34

rungsamtlich die Entwicklungen bundesdeutscher Ausländerpolitik und die sozialen Lagen ausländischer Familien dokumentierte. Auf der Basis umfangreicher empirischer Erhebungen und wissenschaftlicher Gutachten wurde darin hauptsächlich die Integration von Familien, die zu Anwerbezeiten in die Bundesrepublik gekommen waren, hinsichtlich ihrer Chancen, insbesondere aber ihrer Defizite und deren Ursachen beschrieben.[25] Auch damit erfuhr „Integrationsförderung" als Thema in der politischen Diskussion die schon lange geforderte Aufwertung.

2.2 Zuwanderungskonzepte von Parteien und Verbänden

Als Reaktion auf die intensiver werdende Debatte um Zuwanderung positionierten sich in den folgenden Monaten die politischen Parteien, Arbeitgeber- und Arbeitnehmerorganisationen, Wohlfahrtsverbände, Kirchen und Migrantenselbstorganisationen sowohl zu den Fragen um humanitär (Flucht, Asyl, Spätaussiedlerzuzug etc.) wie ökonomisch begründete Zuwanderung als auch zu integrationspolitischen Konzepten.[26] Im November 2000 riefen die CDU unter dem Vorsitz des saarländischen Ministerpräsidenten Peter Müller und ihre bayerische Schwesterpartei unter Leitung von Günther Beckstein eigene Zuwanderungskommissionen ins Leben, deren Ergebnisse Ende April (CSU[27]) bzw. Anfang Mai 2001 veröffentlicht wurden. Das 22 Seiten umfassende CDU-Konzept „Zuwanderung steuern. Integration fördern" überraschte selbst Kritiker/innen durch seine Aufgeschlossenheit und Modernität, mit der alte Grundhaltungen insbesondere im Bereich von Integrationsförderung durch neue Sichtweisen und Lösungsansätze ersetzt wurden.[28] Aus beiden Konzepten ging im Mai ein gemeinsames Positionspapier der Unionsparteien mit dem erweiterten Titel „Zuwanderung steuern *und begrenzen*. Integration fördern" hervor, das nach Diskussionen mit der Parteibasis auf eine restriktivere Linie zurückgestutzt wurde. Anfang Juni 2001 wurde es mit einer weiteren

---

25 Vgl. Bundesministerium für Familie, Senioren, Frauen und Jugend (Hrsg.), Sechster Familienbericht, a.a.O.

26 Vgl. Konrad-Adenauer-Stiftung (Hrsg.), Projekt Zuwanderung und Integration: Zuwanderung – Stellungnahmen der Parteien und einiger gesellschaftlicher Gruppen, Sankt Augustin, März 2001. Konzepte von Parteien, Verbänden, Kirchen und NGOs zur Zuwanderung/Integration dokumentiert auch die Webseite http://www.bpb.de/zuwanderung, 20.01.2002

27 Vgl. Parteivorstand der CSU, Thesen zur Zuwanderungspolitik, Beschluss v. 23.4.2001 in Bayreuth

28 Vgl. Bundesvorstand der CDU, Zuwanderung steuern. Integration fördern, Antrag an den Bundesausschuss v. 3.5.2001 (http://www.cdu.de/wochenthema/zuwanderung/beschluss_zuwanderung.htm, 9.5.2001)

Verschärfung in einzelnen Punkten (z.B. Familiennachzug) vom Bundesausschuss der CDU in seiner endgültigen Form verabschiedet.[29]

Bündnis 90/Die Grünen, die schon während der 90er-Jahre umfassende Regelungen gefordert und entsprechende Gesetzentwürfe eingebracht hatten, verabschiedeten im November 2000 ihr Konzept zur Zuwanderung („Drei-Säulen-Modell“[30]), welches auf dem Parteitag im März des Folgejahres beim Asylrecht noch einmal ausgeweitet wurde: Die Bundestagsfraktion sollte sich im Parlament für eine Wiederherstellung des Grundrechts auf Asyl in der Fassung vor der Änderung des GG Art. 16 im Mai 1993 einsetzen. Die FDP ihrerseits legte den überarbeiteten Entwurf eines „Zuwanderungssteuerungs- und Integrationsgesetzes“ vor, welches bereits in der vorangegangenen Legislaturperiode unter Federführung der damaligen Bundesausländerbeauftragten Cornelia Schmalz-Jacobsen erarbeitet worden war.[31] Die PDS verabschiedete am 26. Juni 2001 „Eckpunkte für eine menschenrechtliche Zuwanderungspolitik“.[32]

Stark in der Kritik und zunehmend unter Zugzwang durch die Union gesetzt, enthielt sich die SPD als führende Regierungspartei trotz intensiver Diskussionen mit Verweis auf den in Arbeit befindlichen Bericht der Süssmuth-Kommission bis zu dessen Veröffentlichung jeglicher Stellungnahme. Seit anderthalb Jahren entwickelte allerdings eine Arbeitsgruppe der SPD-Bundestagsfraktion unter Vorsitz von Ludwig Stiegler insgeheim ein eigenes Konzept, dessen Ergebnisse wenige Tage nach Präsentation des Abschlussberichts der Süssmuth-Kommission vorgestellt wurden.[33] Unbemerkt von der Öffentlichkeit erstellten zur selben Zeit Referenten des Bundesinnenministeriums ein sehr viel wichtigeres Papier: den Entwurf eines Zuwanderungsgesetzes.

---

29 Vgl. Bundesausschuss der CDU Deutschland, Zuwanderung steuern und begrenzen. Integration fördern, Beschluss v. 7.6.2001, Berlin

30 Vgl. Bündnis 90/Die Grünen, Einwanderung gestalten – Asylrecht sichern – Integration fördern, Berlin 2000

31 Vgl. FDP-Bundestagsfraktion, Entwurf eines Zuwanderungssteuerungs- und Integrationsgesetzes v. 21.7.2000 (http://www.liberale.de/fraktion/gesetze/gesetz181198.phtml, 20.7.2001)

32 Vgl. PDS-Bundestagsfraktion, Offene Grenzen für Menschen in Not – Individuelles Recht auf Einwanderung: Eckpunkte für eine menschenrechtliche Zuwanderungspolitik, Berlin 2001

33 Vgl. SPD-Bundestagsfraktion, Querschnittsarbeitsgruppe Integration und Zuwanderung, Die neue Politik der Zuwanderung: Steuerung, Integration und innerer Friede, Berlin 2001

3. Die Vorschläge der Süssmuth-Kommission: „integrationspolitischer Frühling" und Zuwanderung aus demografischen, ökonomischen und humanitären Gründen?

Der Bericht, den die Kommissionsvorsitzende am 4. Juli 2001 in Berlin präsentierte, analysierte zentrale Fragestellungen anhand von Gutachten und Stellungnahmen, die während der neunmonatigen Arbeit externe Expert(inn)en und die in der Kommission personell vertretenen gesellschaftlichen Interessengruppen zusammengetragen hatten.[34] Er verdeutlichte einerseits, wie weit und inhaltlich tiefgreifend die gesellschaftliche Debatte um Zuwanderung und Integration in Deutschland im Sommer 2001 überparteilich gediehen war, zeigte aber auch, dass – guten Willen vorausgesetzt – viele Streitpunkte in einem sachorientierten Diskussionsprozess im Konsens gelöst werden konnten.

3.1 Inhalte des Berichts „Zuwanderung gestalten – Integration fördern"

Der Titel des Berichts lässt bereits die umfassenden Inhalte, die damals unter dem Stichwort „Zuwanderung" diskutiert wurden, erkennen: Zum einen ging es um eine gesetzliche Regelung von Migration nach Deutschland, also um befristete Zuwanderung sowie (dauerhafte) Einwanderung aus gleichermaßen „wohlstandssichernden" wie auch humanitären Begründungen heraus. Zum andern wurde der Themenkomplex „Integration" behandelt, von Maßnahmen für Neuzuwanderer über eine „nachholende Integrationsförderung" für bereits hier lebende Migrant(inn)en bis zu Rechten und Pflichten von Zugewanderten und der Aufnahmegesellschaft.

In dem ersten der vier Kapitel, „Langfristig Wohlstand sichern", skizzierten umfangreiche Analysen mögliche Wechselwirkungen und Szenarien der Zukunft Deutschlands mit und ohne Zuwanderung. Im zweiten Teil, „Humanitär handeln", wurde die Regelung von Zuwanderung aus humanitären Gründen (Asylrecht, Bürgerkriegsflüchtlinge, Spätaussiedler und Familiennachzug) behandelt. „Miteinander leben", das dritte Kapitel, thematisierte integrationspolitische Fragen, während abschließend „Zur Umsetzung der neuen Zuwanderungspolitik" Empfehlungen für eine Reorganisation der Mi-

34 Vgl. Unabhängige Kommission „Zuwanderung" der Bundesregierung, Zuwanderung gestalten – Integration fördern. Bericht der Unabhängigen Kommission „Zuwanderung", Berlin 2001. Die zugrunde liegenden Gutachten finden sich unter www.bmi.bund.de. Die Kommissionsmitglieder sowie eine Liste der Personen, die Stellungnahmen vor der Kommission abgegeben haben, sind im Anhang des Berichts dokumentiert.

grationspolitik und -gesetzgebung auf Bundesebene gegeben wurden. Im Folgenden sollen aus dieser Fülle zunächst einige Kernpunkte des Berichts dargestellt werden, um den fortgeschrittenen Stand der Zuwanderungsdebatte *vor* der Veröffentlichung des ersten Referentenentwurfes für ein Zuwanderungsgesetz zu belegen.

3.1.1 Maßnahmen zur „langfristigen Wohlstandssicherung"

Im Zusammenhang der Globalisierung sowie demografischer, wirtschaftlicher und sozialer Entwicklungen in der Bundesrepublik wurden v.a. mögliche Regelungen der Arbeitskräftezuwanderung untersucht. Aufgrund des demografischen Wandels und der wirtschaftlichen Wachstumschancen durch arbeitsmarktbezogene Migration empfahl die Kommission die Orientierung an von ihr entwickelten Leitlinien für eine Zuwanderungspolitik.[35] Vorgeschlagen wurde ein Modell, das eine überschaubare Zahl neuer Zuwanderungswege vorsah:

- die erleichterte dauerhafte Einwanderung von Spitzenpersonal aus Wirtschaft, Wissenschaft und Forschung sowie von Existenzgründern mit ihren Familienangehörigen;
- die Einwanderung von hoch qualifizierten Arbeitskräften, die – durch ein transparentes Punktesystem ausgewählt – eine dauerhafte Aufenthaltsperspektive erhalten sollten;
- die auf fünf Jahre befristete Zuwanderung von „Engpassarbeitskräften" unter der Voraussetzung eines Stellenangebotes;
- die befristete Zuwanderung zum Zweck der Ausbildung („18-Plus-Programm") oder des Studiums mit der Möglichkeit, anschließend zwei Jahre Berufserfahrung zu sammeln.[36]

3.1.2 Empfehlungen zur humanitär begründeten Zuwanderung

Die Empfehlungen zu Flucht und Asyl verfolgten vier Zielsetzungen: die Beschleunigung der Asylverfahren, die Einführung von „Maßnahmen gegen unberechtigten Aufenthalt", die Verbesserung der Schutzgewährung und die Entwicklung eines gemeinsamen europäischen Asylsystems. Die Schutzbedürftigkeit von Frauen, die ihres Geschlechts wegen verfolgt werden, und von Opfern nichtstaatlicher Verfolgung bejahte die Kommission ausdrücklich, wollte aber einer europaweit einheitlichen Auslegung der Genfer Flüchtlingskonvention nicht vorgreifen.[37] Auch unbegleitete minderjährige Flüchtlinge bedürften eines besonderen Schutzes, der hierzulande derzeit nicht gewährlei-

35 Vgl. ebd., S. 82f.
36 Vgl. ebd., S. 83ff.
37 Vgl. ebd., S. 163

stet sei, wurde festgestellt, worauf sich die Empfehlung bezog, die bereits 1998 in der Koalitionsvereinbarung avisierte Rücknahme der Erklärungsvorbehalte Deutschlands zur UN-Kinderrechtskonvention erneut zu prüfen.[38] Weiterhin sollte die Sammlung von Daten illegal eingereister Ausländer/innen oder Asylsuchender verbessert sowie die Vernetzung von Ausländerzentralregister und Datenbanken der Ausländer- und Sozialbehörden verstärkt werden.[39] Da 75 Prozent der zuwandernden Spätaussiedler/innen (zumeist aus Nachfolgestaaten der Sowjetunion) nachziehende Familienangehörige von „Deutschstämmigen" sind, sollten außerdem „ausreichende Kenntnisse der deutschen Sprache" als Zuzugsvoraussetzung verankert werden.[40] Zum Umgang mit sog. Illegalen, also Ausländer(inne)n, die sich ohne gültige Papiere in Deutschland aufhalten, riet die Kommission, die Meldepflicht von Schulen und Lehrer(inne)n sowie die Strafverfolgungsvorschriften für Personen und Organisationen, die in Not geratenen „Illegalen" helfen, abzuschaffen.[41]

3.1.3 Integrationspolitische Ziele und Empfehlungen

Die Gestaltung der Integration bereits hier lebender sowie neu zuwandernder Migrant(inn)en sei eine „vielschichtige, mittelfristige und untrennbar mit Zuwanderung verbundene Aufgabe", die auf der Basis eines schlüssigen Gesamtkonzepts erfolgen solle, stellte die Kommission fest, wie auch vor Problemen, Konflikten und politischen Defiziten bisheriger Integration nicht die Augen verschlossen werden dürften.[42] Die Empfehlungen bezogen sich auf vier Säulen der Förderung: den schulischen bzw. vorschulischen, den beruflichen, den gesellschaftlich-kulturellen sowie den politisch-demokratischen Bereich. „Integration fördern und fordern" lautete der Grundsatz: Letzterem entsprechend wurden verpflichtende Integrationskurse für Neuzuwanderer und – im Sinn von nachholender Förderung – auch für bereits hier lebende Migrant(inn)en, die über unzureichende Sprachkenntnisse verfügen oder Transferleistungen beziehen, vorgeschlagen. Die Empfehlungen für Kindergärten, Vorschulen und Schulen sowie die entsprechenden Ausbildungsgänge betrafen in erster Linie die Verbesserung der Schulabschlüsse ausländischer Jugendlicher, indem Sprachförderung (muttersprachlicher Unterricht und Deutsch als Zweitsprache) verstärkt, interkulturelle Ansätze in Praxis und Ausbildungen integriert sowie sozial benachteiligte Kindergärten und Schulen personell

38 Vgl. ebd., S. 171
39 Vgl. ebd., S. 147ff.
40 Siehe ebd., S. 184
41 Vgl. ebd., S. 197f.
42 Siehe Unabhängige Kommission „Zuwanderung", Zuwanderung gestalten – Integration fördern. Zusammenfassung des Berichts der Unabhängigen Kommission „Zuwanderung", Berlin 2001, S. 12

und materiell besser ausgestattet werden sollten.[43] Im Bereich der Arbeitsmarktintegration empfahl die Kommission umfangreiche Maßnahmen zur beruflichen Aus- und Weiterbildung von Migrant(inn)en und zur Unterstützung ausländischer Unternehmensgründer/innen.

Die Ausführungen zu rechtlich-politischen Aspekten von Integrationspolitik betrafen insbesondere das Staatsangehörigkeitsrecht, dessen Novellierung von der Kommission aufgrund der hohen integrativen Wirkungen als ein wichtiger, wenn auch noch verbesserungswürdiger Reformschritt gewertet wurde. An einer verstärkten Werbung für mehr Einbürgerung, so die Erläuterung, „besteht nicht zuletzt ein nachhaltiges Eigeninteresse der Aufnahmegesellschaft. Ein modernes Staatsangehörigkeitsrecht muss Teil jeder Zuwanderungsstrategie sein, die ungünstigen demografischen Fehlentwicklungen entgegenwirken will. Je stärker der Bevölkerungsrückgang durch zusätzliche Zuwanderung abgemildert werden soll, desto mehr muss darauf geachtet werden, dass die Kluft zwischen Staatsvolk und Wohnbevölkerung geschlossen wird."[44] Außerdem sollte die Bundesregierung die Europäische Richtlinie „zur Anwendung des Gleichbehandlungsgrundsatzes ohne Unterschied der Rasse oder der ethnischen Herkunft" in nationales Recht („Antidiskriminierungsgesetz") umsetzen sowie für im Inland geborene Kinder, Jugendliche und Heranwachsende einen vollständigen Ausweisungsschutz gewährleisten. Abschließend riet die Kommission zu einer Neuordnung und Vereinfachung des Ausländerrechts durch eine Reduktion der vielen Aufenthaltstitel zu nur noch vier Varianten der Aufenthaltserlaubnis.

3.2 Stellungnahmen und Kritik am Bericht der Süssmuth-Kommission

Kurz nach seiner Veröffentlichung erntete der Bericht überwiegend Zustimmung als ein zukunftsweisendes Gesamtkonzept, provozierte in Teilen aber auch sehr differenzierte Kritik, u.a. von Seiten der Wohlfahrtsverbände und der Kirchen. Da auch Bundeskanzler Schröder, Innenminister Schily, SPD und Bündnis 90/Die Grünen ihn als Arbeit von historischem Rang bewerteten, wurde zumindest von der Öffentlichkeit angenommen, dass er die Grundlage für das geplante Zuwanderungsgesetz bilden werde. Nur die Unionsparteien bekräftigten ihre Ablehnung, weil der Akzent auf einer „Zuwanderungserweiterung" liege.

Von den Bündnisgrünen über SPD und FDP bis zu den Unternehmerverbänden begrüßten Politik und Wirtschaft insbesondere die Empfehlungen zur Arbeitsmigration, welche – wie seit langem gefordert – ökonomische und demografische Interessen der Bundesrepublik berücksichtigten. Das Argu-

---

43 Vgl. Unabhängige Kommission „Zuwanderung", Zuwanderung gestalten – Integration fördern, a.a.O., S. 214ff.

44 Ebd., S. 248

ment, die Sicherung des „Wirtschaftsstandorts Deutschland" erfordere angesichts des Wandels zu einer globalisierten Wissensgesellschaft im „weltweiten Wettbewerb um die besten Köpfe" die Zuwanderung Hoch- und Höchstqualifizierter, fand breite Zustimmung. Nur die Unionsparteien, welche anfänglich noch eine Gesamtquote für ökonomisch und humanitär begründete Zuwanderung befürworteten, die (nach dem Grundsatz „Wir wollen nicht mehr Zuwanderung, sondern eine andere – eine, die unseren Interessen entspricht"[45]) gegeneinander aufzurechnen seien, kritisierten die Empfehlungen und forderten stattdessen mehr Weiterbildungs- und Qualifizierungsmaßnahmen für Erwerbslose und hier lebende Migrant(inn)en. Trotz ihrer grundsätzlichen Unterstützung der Kommissionsvorschläge standen dem auch die Arbeitgeberverbände skeptisch gegenüber; sie hielten die empfohlenen Zuzugszahlen für zu niedrig und kritisierten einzelne Detailregelungen (z.B. den Inländervorrang und die Einzelfallprüfung bei der Stellenbesetzung) als zu bürokratisch.[46] Kirchen, Wohlfahrtsverbände und Migrantenorganisationen bemängelten ihrerseits die primäre Ausrichtung des Berichts an den Interessen der Wirtschaft statt an jenen der Betroffenen. So werde bei den Analysen zu Globalisierung und ökonomisch begründeter Zuwanderung die weltweite Entwicklung von Armut aufgrund der Abwerbung Hochqualifizierter in den Herkunftsländern (sog. Braindrain) ausgeklammert.[47] Auch sei das unterschiedliche Maß an Akzeptanz von Zuwanderung in Ost- und Westdeutschland nicht ausreichend berücksichtigt worden.[48]

Die integrationspolitischen Empfehlungen der Kommission wurden dagegen von Wohlfahrtsverbänden, Kirchen und unabhängigen Expert(inn)en begrüßt. Nach langen Jahren vergeblicher Forderungen, Integrationsförderung endlich umfassend von der Kindertagesstätte aufwärts zu gestalten, fanden sich selbst die bis dahin überaus kritischen Stimmen in den Vorschlägen der Süssmuth-Kommission wieder, sodass Marieluise Beck, Ausländerbeauftragte der Bundesregierung, in einem Interview mit der *taz* (v. 14.2.2002) rückblickend von einem „migrationspolitischen Frühling" sprach, weil viele der alten Forderungen, die oft vorgebracht, aber selten gehört und noch viel weniger umgesetzt worden waren, in die Integrationspolitik auf Bundes- und Landesebene Einzug halten sollten. Allerdings gab es auch hier nicht nur Zustimmung, weil die empfohlenen Maßnahmen eine Schieflage widerspiegelten, indem sie sich nur an Zuwanderer, nicht aber an die Mehrheitsgesellschaft richteten.[49] Die Unionsparteien kritisierten hingegen das vorgesehene

---

45 Siehe „Wir wollen keine Drogenbarone". Interview mit Günther Beckstein, in: taz v. 24.8.2001

46 Vgl. Christoph Kannengießer (Bundesvereinigung der Deutschen Arbeitgeberverbände) auf einer Tagung der Heinrich-Böll-Stiftung „Einwanderung gestalten! Anhörungen zu den Empfehlungen der Zuwanderungskommission", Berlin 12.2001. Auch die folgenden Kritikpunkte wurden im Rahmen dieser Anhörung vorgetragen.

47 Vgl. Dr. Ricarda Dill (Kirchenrätin der EKD); ebd.

48 Vgl. Almuth Berger (Ausländerbeauftragte des Landes Brandenburg); ebd.

49 Vgl. Mehmet Kiliç (Vorsitzender des Bundesausländerbeirates); ebd.

Höchstalter nachziehender Familienangehöriger von 18 Jahren, das zu einer nicht kontrollierbaren Ausweitung der Zuwanderung führen werde und integrationspolitisch wie auch bezüglich der Aufnahmekapazitäten inakzeptabel sei.

Heftige Kritik vor allem von CDU und CSU ernteten insbesondere die Kommissionsempfehlungen zum humanitären Handeln, in dessen Zentrum die prognostizierte Ausweitung der Zuwanderung von Flüchtlingen und ähnlichen Personen stand, die nicht den nationalen und wirtschaftlichen Interessen entspreche. Auch die Maßnahmen zur Straffung der Asylverfahren und zur Bekämpfung des „Asylmissbrauchs" wurden als nicht ausreichend beurteilt, weil sie – so lautete ein immer wiederkehrendes Argument – Deutschland als Zielort von Armuts- und anderen Flüchtlingen attraktiver statt abschreckender machten. Kirchen und Wohlfahrtsverbände begrüßten dagegen die humanitär begründeten Empfehlungen in ihrer Gesamtheit. Allerdings gebe es keinen Einstieg in eine bessere Flüchtlingspolitik, weil sich die Empfehlungen in wesentlichen Punkten – z.B. bei der sog. Härtefallregelung oder der Abschaffung des Asylbewerberleistungsgesetzes – als unzureichend erwiesen,[50] bemängelten nicht zuletzt Flüchtlings- und Migrantenorganisationen. Auch die Vorschläge zum Thema „Illegalität" seien zwar grundsätzlich zu begrüßen, sähen aber die Möglichkeit einmaliger Generalamnestien für bereits hier lebende „Illegale", wie in anderen europäischen Ländern regelmäßig praktiziert, nicht vor.[51]

4. Die rot-grünen Gesetzentwürfe zur Zuwanderung

Die Debatte um Zuwanderung erreichte einen Monat nach Vorstellung des Süssmuth-Berichts ihren ersten Höhepunkt, als Bundesinnenminister Schily am 3. August 2001 seinen – unter Ausschluss jeglicher Öffentlichkeit ausgearbeiteten – ersten Referentenentwurf für ein „Gesetz zur Steuerung und Begrenzung der Zuwanderung und zur Regelung des Aufenthalts und der Integration (Zuwanderungsgesetz – ZuwG)" vorstellte.[52] Verbunden mit einem strikten Zeitplan für die parlamentarischen Beratungen zu diesem „Jahrhundertwerk" sollte der Entwurf ursprünglich innerhalb von drei Monaten den Bundestag passiert haben, was sich aufgrund der Ereignisse des 11. September 2001 aber nicht realisieren ließ.

Nach mehrmaliger Nachbesserung einzelner Punkte und langen Debatten, bei denen Bündnis 90/Die Grünen zwischenzeitlich drohten, die Koalitions-

50 Vgl. Barbara John (Ausländerbeauftragte des Berliner Senats); ebd.
51 Schwester Cornelia Bührle (Erzbistum Berlin); ebd.
52 Bundesregierung der Bundesrepublik Deutschland, Gesetzentwurf zur Steuerung und Begrenzung der Zuwanderung und zur Regelung des Aufenthalts und der Integration von Unionsbürgern und Ausländern (Zuwanderungsgesetz), Berlin, 3.8.2001

frage zu stellen, einigte sich das Bundeskabinett Anfang November 2001 auf einen gemeinsamen Entwurf, der – abgesehen von diversen Entschärfungen zugunsten des grünen Koalitionspartners – im Wesentlichen auf dem Referentenentwurf des Innenministeriums basierte. Um auch im Bundesrat die Zustimmung wenigstens einer Landesregierung mit CDU-Beteiligung zu erreichen, veränderte die rot-grüne Koalition im Februar 2002 den Gesetzentwurf ein weiteres Mal und schwenkte damit mehr oder weniger auf die Kompromisslinie der Großen Koalition des Landes Brandenburg ein. Innenminister Jörg Schönbohm (CDU), der mehrfach in ultrarechte Diskurse verstrickt gewesen war, hatte verlangt, dass die Begrenzung als Zielsetzung stärker im Gesetz verankert sowie das Nachzugsalter auf 12 Jahre gesenkt werden sollte. Genau diese Zugeständnisse führten jedoch nicht dazu, dass CDU und CSU ihre Haltung änderten,[53] denn sie forderten weiterhin eine grundlegende Überarbeitung. Daher passierte der Gesetzentwurf[54] am 1. März 2002 nur mit den Stimmen der rot-grünen Koalition sowie von drei früheren CDU-Ministern (Heiner Geißler, Christian Schwarz-Schilling und Rita Süssmuth), die das ablehnende Votum ihrer Fraktion nicht mittrugen, den Bundestag, während sich die FDP enthielt und die PDS dagegen stimmte, was sie mit den Verschärfungen im humanitären Bereich begründete. Dramatisch spitzte sich die Debatte dann kurz vor der Verabschiedung des Gesetzes am 22. März 2002 im Bundesrat zu. In der Länderkammer ergab sich nach fünfstündiger hitziger Diskussion nur deshalb eine hauchdünne Mehrheit von 35 zu 34 Stimmen, weil der amtierende Bundesratspräsident Klaus Wowereit die vier Stimmen Brandenburgs, dessen Innenminister Jörg Schönbohm – anders als Sozialminister Alwin Ziel (SPD) – den Gesetzestext abgelehnt hatte, nach Befragen des Ministerpräsidenten Manfred Stolpe (SPD) als Zustimmung wertete. Dieser von der Union skandalisierte Vorgang (Edmund Stoiber sprach von „Rechtsbruch" und einer „Verfassungskrise") führte dazu, dass sich der Streit um das Zuwanderungsgesetz auch nach seiner Verabschiedung fortsetzte.

4.1 Neuregelungen nach dem Zuwanderungsgesetz (Entwurf)

Das Zuwanderungsgesetz ist ein sog. Artikelgesetz, also eines Paket von Gesetzen (Artikeln), welche neben zentralen Änderungen im Ausländer-, Asyl-

---

53 Vgl. Philipp Grassmann, Auch Schönbohm lehnt Zuwanderungs-Kompromiss ab. Brandenburgs Innenminister reichen Zugeständnisse von Rot-Grün nicht aus/Vier Abweichler in der Unionsfraktion, in: Süddeutsche Zeitung v. 28.2. 2002

54 Vgl. Bundesausländerbeauftragte, Zusammenstellung des Entwurfs eines Gesetzes zur Steuerung und Begrenzung der Zuwanderung und zur Regelung des Aufenthalts und der Integration von Unionsbürgern und Ausländern (Zuwanderungsgesetz), Drs. 14/7387, 14/7987 mit den Beschlüssen des Innenausschusses (4. Ausschuss), Berlin 2002 (www.bundesausländerbeauftragte.de, Zuwanderungsgesetzsynopse, 23.3.2002)

und Flüchtlingsrecht vor allem – nach fast 30-jähriger Geltung des Anwerbestopps – erstmals wieder die Zuwanderung von Arbeitskräften in die Bundesrepublik regeln. Gegenüber dem bisher geltenden Recht ergeben sich viele Änderungen, deren Folgen sowohl für die rechtliche und soziale Situation von bereits hier lebenden sowie neu zuwandernden Migrant(inn)en als auch für das Klima gegenüber Zuwanderung in Deutschland schwer absehbar sind.

4.1.1 Arbeitsmigration

Ähnlich den Vorschlägen der Süssmuth-Kommission dürfen Hochqualifizierte, insbesondere Führungspersonal aus Wissenschaft und Forschung, dauerhaft einwandern, während sich andere für einen (zunächst auf drei Jahre befristeten) Aufenthalt qualifizieren können: Im sog. Regelverfahren (§ 18 AufenthG) erhalten Bewerber/innen eine Erlaubnis zur Arbeitsaufnahme, sofern eine Stelle nicht mit einem bevorrechtigten Arbeitnehmer (z.B. Inländer/in, EU-Bürger/in) besetzt werden kann und „sich durch die Beschäftigung des Ausländers nachteilige Auswirkungen auf den Arbeitsmarkt nicht ergeben".[55] Außerdem können Selbstständige zur Existenzgründung eine befristete Aufenthaltserlaubnis bekommen (§ 21 AufenthG). In einem „Auswahlverfahren" – dessen Möglichkeit besteht, sofern zuvor eine Höchstzahl von Zuwanderern durch das Bundesamt für Migration und Flüchtlinge, die Bundesanstalt für Arbeit sowie einen unabhängigen Sachverständigenrat festgelegt wurde (§ 20, 4 AufenthG) – erhalten „voraussichtlich zunächst eine sehr begrenzte Anzahl Arbeitssuchender" die Erlaubnis zur (befristeten) Arbeitsaufnahme.[56] Kriterien für deren Auswahl durch ein Punktesystem sind Alter, Qualifikation, Berufserfahrung, Familienstand, Deutschkenntnisse, Beziehungen zur Bundesrepublik und das Herkunftsland des Bewerbers (wobei EU-Beitrittskandidaten bevorzugt werden). Bei veränderter Arbeitsmarktlage, so die Neuregelung, kann die Arbeits- bzw. Aufenthaltserlaubnis allerdings auch rückwirkend verkürzt werden. Ausländische Absolvent(inn)en deutscher Hochschulen erhalten außerdem im Anschluss an ihr Studium die Möglichkeit, zunächst befristete Berufserfahrung in der Bundesrepublik zu sammeln, um zu verhindern, dass gut ausgebildete Fachkräfte in andere Industrieländer abwandern.

4.1.2 Ausländerrecht und Integration

Weitreichender – und damit auch bedeutsamer für die politische Einschätzung des Gesetzes – sind die Folgen der Ablösung des Ausländerrechts von 1991,

55 Siehe ebd., § 39,6 AufenthG

56 Otto Schily bei der Veröffentlichung des Gesetzesentwurfs, zit. nach: taz v. 4./5.8.2001

das im ersten Artikel des Zuwanderungsgesetzes in das „Gesetz über den Aufenthalt, die Erwerbstätigkeit und die Integration von Ausländern im Bundesgebiet (Aufenthaltsgesetz – AufenthG)“ überführt wird, denn sie betreffen nicht nur die vergleichsweise wenigen Neuzuwanderer, sondern v.a. die bereits hier lebenden Migrant(inn)en, auch wenn EU-Bürger/innen von den Bestimmungen des Gesetzes unberührt bleiben. Die Fülle bundesdeutscher Aufenthaltstitel[57] wird darin auf die (unbefristete) „Niederlassungserlaubnis“ (§ 9 AufenthG) und die (befristete) „Aufenthaltserlaubnis“ (§ 7 AufenthG) reduziert. Bei Letzterer soll i.d.R. nach Ablauf von drei Jahren, bevor sie verlängert wird, überprüft werden, ob die Erteilungsvoraussetzungen weiterhin gegeben sind (§ 7, 2 AufenthG). Die Vergabe der Niederlassungserlaubnis wird an verschärfte Kriterien geknüpft: Neben dem fünfjährigen Besitz einer Aufenthalts- und der entsprechenden Arbeitserlaubnis müssen die Bewerber/innen nunmehr z.B. 60 Monate der Einzahlung von Pflichtbeiträgen in die Gesetzliche Rentenversicherung sowie „*ausreichende* Kenntnisse der deutschen Sprache und Gesellschaftsordnung“ nachweisen, wobei nach vehementen Protesten von Wohlfahrtsverbänden Ausnahmeregelungen „zur Vermeidung einer besonderen Härte“ aufgenommen wurden (§ 9,2 AufenthG).

Drei Paragrafen (§§ 43-45 AufenthG) behandeln die Integrationsförderung. Die Eingliederung Neuzugewanderter in das wirtschaftliche, kulturelle und gesellschaftliche Leben der Bundesrepublik wird demnach u.a. durch ein „Grundangebot zur Integration (Integrationskurs)“ gefördert, dessen Inhalte von dem neuen „Bundesamt für Migration und Flüchtlinge“ koordiniert und unter Mitwirkung freier Träger in einem bundesweiten Integrationsprogramm umgesetzt werden. Neben der deutschen Sprache sollen Kenntnisse der Rechts- und Gesellschaftsordnung sowie der Lebensverhältnisse im Bundesgebiet vermittelt werden, wofür Basis- sowie Aufbausprachkurse angeboten werden, die durch Orientierungskurse ergänzt werden können. Nachdem die rot-grüne Koalition im ersten Entwurf zunächst insgesamt 630 Unterrichtsstunden dafür vorgesehen hatte (was der Sprachverband Deutsch als ein Minimum betrachtete), revidierte man diese Bestimmung kurz vor der Bundestagsentscheidung. Auch die Kostenübernahme blieb bis zuletzt heftig umstritten, sodass die Schlussfassung des Gesetzestextes „unter Berücksichtigung der Leistungsfähigkeit“ einen angemessenen Kostenbeitrag von den Teilnehmer(inne)n verlangt.[58]

Dem (Rechts-)Anspruch auf Nachzug von Familienangehörigen, der aus dem in Art. 6 GG verankerten besonderen Schutz der Familie resultiert, trägt das Gesetz Rechnung, indem es das Nachzugsalter für Kinder von Hochqualifizierten, im Rahmen des Auswahlverfahrens Eingereisten, Asylberechtigten

57 Nach dem bisherigen Ausländerrecht sind das: Aufenthaltsgenehmigung, -berechtigung, -gestattung, -bewilligung und -befugnis. Hinzu kommen die EU-Aufenthaltserlaubnis, die Aufenthaltsgestattung sowie die Duldung.

58 Vgl. Zuwanderungsgesetzsynopse der Bundesausländerbeauftragten, a.a.O., § 25, 4a AufenthG

und Konventionsflüchtlingen der europaweiten Rechtsprechung von 18 Jahren anpasst, wie es auch die Süssmuth-Kommission empfohlen hat. Die Kinder aller anderen Zuwanderer hingegen sollen nur bis zum Alter von (zuerst 14, nunmehr jedoch) 12 Jahren zu ihren hier lebenden Familien nachziehen dürfen – es sei denn, sie sind im Familienverband eingereist oder verfügen über ausreichende Deutschkenntnisse. Verbessert wurde hingegen die aufenthaltsrechtliche Stellung von Ehegatten, die nun i.d.R. nach Ablauf von zwei Jahren ein eigenständige Aufenthaltserlaubnis erhalten.

4.1.3 Flucht und Asyl

Die Neuregelungen im Bereich von Flucht und Asyl sind zumindest quantitativ umfangreicher als jene bei der Integrationsförderung: Neben zahlreichen Bestimmungen im neuen Aufenthaltsgesetz werden u.a. das bisherige Asylverfahrens- sowie das Asylbewerberleistungsgesetz verändert. Seit Beginn der neueren Asyldebatte blieb der wohl umstrittenste Punkt dabei die Frage nach der Anerkennung von geschlechtsspezifischer und nichtstaatlicher Verfolgung als Asylschutzgrund. Nach hartnäckigem Widerstand erklärte sich Bundesinnenminister Schily erst zu einer Kompromisslösung bereit, als die Verhandlungen an dem Widerstand des grünen Koalitionspartners und damit auch die Regierungskoalition an diesem Punkt zu scheitern drohten. Das Gesetz sieht somit im Unterschied zum ersten Entwurf vor, bei nichtstaatlicher und geschlechtsspezifischer Verfolgung eine Aufenthaltserlaubnis zu gewähren, bei der allerdings, wie auch bei anderen aus humanitärer Verpflichtung heraus aufgenommenen Menschen, nach Ablauf von drei Jahren überprüft wird, ob die Erteilungsvoraussetzungen weiterhin gegeben sind. Zur Vermeidung einer „außergewöhnlichen Härte“ kann der Innenminister eines Landes im Einzelfall eine Erlaubnis zum vorübergehenden Aufenthalt erteilen („Härtefallregelung“).[59]

Bisherige Inhaber einer „Duldung“ (oder auch: „Bescheinigung über die Aussetzung der Abschiebung“) haben mit Inkrafttreten des Gesetzes zweierlei zu erwarten: Entweder sie können nicht ausreisen, da ihnen beispielsweise Folter droht, und kommen – vorausgesetzt, „eine Ausreise ist nicht möglich oder zumutbar“ – in den Genuss einer befristeten Aufenthaltserlaubnis.[60] Oder sie „wollen nicht ausreisen“ bzw. erfüllen die Kriterien für die Aufenthaltserlaubnis oder den Abschiebeschutz nicht; dann sind sie ausreisepflichtig und werden nach Ermessen in „Ausreiseeinrichtungen“ untergebracht. Mit dem Artikel 8 des Zuwanderungsgesetzes wird im Asylbewerberleistungsgesetz zudem die bisher befristete Höchstdauer des Leistungsbezuges auf insgesamt drei Jahre verlängert und der Personenkreis, der diese Art von Leistun-

59 Vgl. ebd., § 25,4 AufenthG
60 Vgl. ebd., § 25,3 AufenthG

gen bezieht, auf Ausreisepflichtige und Asylbewerber/innen erweitert.[61] Anerkannte humanitäre Flüchtlinge werden zukünftig aus dem Bezug ausgeklammert und erhalten eingeschränkten Zugang zum Arbeitsmarkt. Die Höhe der Unterstützung liegt weiterhin um ca. ein Drittel unterhalb des Sozialhilferegelsatzes (gesetzlich definiertes soziokulturelles Existenzminimum); sie wird meist in Form von Sachleistungen sowie eines Taschengeldes gewährt.

Neben diesen aufenthaltsrechtlichen Änderungen sind es vor allem die Paragrafen der Kapitel „Ordnungsrechtliche Vorschriften" und „Beendigung des Aufenthalts" (§§ 46-62 AufenthG), die einschneidende Folgen für die Rechte und Pflichten von Flüchtlingen, Asylsuchenden und anderen Ausländer(inne)n mit unsicherem Aufenthaltsstatus haben. Die Maßnahmen reichen dabei von Einschränkungen bei der politischen Betätigung über Pflichten des Ausländers zur Feststellung und Sicherung der Identität bis zur Mitwirkung bei der Beschaffung von Unterlagen zur Identitätsfeststellung, Lichtbildern und Fingerabdrücken (§ 47 AufenthG) sowie bei der „Vornahme von Messungen".[62]

Die Paragrafen 53 bis 55 legen fest, wann Ausländer/innen *zwingend*, im *Regelfall* und nach einer *Kann-Vorschrift* ausgewiesen werden. Hier seien nur einige Fälle angeführt, in denen die Ausweisung des Betreffenden künftig im Ermessen der Behörde liegt:

- wenn sein Aufenthalt „die öffentliche Sicherheit und Ordnung oder sonstige erhebliche Interessen der Bundesrepublik beeinträchtigt";
- wenn er „Heroin, Kokain oder ein vergleichbar gefährliches Betäubungsmittel verbraucht und nicht zu einer erforderlichen, seiner Rehabilitation dienenden Behandlung bereit ist oder sich ihr entzieht";
- wenn er (...) längerfristig obdachlos ist;
- wenn er für sich, seine Familienangehörigen oder für sonstige Haushaltsangehörige Sozialhilfe in Anspruch nimmt (§ 55,2 AufenthG).

4.2 Kritik an den Zuwanderungsgesetzentwürfen

Nach der Veröffentlichung des ersten Referentenentwurfes aus dem Bundesinnenministerium formierte sich der Widerstand gegen das geplante Zuwanderungsgesetz in den politischen Parteien zunächst zögerlich. Vor allem die CDU monierte, dass der Zielsetzung des Gesetzes, der *Begrenzung* von Zuwanderung, zwar im Titel, nicht aber im Gesetzestext Rechnung getragen, vielmehr sogar eine massive Ausweitung ermöglicht werde. Zuwanderung müsse jedoch am nationalen Interesse orientiert sein, so die CDU in einer Stellungnahme, und „eine Umsteuerung dergestalt gelingen, Zuwanderung in

---

61 Vgl. ebd., Art. 8 ZuwG, Änderung des § 2,1 Asylbewerberleistungsgesetz
62 Vgl. ebd. § 49,7 AufenthG

die Sozialsysteme zurückzuführen, um Raum für Zuwanderung dort zu schaffen, wo es Deutschland nutzt."[63]

Innerhalb der Regierungskoalition war – anders als an der bündnisgrünen Parteibasis – das Zuwanderungsgesetz kaum als Ganzes, sondern meist nur in einzelnen Punkten v.a. im humanitären Bereich (wie die Regelung von geschlechtsspezifischer und nichtstaatlicher Verfolgung oder das Familiennachzugsalter) umstritten.[64] Hinzu kam, dass auch FDP und PDS große Bedenken hatten. Die migrationspolitisch engagierten Wohlfahrtsverbände, aber auch Arbeitgeberverbände und Gewerkschaften sowie Kirchen und Wissenschaftler/innen nahmen Stellung.[65] Von überwiegender Zustimmung zu den Vorhaben im Bereich der ökonomisch begründeten Zuwanderung über Enttäuschung bezüglich der integrationspolitischen Komponenten bis zu vehementer Kritik an den vorgesehenen Regelungen im humanitären Bereich reichte das Meinungsspektrum.

Die Bundesarbeitsgemeinschaft der Freien Wohlfahrtspflege (BAGFW[66]) als eine der kritischeren Stimmen stellte fest, dass ihre vom Süssmuth-Bericht geweckten Erwartungen an eine neue Migrationspolitik durch den Referentenentwurf nur zum geringen Teil erfüllt worden seien. Während die gemeinsame BAGFW-Stellungnahme erhebliche Nachbesserungen des Entwurfes forderte, plädierten einzelne Mitgliedsverbände wie der DPWV sogar dafür, das Gesetz in Gänze nicht zu verabschieden. Außerdem, so lautete eine zusammenfassende Kritik, verfehle der Entwurf insgesamt seine Zielsetzung, das „modernste Zuwanderungsrecht Europas" zu sein.[67]

63 Siehe CDU Deutschlands, Stellungnahme zum Entwurf eines Gesetzes des Bundesinnenministers zur Steuerung und Begrenzung der Zuwanderung v. 23.8.2001 (http://www.cdu.de/presse/archiv-2001/pr135-01.htm v. 30.1.2002)

64 Auch innerhalb der SPD war das Zuwanderungsgesetz nicht unumstritten, sodass einzelne Abgeordnete, notfalls ihrem Gewissen folgend, gegen den Entwurf stimmen wollten. Vgl. Schily wandert einsam, in: taz v. 10.9.2001

65 Dokumentiert sind Stellungnahmen folgender Verbände bei der Bundesausländerbeauftragten http://www.bundesauslaenderbeauftragte.de: Deutscher Caritasverband, Bundesarbeitsgemeinschaft der Freien Wohlfahrtspflege, Verband binationaler Familien und Partnerschaften, Kirchen, Neue Richtervereinigung, Deutscher Anwaltsverein, Deutscher Paritätischer Wohlfahrtsverband (DPWV), Hoher Flüchtlingskommissar der Vereinten Nationen (UNHCR), Deutscher Juristinnenbund, Deutscher Gewerkschaftsbund, Amnesty international, Pro Asyl u.a. v. 21.11.2001

66 Mitglieder der BAGFW sind die Arbeiterwohlfahrt, der Deutsche Caritasverband, das Diakonische Werk der EKD, die Zentrale Wohlfahrtsstelle der Juden sowie der Deutsche Paritätische Wohlfahrtsverband.

67 Siehe Petra Bendel, Flucht, Asyl, Einwanderung – das neue Zuwanderungsrecht unter der Lupe, in: Gegenwartskunde 4/2001, S. 506

4.2.1 Arbeitsmigration

Die neu vorgesehenen Zuwanderungsmöglichkeiten zu Erwerbszwecken wurden erwartungsgemäß von fast allen politischen Parteien und den Arbeitgeberverbänden begrüßt. Eine Ausnahme bildeten hier wiederum CDU und CSU, welche die Regelungen des ersten Entwurfs zur „unbegrenzten Zuwanderung von Hochqualifizierten, Selbstständigen und Studenten“ als nicht zustimmungsfähig erachteten und eine stärkere Koppelung an bestehende Arbeitsplatzangebote verlangten.[68] Kritisiert wurde insbesondere das Auswahlverfahren, weil es eine Form der Zuwanderung „allein aus demographischen Gründen“ darstelle, welche die Union, anders als die Süssmuth-Kommission, bisher stets abgelehnt habe.[69] Die Wohlfahrtsverbände hingegen forderten, die alten Fehler der am Rotationsprinzip orientierten Anwerbepolitik nicht zu wiederholen und allen angeworbenen Arbeitnehmer(inne)n im Hinblick auf klare Zukunftsperspektiven die Option auf ein Daueraufenthaltsrecht einzuräumen.[70] Mit der Möglichkeit, die Verlängerung der Aufenthaltserlaubnis von vornherein auszuschließen, werde die soziale Existenz der Angeworbenen ausblendet, protestierten die Verbände dagegen, wie auch Barbara Stolterfoht, Vorsitzende des Deutschen Paritätischen Wohlfahrtsverbandes, mit der Feststellung: „Menschen sind keine Ware, die man beliebig ein- und ausführen kann.“[71] Dieter Oberndörfer, Vorsitzender des Rates für Migration, charakterisierte die Neuregelung als „Rückkehr zum integrationsfeindlichen, aber gegenüber früher noch extrem verschärften Gastarbeiterrotationsmodell“.[72]

4.2.2 Ausländerrecht und Integrationsförderung

Die völlige Überarbeitung des Ausländerrechts, die in Art. 1 ZuwG (Aufenthaltsgesetz) vorgesehen war, wurde von den Verbänden und Migrationsexpert(inn)en zwar grundsätzlich begrüßt, aber auch in einzelnen Punkten vehement kritisiert. Neben den Konsequenzen für Neuzuwanderer (Rotationsmodell) seien die Folgen für bereits hier lebende Migrant(inn)en in der Kürze der Zeit nur schwer und erst nach eingehender rechtlicher Prüfung einzuschätzen, beschrieben die Wohlfahrtsverbände ihr generelles Problem mit

---

68 Siehe Stellungnahme der Union zum Entwurf eines Gesetzes des Bundesinnenministers zur Steuerung und Begrenzung der Zuwanderung v. 23.8.2001, http://www.cdu.de/presse/archiv-2001/pr135-01.htm, 30.1.2002

69 Siehe ebd.

70 BAGFW, Stellungnahme zum Referentenentwurf eines Zuwanderungsgesetzes v. 3.8.2001, S. 3

71 Barbara Stolterfoht, Das neue Zuwanderungsgesetz: modern, flexibel und unsozial, Statement der Vorsitzenden des Paritätischen Wohlfahrtsverbandes v. 23.8.2001, S. 2

72 Siehe Dieter Oberndörfer, Über die unerwünschten Zuwanderer. Stellungnahme zum Zuwanderungsgesetzentwurf, in: Frankfurter Rundschau v. 28.9.2001

dem vorgesehenen Zeitplan: Die Einspruchsfrist für Stellungnahmen und Änderungsvorschläge zum 200-seitigen Gesetzentwurf betrug gerade einmal 20 Tage. Moniert wurden daher zunächst „neue Integrationsbarrieren" für bereits hier lebende Migrant(inn)en, welche die Bevölkerung in Besitzer einer (unbefristeten) Niederlassungserlaubnis und jene spalte, die den Unsicherheiten der (befristeten) Aufenthaltserlaubnis unterliegen.[73]

Im Zentrum der Kritik von Wohlfahrtsverbänden stand die geplante Integrationsförderung, da für ein zukunftsweisendes Gesamtkonzept folgende wichtige und wesentliche Teile fehlten: „eine umfassende Integrationskonzeption, die nicht auf den Erwerb der deutschen Sprache und Gesellschaftskunde reduziert wird; eine nachholende Integrationspolitik für länger in Deutschland lebende Ausländer, deren Einbeziehung ebenso wie die der Aussiedler kaum oder gar nicht vorgesehen ist; ein differenziertes Instrumentarium der Integrationsförderung mit einer impulsgebenden finanziellen Grundausstattung statt drei Paragraphen und Vorgaben von Kostenneutralität; eine Klärung der Aufgaben- und Finanzierungsverteilung zwischen Bund, Ländern und Gemeinden. (...) Das Fehlen eines integrationspolitischen Gesamtkonzepts ist umso unverständlicher, als eine differenzierte Integrationsförderung parteiübergreifender Konsens ist und hierfür (...) qualifizierte Vorschläge vorliegen."[74] Vor allem die Verpflichtung zu Eingliederungskursen sei ein integrationspolitisch verheerendes Signal, wenn von bereits lange hier lebenden Ausländer(inne)n die ggf. kostenpflichtige Teilnahme an solchen als Voraussetzung für die Erteilung einer Niederlassungserlaubnis verlangt würde, kritisierte der DPWV: „Es kann nicht angehen, dass die seit Jahrzehnten legal hier Lebenden jetzt für integrationspolitische Versäumnisse büßen müssen."[75]

Die Festsetzung des Höchstalters nachziehender Kinder (von bestimmten Zuwanderern) auf 12 Jahre spielte als einer der wenigen Punkte vor allem in der parteipolitischen Auseinandersetzung um den Gesetzentwurf eine bedeutende Rolle, auch wenn es sich hier im Jahr 2000 nur um ca. 8000 Betroffene handelte.[76] Die CDU forderte mal, das Nachzugsalter auf 12, dann wieder, es auf 6 Jahre herabzusetzen, während sich Rot-Grün zunächst auf 14, später auf 12 und die EU sich (bislang) auf 18 Jahre verständigt hatte. Der Verband binationaler Ehen (iaf) kritisierte, dass damit auch hier ein „Zwei-Klassen-Recht" geschaffen werden solle, welches für die Lebensgestaltung von Familien „zutiefst inhuman" sei, wie auch die Ungleichgewichtung von Kinderrechten gemäß der beruflichen Qualifikation der Eltern verfassungswidrig wäre. Auch dürfe das Recht des Kindes, mit Eltern bzw. Sorgeberechtigten zusammen zu leben, nicht von der gemeinsamen Einreise oder bestehenden Sprachkenntnissen abhängig gemacht werden.

---

73 Vgl. ebd.

74 BAGFW, Stellungnahme zum Referentenentwurf eines Zuwanderungsgesetzes v. 3.8.2001, S. 2 und 7

75 Barbara Stolterfoht, Das neue Zuwanderungsgesetz, a.a.O., S. 2

76 Vgl. Antonella Romeo, Das kleine Schreckgespenst, in: Die Zeit v. 24.1.2002

4.2.3 „Humanitärer" Bereich: Flucht und Asyl

In diesem Bereich gab es noch mehr Widerspruch von Wohlfahrtsverbänden, Kirchen und Flüchtlingsorganisationen. Dieter Oberndörfer beschrieb die Neuregelungen treffend mit den Worten, es handle sich um „Verschärfungen statt Kurskorrekturen".[77] Im Zentrum der Auseinandersetzungen stand zu Beginn der Diskussion um den Referentenentwurf vor allem die – der europäischen Rechtsprechung zuwiderlaufende – Vergrößerung der Schutzlücke bei *geschlechtsspezifischer* und *nichtstaatlicher Verfolgung*. Im gleichen Maße, wie die Kritik von Seiten der Kirchen verstummte, als Bundesinnenminister Schily dem bündnisgrünen Koalitionspartner mit dem Vorschlag entgegenkam, den Opfern zumindest den Status von Konventionsflüchtlingen (mit dem Abschiebeschutz des „Kleinen Asyls") nach der Genfer Flüchtlingskonvention zuzuerkennen, wurde dessen Rücknahme zu einer zentralen Forderung von CDU und CSU. Die BAGFW kritisierte v.a. den Vorbehalt zur Erteilung einer Aufenthaltserlaubnis als unzumutbar, sofern nachgewiesen werden müsse, dass die Ausreise in einen anderen Staat nicht möglich oder zumutbar ist.[78] Außerdem, so warnten die Verbände, führe die obligatorisch nach Ablauf von drei Jahren vorgesehene Widerrufsprüfung der Aufenthaltserlaubnis von Flüchtlingen zu erheblichen Verunsicherungen, nehme die erforderliche Sicherheit bei der Zukunftsplanung und verhindere somit Integration. Dass die Kirchen zwar weiterhin Kirchenasyl in Härtefällen anbieten könnten, dafür aber in Zukunft die Kosten selber tragen müssten, kritisierte die Vorsitzende des DPWV unter der Überschrift „Kirche kann Menschenleben kaufen" als eine Privatisierung des Menschenrechtsschutzes.[79] Auch reichten Soll- und Kann-Bestimmungen nicht aus, um schutzbedürftige Personen bzw. -gruppen vor Gefahren an Leib und Leben zu schützen, bemängelten die Verbände, die auch nicht hinnehmen wollten, dass für unbegleitete minderjährige Flüchtlinge die Sicherstellung einer altersgerechten Behandlung (gemäß der Genfer Flüchtlingskonvention) nicht vorgesehen war.[80] Die Süssmuth-Kommission habe dies, ebenso wie die vorbehaltlose Ratifizierung der UN-Kinderrechtskonvention, zu Recht empfohlen, so die BAGFW.

Abgelehnt wurden außerdem die geplanten Änderungen im Asylbewerberleistungsgesetz, das ohnehin „für die Wohlfahrtsverbände nicht akzeptabel ist".[81] Die pauschalen Absenkungen des gesetzlich definierten Existenzminimums für einen so großen und differenzierten Personenkreis seien „sachlich nicht gerechtfertigt und führen zu sozialer Ausgrenzung und Stigmatisierung", stellte die BAGFW fest. Einen letzten Punkt, die Problematik der „Illegalen",

---

77 Siehe Dieter Oberndörfer, Über die unerwünschten Zuwanderer, a.a.O.

78 Vgl. BAGFW, Stellungnahme zum Referentenentwurf eines Zuwanderungsgesetzes v. 3.8.2001, S. 8

79 Siehe Barbara Stolterfoht, Das neue Zuwanderungsgesetz a.a.O., S. 4

80 Vgl. BAGFW, Stellungnahme zum Referentenentwurf eines Zuwanderungsgesetzes v. 3.8.2001, S. 10

81 Siehe ebd.

legalen", hatte auch die Süssmuth-Kommission nur am Rande gestreift. Aber selbst ihre vorsichtigen Empfehlungen, so nicht nur die Kritik von Menschenrechts- und Flüchtlingsgruppen, seien unberücksichtigt geblieben, da keine Entkriminalisierung von Lehrer(inne)n, Ärzt(inn)en und anderen humanitären Helfer(inne)n stattfinde, zumal darüber hinaus Teilamnestien für Menschen, die bereits lange illegal hier leben, gefordert worden waren.

5. Zuwanderung und Innere Sicherheit nach dem 11. September: Ausländer/innen unter Terrorverdacht?

Zusammen mit der wieder über die symbolträchtige 4-Millionen-Marke steigenden Arbeitslosigkeit veränderten die Terroranschläge in den USA bzw. die hierzulande daraus gezogenen politischen Konsequenzen die Debatte über Migration in der Bundesrepublik umso mehr, je stärker die Themen „Innere Sicherheit" im Allgemeinen sowie die „Gefahr durch islamische Fundamentalisten" und durch „ausländische Terroristen" im Besonderen damit verknüpft wurden. Der von sehr vielen Menschen erhoffte Paradigmenwechsel in der Migrations- und Integrationspolitik wurde nach den Attentaten „durch einen autoritären Sicherheitsdiskurs konterkariert", wie Christoph Butterwegge bemerkt.[82]

Schon wenige Tage nach dem 11. September 2001 nutzte Edmund Stoiber die damals herrschende Terrorismus-Hysterie argumentativ, um seine extrem restriktive Haltung in der Migrationspolitik zu rechtfertigen. In einem Interview, das er der ZEIT gab, antwortete der bayerische Ministerpräsident auf die Frage, ob Zuwanderung aufgrund der Anschläge in den USA und der Tatsache, dass zumindest einer der Täter offenbar längere Zeit in Deutschland gelebt hatte, neu zu bewerten sei: „Nein, für die Union ist das nicht neu zu bewerten, weil wir schon immer gesagt haben: Ein Mehr an Zuwanderung kommt mit uns nicht infrage. Das übersteigt unsere Integrationsfähigkeit und ist für die Sicherheitsbehörden nicht mehr überschaubar."[83]

Bundesinnenminister Schily, getrieben von dem Wunsch, ein traditionelles Wahlkampfthema der Unionsparteien zu besetzen, legte sofort ein erstes Sicherheitspaket („Otto-Katalog") vor, mit dem u.a. das sog. Religionsprivileg im Vereinsrecht eingeschränkt wurde, welches religiös ausgerichtete Organisationen und Vereine weitestgehend vor geheimdienstlicher Überwachung und einem Verbot schützte. Die umstrittene Rasterfahndung, bei der „Schläfer", d.h. unauffällig lebende junge Männer ausländischer Herkunft und insbesondere islamischen Glaubens, die naturwissenschaftlich-technische Fä-

---

82 Siehe Christoph Butterwegge, Rechtsextremismus, Freiburg im Breisgau/Basel/Wien 2002, S. 135

83 „Künstlich dumm gehalten". Edmund Stoiber über Zuwanderung und die innere Sicherheit, in: Die Zeit v. 20.9.2001

cher studieren, gesucht wurden, folgte als nächstes Instrument der rot-grünen Terrorbekämpfung.

Vor dem Hintergrund der Diskussionen um das sog. Terrorismusbekämpfungsgesetz („Sicherheitspaket II")[84] gewannen altbekannte Töne in der parteipolitischen Debatte wieder die Oberhand, die Ausländer/innen v.a. arabischer Herkunft als Gefahr für die Innere Sicherheit begriffen, zumal besonders die Unionsparteien bzw. der von ihnen dominierte Bundesrat Verschärfungen, etwa bei der Ausweisung von unter Terrorverdacht stehenden Ausländern, forderten. Auch solle Schily nicht aus der Pflicht entlassen werden, „endlich das Ausländerrecht zielgenau zum Schutz vor den derzeit rund 31.000 fundamentalistischen Muslimen in Deutschland zu ändern", forderte die Union.[85] Der Widerstand gegen die geplanten Einschränkungen von Bürgerrechten – u.a. aus dem Bundesjustizministerium – führte dazu, dass zumindest manche der auch verfassungsrechtlichen Bedenken ausgeräumt wurden, bevor sich das rot-grüne Kabinett in einem Verhandlungsmarathon im November 2001 zunächst auf das zweite Sicherheitspaket und nach zäher Kompromisssuche auch auf den Entwurf des Zuwanderungsgesetzes einigte.[86] Die Verabschiedung des Terrorismusbekämpfungsgesetzes fiel der Regierungskoalition und dem Bundestag dadurch leichter, dass einige der (am schärfsten kritisierten) Regelungen aus dem Zuwanderungsgesetz herausgenommen und in das Sicherheitspaket integriert wurden.

5.1 Ausländerspezifische Regelungen des Terrorismusbekämpfungsgesetzes

Das Sicherheitspaket II, ein Artikelgesetz, das neben 17 Gesetzen fünf Verordnungen betraf, enthielt neben umfassenden Kompetenzerweiterungen für das Bundeskriminalamt (BKA) sowie Verfassungs- und Bundesgrenzschutz auch Änderungen des Pass- und Personalausweisrechts. Gewährleisten wollte man damit, so die SPD-Bundestagsfraktion, dass „Gefahren für die innere Sicherheit durch Angriffe von innen und von außen" frühzeitig erkannt und bekämpft werden.[87] Erst die wesentlich umfangreicheren Regelungen im Ausländerrecht, im Vereinsrecht, im Asylverfahrensgesetz und im Ausländerzen-

---

84 Vgl. Bundesministerium des Innern, Eckpunkte des Terrorismusbekämpfungsgesetzes. Pressemitteilung v. 27.10.2001 (www.bmi.bund.de)

85 Siehe Laurenz Meyer, Kein Show-Programm, Herr Schily!, in: CDU PresseNews v. 31.1.2002, www.cdu.de/presse/archiv-2001/pr193-01.tm

86 Vgl. J. Goddar, Schily macht Kollegen fassungslos, in: taz v. 22.10.2001. Berichtet wurde über die Stellungnahme des Bundesjustizministeriums zum 2. Sicherheitspaket, wonach laut Einschätzung des BMJ nicht nur einzelne, sondern ganz wesentliche Teile verfassungsrechtlich bedenklich, unverhältnismäßig bzw. unzulässig waren oder gar im Widerspruch zu rechtsstaatlichen Prinzipien standen.

87 Siehe Thema Anti-Terror. Sicherheitspaket II, in: SPD-Parteivorstand/-Bundestagsfraktion (Hrsg.), Intern. Informationsdienst der SPD Nr. 9 v. 17.12.2001, S. 9

tralregistergesetz, die im Folgenden betrachtet werden, zielten daher darauf ab, den „Terrorismus *von außen*“ zu bekämpfen. Da nur mit juristischer Akribie das hinter den Paragrafen zum Vorschein kommende „Bild vom Ausländer“ analysiert werden kann, seien hier beispielhaft zunächst jene ausländerspezifischen Zielsetzungen genannt, die mit dem zweiten „Sicherheitspaket“ eingelöst werden sollten: die Verhinderung der Einreise terroristischer Straftäter, mehr identitätssichernde Maßnahmen für hier lebende Migrant(inn)en und das raschere Unterbinden von „Aktivitäten extremistischer Ausländervereine in Deutschland“.[88]

Vor allem für Nicht-EU-Bürger/innen können die Änderungen im Ausländerrecht folgenreich sein: Die Genannten unterliegen dann einem Einreise- und Aufenthaltsverbot, wenn sie „die freiheitlich-demokratische Grundordnung oder die Sicherheit der Bundesrepublik Deutschland gefährden, sich bei der Verfolgung politischer Ziele an Gewalttätigkeiten beteiligen, öffentlich zur Gewalt aufrufen oder einer Vereinigung angehören, die den internationalen Terrorismus unterstützt“. Um dies durchzusetzen, wurden die Ausweisungsbestimmungen drastisch verschärft, indem Aufenthaltsverbote mit sofort folgender Ausweisung verknüpft werden können. Durch die Ausweitung der Verbotsgründe im Vereinsgesetz wurden weiterhin die „Handlungsoptionen zur Bekämpfung extremistischer Vereinigungen mit Auslandsbezug“, also u. U. auch von Migrantenselbstorganisationen nicht näher bestimmter Couleur, verbessert.

Das Asylverfahrensgesetz wurde um identitätssichernde Maßnahmen (z.B. Sprachaufzeichnungen) – wie sie bereits die Süssmuth-Kommission empfohlen hatte – ergänzt, anhand derer man die Herkunftsregionen von Asylsuchenden identifizieren will. Bis zu zehn Jahre nach „Unanfechtbarkeit der Asylentscheidung“ werden diese und weitere biometrische Daten (z.B. Fingerabdrücke) gespeichert und automatisch mit dem polizeilichen Tatortspurenbestand des BKA abgeglichen. Mit der Aufnahme dieser Merkmale in die Aufenthaltsdokumente von Ausländer(inne)n traf man eine Maßnahme, die für deutsche Staatsbürger/innen nach Intervention der Bündnisgrünen auf unbefristete Zeit verschoben wurde. Die Änderungen des Ausländerzentralregistergesetzes erleichtern den Zugriff von Sicherheitsbehörden auf diese und andere (z.B. von Ausländer- und Sozialämtern gespeicherte) Daten.

Während die Unionsparteien die Regelungen begrüßten, aber weitere Verschärfungen forderten, kritisierten die Selbstorganisationen hier lebender Migrant(inn)en neben Kirchen und Flüchtlingsorganisationen wie *Pro Asyl*, dass die Maßnahmen das Ziel der Terrorismusbekämpfung weit verfehlten. Mehmet Kiliç (Vorsitzender des Bundesausländerbeirates) monierte, dass selbst die neuen sicherheitspolitischen Herausforderungen nach den Terroranschlägen von New York „diesen Schritt in die Steinzeit restriktiver Auslän-

---

88 Siehe Bundesministerium des Innern, Eckpunkte des Terrorismusbekämpfungsgesetzes, a.a.O.

derpolitik" nicht rechtfertigten,[89] und erklärte: „Für uns gibt es praktisch keinen Datenschutz mehr. Wir werden pauschal zum Sicherheitsrisiko erklärt."[90] Bernd Mesović, Referent von *Pro Asyl*, reagierte wie viele andere insbesondere auf das notstandsgesetzgeberische Tempo, in dem das Gesetz durch das Parlament geschleust wurde, verärgert.[91] Neben den verschärften Ausweisungsbestimmungen und dem sofortigen Vollzug angeordneter Abschiebungen kritisierte er die „fast schrankenlosen Datenübermittlungsbefugnisse", die nicht nur Asylsuchende zu „gläsernen Menschen" machten. Thilo Weichert, Vorsitzender der Deutschen Vereinigung für Datenschutz, bemängelte wiederum, dass auch Grundrechte, die Deutschen wie Nichtdeutschen gleichermaßen zustehen, künftig in zwei Klassen, jene der „guten Deutschen" und jene der „bösen Ausländer", kategorisiert würden.[92]

6. Fazit

Die Hoffnungen vieler Wähler/innen (und v.a. auch der hier lebenden Migranten) auf einen Politikwechsel wurden durch den – zumindest semantischen – Paradigmenwechsel bei der Präsentation der Ergebnisse der Müller-Kommission und des Zuwanderungskommissionsberichts im Juni/Juli 2001 genährt. Ein breites Bündnis aus den Kirchen, Wohlfahrtsverbänden, Gewerkschaften, Wissenschaft, Migrantenselbstorganisationen etc. votierte für den überfälligen Paradigmenwechsel im Bereich der Integrations-, aber auch der Asylpolitik, und erwartete ihn nach den Vorschlägen der Süssmuth-Kommission auch. Nach dem Motto „Integration ist keine Einbahnstraße!" sollte ihre Forderung ein breites Spektrum umfassen und sich nicht nur an Migrant(inn)en, sondern auch an die Mehrheitsgesellschaft richten. Bundesinnenminister Schily allerdings verfolgte mit der heimlichen Ausarbeitung seines Referentenentwurfes andere Zielsetzungen, die vor allem im integrationspolitischen und im humanitären Bereich erheblich von den Empfehlungen der Zuwanderungskommission und dem o.g. Konsens des gesellschaftlichen Bündnisses abwichen.

Daher war die Kritik an dem von Schily eingebrachten Entwurf umso schärfer, der – wie Heribert Prantl es Anfang September 2001, kurz vor den Terroranschlägen von New York und Washington, in der *Süddeutschen Zeitung* kommentierte – „spektakulär in die falsche Richtung" ging.[93] Kurz dar-

89 Siehe Bundesausländerbeirat, Schritt in die ausländerrechtliche Steinzeit. Bundesausländerbeirat lehnt Sicherheitspaket ab, Pressemitteilung v. 18.10.2001
90 Interview mit Mehmet Kiliç, in: Junge Welt v. 2.11.2001
91 Vgl. Bernd Mesović, Extremismus per Gesetz, in: taz v. 30.11.2001
92 Vgl. Thilo Weichert, Der terroristische Ausländer, in: taz v. 26.11.2001
93 Siehe Heribert Prantl, Spektakulär in die falsche Richtung. Zehn Gründe, warum Otto Schilys Entwurf für ein Zuwanderungs- und Ausländerrecht sehr verbesserungswürdig sind, in: Süddeutsche Zeitung v. 6.9.2001

auf – der ohnehin zu knapp bemessene Zeitplan für die Verabschiedung des Zuwanderungsgesetzes war schon längst nicht mehr zu realisieren – überschnitten sich bereits die Debatten um die Rasterfahndung sowie das Terrorismusbekämpfungs- und das Zuwanderungsgesetz.

Angesichts der mit dem Terrorismusbekämpfungsgesetz annähernd widerstandslos durchgesetzten Verschärfungen im humanitären und ausländerrechtlichen Bereich verstummte der Protest vieler Flüchtlings- und Menschenrechtsorganisationen gegen den Schily-Entwurf, um die nunmehr drohenden Verschlechterungen zu verhindern. Beinahe schon klassisch zu nennende Argumentationsmuster der äußersten Rechten wurden von Politikern und Parteien der Mitte aufgegriffen, um Verschärfungen im Ausländerrecht durchzusetzen, die schon lange auf ihrer Wunschliste gestanden hatten. Auf der Strecke blieben dabei neben den Bedürfnissen betroffener Migrant(inn)en die demografischen Argumente der Süssmuth-Kommission, sodass sich Arbeitgeber und Gewerkschaften gemeinsam (!) im Januar 2002 veranlasst sahen, von Bundeskanzler Schröder langfristig angelegte, großzügigere Regelungen zu fordern, die Zuwanderung auch aus demografischen Gründen ermöglichen sollten.[94] Hinzu kam, dass die Union angesichts des nahenden Bundestagswahlkampfes 2002 und der Chance, mit der „Ausländerfrage“ als Thema die Stimmen nationalkonservativer und rechtsextremer Bürger zu gewinnen, eine grundlegende Überarbeitung der Entwurfs forderte.[95] Dies trug dazu bei, dass sich im Januar/Februar 2002 fast alle gesellschaftspolitisch relevanten Interessengruppen (eine Ausnahme bildeten neben der CDU/CSU die Vertreter von Städten und Kommunen, weil sie fürchteten, auf den Integrationskosten sitzen zu bleiben) frei nach dem Motto „Lieber ein Kuckucksals gar kein Ei“ für die schnelle Verabschiedung des zuvor so heftig umstrittenen Zuwanderungsgesetzes durch die Legislative aussprachen.

Die Weigerung des im Januar 2002 zum Kanzlerkandidaten avancierten bayerischen Ministerpräsidenten Edmund Stoiber, dem Gesetzentwurf im Bundesrat zuzustimmen, da bei 4,3 Mio. Arbeitslosen die Zuwanderung nicht ausgeweitet werden könne, stieß daher auf öffentlichen Protest: Während beispielsweise Bundespräsident Rau oder Rita Süssmuth mahnten, das Ausländerthema aus dem bevorstehenden Wahlkampf herauszuhalten, übten insbesondere die Arbeitgeberverbände, aber auch Gewerkschaften und Kirchen an der Blockadehaltung der christlichen Parteien scharfe Kritik. Denn das Ziel des Abbaus der Arbeitslosigkeit, betonte etwa Bernhard Jagoda, damals Präsident der Bundesanstalt für Arbeit, stehe (aufgrund des im Gesetz enthaltenen EU-Inländerprimats) nicht in Widerspruch zu den Zielen des Gesetzent-

94 Vgl. Lukas Wallraff, Bündnis für baldige Zuwanderung, in: taz v. 12./13.1.2002

95 Vgl. Ausgewählte Kritikpunkte am Zuwanderungsgesetz-Entwurf der Bundesregierung und der Fraktionen von SPD und Bündnis 90/Die Grünen, http://www.cdu.de/politik-a.-z/zuwanderung/kritik250102.htm v. 21.2.2002

wurfes; überdies sei aufgrund der demografischen Entwicklung schon bald ein wachsender Fachkräftemangel zu erwarten.[96]

Innerhalb weniger Monate hatte sich der Wind total gedreht: Nunmehr wurde die Zuwanderung von den Regierungsparteien wie von der Union fast nur noch unter (wahl)taktischen Gesichtspunkten behandelt. Die sog. Neue Mitte von Bundeskanzler Schröder hatte das Thema – spätestens als das Gesetz kurz vor seiner Verabschiedung im Bundesrat noch ein weiteres Mal in wesentlichen Punkten aufgrund entsprechender Forderungen von Brandenburgs Innenminister Schönbohm (CDU), von dessen Zustimmung die Bundesratsentscheidung maßgeblich abhängig war, überarbeitet wurde – als Gegenstand eines rot-grünen Reformprojekts preisgegeben. Dies änderte jedoch nichts daran, dass es bei der entscheidenden Sitzung im Bundesrat um vieles, nur nicht mehr um das Zuwanderungsgesetz und seine Inhalte ging: „um existierende Macht und fehlende Mehrheiten, um Gesichtswahrung und Druckmassage, um Gewinner und Verlierer, um Millionen und Koalitionen",[97] vor allem aber um das erste Duell der beiden Spitzenkandidaten Schröder und Stoiber.

Ein Thema, das hier trotz seiner immensen Bedeutung ausgeklammert werden muss, ist die Entwicklung der europäischen Migrations- und Asylpolitik, die bis zum Jahr 2004 dem Vertrag von Amsterdam zufolge harmonisiert werden soll.[98] Dazu gehört neben der einheitlichen Interpretation der Genfer Flüchtlings- sowie der EU-Menschenrechtskonvention auch die Umsetzung der EU-Richtlinien zur Antidiskriminierung in nationales Recht (Antidiskriminierungsgesetz) bis Juli bzw. Dezember 2003, wozu Bundesjustizministerin Herta Däubler-Gmelin am 3. Dezember 2001 einen ersten Gesetzentwurf vorlegte.[99] Eine Analyse, welche Akzente die Bundesregierung hier bezüglich der Vergemeinschaftung der Gesetzgebung anstrebt und zum Teil bereits realisiert hat, wäre jedoch wichtig, zumal die europäische Ebene die Rahmenbedingungen für die nationale Gesetzgebung bildet und daher mehr öffentliche Aufmerksamkeit erfahren sollte, als ihr bisher gewidmet wurde.

---

96 Vgl. Lukas Wallraff, Ausländer gut für Jobmarkt, in: taz v. 17.1.2002

97 Siehe Vera Gaserow, Ein paar Millionen Euro für 35 Stimmen. Vor der Bundesratssitzung wird gefeilscht, geheimnisst und gedroht, in: Frankfurter Rundschau v. 19.3.2002; vgl. ergänzend: Philip Grassmann/Susanne Höll, Zur Rettung des Zuwanderungsgesetzes im Bundesrat: Schröder will Stoibers Strategie durchkreuzen. Der Kanzler stellt den Ländern bis zu 250 Millionen Euro für die Kosten der Ausländer-Integration in Aussicht, in: Süddeutsche Zeitung v. 21.3.2002

98 Vgl. dazu: Claudia Roth, Mark Holzberger, Europäischer Flüchtlingsschutz heute, in: Christoph Butterwegge/Gudrun Hentges (Hrsg.), Zuwanderung im Zeichen der Globalisierung. Migrations-, Integrations- und Minderheitenpolitik, Opladen 2000, S. 91ff.

99 Vgl. dazu auch: Elçin Kürsat-Ahlers, Die Vorreiterrolle der Europäischen Union bei der Etablierung einer Antidiskriminierungsgesetzgebung in der Bundesrepublik Deutschland – Lernen von anderen Ländern, in: Andreas Treichler (Hrsg.), Wohlfahrtsstaat, Einwanderung und ethnische Minderheiten. Probleme, Entwicklungen, Perspektiven, Wiesbaden 2002, S. 257ff.

Kritisch anzumerken bleibt abschließend, dass die Zuwanderung zwar selten so offen diskutiert und so umfassend konzeptionell durchdacht wurde, aber gleichzeitig die Förderung von Integration (deren Jahrzehnt die SPD-Bundestagsfraktion im Sommer 2001 noch proklamiert hatte) weit hinter die langgehegten Erwartungen zurückgefallen ist, da viele Neuerungen des Zuwanderungsgesetzes (z.B. die ständige Widerrufbarkeit von Arbeits- bzw. Aufenthaltsgenehmigungen und die erweiterten Ermessensspielräume der Behörden) Ausgrenzung statt Integration fördern und ein Zwei-Klassen-Recht schaffen. Mehr noch, eine *nachholende* Integrationsförderung findet nicht statt, weil die ausdifferenzierten, fortschrittlichen Konzepte aller Parteien zu deren Förderung im Gesetzesvorhaben auf das einseitige, verpflichtende Angebot von Integrationskursen für Neuzuwanderer reduziert wurden, wobei die Kostenübernahme sich zu einem Hauptstreitpunkt zwischen Opposition und Regierung entwickelte. Die Bedürfnisse von betroffenen Migrant(inn)en, deren Selbstorganisationen schon vorher höchstens ansatzweise einbezogen wurden, und mehr noch die Inhalte des „Jahrhundertwerks Zuwanderungsgesetz" blieben spätestens im Wahlkampf, als man über die Verfassungs- bzw. Rechtmäßigkeit der Bundesratsentscheidung stritt, auf der Strecke bzw. den Wahlkampfstrategen von Edmund Stoiber und der extremen Rechten überlassen, die das Thema immer schon im negativen Sinne mit dem Schreckbild der „Überfremdung" besetzt hatten.

Janine Cremer

Zuwanderung bzw. Zuwanderungspolitik im Spiegel der Arbeitgeber- und der Gewerkschaftspresse

Seit fast einem halben Jahrhundert gehören Arbeitsmigrant(inn)en zum normalen Erscheinungsbild der Bundesrepublik, doch erst nach dem Regierungswechsel im Herbst 1998 wurde das Thema „Zuwanderung" konstruktiv diskutiert. Auch der globale(re) Wettbewerb und die Sorgen vieler Menschen um die Konkurrenzfähigkeit des „Standorts D" verliehen dem Problemkreis große Brisanz. Ganz besonders galt dies für Unternehmer und ihre Verbände sowie Arbeitnehmer/innen und ihre Gewerkschaften.

In einer Medienanalyse haben wir die Jahrgänge 1996 bis 2001 der Mitgliedszeitschriften von IG Metall und IG Bergbau, Chemie, Energie (IG BCE) einerseits sowie der Bundesvereinigung der Deutschen Arbeitgeberverbände (BDA) andererseits untersucht.[1] Die IG Metall bzw. deren Mitgliedszeitschrift „Metall" wurde nicht nur ausgewählt, weil sie die zweitgrößte Gewerkschaft im DGB ist, sondern auch, weil in den Metall verarbeitenden bzw. produzierenden Wirtschaftszweigen ein Großteil der Migrant(inn)en arbeitet und ihr daher angehört. Der politischen Ausrichtung nach ist die IG Metall eher links einzuordnen. Sie unterstützte die rot-grüne Bundesregierung nicht durchgängig, sondern formulierte in manchen Fragen auch eine radikalere Meinung und ging deutlicher als die IG BCE, drittgrößte DGB-Gewerkschaft mit einem gleichfalls recht hohen Migrantenanteil, auf Distanz gegenüber dem Unternehmerlager. Die liberalkonservativ ausgerichtete Bundesvereinigung der Deutschen Arbeitgeberverbände stand mitsamt ihrem Monatsmagazin „Der Arbeitgeber" stellvertretend für die Wirtschaftsverbände.

Die Zeitschriften wurden sowohl chronologisch analysiert wie auch auf neun bzw. zehn Untersuchungsfeldern. Bei der Zuordnung eines Artikels zu einem dieser Felder war sein Themenschwerpunkt entscheidend. Die quantitative Analyse erfasste alle Artikel, auch kurze Nachrichten oder Meldungen

---

1 Vgl. Janine Cremer, Zuwanderung und Minderheiten im Spiegel der deutschen Gewerkschafts- und Arbeitgeberpresse. Schriftliche Hausarbeit an der Universität zu Köln im Rahmen der Ersten Staatsprüfung für das Lehramt für die Sekundarstufe I, vorgelegt am 3. September 2001 (mit weiteren Nachweisen)

im Lokalteil, die von ihrem inhaltlichen Schwerpunkt migrationspolitisch sind. Hingegen gingen in die qualitative Analyse hauptsächlich längere aussagekräftige Beiträge ein, weil die Häufigkeit eines Themas allein noch nicht viel über die umfassende Behandlung und über die Position des jeweiliges Verbandes aussagt. Somit bot sich ein breites Spektrum an Artikelformaten, die berücksichtigt wurden.

Die Inhaltsanalyse der Mitgliedszeitschriften im Zeitraum von Januar 1996 bis Juni 2001 erfasste folgende Untersuchungsfelder:

– Rassismus und Rechtsextremismus

Der Umgang mit Minderheiten einerseits sowie jener mit Rassismus und Rechtsextremismus andererseits hängen eng zusammen. Die Position zu den zuletzt genannten Problemen kann die Haltung zu nichtdeutschen Mitgliedern und Mitbürger(inne)n verdeutlichen.

– Zuwanderung

Diese Kategorie umfasst alle Artikel, die eine Position der untersuchten Organisationen verdeutlichen. Im Mittelpunkt stehen die Zuwanderungsdebatte des Jahres 2001 und die Reaktionen in der Presse.

– Green Card

Die Auseinandersetzung um die Einführung der Green Card fand auch und besonders in der Presse statt. Durch die Haltung zu der befristeten Arbeitserlaubnis für Nicht-EU-Bürger/innen war ein Rückschluss auf die Haltung der Verbände zu Migrationsfragen möglich.

– Leitkulturdebatte

Die Diskussion um Zuwanderung geht mit der Präsentation möglicher Gestaltungskonzepte einher. Die strittige Bezeichnung „deutsche Leitkultur“ wurde zum Ende des Jahres 2000 von Politikern der CDU/CSU in die Zuwanderungsdebatte eingebracht. Es stellt sich daher die Frage, welche Auffassungen die Zeitschriften zu dieser Kontroverse vertreten.

1. Die gewerkschaftliche Mitgliedszeitschrift „Metall“

Metall erscheint monatlich, ist für alle Mitglieder kostenlos und erreicht daher einen großen Anteil von ihnen. Die Mitgliedszeitschrift bildet ein geeignetes Medium, um entscheidende Positionen der Gewerkschaft zur Zuwanderung und im Umgang mit Migrant(inn)en einer großen Leserschaft nahe zu bringen. Ein Viertel aller Migrant(inn)en arbeitet in der Metallwirtschaft, weshalb die IG Metall unter allen Gewerkschaften auch den größten Migrantenanteil hat. Außerdem ist sie „die einzige Gewerkschaft, welche (in Westdeutschland) flächendeckende Strukturen im Bereich ‚Migranten' aufgebaut hat", wie Nihat Öztürk feststellt.[2]

Die Zeitschrift „Metall" behandelt eine Vielzahl von Themen. Das Spektrum reicht von kurzen Informationen und Nachrichten über politische, wirtschaftliche und betriebliche Entscheidungen sowie regionale Ereignisse, gesellschaftliche und kulturelle Themen bis zu Serien über internationale Gewerkschaftsarbeit und Arbeitsbedingungen. Menschenrechte, internationale Hilfe und Solidarität sind ebenso zentrale Themen wie die Tarifpolitik und der globale Wettbewerb. Ein wichtiger Bestandteil neben dem jeweiligen Titelthema der Zeitschrift ist der Leitartikel des Ersten Vorsitzenden der IG Metall, Klaus Zwickel.

1.1 Leitkulturdebatte

Aus den Reihen der CDU, insbesondere von deren Fraktionsvorsitzendem Friedrich Merz, wurde im Spätherbst des Jahres 2000 die Forderung nach einer „deutschen Leitkultur" als Richtschnur für Migrant(inn)en laut. Bereits die Wahl des Begriffs stieß auf Kritik, weil er die vorherrschende Heterogenität der Lebensweisen und Glaubensbekenntnisse ignoriert bzw. homogenisiert. Die in der politischen Öffentlichkeit und den Massenmedien geführte Diskussion befasste sich mit Problemen der Definition einer solchen Leitkultur und ihren prekären Folgen.

In den untersuchten Presseorganen gab es nur einen Artikel, und zwar in der Zeitschrift *Metall*, der sich kritisch dazu äußerte. In der Dezember-Ausgabe 2000 des Mitgliedsmagazins erschien ein Leitartikel von Klaus Zwickel mit der Überschrift: „‚Leitkultur' stärkt Fremdenhasser – CDU-Debatte um ‚deutsche Leitkultur' ist dumm, überflüssig und gefährlich". In aller Deutlichkeit drückte der Autor, stellvertretend für die Gewerkschaft IG Metall, seine Missbilligung des Merz'schen Vorstoßes aus. Er begrüßte zwar die Einsicht der CDU, dass Deutschland ein Einwanderungsland ist, verurteilte jedoch die Leitkulturdebatte, durch welche man „Wasser auf die Mühlen der Nazis" leite.[3] Dadurch habe die CDU nach der Diskussion um die doppelte Staatsbürgerschaft und die Forderung „Kinder statt Inder!" ihres Spitzenkandidaten bei der nordrhein-westfälischen Landtagswahl (Mai 2000) Jürgen Rüttgers im Umfeld der Green-Card-Debatte einmal mehr bewiesen, dass sie die Zuwanderungsdebatte für ihre Wahlkampfzwecke mit der Folge nutze, dass Ängste bei der Bevölkerung geweckt und durch Rechtsextremisten genutzt würden, um ihr Gedankengut zu verbreiten. Die CDU unterstütze mit ih-

---

2 Siehe Nihat Öztürk, Partizipation von Migranten und Einwanderern in Betrieben und den Gewerkschaften – das Beispiel der Industriegewerkschaft Metall, in: Andreas Treichler (Hrsg.), Wohlfahrtsstaat, Einwanderung und ethnische Minderheiten. Probleme, Entwicklungen, Perspektiven, Wiesbaden 2002, S. 295

3 Siehe Klaus Zwickel, „Leitkultur" stärkt Fremdenhasser, in: Metall 12/2000, S. 6

rer Kampagne jene Glatzen, die schon immer eine Unterordnung der ausländischen Mitbürger verlangten: „Mir macht das Angst. Die Signale aus der Union, dass sie im nächsten Bundestagswahlkampf genau diesen dumpfen Nationalismus für sich nutzen will, sind erschreckend deutlich."[4]

Dabei ignorierte Zwickel allerdings, dass sich durch solche Debatten nicht nur Randgruppen wie Neonazis und „Glatzen" in ihrer Meinung bestätigt sahen, sondern auch die „Mitte" der Gesellschaft, darunter wahrscheinlich ein großer Teil der Gewerkschaftsmitglieder. Indem Zwickel das Thema an die Ränder der Gesellschaft verbannte, verlor er die zunehmenden Ausgrenzungsbemühungen der politischen Mitte aus den Augen.

Dagegen setzt sich die IG Metall – wie auch die übrigen Gewerkschaften – für Integration ein und möchte auf Menschen anderer Nationalität zugehen, statt immer nur Forderungen an sie zu richten. Zwickel rechtfertigte diese Position seiner Gewerkschaft freilich damit, dass „ihr Hiersein unserer Wirtschaft, unserer Kultur und unserem Sozialsystem (große Chancen) eröffnet".[5] Dieses Argument ist deshalb zwiespältig, weil es Ausländerbeschäftigung und Zuwanderung in Zeiten des Mangels an (spezifischen) Arbeitskräften legitimiert, während das „Nützlichkeits"-Argument in Krisenzeiten kaum mehr sticht.

1.2 Rassismus und Rechtsextremismus

Rechtsextremismus und Rassismus, oft als „Ausländerfeindlichkeit" bezeichnet, spielten die größte Rolle in *Metall*, was die Anzahl von insgesamt 32 Artikeln darüber (Gesamtartikelzahl 1996-2001: 89) beweist. Die Mehrzahl davon erschien jedoch in Form kurzer Meldungen und Nachrichten über Gegendemonstrationen, regionale Initiativen und Aktionen. Besonders im Jahr 2000 war das Interesse an dem Thema sehr groß, sowohl bedingt durch den von Bundeskanzler Gerhard Schröder nach dem Brandanschlag auf die Synagoge in Düsseldorf am 4. Oktober proklamierten „Aufstand der Anständigen" wie auch durch die nur wenige Monate vorher veröffentlichten Ergebnisse der DGB-Kommission „Rechtsextremismus".[6] Ihr Abschlussbericht offenbarte die Anfälligkeit von Gewerkschaftsmitgliedern für Rechtsextremismus und veranlasste die Vorstände zum Handeln. Hierdurch aufgerüttelt und zusätzlich motiviert durch die Bedrohung von Gewerkschaftsfunktionären durch Neonazis verstärkte die IG Metall ihre Aufklärungskampagne „Gegen Rechts".

Dass Rechtsextremismus nicht vor Gewerkschaftsmitgliedern Halt macht, war der IG Metall schon länger bewusst. So brachte *Metall* bereits im Januar

4 Ebd.
5 Ebd.
6 Vgl. DGB-Bundesvorstand/Grundsatzabteilung (Hrsg.), Schlussbericht der Kommission Rechtsextremismus, Auftrag des 16. Ordentlichen Bundeskongresses des DGB, Berlin, Mai 2000

1996 einen Artikel über das Engagement eines Mercedes-Betriebsrates in der braunen Presse.[7] In einem Interview, das er der Gewerkschaftszeitung gab, wies Wolfgang Heidelberg, damals Präsident des Landesamtes für Verfassungsschutz in Sachsen-Anhalt, auf die Gefahren hin: „Er (der Rechtsradikalismus; *J.C.*) war schon immer stärker in der Gesellschaft verankert, als wir wahrhaben wollten. Rund zehn Prozent der Bevölkerung ist anfällig."[8]

Im Oktober 1997 erschien eine mehrseitige Reportage zum Thema „Rassismus", die über einen praktischen Beitrag von Metallern im europäischen Jahr gegen Rassismus berichtete, ausländische Kollegen im Betrieb vor Diskriminierung zu schützen.[9] Beweggrund für den Artikel war die „Ausländerfeindlichkeit" in der Kokerei von ThyssenStahl in Duisburg, die in einer Bedrohung ausländischer Kollegen durch einen deutschen Mitarbeiter eskalierte. Dem betrieblichen Rassismus suchten die Metaller mit Deutschkursen für Türken und Türkischkursen für Deutsche, mit Betriebsvereinbarungen und Seminaren entgegenzuwirken. Gründe für das „rauere Klima" im Betrieb sahen die Betriebsräte auch im Stellenabbau, der zu unbegründeten Konkurrenzängsten unter den Mitarbeiter(inne)n führe: „Ausländer sollen auch im Beruf eine Chance haben – das ist das Ziel einer Betriebsvereinbarung bei TWB Presswerk in Hagen."[10]

Wie stark die rechte Orientierung bei manchen deutschen IG-Metall-Mitgliedern ist, zeigten einige Reaktionen, die in der folgenden *Metall*-Ausgabe erschienen. So hieß es in einem Leserbrief: „Der Beitrag über Rassismus am Arbeitsplatz ist von Anfang bis Ende ein einziger Witz. Ist es wirklich schon so weit, daß man während der Arbeitszeit Kurse besuchen kann, um andere Kulturen kennenzulernen?" Ein anderer Leser schrieb: „Bei der gegenwärtigen Situation auf dem deutschen Arbeitsmarkt und der hohen Arbeitslosigkeit frage ich mich, was der Artikel ‚Einwanderer kurbeln Wirtschaft an' soll? Wir brauchen zur Zeit keine Einwanderer."[11]

Leserbriefe voller Unverständnis für Migration waren symptomatisch für die Zwecklosigkeit von Aktionen und Argumentationen wie „Die Ausländer nehmen uns keine Arbeitsplätze weg!" und spiegelten das Dilemma der Gewerkschaften wider, sowohl Interessenvertretung deutscher wie auch nichtdeutscher Arbeitnehmer/innen zu sein. Zwar betrieben die Gewerkschaften, hier die IG Metall, eine breit angelegte Aufklärungskampagne gegen Rassismus und Rechtsextremismus. Diese blieb jedoch unbefriedigend, weil sie sich nicht mit dem latenten Rassismus innerhalb der eigenen Reihen auseinandersetzte, sondern die strukturellen Ursachen an die Ränder der Gesellschaft und auf politisch verursachte soziale Missstände schob.

---

7 Vgl. „Unabhängiger" stützt Rechtsaußen-Blatt, in: Metall 1/1996, S. 6
8 Rechte Szene gewinnt Einfluß, in: Metall 5/1998, S. 9
9 Vgl. Schuß in die Decke, in: Metall 10/1997, S. 12f.
10 Ebd., S. 13
11 Beide Zitate in der Rubrik Leserbriefe, in: Metall 11/1997, S. 30

Im März 2001 veröffentlichte die *Metall*-Redaktion sogar ein Heft zum Thema „Aktiv gegen Rechts". Anlässe dafür boten der „Tag des Rassismus" am 21. März und brutale rechtsextreme Übergriffe, etwa der Mord an dem Mosambikaner Alberto Adriano am 12. Juni 2000 in Dessau. In einem dreiseitigen Beitrag wurde die Leserschaft über Aktionen gegen den Rechtsextremismus und Handlungsmöglichkeiten am Arbeitsplatz informiert. Die IG Metall und ihre Betriebsräte machten sich aufgrund der zunehmenden, oft subtilen Diskriminierung am Arbeitsplatz Gedanken und sahen ihre Chancen in „deutlichen Worten und Gesten gegenüber Tätern" sowie „Betriebsvereinbarungen, die auch disziplinarische Maßnahmen, bis hin zu Versetzungen und Abmahnungen, vorsehen".[12] Auch diese Reportage erreichte einen Teil der Mitgliedschaft nicht in der gewünschten Weise, wie die Leserbriefe in der April-Ausgabe zeigen: „Als ich den Titel las, war ich zutiefst erregt. Ich bekenne mich zu meinem Land und ordne mich in der heutigen Zeit eindeutig rechts ein."[13] Ein anderer Leser kritisierte nicht zu Unrecht den Begriff „Rechts", denn es trägt eher zur Bagatellisierung von Rassismus bei, wenn ihn die IG Metall ausschließlich Neonazis zuordnet oder als „Ausländerfeindlichkeit" bezeichnet.

Die Unsicherheit im Umgang mit Rechtsextremisten im Betrieb offenbarte sich auch in einem von *Metall* dokumentierten Streitgespräch. Ein Betriebsratsmitglied bei EKO Stahl in Eisenhüttenstadt plädierte für klare Grenzen gegenüber Rechtsextremisten, ein Lehrer der IG-Metall-Bildungsstätte in Berlin wandte hingegen skeptisch ein, dass Grenzen problematisch seien, und forderte deshalb die Integration rechtsextremer Jugendlicher.[14]

Insgesamt setzt sich die IG Metall in ihrer Mitgliedszeitschrift vehement gegen rechte Gewalt und für Zivilcourage ein. Den Metallern werden weiterführende Informationen auf Internetseiten sowie Argumentations- und Textmaterialien angeboten. Vielerorts präsent sind Aktionen wie die „Aktion Noteingang", „Gib Nazis keine Chance!" oder das „Xenos"-Programm der Bundesregierung gegen „Fremdenfeindlichkeit".

1.3 Green Card

Die Debatte zur Einführung der Green Card, einer befristeten Aufenthalts- und Arbeitserlaubnis für Nicht-EU-Facharbeitskräfte, bestimmte die Medienlandschaft im Frühjahr 2000. Auch in der Zeitschrift *Metall* erschienen drei Artikel, die sich damit beschäftigten, darunter ein Leitartikel von Klaus Zwickel. In einem populistischen Schreibstil bezeichnete er die Green Card als „Rote Karte für Arbeitslose". Nicht ohne Ironie kritisierte Zwickel die Initiative des modernen, unkomplizierten und vorurteilsfreien Kanzlers. In einer

12 Aktiv gegen Rechts, in: Metall 3/2001, S. 25
13 Leserbrief in Metall 4/2001, S. 2
14 Vgl. „Reden oder rauswerfen?", in: Metall 2/2000, S. 7

anfänglich emotional geführten Argumentation beschuldigte er die Wirtschaft, von den Migrant(inn)en zu profitieren, dabei aber die 31.840 arbeitslosen EDV-Fachleute zu vergessen: „Den Unternehmen sind sie (...) nicht qualifiziert genug. (...) Und Inder kriegt man für das halbe Geld.“[15] Mit einer solchen undifferenzierten Aussage schürte Zwickel bei den Leser(inne)n rassistische Vorurteile. Durch die einseitige Darstellung entstand der Eindruck, dass die Green Card überflüssig sei, die Wirtschaft fördere und die einheimischen Arbeitsplätze durch Beschäftigung der „Fremden“ gefährde.

Zwickel lastete der Wirtschaft die mangelhafte Ausbildungssituation in Deutschland an: „Es geht darum, ob sich die Wirtschaft um Arbeit für alle bemüht. Ob sie Menschen hilft. Oder ob sie sie ausquetscht, solange sie jung sind, und wenn sie älter werden, wegwirft wie Altpapier.“[16] Obwohl die Notwendigkeit einer Qualifizierungsoffensive außer Frage steht, ist eine langfristige Öffnung des Arbeitsmarktes unerlässlich. Spricht Zwickel, wenn es um die Profilierung der IG Metall gegen den Rechtsextremismus geht, von ausländischen Mitbürger(inne)n als einer Bereicherung, erhalten sie in diesem Leitartikel beinahe den Charakter von Eindringlingen. Wenn er die Green Card als menschenverachtende Auswahlmethode kennzeichnet, klingt dies vor dem Hintergrund seiner Abwehrhaltung wie ein Pseudoargument, denn im eigentlichen Interesse des Vorsitzenden und hiermit der IG Metall steht offenbar die Wahrung der Interessen *deutscher* Arbeitnehmer/innen.

Im Gastkommentar einer Journalistin der „Frankfurter Rundschau“, Ferdos Forudastan, wurde die Green Card als „grenzenlos dumm“ bezeichnet.[17] In der Mai-Ausgabe 2000 der Zeitschrift *Metall* erschien ein weiterer kurzer Beitrag zur Green Card, der von der emotionalisierten Debatte zu sachlichen Forderungen überging. Die IG-Metall-Betriebsräte aus zehn großen Unternehmen der IT-Branche grenzten sich unmissverständlich von „den populistischen, im Kern ausländerfeindlichen Äußerungen von Politikern zur Green-Card-Debatte ab.“[18] Eine Green Card akzeptierten sie unter der Voraussetzung, dass die Aus- und Weiterbildung in den Betrieben verstärkt, jede/r Migrant(in) zu den gleichen Bedingungen wie alle anderen Mitarbeiter/innen eingestellt und der Frauenanteil in der Branche erhöht werde.

Einen objektiven Beitrag darüber, was die Green Card bedeutet, welche Ziele die Bundesregierung und die Wirtschaft mit ihr verfolgen oder welche Rechte und Pflichten sie beinhaltet, suchte man im gesamten Untersuchungszeitraum vergeblich, obwohl eine sachliche Information die Zweifel vieler Mitglieder hätte zerstreuen können.

15 Ebd.
16 Ebd.
17 Ferdos Forudastan, Greencard – grenzenlos dumm, in: Metall 4/2000, S. 11
18 Greencard: Ein Appell gegen Populismus, in: Metall 5/2000, S. 12

2. „Magazin“ – die Mitgliedszeitschrift der IG Bergbau, Chemie und Energie

Durch die Fusion dreier DGB-Wirtschaftsbereichsgewerkschaften 1997 entstanden, hatte die IG BCE am Ende des übernächsten Jahres 922.783 Mitglieder. Darunter waren 70.332 ausländische Arbeitnehmer/innen. Die IG BCE versteht sich als Interessenvertretung ihrer Mitglieder und als gesellschaftliche Reformkraft, „die Solidarität und soziale Gerechtigkeit als ihre Leitziele und als Voraussetzung für die Freiheit des einzelnen betrachtet“.[19] Sie möchte den „Industriestandort Deutschland mit seinen hohen wirtschaftlichen, technologischen und sozialen Standards durch eine aktive Wirtschafts-, Finanz-, Struktur-, Industrie- und Energiepolitik mitgestalten und im globalen Wettbewerb positionieren.“[20] Neben der Mitgestaltung wirtschaftlicher Rahmenbedingungen stehen im Zentrum ihres Leitbildes vor allem Solidarität und soziale Gerechtigkeit.

Die IG BCE will eine „lernende, offene und beteiligungsorientierte Organisation sein, welche die Vielfalt ihrer Mitglieder und Funktionsträger aufgreift.“ Sie verbindet die „Fortsetzung der gewerkschaftlichen Arbeit zugunsten der ausländischen Mitglieder damit, ausländerspezifische Fragen und Probleme auf breiter Basis zu beobachten und beraten“ sowie damit, dass Migrant(inn)en „stärker als bisher an die gewerkschaftliche Arbeit herangeführt und an dem gewerkschaftspolitischen Entscheidungsprozeß verstärkt beteiligt werden.“[21] Die Integrationsarbeit dieser Gewerkschaft besteht hauptsächlich darin, auf Bundes-, Landes- und Bezirksebene in Arbeitskreisen über Fragen der Integration, der Ausländer- und Flüchtlingspolitik zu informieren und sie aktiv zu gestalten. Gerade was den Rassismus (oder wie sie es verharmlosend ausdrückt: die „Ausländerfeindlichkeit“) betrifft, ist die IG BCE mit Stellungnahmen, Demonstrationen, Schulungen, Bildungsmaterial und Aktionen wie „Mach meinen Kumpel nicht an!“ aktiv.

Die Mitgliedszeitschrift „Magazin“ erscheint monatlich und bietet den Leser(inne)n ein breites Spektrum an Informationen. Neben gewerkschaftlichen Positionen zur Tarif-, Arbeits- und Wirtschaftspolitik enthält sie Verbraucher- und Kulturinformationen sowie Artikel, in denen alltagsorientierte Themen behandelt werden.

---

19 Der Gewerkschaftskongress möge beschließen ..., in: Magazin, 9/1997, S. II

20 Ebd.

21 Siehe Grundsätze zur Ausländerarbeit, beschlossen vom Hauptvorstand der IG BCE am 23. Februar 1999, S. 4

2.1 Rassismus und Rechtsextremismus

Rassistisch motivierte und rechte Straftaten fanden von 1998 bis 2001 vermehrt Beachtung, was sich auch in der Gewerkschaftspresse niederschlug. Die Tendenz der Zunahme zeigte sich entgegen der Entwicklung von Straftaten erst seit 1998, obgleich 1997 ein vorläufiger Höhepunkt an fremdenfeindlichen Straftaten erreicht wurde. Im Jahr 1996 gab es trotz einer ähnlich hohen Zahl an Straftaten wie 1999 keinen einzigen Artikel zu dem Themenbereich. Das starke Interesse im Jahr 1998 war auf den Erfolg der DVU bei der Landtagswahl in Sachsen-Anhalt zurückzuführen. Die weiter wachsende Anzahl der Artikel im Jahr 2000 wiederum lag in dem Sprengstoffattentat an einer Düsseldorfer S-Bahn-Station, dem Brandanschlag auf die Synagoge der nordrhein-westfälischen Landeshauptstadt und den politischen Reaktionen darauf begründet. Bundeskanzler Gerhard Schröder äußerte sich nach diesem Vorfall mehrmals, auch in der Gewerkschaftspresse, mit folgendem Tenor: „Vor allem braucht es das, was ich den ‚Aufstand der Anständigen' nenne."[22]

Insgesamt sind im Untersuchungszeitraum zwölf Artikel erschienen, vier davon als kurze Meldungen über Aktionen gegen Rechts in den Bezirksteilen. Bei den übrigen acht Artikeln handelt es sich um zwei Kommentare, zwei kurze Beiträge und vier mehrseitige Reportagen. 2000/01 erschienen allein sechs Artikel, was den Bedeutungsgewinn für das Thema deutlich macht.

Am 26. April 1998 errang die Deutsche Volksunion (DVU) bei der Landtagswahl in Sachsen-Anhalt mit 12,9 Prozent der Zweitstimmen den größten Wahlerfolg einer rechtsextremen Partei seit Gründung der Bundesrepublik. Das öffentliche Erschrecken über dieses ohne Wahlkampf „vor Ort" erzielte Resultat wurde bald von Berichten der Medien über die DVU-Abgeordneten verdrängt, in denen das Klischee korrupter, intellektuell überforderter und von der Münchner Parteizentrale des Großverlegers Dr. Gerhard Frey abhängiger Marionetten dominierte.[23] In dieses Muster, das die mit dem Wahlerfolg verbundenen Gefahren im Grunde relativierte, fügte sich der *Magazin*-Beitrag „Konflikte, Querelen, Veruntreuungen: Die DVU in den Landtagen" über die rechtsextreme Partei und ihr parlamentarisches Wirken bruchlos ein.[24]

Vor diesem Hintergrund erschien im Dezember 1998 auch ein Kommentar von Bernd Leibfried, der den Stimmenzuwachs rechtsradikaler Parteien mit der politischen Missstimmung in Ostdeutschland zu erklären suchte: „Systemverdrossenheit treibt die Bürger in die Arme extremer Randparteien oder

---

22 Gerhard Schröder im Interview: Kräftiges Wirtschaftswachstum – Spielraum für Investitionen, in: Magazin 1/2001, S. 14

23 Vgl. Christoph Butterwegge, Witzfiguren, Marionetten oder braune Demagogen?, Zur Parlamentstätigkeit rechtsextremistischer Parteien, in: Blätter für deutsche und internationale Politik 8/1998, S. 987ff.

24 Siehe Konflikte, Querelen, Veruntreuungen: Die DVU in den Landtagen, in: Magazin 6/1998, S. 16f.

ins Lager der Nichtwähler."[25] Dahinter stand die Vorstellung, Arbeitslosigkeit bilde den Nährboden für Rechtsextremismus. Leibfrieds Annahme, Gewerkschaftsmitgliedschaft wirke schützend gegen Rechtsextremismus, ist durch empirische Untersuchungen indes längst widerlegt.[26]

Im Mai 1998 wies eine kurze Meldung auf eine Studie zur Zunahme von Rechtsextremismus unter ostdeutschen Jugendlichen sowie an den Hochschulen und Universitäten hin, ohne dass sie auf den gesellschaftlichen und gewerkschaftlichen Rechtsrutsch einging. Im September 2000 wurde auf drei Seiten das Vorgehen der IG BCE gegen Rechtsextremismus vorgestellt, da aus aktuellem Anlass – Bund und Länder wollten den Druck auf rechte Gewalttäter erhöhen – Vertreter der Gewerkschaft und des Arbeitgeberverbandes Chemie Maßnahmen gegen Rechts diskutierten. Die Schwerpunkte des gewerkschaftlichen Interesses lagen in der Bekämpfung der Jugendarbeitslosigkeit, die „rechte Seelenfängerei" erleichtere. Dagegen wurde die Bedeutung der eigenen Bildungsarbeit eher gering veranschlagt: „Um rechtsextremen Orientierungen (...) entgegenzusteuern wäre es wenig produktiv, das Seminarprogramm um einige Rechtsextremismus- oder Antirassismusseminare zu ergänzen."[27] Eine „direkte Auseinandersetzung mit dem Thema" könne viel wirksamer sein. Man forderte, die Bekämpfung des Rechtsextremismus als staatliche und gesamtgesellschaftliche Aufgabe zu sehen. Der Appell „Mit Zivilcourage und Toleranz" wurde im Dezember 2000 bekräftigt: „Die Mitglieder der IG BCE sind aufgerufen, öffentlich vor Ort in ihren Wohngebieten und in den Betrieben dem Rechtsextremismus mit Zivilcourage entgegenzutreten."[28]

Die IG BCE setzte sich in ihrer Presse hauptsächlich vor dem Hintergrund rechtsextremer Vorfälle oder Wahlerfolge solcher Parteien mit dem Thema auseinander. Reportagen über die kriminellen Machenschaften rechtsextremer Abgeordneter sollten auf rationale Weise die Mitglieder aufklären und von der Wahl dieser Gruppen abhalten; die Ursachen und die Beweggründe für eine solche Entscheidung zugunsten der DVU, der REPublikaner oder gar der NPD wurden aber nicht behandelt.

---

25 Bernd Leibfried über Stimmen für die Rechtsradikalen: Verdrossen, in: Magazin 12/1998, S. 7

26 Vgl. dazu: Claudia Dammann, DGB-Mitgliedschaft: keine Barriere gegen Rechts. Analyse des rechtsextremen Wählerpotentials unter Gewerkschaftsmitgliedern und ihres Wahlverhaltens bei der Bundestagswahl 1998, in: Jens Mecklenburg (Hrsg.), Braune Gefahr. DVU, NPD, REP – Geschichte und Zukunft, Berlin 1999, S. 201ff.

27 „Härte und Hilfe sind notwendig", in: Magazin 9/2000, S. 10

28 Mit Zivilcourage für Freiheit und Toleranz, in: Magazin 12/2000, S. 5

2.2 Zuwanderung

Während des Untersuchungszeitraums erschienen lediglich zwei Beiträge, die das Thema „Migration“ aufgriffen. Ein kurzer Kommentar betraf die Demografie und den Fachkräftemangel, der andere Artikel berührte das Untersuchungsfeld nur am Rand. Wegen der Zuwanderungsdebatte im Frühjahr 2001 ist es verwunderlich, dass die IG BCE diesem Aspekt keinen längeren Beitrag in ihrer Mitgliedszeitschrift widmete. Eine Debatte, die wie die Diskussion um die Green Card nicht nur rational geführt wird, sondern auch die Emotionen der Gewerkschaftsmitglieder berührt, hätte publizistisch weit über einen kurzen Kommentar hinaus beachtet und beeinflusst werden müssen.

Bernd Leibfried schrieb in der März-Ausgabe 2001 unter dem Titel „Offensive“ einen Beitrag. „Die Mahnungen der Wirtschaftwissenschaftler sind kaum noch zu überhören: sie prognostizieren einen baldigen Fachkräftemangel in fast allen Bereichen.“[29] Zuwanderung werde zwar langfristig nicht vermeidbar sein, „kurz- oder mittelfristig jedoch sind ganz andere Herausforderungen zu bewältigen“. Mit Nachdruck setzte der Autor auf eine notwendige „Qualifizierungsoffensive“. Angesichts der verheerenden Arbeitsmarktsituation sei es für die IG BCE unverständlich, dass die sog. Rationalisierungsverlierer wie ältere Mitarbeiter nicht weitergebildet und qualifiziert würden. Die komplexe Arbeitsmarktsituation wurde verkürzt dargestellt, sodass unklar blieb, in welchen Wirtschaftszweigen ein Fachkräftemangel existiert und ob die Arbeitslosen den Anforderungen genügen. Eine Qualifizierungsoffensive ist unabdingbar, die IG BCE scheint aber zu übersehen, dass nicht alle Arbeitslosen die dazu erforderlichen Voraussetzungen mitbringen. Somit besteht die Gefahr, den Leser(inne)n bzw. Mitgliedern falsche Hoffnungen zu machen und Migrant(inn)en als unnötige Konkurrent(inn)en auf dem umkämpften Arbeitsmarkt erscheinen zu lassen.

Dem Abschlussbericht der unabhängigen Kommission „Zuwanderung“ unter Leitung von Rita Süssmuth stand die IG BCE positiv gegenüber. In einer Pressemitteilung begrüßte ihr Vorsitzender Ulrich Freese, „dass sich die Kommission für eine gestaltende Öffnung für Einwanderung von Arbeitskräften, Auszubildenden und Studenten ausspricht“.[30] Er unterstrich nochmals, dass es durch die Einwanderung zu keiner Verdrängung einheimischer Arbeitskräfte kommen dürfe und von den Unternehmen mehr Aus- und Weiterbildungsmöglichkeiten geschaffen werden müssten. Die Unternehmen, die von gut ausgebildeten Neueinwanderern profitieren, müssten sich jedoch auch an den Kosten für Integrationskurse beteiligen.

---

29 Bernd Leibfried über Demographie und Fachkräftemangel: Offensive, in: Magazin 3/2001, S. 7

30 IG BCE begrüßt Bericht der Zuwanderungskommission, a.a.O.

2.3 Green Card

Die Green-Card-Debatte fand in der Mitgliedszeitschrift der IG BCE nur geringen Widerhall. Der kurze Kommentar des Redakteurs Christoph Meer mit der Überschrift „Ausnahme“ erschien im April 2000 und sprach sich klar für den „pragmatischen Vorschlag des Bundeskanzlers“ aus, der „viel Nutzen bringen und keinen Schaden anrichten“ werde.[31] Auch in dieser Debatte ging die IG BCE konform mit den Entscheidungen der Bundesregierung, jedoch unter dem Vorbehalt, dass diese Regelung eine Ausnahme bleibe: „Wer vom Export von Know-How leben will, kann seine Fachleute nicht importieren, sondern muss sie selber ausbilden.“ Massiv kritisiert wurde der ehemalige Zukunftsminister Jürgen Rüttgers (CDU) mit seinem Motto „Kinder statt Inder“ zur nordrhein-westfälischen Landtagswahl, weil er „jahrelang die Entwicklung schlicht verpennt hat und heute als Wahlkämpfer ausländerfeindliche Emotionen schürt.“[32] Die Branchenverbände bezichtigte Meer, bei der Ausbildung von Nachwuchs „die Hände in den Schoß gelegt“ zu haben.

Die IG BCE machte auch an dieser Stelle deutlich, dass sie zwar in der Green Card die Möglichkeit sah, kurzfristig Impulse für neue Arbeitsplätze zu schaffen, allerdings Innovationen und Ausbildung auf dem zentralen Gebiet der Datenverarbeitung unerlässlich sind, um deutschen Arbeitskräften ebenfalls den Zugang zu dieser Branche zu öffnen. Man verband die Zuwanderungsproblematik mit der Ausbildungs- und Qualifizierungssituation, die zwar verbessert werden muss, kurzfristig Zuwanderung aber nicht überflüssig macht. Obwohl sie die Green Card als Übergangslösung akzeptierte, unterließ es die IG BCE, in einem weiteren, umfangreicheren Beitrag klar zu machen, dass jene keine Bedrohung für deutsche Arbeitnehmer/innen darstellt. Gerade vor einem solchen Verdrängungsmechanismus haben Gewerkschaftsmitglieder Angst, die von Globalisierung und Rationalisierungsmaßnahmen stärker tangiert sowie anfälliger für Ausgrenzung und rassistisches Verhalten gegenüber Migrant(inn)en sind.

3. Zwischenfazit: Findet in den gewerkschaftlichen Mitgliedszeitschriften eine Auseinandersetzung mit Migrations- und Ausländerpolitik statt?

Die Gewerkschaften befinden sich, was ihre Rolle als Interessenvertreterinnen aller Mitglieder betrifft, auf einer Gratwanderung, welche ihre Presse auch im Hinblick auf die Zuwanderung widerspiegelt. Daher lässt sich die oben gestellte Frage nicht mit einem Ja oder Nein beantworten. Es bietet sich

31 Christoph Meer über die Anwerbung ausländischer Fachleute: Ausnahme, in: Magazin 4/2000, S. 7

32 Siehe ebd.

vielmehr ein heterogenes Bild. Solidarität, internationale Netzwerke sowie eine klare Ablehnung des Rechtsextremismus und betrieblichen Rassismus stehen im Vordergrund der Mitgliedspresse beider untersuchter Gewerkschaften. IG Metall und IG BCE bekämpfen den Rassismus. Gemeinsame Aktionen, auch mit der BDA, gab es zwar schon früher, aber erst im Jahr 2000 tauchten solche Initiativen regelmäßig in der Gewerkschaftspresse auf. Beide Zeitschriften tun jedoch immer noch so, als sei Rechtsextremismus ein *Randgruppen*phänomen, obwohl die teilweise stark von rassistischen Vorurteilen gefärbten Leserbriefe das Gegenteil belegen. Diese sind zudem ein Indiz dafür, dass IG Metall und IG BCE mit ihren Aktionen und ihrer Bildungsarbeit nicht den gewünschten Erfolg bei ihren Mitgliedern erzielen.

Die Green-Card- und Zuwanderungsdebatte wurde besonders in der Mitgliedspresse der IG Metall vernachlässigt. Zwar erschienen in „Metall" drei Beiträge, allesamt Leitartikel und Kommentare, doch fehlten sachlich fundierte Informationen. Angesichts hoher Arbeitslosenzahlen fällt es den Gewerkschaften, besonders der IG Metall, offenbar schwer, Zuwanderung gegenüber „deutschen Arbeitslosen" zu rechtfertigen. Dadurch werden sich die Vorbehalte ihrer ohnehin entsolidarisierten Mitglieder noch verstärken, was den Gewerkschaften aber nicht bewusst zu sein scheint. In ihrem polemisch-emotionalisierten Sprachstil, durch den „der Kumpel" direkt angesprochen werden soll, emotionalisierte *Metall* die Green-Card-Debatte, anstatt aufzuklären. Die Zuwanderungsdebatte hingegen fand in der Mitgliedspresse keine Resonanz. Vielmehr verlief sich die Diskussion um Zuwanderung und Green Card in einem Schlagabtausch zwischen Bundesregierung, Opposition und den Unternehmerverbänden. Zwar stellen die Gewerkschaften und ihre Medien ein informatives Korrektiv zur einseitig kapitalorientierten Sicht in der Zuwanderungsdebatte dar, ihrem Anspruch auf eine informative Berichterstattung wird insbesondere „Metall" aber nicht gerecht. Die Interessen der bereits eingewanderten Mitglieder werden vertreten, auch wenn diese in den Zeitschriften unterrepräsentiert sind, neue Migrant(inn)en werden jedoch als Konkurrenz auf dem deutschen Arbeitsmarkt gesehen. Die IG BCE zeigt sich sachlicher in der Zuwanderungsdebatte, was auch in einem neutraleren Sprachstil der Artikel zum Ausdruck kommt. Sie sah, anders als der IG-Metall-Vorsitzende Zwickel, welcher die Green Card als „Rote Karte" für die Arbeitslosen bezeichnete, diese Form einer befristeten Arbeits- und Aufenthaltserlaubnis als „Chance". Beiden Gewerkschaften ist jedoch die Ambivalenz der Diskussion klar: eine geregelte Zuwanderung ja, aber begleitend muss eine Qualifizierungs- und Weiterbildungsoffensive betrieben werden und Integration stattfinden. Sie weisen auf die Kosten der Integrationskurse hin – ein Punkt, den die Wirtschaftsverbände in ihrer Argumentation ungenügend berücksichtigen.

Die mediale Globalisierungs- bzw. Standortdebatte prägt die gewerkschaftliche Mitgliedspresse sehr stark. Es geht, wie Martin Baethge meint, bei dieser Diskussion nicht um die Zusammenhänge der globalen und nationalen Umverteilung von Arbeit, sondern um die Sicherung von imperialer Weltmarktposition und nationaler Wohlstandsprivilegien.[33] Unter dem von einer stärkeren Polarisierung zwischen Arm und Reich begleiteten Druck auf Arbeitnehmer/innen nimmt die Bedeutung des Ellenbogenprinzips auch unter Gewerkschaftsmitgliedern zu; eine fortschreitende Entsolidarisierung schwächt aber die Kampfkraft der Gewerkschaften.

Mit zahlreichen Initiativen gegen Rechtsextremismus und für multikulturelle Zusammenarbeit sowie dem Engagement für Zwangsarbeiterentschädigungen suchten beide Gewerkschaften neue Solidarität unter ihren Mitgliedern zu schaffen. Dieser Ansatz ist sinnvoll, um die nationale Beschränkung durch die Standortdebatte aufzuheben. Das Bestreben, den Blick über die Grenzen zu richten, scheint jedoch angesichts der Bedenken gegenüber Zuwanderung inkonsequent zu sein. Zuwanderung wird zumindest von der IG Metall latent als eine Belastung für den deutschen Arbeitsmarkt empfunden.

„Fremden-" bzw. „Ausländerfeindlichkeit" klingt weniger präzise als der Begriff „Rassismus". Die Wortwahl lässt eine Verharmlosung der Problematik auf betrieblicher Ebene erkennen. Struktureller Rassismus reicht bis in die Gewerkschaften selbst hinein: Man findet auf ihren Vorstands- und Führungsebenen kaum Migrant(inn)en. Gleichwohl sehen die Gewerkschaften ihre ausländischen Mitglieder als einen festen Bestandteil an, der von wirtschaftlicher und kultureller Bedeutung ist. Die IG Metall porträtiert in ihrer Presse gern Migrant(inn)en, die ihr als Beleg für eine gelungene gesellschaftliche und betriebliche Integration dienen. Wenn von „schwäbischen Türken" oder von einem jungen Italiener der dritten Generation, der besser deutsch als italienisch spricht, die Rede ist, folgt man aber einer nicht ganz ungefährlichen Argumentation. Was ist mit den neuen Zuwanderern, die noch nicht derart angepasst sind, die noch „türkische Türken" oder „indische Inder" sind? Sie haben zunächst keinen Zutritt zur Pseudogemeinschaft nichtdeutscher und deutscher Gewerkschaftsmitglieder, sondern werden als Konkurrent(inn)en auf dem ohnehin heftig umkämpften Arbeitsmarkt betrachtet. Durch die Unterscheidung zwischen „liebgewordenen" Migrant(inn)en aus den früheren Anwerbeländern und den „neuen Fremden", ausgestattet mit Green Cards, läuft man Gefahr, eine Ausgrenzungspolitik zu betreiben.

4. Das BDA-Monatsmagazin „Der Arbeitgeber"

Etwa 75 Prozent der Unternehmen mit 80 Prozent der abhängig Beschäftigten werden in Deutschland von Arbeitgeberverbänden betreut, was den hohen Organisationsgrad dieser auf freiwilliger Mitgliedschaft beruhenden Einheiten

33 Vgl. Martin Baethge, Zwischen Weltoffenheit und Diskriminierung. Die Zwiespältigkeit der Wirtschaft gegenüber der Fremdenfeindlichkeit, in: Wilhelm Heitmeyer (Hrsg.), Das Gewalt-Dilemma. Gesellschaftliche Reaktionen auf fremdenfeindliche Gewalt und Rechtsextremismus, Frankfurt am Main 1994, S. 210

verdeutlicht.[34] Anders als bei den Gewerkschaften, die anlässlich der spezifischen Probleme von Migrant(inn)en eigens Abteilungen für Ausländerarbeit eingerichtet haben, gibt es solche bei der BDA nicht, obgleich die Tendenz zur Selbstständigkeit von Migrant(inn)en sowohl im Bereich des Handwerks als auch im Dienstleistungssektor während der vergangenen Jahre stark zugenommen hat.

„Der Arbeitgeber" erscheint monatlich.[35] Herausgeber und Redaktion fühlen sich der Idee einer sozialen Marktwirtschaft verpflichtet. Das Impressum der Zeitschrift betont: „Unternehmerisches Handeln zu fördern und unternehmerische Positionen publizistisch zu vertreten, sind die wichtigsten Zielsetzungen. Der Arbeitgeber will Orientierung zu gesellschaftspolitischen Themen bieten und versteht sich als zukunftsorientiertes Dialogmedium." Die Artikel des *Arbeitgebers*, der anders als die Gewerkschaftszeitschriften aufgebaut ist, sind überwiegend mehrseitig und behandeln sozial-, wirtschafts-, bildungs- und arbeitspolitische Aspekte. Der Leitartikel bezieht sich jeweils auf eine aktuelle politische Entscheidung und spiegelt die unternehmerische Position dazu wider. Eine Sparte „Vor Ort" oder „Mitglieder" gibt es nicht, was jedoch an der differenzierten Struktur der BDA liegt, die durch das Magazin keine neuen Mitglieder werben möchte. „Der Arbeitgeber" erinnert stärker an ein fachwissenschaftliches Magazin als eine Mitgliedszeitschrift, wie sie die Gewerkschaften herausgeben.

4.1 Rassismus/Rechtsextremismus

Wie auch in zahlreichen anderen Publikationen bekräftigt die BDA in einem 1996 veröffentlichten Artikel ihre Haltung zur Sozialpartneraktion „Gemeinsam gegen Ausländerfeindlichkeit". Der Terminus „Ausländerfeindlichkeit" lässt den Schluss zu, dass diese Problematik auch von den Arbeitgeberverbänden verharmlost wird. „Rassismus" trifft zwar die umfassende Benachteiligung von Migrant(inn)en hierzulande besser, gilt aber nach wie vor als linker Kampfbegriff. „Dass die soziale Verantwortung von Gewerkschaften und Arbeitgebern über den Kernbereich der Tarifpolitik hinausgeht",[36] stellt die BDA zwar durchaus klar und richtig fest, wird in dem Magazin „Der Arbeitgeber" aber nicht konsequent verfolgt und verdeutlicht: Im Untersuchungs-

34 Vgl. Verbandsorganisation – Geschäftsbereiche der BDA, www.bda-online.de/www/bdaonline.nsf/pages/ORGverband.htm

35 Untersuchungsgegenstand der Presseanalyse waren ebenfalls die kompletten Jahrgänge des Magazins von 1996 bis zum Juni 2001. Es muss jedoch angemerkt werden, dass die Zeitschrift bis zum Jahr 1999 zweimal monatlich erschien und daher der Auswertung bis zu jenem Jahr die doppelte Menge an Ausgaben zu Verfügung stand.

36 Jürgen Em, Gemeinsam gegen Ausländerfeindlichkeit, in: Der Arbeitgeber 23/1996, S. 764

zeitraum erschien nur ein Artikel zum Themenkreis „Rechtsextremismus/ Rassismus“.

Trotzdem sprach sich die BDA für eine gemeinsam mit dem DGB gestartete Sozialpartneraktion „Zusammenleben mit Ausländern – Gemeinsam geht's besser“ aus. Im Mittelpunkt des Interesses standen vor allem Jugendliche, die durch pädagogisch aufbereitete Materialien gegen gängige Vorurteile immunisiert werden sollen. Man wollte die Jugendlichen „in die Lage versetzen, sich mit der Thematik der Ausländerfeindlichkeit und Gewalt auseinanderzusetzen und sie dafür rüsten, daß sie sich außerhalb des Betriebes im Dialog mit anderen jungen Menschen gegen Ausländerfeindlichkeit einsetzen können.“[37] Zwar dominiert die Meinung, dass Jugendliche mehrheitlich Vorurteile gegenüber Ausländern hegen, jedoch wird die Tatsache verdrängt, dass sich in den Betrieben, auch und vor allem unter älteren Belegschaftsmitgliedern, zunehmend eine rassistisch motivierte Ausgrenzungstendenz durchsetzt.

Auch und gerade die Reduzierung der Einwanderung auf die Rechtfertigung „daß die Ausländer (...) den Facharbeiternachwuchs sichern, das Leistungspotential steigern und Partner in der Wirtschaft sind“,[38] beinhaltet die Gefahr, die weitaus schwierigere soziale Integration und eine multikulturelle Gesellschaft aus den Augen zu verlieren. Wenn der damalige BDA-Präsident Murmann jedoch meinte, „es gelte Orientierung zu schaffen, Unsicherheit und Angst, die für Radikalismus und Extremismus anfällig machen, (...) zu überwinden“[39], wurde ignoriert, dass die Ängste in Betrieben gerade deshalb entstehen, weil Menschen unter globalem Wettbewerbsdruck den Verlust ihres Arbeitsplatzes befürchten müssen.

4.2 Zuwanderung

Trotz einer Fülle von Pressemitteilungen der BDA zum Thema „Zuwanderung“ wurde dieser Untersuchungsbereich in den Zeitschriften der Jahre 1996 bis 2001 lediglich in drei Artikeln gestreift. Erst im Jahr 2000 nahm das publizistische Interesse an der Einwanderungsdebatte anlässlich der Green-Card-Diskussion zu.

Ein von der Leiterin des Referats für bildungspolitische Grundsatzfragen des Instituts der deutschen Wirtschaft (IW) 1997 verfasster Artikel trug die Überschrift „Selektive Migrationspolitik ist unausweichlich“ und erschien in der Rubrik „Ausländer in Deutschland“. Darin wurde sowohl ein Rückblick auf die Vergangenheit der Arbeitsmigration in Deutschland als auch ein Ausblick auf die künftige Gestaltung der Einwanderungspolitik gegeben. Helga Herrmann ging von einer „komplexen Zuwanderungssituation“ aus, die zu „Unsicherheiten und Irritationen; (...) Gefühle(n) von Bedrohung und eine(r)

37 Siehe ebd.
38 Ebd.
39 Siehe ebd, S. 766

diffuse(n) Angst vor dem Fremden“[40] bei vielen Bürgern führe. Eine klischeehafte und polemische Ausdrucksweise wie „Die europäischen Zielländer [von Migration] (...) wehren sich gegen die Invasion der Armen“ oder „Es kommen ‚fremde‘ Ausländer zu einheimischen Deutschen und schon fast einheimischen ehemaligen Gastarbeitern“ räumt die besagten Unsicherheiten jedoch nicht aus dem Weg, verstärkt vielmehr die „Irritationen“ und Ausgrenzungsmechanismen.

Seitens der BDA forderte die Autorin eine Migrationspolitik, die „ökonomisch-motivierte Zuwanderung“ von hoch qualifizierten Migranten fördert und sich nicht „ausschließlich an humanitären Gesichtspunkten orientiert“. Doch auch wenn die Zuwanderung ökonomisch motiviert sei, bleibe die Frage, „ob Zuwanderer einen ökonomischen Nutzen erbringen“. Dies hänge primär „vom mitgebrachten Humankapital und [von] dessen Übertragbarkeit auf das Aufnahmeland ab“. Übersteige jedoch die Zuwanderung die Zumutbarkeitsgrenzen des Aufnahmelandes, könne „ein Sinken des Wohlstandsniveau nicht mehr ausgeschlossen werden“.[41]

Durch diesen Beitrag wurde ein verzerrtes Bild der Einwanderung gemalt, welches eine solche nur unter ökonomischen Aspekten („mindestens ein Teil von ihnen ist unersetzbar“[42]) sieht und zulässt. Ganz nebenbei wird das Wort „Mitmenschlichkeit“ benutzt. Die BDA betrachtet die Einwanderung einseitig und vernachlässigt sozial-integrative Konzepte. Hierzu wird beiläufig bemerkt: „Natürlich kann man Zuwanderung nicht alleine aus Kosten-Nutzen-Erwägung sehen, sie hat auch menschliche Aspekte (...). Das sind Folgeerscheinungen (...), die es gleichwohl zu beachten gilt.“[43]

Wurde in diesem Artikel 1997 noch ein „Verdrängungswettbewerb zwischen ausländischen und deutschen Ungelernten“ befürchtet, so sah man im Jahr darauf „trotz enormer Arbeitslosigkeit einen hohen Bedarf an gering qualifizierten Arbeitskräften“.[44] Der zitierte Beitrag ging in einem Unterkapitel auf Saison- und Schwarzarbeit ein: „Nach Prüfung des deutschen Arbeitsmarktes – auf das Vorrecht heimischer Arbeitnehmer – wird Arbeitssuchenden aus den Ländern Osteuropas eine befristete Beschäftigungsaufnahme gestattet.“ Damit reduzierte man die ausländischen Arbeitnehmer auf zweitklassige Bittsteller. Auch wenn die Zunahme von Schwarzarbeit in Deutschland kritisiert wird („die Schattenwirtschaft, unseren südlichen Nachbarn wohlbekannt, hält Einzug in den Norden“), beinhaltet dies eine Kriminalisierung ausländischer Arbeitnehmer/innen, die für illegale Beschäftigungsformen prädestiniert erscheinen.

---

40 Helga Herrmann, Selektive Migrationspolitik ist unausweichlich, in: Der Arbeitgeber 12/1997 S. 394

41 Siehe ebd.

42 Ebd.

43 Ebd., S. 396

44 Siehe Helmut Becker, Jobless Growth – kein ökonomisches Gesetz, in: Der Arbeitgeber 7/1998, S. 198

Wiewohl hauptsächlich auf ökonomische Vorteile bezogen, war das Interesse an Zuwanderung seitens der BDA höher als seitens der Gewerkschaften. So erschien *Der Arbeitgeber* im Juni 2001 mit einem Editorial des BDA-Vorsitzenden. Darin plädierte Dieter Hundt für Zuwanderung, weil „wir (...) zunehmend (spüren), wie sich der internationale Wettbewerb um die besten Köpfe verschärft."[45] Angesichts der demografischen Entwicklung der deutschen Erwerbsbevölkerung und des sich abzeichnenden Arbeitskräftemangels in bestimmten Wirtschaftsbereichen müsse „nach fast 30 Jahren Anwerbestopp (...) Deutschland von der Abschottung des deutschen Arbeitsmarktes für Nicht-EU-Ausländer Abschied nehmen." Das Maß der Zuwanderung bestimmten für Hundt die Aufnahmefähigkeit und der Bedarf des Arbeitsmarktes. Er forderte Regulierungsmöglichkeiten für die Unternehmen über Zuwanderung, „eine aktivierende Arbeitsmarktpolitik, einen flexiblen Arbeitsmarkt und ein soziales Sicherungssystem, das mehr Anreize für Beschäftigung setzt." Auch befristet Beschäftigten solle eine dauerhafter Aufenthalt gesichert werden, „wenn sie die Voraussetzungen für eine nachhaltige Integration in Arbeitsmarkt und Gesellschaft erfüllen." Die Frage, wie Integration auf betrieblicher, politischer und sozialer Ebene stattfinden und von der BDA unterstützt werden kann, blieb jedoch unbeantwortet. Hundt differenzierte ebenfalls zwischen humanitären und arbeitsmarktbezogenen Aufnahmegründen. „Es steht außer Frage, dass Deutschland auch weiterhin politisch Verfolgten Asyl gewähren und Kriegs- und Bürgerkriegsflüchtlinge aufnehmen muss."[46] Gleichwohl sah Hundt in der humanitär begründeten Zuwanderung die Gefahr, dass sie nur mittelbar und begrenzt steuerbar sei und ein „Gesamtkontingent (...) zu Lasten wirtschaftlicher Leistungsfähigkeit gehen" könne.

4.3 Green Card

Im Frühjahr 2000 kam es erstmals zu einer breiten öffentlichen Diskussion um eine Öffnung des deutschen Arbeitsmarktes für ausländische Arbeitnehmer/innen. Anlass für diese Auseinandersetzung, welche die Interessenverbände und gesellschaftlichen Gruppen bewegte, war die Entscheidung der Bundesregierung für eine Green Card nach US-amerikanischem Vorbild. Das steigende Interesse seitens der Arbeitgeberverbände daran war an der Anzahl der erschienenen Artikel erkennbar. Drei der fünf im Jahr 2000 veröffentlichten Beiträge hatten die Einführung der Green Card zum Inhalt. Die BDA befürwortete eine solche Arbeitserlaubnis, die ihr Geschäftsführer Christoph Kannengießer als „wichtigen Schritt" bezeichnete, um „dem akuten Fach-

45 Dieter Hundt, Wettbewerb um die besten Köpfe, in: Der Arbeitgeber 6/2001, S. 3
46 Ebd.

kräftemangel der (IT-)Branche entgegenzuwirken".[47] Die Green Card sei, hieß es an anderer Stelle, ein „beredter Ausdruck dafür, dass wir im globalen, nationalen und regionalen Wettbewerb immer mehr auch um die besten Köpfe, um die qualifiziertesten Facharbeiter weltweit werben müssen."[48]

Anders als die IT-Branche suchte das Hotel- und Gaststättengewerbe „motivierte Fachkräfte, Saisonarbeitnehmer und Hilfskräfte".[49] Es sah in einer erweiterten Anwerbung von Saisonarbeitnehmern und „Gastarbeitnehmern" – an dieser Stelle wurde der inzwischen veraltete Terminus verwendet, der den vorübergehenden Aufenthalt und die Vorrangstellung des Gastgebers ausdrückt – eine Möglichkeit, Personalengpässe zu verhindern. Auch Asylbewerber(inne)n solle eine Arbeits- und Aufenthaltserlaubnis erteilt werden: „Es ist nicht nachvollziehbar, dass Arbeitsplätze einerseits unbesetzt bleiben, andererseits potentielle Kandidaten staatlich alimentiert werden."[50] Zweifel an der Notwendigkeit zur Beschäftigung ausländischer Arbeitskräfte angesichts hoher Erwerbslosigkeit hegte die BDA nicht. Sie forderte vielmehr, dass die Vergabe der Green Card unbürokratisch ablaufen müsse. Die von der Bundesanstalt für Arbeit veröffentlichten Zahlen seien wenig realitätsnah, da der „Arbeitsmarkt für Programmierer und Internet-Spezialisten (...) an den Arbeitsämtern weitgehend vorbei"[51] gehe. Nahezu euphorisch wurde die Green Card als „standortpolitische Initialzündung" begrüßt. Nichtsdestoweniger befürwortete die BDA eine Bildungsoffensive, um zukünftig auch deutsche Facharbeiter/innen gerecht zu qualifizieren.

Fehler der Anwerbepolitik in den 60er-Jahren dürften nicht wiederholt werden. „Da Menschen, nicht lediglich Arbeitskräfte, nach Deutschland kommen werden, sollten die Regelungen über den Zuzug von Familienangehörigen (...) möglichst großzügig ausgelegt sein."[52] Die betont integrative Haltung wirkte jedoch in Anbetracht einer Karikatur brüchig. Sie erschien in der Juni-Ausgabe 2000 des *Arbeitgebers* im Rahmen eines Berichts über den Umgang Norwegens, das seinen Bedarf an Baufachleuten aus Deutschland deckt, mit dem Fachkräftemangel.

---

47 Siehe Christoph Kannengießer, Green Card für IT-Fachleute. Eine standortpolitische Initialzündung?, in: Der Arbeitgeber 4/2000, S. 28

48 Länderreport Hessen: VhU zur Ausländerpolitik. Vorausschauend denken – vorwärts bewegen, in: Der Arbeitgeber 11/2000, S. 28f.

49 DEHOGA: Green Cards für das Gastgewerbe, in: Der Arbeitgeber 8/2000, S. 34

50 Länderreport Hessen: VhU zur Ausländerpolitik, a.a.O., S. 29

51 Christoph Kannengießer, Green Card für IT-Fachleute, a.a.O., S. 28

52 Länderreport Hessen: VhU zur Ausländerpolitik, a.a.O., S. 29

Abbildung: Karikatur im Rahmen der Green-Card-Debatte[53]

Trotz der Befürwortung der Familienzusammenführung zeichnete die Karikatur ein klischeehaftes Bild der „Überflutung" mit indischen Arbeitskräften, die ihren gesamten Hausstand mitbringen. In dieser Verzerrung der Wirklichkeit werden nicht nur Ressentiments gegenüber fremden Kulturen deutlich, sondern ist auch die Unterstellung enthalten, das deutsche Sozialsystem müsse für ganze „Sippen" aufkommen. Obwohl die BDA eine bedarfsorientierte Zuwanderung bejaht, bestehen offenbar rassistische Vorbehalte gegenüber Migrant(inn)en.

Der Tenor aller Artikel lautet, dass Deutschland „unter Asylgesichtspunkten sicherlich eine straffere und konsequentere, unter Arbeitsmarktgesichtspunkten allerdings eine sehr viel offenere Immigrationspolitik"[54] brauche. Zuwanderer wurden als Potenzial gesehen, das zum Wohlstand in Deutschland beiträgt. Eine solche auf ökonomische Erwartungen reduzierte Kosten-Nutzen-Rechnung hat mit sozialer Integration der Zuwanderer allerdings wenig zu tun und fördert den Rassismus.

Fast ein Jahr später, am 31. Januar 2001, zeigte sich die BDA mit der bisherigen Zuwanderung von 5000 IT-Spezialisten zufrieden.[55] Trotz eines ge-

53 Quelle: Arbeitsmarkt: Deutsche Facharbeiter gefragt, in: Der Arbeitgeber 6/2000, S. 8
54 Siehe Länderreport Hessen: VhU zur Ausländerpolitik, a.a.O., S. 29
55 Vgl. Zuwanderungspolitik: Top oder Flop?, in: Kurz-Nachrichten-Dienst (KND) 5/01 v. 31.1.2001

wissen Nachbesserungsbedarfs, den man sah, wurde die Green-Card-Debatte als „Startschuss für eine Zukunftsdebatte" gelobt: „Sie öffnet den Blick für politische Gestaltungsaufgaben, die den Wettbewerb um Konzepte lohnen."[56]

5. Zwischenfazit: Ist Zuwanderung eine ökonomische Initialzündung oder notwendiges Übel? – Die Haltung der BDA zur „Migration"

Die Bundesvereinigung der Deutschen Arbeitgeberverbände betrachtet Ausländerbeschäftigung und Zuwanderung vorwiegend unter ökonomischen Gesichtspunkten. Besonders im Zeichen des Globalisierungsprozesses und der Standortsicherung fürchten Industrie- und Wirtschaftsverbände eine zunehmende Konkurrenz im „Wettbewerb um die besten Köpfe". Der demografische Wandel erscheint unaufhaltsam, und viele Wirtschaftszweige beklagen einen Fachkräftemangel. Migration wird von der BDA geradezu euphorisch begrüßt, allerdings nur, wenn die Zuwanderer bestimmte ökonomische Nützlichkeitskriterien erfüllen und das Asylrecht gleichzeitig geschleift wird. So grenzt die BDA gewollte, hoch qualifizierte Arbeitskräfte von den ungewollten, als Last empfundenen „Asylanten" ab, denen zuweilen Asylbetrug und Kriminalität unterstellt wird. Soziale Aspekte von Migration und Integration finden in ihrer Presse kaum Berücksichtigung. Auch die Tatsache, dass immer mehr Migrant(inn)en die berufliche Selbstständigkeit wählen und selbst Arbeitgeber/innen werden, scheint der BDA verborgen zu bleiben.

Ohne Zweifel ist das kollektive Engagement von BDA und DGB gegen „Ausländerfeindlichkeit" positiv hervorzuheben, da beide zusammen trotz tarifpolitischer Opposition auf diesem Gebiet eine gemeinsame Bildungsarbeit betreiben. Neben der moralischen Verpflichtung, die in der gewerkschaftlichen stärker als in der Arbeitgeberpresse zum Ausdruck kommt, liegen die Ursachen für das Engagement der Arbeitgeberverbände ebenfalls im ökonomischen Bereich. Eine zunehmend rassistische Stimmung in Deutschland würde zu einem Imageverlust der deutschen Wirtschaft führen, was das Ausbleiben ausländischer Investitionen zur Folge hätte. So wird z.B. mit Unbehagen die rückläufige Quote ausländischer Student(inn)en an deutschen Universitäten bemerkt.[57]

Der Begriff „Einwanderungsland Deutschland" ist eng mit dem geläufigen Ausdruck „multikulturelle Gesellschaft" verbunden. Diesen Terminus verwendet die BDA auch in ihrer Presse gern, jedoch überwiegend dann, wenn es um die Auslandserfahrung von Deutschen, deren Weiterbildung in fremder Kultur und Sprache sowie internationale Arbeitskontakte geht. Der

---

56 Vgl. ebd.

57 Vgl. Hans-Jürgen Brackmann, Eine Bildungsoffensive setzt Reformprozesse voraus, in: Der Arbeitgeber 13-14/1997, S. 420

Rubrik „Auslandserfahrung“ sind zwar ein Viertel aller untersuchten Artikel zuzuordnen, die Multikulturalität der deutschen Gesellschaft und ihre Zukunftsperspektiven reizen die BDA jedoch nicht zur Behandlung in ihrer Mitgliedszeitschrift.

6. Abschließender kritischer Vergleich der Arbeitgeber- und der Gewerkschaftspresse

(Ethnische) Minderheiten sind ein fester Bestandteil der Gesellschaft. Das erkennen auch die Tarifvertragsparteien, doch argumentieren sie in Bezug auf die Aufenthaltsberechtigung für Migrant(inn)en vorwiegend mit dem Nützlichkeitsargument in einer sich beinahe entschuldigenden Art und Weise gegenüber ihren Mitgliedern: „Ausländer haben einen hohen Wert für unsere Gesellschaft und Wirtschaft!“ Diese verengte Sichtweise zeigt sich sowohl bei den Arbeitgeberverbänden wie auch bei den Gewerkschaften: Die Ausblendung der strukturellen Diskriminierung von Migrant(inn)en auf betrieblicher wie auch politischer und gesellschaftlicher Ebene birgt die Gefahr, Ausländerbeschäftigung und Zuwanderung in ökonomisch schwierigen Zeiten nicht mehr rechtfertigen zu können.

Man bejaht Zuwanderung, fragt aber selten, wer die Integrationskosten tragen bzw. sich an ihnen beteiligen soll. Dabei dürfte den Wirtschaftsverbänden klar sein, dass sie als „Hauptnutznießer“ wirtschaftlicher Migration auch die Bürden der Integration tragen müssen. Somit stellt sich die Frage, ob eine multikulturelle Gesellschaft überhaupt von den Tarifvertragsparteien gewünscht und gefördert wird. Eine eindeutige Antwort, so zeigt die brüchige Argumentation von BDA, IG Metall und IG BCE in ihrer Presse, kann zum jetzigen Zeitpunkt nicht gegeben werden.

Da viele Mitglieder der IG Metall und der IG BCE Migrant(inn)en, diese wiederum häufig in den Altindustrien beschäftigt und damit von Rationalisierungsmaßnahmen und Arbeitslosigkeit besonders betroffen sind, liegt es nahe, dass sich beide Gewerkschaften für eine multikulturelle Gesellschaft aussprechen. Die gleiche Offenheit fehlt jedoch, was ihre Haltung gegenüber Migration angeht. Wie die Inhaltsanalyse ihrer Presse zeigt, zementieren beide Gewerkschaften durch Vorbehalte, die sie der Zuwanderung sowie (neuen) Zuwanderern entgegenbringen, Konkurrenzängste und Ressentiments ihrer Mitglieder gegenüber Migrant(inn)en.

Durch die Untersuchungsergebnisse wird die These belegt, dass die Gewerkschaften durch ihre Position in der Standortdebatte eine wohlstandschauvinistische Haltung bei ihren Mitgliedern hervorrufen und rassistische Einstellungen stützen.[58] Gewerkschaften wähnen sich in einem Dilemma zwi-

58 Vgl. Christoph Butterwegge, Rechtsextremismus, Standortnationalismus und Gewerkschaften, in: Gewerkschaftliche Monatshefte 11-12/2001, S. 728

schen den Interessen ihrer deutschen und ihrer nichtdeutschen Mitglieder. Außerdem nimmt die Entsolidarisierung zu und sinken die Mitgliederzahlen – Tendenzen, welche die Gewerkschaften zum Umdenken zwingen. Anstatt den Entsolidarisierungsprozessen entgegenzuwirken und sich über nationale Borniertheiten hinwegzusetzen, beschränkt sich besonders die IG Metall bei der Zuwanderung auf Schuldzuweisungen an Regierung und Wirtschaftsverbände, die für den Facharbeitermangel verantwortlich gemacht werden. Vorbehalte gegenüber Zuwanderung und Aussagen wie „Die Green Card ist eine Rote Karte für Arbeitslose" verstärken die Intoleranz wegrationalisierter Mitglieder.

Die Bundesvereinigung der Deutschen Arbeitgeberverbände begrüßt Zuwanderung hingegen nahezu überschwänglich als Mittel für einen „globalen Wettbewerb um die besten Köpfe". Von einer geregelten und gesteuerten Einwanderung verspricht sie sich sowohl kurz- als auch langfristig ökonomische Vorteile. Gerade deshalb reduziert sie Migrant(inn)en auf ihre Nützlichkeit für den „Wirtschaftsstandort D" und fordert mit einem Zuwanderungsgesetz gleichzeitig eine „Straffung" des Asylrechts, was eine Absage an in die Bundesrepublik drängende Flüchtlinge bedeutet.

Alexander Häusler

Multikulturalismus als Bedrohung deutscher Identität

Migration und Integration in Medien der extremen Rechten

Hinsichtlich der Ablehnung von Einwanderung besteht in den Medien der extremen Rechten genauso Übereinstimmung wie hinsichtlich der Beschwörung der Nation als ethnisch homogen konstruierter Einheit. Diese Feststellung ist weder schwer zu belegen noch spektakulär, denn schließlich kennzeichnen solche Positionen die ideologischen Grundannahmen rechtsextremer Propaganda.[1] Wesentlich bedeutender ist daher die Frage, wie Rassismus und Nationalismus in extrem rechten Medien transportiert werden und in welchem Verhältnis derartige Interventionen zu hegemonialen politischen Strömungen und öffentlichen Diskursen stehen. Wie mittels inhaltlicher Auswertung rechtsextremer Medien exemplarisch illustriert wird, kann sich die Publizistik der extremen Rechten in ihrer Propaganda gegen Zuwanderung und multikulturelle Gesellschaft auf im öffentlichen Diskurs vertretene rechtspopulistische bzw. nationalistische Positionen stützen und sich durch in der Bevölkerung vorherrschende Stimmungen bestätigt sehen. Rechtsextremisten betrachten sich denn auch selbst als „wahre" oder „konsequente Vollstrecker" gesellschaftlicher Forderungen – eine Tendenz, die in den letzten 15 Jahren zugenommen hat und im Rahmen der Diskurse um Einwanderung, nationales Selbstverständnis oder multikulturelles Zusammenleben erkennbar war.[2]

Aufgrund sich häufender argumentativer Überschneidungen aktueller Diskurse der extremen Rechten und der bürgerlichen Mitte stellt sich das Pro-

1 Rechtsextreme Parteien und Bewegungen „stehen für einen radikalen Nationalismus, der in gemäßtigterer Form zwar auch in anderen politischen Parteien zu finden ist. Doch kann beim Rechtsradikalismus der Nationalismus neben der Fremdenfeindlichkeit bzw. dem Rassismus als politisch-ideologischer Kern betrachtet werden." (Dietmar Loch/Wilhelm Heitmeyer, Globalisierung und autoritäre Entwicklungen, in: dies. [Hrsg.], Schattenseiten der Globalisierung. Rechtsextremismus, Rechtspopulismus und separatistischer Regionalismus in westlichen Demokratien, Frankfurt am Main 2001, S. 15f.)

2 Vgl. Christoph Butterwegge/Alexander Häusler, Themen der Rechten – Themen der Mitte. Rechtsextreme Einflüsse auf Debatten zu Migration, Integration und multikulturellem Zusammenleben. Medienexpertise im Auftrag der Landesarbeitsgemeinschaft der Migrantenvertretungen Nordrhein-Westfalen (LAGA NRW), Düsseldorf 2001

blem des Nationalismus und Rassismus nicht nur als Resultat wachsenden organisatorischen Einflusses des Rechtsextremismus dar. Vielmehr erscheint zugleich bedenkenswert, ob bzw. inwieweit Elemente autoritärer und den Sozialstaat zersetzender sowie rassistischer und nationalistischer Politikansätze strukturellen Eingang in die vorherrschenden sozioökonomischen Regulationsformen und alltagspolitischen Debatten finden. Zu fragen ist, inwieweit sich innerhalb des Modells parlamentarischer Demokratie selbst politische Wandlungsprozesse vollzogen haben, die in aktuellen kritischen Diagnosen als „autoritärer Kapitalismus", „(Neo-)Populismus", „nationaler Wettbewerbsstaat" oder neue „konservative Revolution" gedeutet werden.[3] Im Hinblick auf die Ausgangsfrage nach den propagandistischen Wirkungen rechtsextremer Medien wäre demnach zu prüfen, ob derartige Argumentationsstränge Widerhall in vorherrschenden Diskursen der sog. politischen Mitte finden. Hierzu sollen exemplarisch die unterschiedlichen Facetten rechtsextremer Argumentationsstränge gegen Zuwanderung und multikulturelle Gesellschaft beschrieben werden. In einem weiteren Schritt wird anhand unterschiedlicher Ausformungen rechtsextremer Publizistik untersucht, wie vorherrschende Diskurse über Einwanderung und multikulturelle Gesellschaft dort gewertet werden. Abschließend wird am Beispiel der Wochenzeitung *Junge Freiheit* (JF) dargestellt, wie die Grenzen zwischen völkisch-nationalistischen Positionen und Verlautbarungen aus der sog. politischen Mitte in aktuellen Diskursen erodieren.

1. Völkischer Nationalismus in Medien der extremen Rechten

Die Bandbreite ultrarechter Medien ist groß und spiegelt den Organisationsgrad wie die ideologischen Schattierungen rechtsextremer Strömungen in der Bundesrepublik wider. Neben diversen Partei- und Organisationsmedien existieren strömungsübergreifende Publikationen, die weit über die jeweilige Anhängerschaft hinauswirken. Beispiele dafür sind klassisch revanchistisch-rechtsextreme Medien wie die *National-Zeitung/Deutsche Wochen-Zeitung*

3 Siehe Wilhelm Heitmeyer, Autoritärer Kapitalismus, Demokratieentleerung und Rechtspopulismus. Eine Analyse von Entwicklungstendenzen, in: Dietmar Loch/ Wilhelm Heitmeyer (Hrsg.), Schattenseiten der Globalisierung, a.a.O., S. 497ff.; Ursula Birsl/Peter Lösche, (Neo-)Populismus in der deutschen Parteienlandschaft. Oder: Erosion der politischen Mitte, in: ebd., S. 346ff.; Joachim Hirsch, Vom Sicherheitsstaat zum nationalen Wettbewerbsstaat, Berlin 1998; Susan George, Den Krieg der Ideen gewinnen. Lektionen der gramscianischen Rechten, in: Mario Candeias/Frank Deppe (Hrsg.), Ein neuer Kapitalismus?, Hamburg 2001, S. 211. George, Vizepräsidentin von ATTAC Frankreich, kennzeichnet damit die weltweite Vorherrschaft einer neoliberal orientierten neuen Rechten unter globalisierten Verhältnissen, die sie mit einer Neuinterpretation des Begriffs der konservativen Revolution verbindet.

(NZ/DWZ) oder Parteizeitungen wie das NPD-Organ *Deutsche Stimme* (DS), ultrarechte Theorieorgane wie *Nation und Europa* (NE), neonazistische Szenezeitschriften wie das *Zentralorgan* oder „nationalrevolutionäre" Theorieorgane wie die Zeitschrift *wir selbst* sowie neurechte, eher nationalkonservativ ausgerichtete Zeitschriften wie *Junge Freiheit* und *Criticón*, welche einen „völkischen Nationalismus" vertreten und ein „Brückenspektrum" zwischen Konservatismus und Rechtsextremismus bilden.[4]

Obwohl sich innerhalb der extremen Rechten auch neue Strömungen abzeichnen, die man als „*standort*nationalistisch" bezeichnen kann,[5] bildet der *völkische* bzw. *Ethno*nationalismus mit rassistischer Stoßrichtung, welcher die Verherrlichung der „deutschen Volksgemeinschaft" aus einer Ablehnung alles/aller „Fremden" herleitet, nach wie vor ein Schlüsselelement ultrarechter Ideologie und das strategische Bindeglied zwischen vielen Schattierungen des Rechtsextremismus. Mit unterschiedlicher Akzentuierung findet sich ein solcher Nationalismus in sämtlichen rechtsextremen Medien.

1.1 Rassismus ungeschminkt: klassisch rechtsextreme und neonazistische Medien

Ein klassisches Beispiel für rassistische Hetze rechtsextremer Medien stellt die Aufmachung der NZ/DWZ dar. Mit Überschriften wie „Kommen 30 Millionen Türken?", „Ersetzen Ausländer die Deutschen?" oder „Deutsche bald in der Minderheit? Wohin die Überfremdung führt" baut die Zeitung das Bedrohungsszenario eines „überfremdeten Deutschland" auf.[6] Die *National-Zeitung* hat als Verlautbarungsorgan der Deutschen Volksunion (DVU) die höchste Auflage rechtsextremer Publikationen in Deutschland überhaupt. Im Stile eines Boulevardblatts verbreitet sie platten, plakativen Rassismus, der Migrant(inn)en zum Feindbild macht. Aktuelle Diskurse über Zuwanderung werden aufgegriffen und verschwörungstheoretisch zugespitzt. Suggestive Schlagzeilen à la „Wird Deutschland türkisch?", „Übernehmen Ausländer Deutschland? Ein Volk auf dem Rückzug" oder „Scheinasylanten raus?" beinhalten Feindstilisierungen sowie indirekt die Aufforderung zur rassistischen

---

4 Siehe Helmut Kellershohn, Das Projekt *Junge Freiheit*. Eine Einführung, in: ders. (Hrsg.), Das Plagiat. Der völkische Nationalismus der *Jungen Freiheit*, Duisburg 1994, S. 17ff.; Armin Pfahl-Traughber, „Konservative Revolution" und „Neue Rechte". Rechtsextremistische Intellektuelle gegen den demokratischen Verfassungsstaat, Opladen 1998, S. 160; Thomas Pfeiffer, Für Volk und Vaterland. Das Mediennetz der Rechten – Presse, Musik, Internet, Berlin 2002, S. 105ff.

5 Vgl. dazu: Christoph Butterwegge, Marktradikalismus, Standortnationalismus und Wohlstandschauvinismus – die Sinnkrise des Sozialen als Nährboden der extremen Rechten, in: ders./Rudolf Hickel/Ralf Ptak, Sozialstaat und neoliberale Hegemonie. Standortnationalismus als Gefahr für die Demokratie, Berlin 1998, S. 121ff.

6 Siehe die Titelzeile in: NZ/DWZ v. 20.10.2000, 24.3.2000 und 6.12.2000

Mobilisierung gegen Flüchtlinge und Arbeitsmigrant(inn)en.[7] Antisemitismus wird in der Zeitung meist in Frageform (z.B. „Wie viele Juden kommen noch?“) transportiert.[8]

Dieselbe Stoßrichtung verfolgt das NPD-Organ *Deutsche Stimme*, wo es heißt: „Wir Nationaldemokraten stehen mit einem lebensrichtigen Menschenbild gegen Fremdherrschaft und Fremdbestimmung, gegen Überfremdung, Ausbeutung und Unterdrückung, für deutsche Freiheit, für Freiheit der Völker, für eine soziale Neuordnung in Deutschland, die unserem Menschenbild entspricht.“[9] Ein solches Menschenbild entpuppt sich bei genauerem Hinsehen als Aufruf zur Durchsetzung eines Gesellschaftsmodells nach NS-Vorbild. „Doch bevor wir aus der multikulturellen Gesellschaftsordnung der BRD eine neue nationale Volksgemeinschaft schmieden können, müssen wir die Gemeinschaftskräfte aller der Zukunft zugewandten nationalen Einzelpersonen, Grüppchen, Miniparteien und Gruppen auf eine Partei konzentrieren.“[10] In ihrem völkischen Nationalismus sowie der Verherrlichung des Nationalsozialismus sind die Publikationsorgane von DVU und NPD nahezu deckungsgleich. Allerdings waren in der *Deutschen Stimme* zuletzt in Anlehnung an die faschistische Propaganda vermehrt Anleihen an einen „nationalen Sozialismus“ zu finden. Als Versuch einer „antimaterialistische(n) Revision des Marxismus“[11] obliegt der faschistischen Propaganda ein Erhebungs-Versprechen unter nationalistischen und pseudosozialistischen Prämissen. Die *Deutsche Stimme* bedient sich dieser Rhetorik in ihrer völkisch-nationalistischen Propaganda, etwa in einem Beitrag von Dr. Ulrich Funk, wo dieser unter der Überschrift „Zugehörigkeit zur Nation bedingt soziale Gerechtigkeit“ die Ansicht vertritt: „Es gibt eine Reihe von Gründen, heute erneut über den ‚Sozialismus‘, als eine zum Kapitalismus alternative Gesellschaftsordnung, nachzudenken.“[12] In der folgenden Herleitung jener „sozialistischen Forderungen“ entpuppen sich diese deutlich als nationalsozialistische Apologie: „Die letzte gesellschaftliche Konsequenz aus dem Nationsbegriff, daß aus Zugehörigkeit zur Nation Anspruch auf soziale Gerechtigkeit erwächst, zog der Nationalsozialismus.“[13] Aus einem solchen ideologischen Bezug heraus wendet man sich mit rassistischen Parolen wie „Rassenvermischung ist gegen die Natur und Völkermord!“[14] gegen die multikulturelle Gesellschaft.

Nationalismus und Anfeindungen der multikulturellen Gesellschaft sind auch ein Dauerthema in den monatlich erscheinenden *Unabhängigen Nach-*

---

7 Siehe NZ/DWZ v. 26.1.2001, 12.11.1999 und 10.8.2001

8 So in NZ/DWZ v. 13.4.2001

9 Udo Voigt, Bewegung muß Partei ergreifen, in: DS 6/2000

10 Ebd.

11 Siehe Zeev Sternhell/Mario Sznajder/Maia Asheri, Die Entstehung der faschistischen Ideologie. Von Sorel zu Mussolini, Hamburg 1999, S. 28

12 Ulrich Funk, Zugehörigkeit zur Nation bedingt soziale Gerechtigkeit, in: DS 2/2000

13 Ebd.

14 Beilage des NPD-Landesverbandes NRW, in: DS 10/2000

richten (UN).[15] Die neonazistische Szene wirbt auf ihren Homepages für die UN,[16] und mittlerweile verbotene NS-Gruppierungen waren an deren Verbreitung beteiligt. Nahezu programmatisch grenzen sich die UN gegenüber der Europäischen Union ab: „Wenn es um den Schutz der Völker, Staaten und Nationen vor irgendeiner Gefahr geht, gibt es eben trotz aller ‚Eine Welt'-Propaganda als größte Schicksalsgemeinschaft doch nur den Nationalstaat, das nationale Interesse."[17] Auch hier wird in klassisch rechtsextremer Manier die Hetze gegen Zuwanderung und Multikulturalismus propagandistisch verknüpft mit Verklärungen des Nationalsozialismus. So heißt es beispielsweise zum Jahrestag der Befreiung vom NS-Regime: „Das einzige, was den Deutschen zu dieser Zeit blieb, war der gesunde Menschenverstand, das Zugehörigkeitsgefühl zu einer Volksgemeinschaft, die nationale Identität und Solidarität, der Stolz, einem Volk zuzugehören, das sechs Jahre lang einer Welt von übermächtigen Feinden getrotzt hatte, der Aufbauwille, ‚trotz alledem'."[18]

Die REPublikaner dagegen suchen sich vom offenen Neonazismus abzugrenzen und als verfassungstreue Partei des rechten Lagers anzupreisen. In ihrer monatlich erscheinenden Parteizeitung *Der Republikaner* werden rechtspopulistische Kampagnen der etablierten Parteien aufgegriffen und mit rassistischen und nationalistischen Andeutungen zugespitzt. So hieß es beispielsweise zur CDU-Kampagne für eine deutsche Leitkultur: „Die öffentliche Auseinandersetzung um den Begriff der Leitkultur nimmt langsam absurde Züge an: Die Union ist wieder einmal umgefallen und mit ihrem Latein am Ende. Der Gesinnungsterror der Gutmenschen, der auch vor dem Bundestag lautstark verkündet wurde, erstickt jede Diskussion um eine Zukunft mit anhaltender Zuwanderung und Multikulti."[19] Im Kontext solcher populistischer Kampagnen präsentierten sich die REPs als wahre Vertreter einer sog. Leitkultur: „Seit 1997 führen wir Republikaner die Diskussion um die deutsche Leitkultur. Die Union, die den Begriff kurzfristig aufgenommen hatte, gab die Auseinandersetzung darüber beim ersten Widerstand auf und ließ den Begriff wie eine heiße Kartoffel fallen. Leitkultur bedeutet für uns die Vergewisserung darüber, was heute deutsch ist. (...) Die Forderung nach verbindlichen

---

15 Bei den *Unabhängigen Nachrichten. Nachrichtendienst und Mitteilungsblatt unabhängiger Freundeskreise* handelt es sich um eine Publikation der 1969 gegründeten *Unabhängigen Freundeskreise*. Themenschwerpunkte der *Unabhängigen Nachrichten* sind die sog. Umerziehung der Deutschen, die „Bonner Steuerverschwendung", die Hetze gegen Flüchtlinge und Ausländer, gegen Israel und die „Juden". Vgl. Medien: Unabhängige Nachrichten (UN), in: Jens Mecklenburg (Hrsg.), Handbuch deutscher Rechtsextremismus, Berlin 1996, S. 430f.

16 So z.B. auf http://www.widerstandwest.com

17 EU-Luftblase geplatzt: Das „grenzenlose Europa" erweist sich als Alptraum und ideologisches Wunschdenken, in: UN 4/2001

18 Rigolf Henning, Das induzierte Irresein. Eine ärztliche Beurteilung der jährlichen „Befreiungsfeiern", in: UN 5/2001

19 Rolf Schlierer, Die geistig-moralische Kapitulation, in: Der Republikaner 11/2000

Werten und nach Einordnung und Anpassung von Zuwanderern werden wir uns jedoch nicht abhandeln lassen."[20]

Ähnlich verfuhr die Zeitung beim Thema „Zuwanderung", wo sie sich mit suggestiven Fragestellungen (z.B. „Wird Deutschland umbenannt in Zuwanderungsland?"[21]) rechts von der Union zu profilieren suchte: „Mit ihrem Zuwanderungspapier hat die CDU jedenfalls gegenüber rot-grünen Multi-Kulti-Gelüsten kapituliert und als Opposition abgedankt. (...) In dieser Situation braucht unser Land eine kritische Opposition rechts der Mitte nötiger denn je."[22] Als eine solche Partei preisen sich die REPs an, um eine angeblich linke Vorherrschaft zu brechen. In verschwörungstheoretischer Manier heißt es hierzu: „Weshalb also die Hysterie ‚gegen rechts'? Niemand wird ernsthaft behaupten, daß ein Umsturz von rechts bevorsteht. Die Hetzkampagne dient anderen Zwecken. Sie soll ganz offensichtlich die Stimmung der Nation für die kommende Zuwanderungsgesetzgebung vorbereiten und jeden Widerstand gegen weitere Zuwanderung kriminalisieren."[23]

Eine neonazistische Szenezeitschrift, das *Zentralorgan*, benannte die öffentliche Kampagne gegen den Rechtsextremismus von „Aufstand der Anständigen" in „Aufstand des Abschaums" um.[24] Die militante Neonazi-Szene sieht sich als Vorkämpferin für die deutsche Nation: „Argumente" gegen die multikulturelle Gesellschaft werden zu denunziatorischen Kampfparolen: „Gemeinsam gegen die Oneworld-Mafia! Parole: Nationalismus – Freiheit der Völker!"[25]

Wille und Weg, eine weitere Zeitschrift des neonazistischen Spektrums, widmete dem Thema „multikulturelle Gesellschaft" eine ganze Artikelserie. Darin hieß es: „Menschenbilder spielen beim Entwurf einer politischen Konzeption eine wichtige Rolle. Dies gilt natürlich auch für die multikulturelle Gesellschaft. Nur bei Zugrundelegung bestimmter Annahmen bezüglich des menschlichen Verhaltens läßt sich die Masseneinwanderung von Ausländern rechtfertigen. Diese Annahmen entspringen allesamt dem Liberalismus, einer Theorie, die zu einer Zeit erstellt wurde, zu der über den Menschen und sein Verhalten – bezogen auf die heutige Zeit – so gut wie kein fundiertes wissenschaftliches Wissen existierte. Sein Menschenbild kann daher nur äußerst hypothetisch sein. Diesem Menschenbild soll das biologische (lebensrichtige) Menschenbild gegenübergestellt werden, welches Grundlage der aktuellen Nationalismustheorien ist."[26] Was als „aktuelle Nationalismustheorie" fir-

---

20 Leitkultur für unser Land, in: Der Republikaner 2-3/2001

21 Siehe Zuwanderung: Süssmuth auf dem Holzweg, in: Der Republikaner 6-7/2001

22 Johann Gärtner, Die große Zuwanderungskoalition. Kniefall vor Rot-Grün: Die Union räumt die letzten Positionen, in: Der Republikaner 5/2001

23 Rolf Schlierer, Das schleichende Gift. Die Hysterie „gegen rechts" soll linke Vorherrschaft zementieren, in: Der Republikaner 4/2001

24 Zentralorgan 7/2001 (Titel)

25 Zentralorgan 6/1999 (Titel)

26 Die „multikulturelle Gesellschaft". Teil IV: Menschenbilder, in: Wille und Weg 1/2000, S. 11

miert, sind Versatzstücke des ethnozentrischen Weltbildes der sog. Neuen Rechten, das sich mit biologistischen und kulturalistischen Argumenten gegen den menschlichen Universalismus sowie das Gleichheitsprinzip richtet.[27]

Die militante Neonazi-Szene, welche sich seit den 1990er-Jahren aufgrund zahlreicher staatlicher Organisationsverbote zunehmend in informellen bzw. sog. Kameradschaftszirkeln organisiert, versteht sich als „Nationaler Widerstand" und greift die „nationalrevolutionären" Theoriefragmente der sog. Neuen Rechten auf. Ein aktuelles Beispiel hierfür ist das 2001 entstandene Internetprojekt *Rheinwacht*, welches seine Aufgabe in der völkischen Verteidigung nationaler Identität sieht: „Rheinwacht möchte (...) die politisch-theoretische Arbeit des Nationalen Widerstands auf eine breitere Basis stellen und vorantreiben. (...) Multikulti-Rassisten stoßen erstmals auf erkennbaren Widerstand. Identität, Heimat, Volk und Nation wollen die Menschen nicht kampflos aufgeben. (...) Vor uns liegt nun der Kampf, der unsere Zukunft entscheiden wird. Der Kampf zwischen Entfremdung und Identität."[28] Man versteht sich als „theoretische(s) Organ des Widerstands" und versucht, diesem Anspruch mit einer wirren Mixtur aus neonazistischen Mobilisierungsaufrufen, rassistischer Hetze und völkischen Traktaten gerecht zu werden.[29]

1.2 Neurechte Medien: Rassismus in ethnopluralistischer Verklausulierung

Publikationen der sog. Neuen Rechten erfüllen eine Pionierfunktion im Hinblick auf die Auseinandersetzung mit dem Konzept einer multikulturellen Gesellschaft. Neurechts-nationalrevolutionär orientierte Vordenker wie Henning Eichberg traten schon Ende der 1970er-Jahre mit der Kampfansage „Ethnopluralismus gegen Universalismus" in Erscheinung.[30] Anstelle des menschlichen Universalismus wird das „Nebeneinander" ethnisch homogener Gesellschaften gesetzt. „Wer von den Völkern nicht sprechen will, soll von den

---

27 Vgl. dazu: Georg Lohmann, Rechtsextremismus und Menschenrechte. Exemplarische Argumentationen gegen Rechts, in: Christoph Butterwegge/Georg Lohmann (Hrsg.), Jugend, Rechtsextremismus und Gewalt, 2. Aufl. Opladen 2001, S. 179ff.

28 http://www.front14.org/rheinwacht/fenster2.html v. 6.8.2001. Die Verwendung von Zahlencodes zur Verschlüsselung nationalsozialistischer Inhalte ist kennzeichnend für die aktuelle Form neonazistischer Propaganda. Die Chiffre „Front 14" bezieht sich auf die in der Neonazi-Szene bekannten „14 words". Diese leiten sich aus dem Glaubensbekenntnis des inhaftierten US-amerikanischen Rechtsextremisten David Lane ab, der in 14 Wörtern eine Neonazi-Formel prägte: „Wir müssen die Existenz unseres Volkes und die Zukunft der weißen Kinder sicherstellen."

29 Vgl. z.B. So ist die Wirklichkeit! Von Ausländern terrorisiert – Deutsche verlassen ihre angestammte Heimat, http://www.front14.org/rheinwacht/texte/pt5.html; Offener Brief – Horst Mahler an Bundeskanzler Gerhard Schröder, http://www.front14.org/rheinwacht/texte/pt6.html

30 Siehe Henning Eichberg, Nationale Identität. Entfremdung und nationale Frage in der Industriegesellschaft, München 1978, S. 8

Menschen schweigen", so Eichberg.[31] Die Absage an das menschliche Gleichheitsprinzip wirkt identitätsstiftend für sämtliche Strömungen der extremen Rechten; die Ethnisierung sozialer und gesellschaftlicher Konflikte bildet das Mittel zur Durchsetzung rassistischer Gesellschaftskonzepte. Im nationalrevolutionären Weltbild ist es die ethnisch hergeleitete Nation, welche sich der angeblichen „Fremdherrschaft" zu erwehren habe. In *wir selbst*, „Zeitschrift für nationale Identität", heißt es programmatisch: „Auch nach dem Zusammenbruch des Ostblocks und der Neuvereinigung Deutschlands hat sich das lagerüberspannende Grundgefühl bei vielen gehalten, teilweise auch verfestigt, daß das Volk über die wesentlichen Entscheidungen, die unser alltägliches Leben bestimmen, kein Wort mitzureden hat. Es beginnt mit der sich lawinenhaft ausbreitenden Amerikanisierung unserer Sprache, die als ritualisierter Unterwerfungsgestus gegenüber der US-amerikanischen Siegerkultur bereits absurde Züge annimmt, es setzt sich fort mit der Veränderung unseres Stadtbildes durch die gegen den weitaus größten Teil der Bevölkerung durchgesetzte Multikulturalisierung der Gesellschaft und endet noch lange nicht mit der Abschaffung der DM als sichtbarstem Symbol finanz- und wirtschaftpolitischer Unabhängigkeit des deutschen Staates."[32]

Hier wird in neurechtem Jargon das Bild eines vom sog. Kulturimperialismus bedrohten und „kolonisierten Volkes" entworfen, das sich einem aufgezwungenen Multikulturalismus widersetzen müsse. Der Nationalrevolutionär Eichberg, theoretischer Kopf der Zeitschrift, erläutert jene angebliche Kolonisierung wie folgt: „Wo das Wort ‚multikulturell' positiv besetzt wird, da wird es zugleich benutzt, um das Kulturelle, das Ethnische und Volkliche abzuwerten und es zum politisch irrelevanten Annex des Lebens zu erklären."[33] Schuld am Verlust des „Volklichen" trage das große Kapital, in dessen Interesse man „das hochbesiedelte und ökologisch überlastete Deutschland" zum „Einwanderungsland" erklärt habe.[34]

Die Zeitschrift *wir selbst* versucht in ihrem Plädoyer für eine ethnisch hergeleitete nationale Volksgemeinschaft einen Brückenschlag zwischen Rechts und Links zu vollziehen. So wurde ein Heft mit dem Themenschwerpunkt „Die Linke und die Nation" herausgebracht,[35] während in anderen Ausgaben Neonazis wie Horst Mahler die Gelegenheit zur Veröffentlichung antisemitischer und rassistischer Traktate erhielten.[36] Unregelmäßiges Erscheinen sowie eine niedrige Auflage dieses „Theorieorgans" weisen zwar auf eine ge-

31 Ebd., S. 13

32 Elfriede Fink/Hanno Borchert/Siegfried Bublies, Zu dieser Ausgabe, in: wir selbst 1/1998, S. 5

33 Henning Eichberg, Das gute Volk. Über multikulturelles Miteinander, in: wir selbst 1-2/1999, S. 123

34 Siehe ebd., S. 125

35 Vgl. wir selbst 2/1998

36 Vgl. Horst Mahler, Kann das deutsche Volk den Frieden noch retten?, Flugschrift an die Deutschen, die es noch sein wollen, über die Lage ihres Volkes, in: wir selbst 3-4/1998, S. 99ff.

ringe Breitenwirkung hin, die von den Machern der Zeitschrift allerdings intendiert zu sein scheint. Bedeutung hat *wir selbst* nur als Diskussions- und Schulungsorgan innerhalb neurechter Zirkel sowie als elitäres Projekt, das den intellektuellen Brückenschlag zu anderen politischen Bewegungen versucht. Viele der Autoren schreiben auch in anderen Zeitschriften der Neuen Rechten, von denen die *Junge Freiheit* wohl am weitesten den inhaltlichen Einbruch in das Lager der sog. politischen Mitte geschafft hat.

Die multikulturelle Gesellschaft gilt der extremen Rechten als Sinnbild für die Zersetzung des von ihr vertretenen völkischen Nationalismus. In dem ältesten rechtsextremen Theorieorgan der Bundesrepublik, *Nation und Europa*[37], erschien schon 1993 unter dem Slogan „Multikulti – Eine Utopie zerbricht!" ein Kommentar, der dieses Feindbild versinnbildlicht: „Ein Gespenst geht um in Europa – das Gespenst der multikulturellen Gesellschaft. Alle Mächte des alten Europa haben sich zu einer heiligen Allianz zu seinen Gunsten verbündet, Gewerkschaften, Medien, Parteien, französische Intellektuelle und deutsche ‚Antifaschisten'."[38] Die berühmte Eingangsformulierung des Kommunistischen Manifests abwandelnd, setzte man Kommunismus und multikulturelle Gesellschaft gleich und stellte Letzterer die „Idee vom ethnisch, kulturell und historisch definierten Staatsvolk" entgegen.[39] Auch in *Nation und Europa* werden aktuelle Diskurse wie die sog. Patriotismus-Debatte affirmativ aufgegriffen und mit völkisch-nationalistischen Thesen zugespitzt. So hieß es in einem Beitrag der Zeitschrift zum Nationalstolz: „Anders als im Zuge früherer Systemwechsel wurden die Deutschen nach 1945 mit ihrer Elite auch ihrer politischen Überlebensinstinkte beraubt. Man weiß, daß dies vorsätzlich geschah und Bestandteil der von den Siegermächten verordneten ‚Umerziehung' war."[40]

Eine ähnliche Argumentation verfolgt der ehemalige REPublikaner-Vorsitzende Franz Schönhuber in seiner Kolumne „Aus meiner Sicht": „In dem gemeinsam mit Horst Mahler geschriebenen Buch ‚Schluß mit dem deutschen Selbsthaß' brachte ich dies so zum Ausdruck: ‚Ich behaupte, daß das deutsche

37 Diese Zeitschrift wurde erstmals 1951 unter dem Namen *Nation Europa. Monatsschrift im Dienst der europäischen Neuordnung* von Arthur Ehrhardt, ehemaliger SS-Hauptsturmführer und Chef der Bandenbekämpfung im Führerhauptquartier, herausgegeben und orientierte sich an faschistischen Europakonzeptionen. Vgl. Reinhard Opitz, Faschismus und Neofaschismus, Berlin 1984, S. 261; Uwe Worm, Die Neue Rechte in der Bundesrepublik. Programmatik, Ideologie und Presse, Köln 1995, S. 81ff.

38 Karl Richter, Multikulti – Eine Utopie zerbricht, in: NE 9/1993, S. 3; vgl. zur Kritik: Gudrun Hentges, Irreale Bedrohungsszenarien und reale Politik: „Ein Gespenst geht um in Europa – das Gespenst der multikulturellen Gesellschaft", in: Christoph Butterwegge/Gudrun Hentges/Fatma Sarigöz (Hrsg.), Medien und multikulturelle Gesellschaft, Opladen 1999, S. 29ff.

39 Karl Richter, Multikulti – Eine Utopie zerbricht, a.a.O., S. 4

40 Ders., Nationalstolz – aber wie?, in: NE 5/2001, S. 6

Volk im Dritten Reich moralisch gefestigter war und sittlichen Anfechtungen mehr Widerstand entgegengesetzt hat, als das heute der Fall ist.'"[41]

1.3 Argumentative Übergänge vom Rechtsextremismus zur „Mitte"

Die rechtsextreme Hetze gegen die multikulturelle Gesellschaft zeigte Wirkung in der politischen Kultur der Bundesrepublik. Mit ihren Kampagnen gegen „Ausländer" hat die extreme Rechte selektiven Zuspruch von Vertreter(inne)n des etablierten Politikbetriebs und in renommierten Medien erhalten. Argumentationsmuster des völkischen Nationalismus, rassistische Stereotype und ethnisierende Zuschreibungen von gesellschaftlichem Konfliktpotenzial durchziehen inzwischen die dominanten Diskurse. Die inhaltliche Überschneidung konservativer, nationalistischer und rechtsextremer Diskurse ist an aktuellen Debatten um Zuwanderung, Multikulturalismus oder Nationalbewusstsein erkennbar.

Im Herbst des Jahres 2000 erneut angeregt durch die von der CDU entfachte Debatte zur „deutschen Leitkultur", entfaltete sich eine öffentliche Auseinandersetzung um die „deutsche Identität" sowie die „Belastungsgrenzen" multikulturellen Zusammenlebens. Damit wurden die eingangs illustrierten Positionen rechtsextremer Medien gegen Multikulturalismus und Zuwanderung inhaltlich zum Gegenstand etablierter öffentlicher Diskurse. Jene Debatte um das Wesen einer deutschen Leitkultur eröffnete der extremen Rechten die Möglichkeit, sich über Aufmärsche und öffentliche Bekundungen als Vorreiterin für den „Erhalt deutscher Interessen" darzustellen und völkisch-nationalistischen Positionen eine breitere Akzeptanz zu verschaffen. Auch beim Thema „Zuwanderung" versuchten rechtsextreme Medien, öffentliche Äußerungen über sog. Belastungsgrenzen der Deutschen oder Anpassungsleistungen von Migrant(inn)en mit nationalistischen und völkisch-rassistischen Forderungen zuzuspitzen.

1.4 Medien der extremen Rechten als Verstärker vorherrschender rechtspopulistischer Diskurse

Die extreme Rechte sieht sich inhaltlich bestärkt durch die xenophoben Bedrohungsszenarien in den Mainstream-Medien sowie die populistischen Wahlkampagnen etablierter Parteien. Dies spiegelt sich in der Berichterstattung rechtsextremer Medien wider: Fast jedes rechtsextreme Organ druckt mittlerweile Kommentare der etablierten Presse oder Äußerungen staatstra-

41 Franz Schönhuber, Nicht ängstlich sein, in: NE 1/2001, S. 43f.; vgl. auch: Franz Schönhuber/Horst Mahler, Schluß mit dem deutschen Selbsthaß. Plädoyers für ein anderes Deutschland, Starnberg am See 2000

gender Politiker/innen nach, um den eigenen Rassismus argumentativ zu untermauern. Dabei wird die entsprechende Formulierung häufig noch nicht einmal falsch oder verzerrt interpretiert, sondern oft mit einem belehrenden Unterton als Beweis für die rassistische Gesinnung der anderen zitiert, die sich zum „Aufstand der Anständigen" formiert haben. Genüsslich dokumentiert beispielsweise *Nation und Europa* in einer ironisch „Aktuelles aus Multikultopia" genannten Rubrik weitestgehend unkommentiert Artikel aus der bürgerlichen Presse, die sich um „Ausländerkriminalität" oder „Überfremdung" drehen. So wird z.B. Altbundeskanzler Helmut Schmidt durch den Abdruck folgender Äußerung zum unfreiwilligen Kronzeugen für den Nationalismus: „Jemand, der seine eigene Nation aufgibt, gibt sich à la longue über zwei, drei Generationen selber auf. Die Leute brauchen den Nationalstaat, sie brauchen eine nationale Identität."[42]

Ähnlich verfährt *Der Republikaner*: Auf der ersten Seite dieser Parteizeitung taucht regelmäßig unkommentiert ein Zitat aus der etablierten Politik oder seriösen Medien auf, das als Bestätigung der REP-Position gewertet wird, beispielsweise eine Stellungnahme aus der FAZ zur Leitkultur: „Offen für das Fremde wird, wer sich des Eigenen sicher sein kann. Seit Jahren führen wir eine Ausländerdebatte unter sorgsamer Umgehung der Inländerfrage: Was wollen wir eigentlich bewahren? Welchem Kodex muß sich unterwerfen, wer zu uns gehören will? Worauf darf, worauf muß unser Stolz gründen? Wer sich der Frage nach der Leitkultur verweigert, wird auch die Lösung für die andere, die Ausländerfrage, nicht finden."[43]

Die *Unabhängigen Nachrichten* wiederum füllen regelmäßig ganze Seiten mit Abdrucken von Artikeln aus etablierten Medien, um ihrer Propaganda argumentativen Rückhalt zu verleihen. Statistiken zur Zuwanderung oder zum Geburtenrückgang werden veröffentlicht und mit völkisch-nationalistischen Anmerkungen versehen oder auch kommentarlos zitiert, wie der Abdruck eines Artikels aus der *Welt am Sonntag* (WamS) dies beispielhaft illustriert: „Die Zuwanderung wird in Deutschland zu dramatischen Veränderungen führen. In absehbarer Zeit werden die Deutschen in einigen Städten erstmals in der Minderheit sein. Das ist die Prognose des Deutschen Instituts für Urbanistik (difu) in Berlin."[44] Unterlegt war das Zitat mit einem Foto aus derselben WamS-Ausgabe, das eine Gruppe von Migrant(inn)en zeigt und mit der Frage „Drohen uns Unruhen wie in England?" unterschrieben ist.[45] Die dortigen Ausschreitungen wurden in der deutschen Tagespresse fast durchgängig als

42 Interview mit Altbundeskanzler Helmut Schmidt (SPD), in: Süddeutsche Zeitung v. 6.10.2000; zit. nach: Aktuelles aus Multikultopia, in: NE 11-12/2000, S. 17

43 Stefan Dietrich, „Die Inländerfrage", in: FAZ v. 25.10.2000; zit. nach: Der Republikaner 11/2000 (Rubrik „Zitat")

44 Jochen Kummer, Eine aktuelle Studie zeigt: In deutschen Städten werden die Deutschen in absehbarer Zeit zur Minderheit; zit. nach: Welt am Sonntag über unsere Zukunftsaussichten: „Dramatische Veränderungen", in: UN 7/2001

45 Ebd.

„Rassenkrawalle", „Rassenunruhen" und „Rassenkonflikte" bezeichnet,[46] was nicht nur von ihren sozialen Ursachen und den politischen Hintergründen in einer seit Margaret Thatcher neoliberal modernisierten Gesellschaft ablenkte, sondern auch suggerierte, ein friedliches Zusammenleben der „Menschenrassen" sei wegen natürlicher Gegensätze auf Dauer unmöglich.

Auch populistische Kampagnen etablierter Parteien werden aufgegriffen und teilweise aktiv unterstützt: Um einer lokalen Pressekampagne der Bad Homburger CDU zu einer größeren Verbreitung zu verhelfen, verteilten die UN gar einen Sonderdruck als sog. Bürgerinfo kostenlos an private Haushalte. Unter der Überschrift „Sozialhilfeparadies Deutschland: Wo sind die Grenzen der Belastbarkeit?" skandalisierte die Parteigliederung einer der wohlhabendsten Städte der Bundesrepublik überhaupt (nirgends wohnen so viele Millionäre wie in Bad Homburg) den angeblichen Sozialhilfebetrugsfall türkischer Migrant(inn)en in einer Form, die dem Stil rechtsextremer Gazetten nahekam. So wurde in der – von der UN-Sonderausgabe nachgedruckten – CDU-Presseerklärung eine als „15-köpfige türkische Asylanten-Großfamilie" titulierte Gruppe als Beispiel dafür hingestellt, „daß die Leistungen dieses Sozialparadieses sich inzwischen weltweit herumgesprochen haben und für Wirtschaftsflüchtlinge und deren Schlepperbanden immer attraktiver werden".[47] Jener im Jargon der rechtsextremen Presse verfassten Presseerklärung folgte in dem UN-Sonderdruck seitenlang eine Auflistung von Anfragen an das hessische Sozialministerium im Hinblick auf die Antragsformalitäten der angeprangerten Familie. Zum Abschluss dieser „Dokumentation" kommentierte die UN: „Es ehrt den CDU-Abgeordneten Prof. Dr. Hamer, daß er diesen Skandal aufgedeckt hat. Doch wer hat dieses ‚Sozialparadies' geschaffen, in dem sich laut Hamer ‚viele Leute fragen, warum sie noch arbeiten sollen'? Im Bund hat die CDU 16 Jahre lang die Gesetze gemacht und in Hessen ist sie wieder Regierungspartei. Von ihr ist keine Politik zum Wohle des Volkes zu erwarten. Von der SPD, den Grünen oder den Tiefroten zu sprechen, erübrigt sich. Es gibt nur eine Antwort: Soziale Gerechtigkeit nur durch Stop der Massenzuwanderung!"[48]

Ein affirmativer Bezug auf vorherrschende populistische Diskurse über Zuwanderung, Multikulturalismus oder nationale Identität lässt sich sogar bei denjenigen Medien nachweisen, die sonst ihr Selbstverständnis aus einem NS-orientierten „nationalen Widerstand" gegen ein „multiethnisches Deutschland" und dessen sog. Systempresse zu ziehen suchen. Genannt sei in diesem Zusammenhang das Internet-Medium *Rheinwacht*. In sog. Schulungstexten zur Argumentation werden seitenweise Zitate aus etablierten Medien und aus der offiziellen Politik präsentiert, um die eigene Propaganda auf die Höhe des

---

46 Siehe z.B.: Fast ein Bürgerkrieg im alten Industrie-Revier. Im nordenglischen Oldham eskalieren die Rassenkonflikte, in: Weser-Kurier v. 28.5.2001; Frank Herrmann, Rassenkrawalle in Oldham hören nicht auf: Frust und Hass in Cool Britannia, in: Weser-Kurier v. 30.5.2001

47 Nachdruck des CDU-Pressedienstes Bad Homburg, in: UN (Sonderdruck) 10/2000

48 Ebd.

Zeitgeistes zu bringen. So mussten unter der Überschrift „Integration? Das falsche Rezept" Zitate von Altbundeskanzler Helmut Schmidt, dem ehemaligen Berliner CDU-Fraktionsvorsitzenden Klaus Landowsky, aus dem SPIEGEL, der FAZ, den *Stuttgarter Nachrichten* oder der *Berliner Morgenpost* dazu herhalten, folgendes Fazit zu ziehen: „Begrüßen und fördern wir die kulturelle Rück- und Selbstbesinnung der ethnischen Gruppen in Deutschland. Freuen wir uns, wenn sie ihre Sprache, ihre Geschichte, ihr Brauchtum pflegen und damit ihre Heimatverbundenheit wahren wollen. Erwarten wir weder ‚Anpassung' noch ‚Integration' von ihnen, sondern Treue zu ihrem Volk, ihrer Sitte, ihrer Religion. Umso leichter wird es unseren Gästen fallen, zu Hause wieder Fuß zu fassen."[49] In einem weiteren Text mit dem Titel „Prominente zum Ausländerproblem" bemühte man nahezu das gesamte Parteienspektrum mittels Zitaten, um die Schlussfolgerung zu untermauern, das sog. Ausländerproblem rühre daher, „daß Inländer ihr Land mit zu vielen Ausländern teilen müssen."[50]

2. Völkischer Nationalismus im Wochenzeitungs-Format: die *Junge Freiheit* als Beispiel für eine relativ erfolgreiche Querfrontstrategie

Die real vollzogene Überschneidung von konservativen und rechtsextremen Positionen kann als strategischer Teilerfolg der rechtsextremen Intervention in die bürgerliche Öffentlichkeit gewertet werden. Freilich hat diese Tatsache nicht zu einer generellen Auflagensteigerung und einer stärkeren Verbreitung rechtsextremer Medien geführt. Einigen Medien der extremen Rechten gelingt jedoch zunehmend die schleichende Anknüpfung an den etablierten Mediendiskurs.

Hervorzuheben ist in diesem Zusammenhang die *Junge Freiheit*. 1986 gegründet und 1994 als Wochenzeitung gestartet, präsentiert sich die JF als strömungsübergreifendes Medium für die extreme Rechte, das zum Teil erfolgreich den Anschluss an konservative Kreise sucht.[51] Inhaltlich bewegt sich

49 Integration? Das falsche Rezept, in: Rheinwacht, zit. nach: http://www.front14.org/rheinwacht/texte/pt4.html

50 Prominente zum Ausländerproblem, in: Rheinwacht; zit. nach: http://www.front14.org/rheinwacht/texte/pt2.html

51 Vgl. Helmut Kellershohn (Hrsg.), Das Plagiat, a.a.O.; Felix Krebs, Mit der Konservativen Revolution die kulturelle Hegemonie erobern. Das Zeitungsprojekt *Junge Freiheit*, in: Jean Cremet/Felix Krebs/Andreas Speit, Jenseits des Nationalismus. Ideologische Grenzgänger der „Neuen Rechten" – ein Zwischenbericht, Hamburg/Münster 1999, S. 53ff.; Alexander Ruoff, Verbiegen, Verdrängen, Beschweigen. Die Nationalgeschichte der JUNGEN FREIHEIT. Auschwitz im Diskurs des völkischen Nationalismus, Münster 2001; Thomas Pfeiffer, Für Volk und Vaterland, a.a.O., S. 105ff.

die JF im Grenzbereich zwischen radikalisierten neokonservativen und rechtsextremen Positionen. Sie versucht, völkische und neofaschistische Positionen in nationalliberalen und konservativen Kreisen zu etablieren.

Anlässlich ihres 15-jährigen Jubiläums erschien im Juni 2001 eine Kolumne des JF-Gründers Dieter Stein, in der er als zentrales Anliegen der Wochenzeitung benannte, „daß die nationale Frage wieder in den Mittelpunkt der Gesellschaft rückt";[52] ein Anliegen, dem durchaus Erfolg beschieden war. Stein interpretiert die politischen Zustände in Deutschland als eine „Diktatur der ‚Political Correctness'", welche sich „wie Fesseln um die freiheitliche Demokratie in Deutschland gelegt" habe.[53] Unter der „Political Correctness" versteht man den Bezug auf antifaschistische Werte, die Kennzeichnung der Bundesrepublik als Einwanderungsland sowie den Tatbestand einer multikulturellen Gesellschaft, wogegen in nationalistischem Impetus zum Aufstand gerufen wird: „Diese Fesseln der Bevormundung, der Entmündigung, der Gängelung freier Bürger müssen gesprengt werden. (...) Und Deutschland braucht anstelle von ‚Political Correctness' und Selbsthaß einen gereiften, geschichtsbewußten Patriotismus, unter dessen breitem nationalem Dach sich Links, Mitte und Rechts auch nach einem Streit wieder versöhnt."[54]

Die JF sieht sich in ihrem Kampf für einen völkischen Nationalismus im pathetischen Jargon als „Symbol des Freiheitswillens der Deutschen und der Liebe zum eigenen Land".[55] Denn daran, dass jene „patriotischen" Vorstellungen sich aus der Ideologie eines völkischen Nationalismus speisen, lassen die Stellungnahmen in der Zeitung keinen Zweifel: „Umvolkung" heißt beispielsweise der Titel eines Artikels zur sog. Süssmuth-Kommission. JF-Autor Andreas Mölzer (Kulturberater des österreichischen FPÖ-Führers Haider) präsentierte darin sämtliche argumentativen Schlagwörter des völkischen Nationalismus der extremen Rechten. So hieß es in seiner Kritik an der Zuwanderungs-Kommission: „‚Umvolker', das sind solche, die Umvolkung, Ethnomorphose, eine Veränderung der ethnischen Struktur eines Landes also, betreiben oder zumindest propagieren. Solcherlei Leute sind derzeit in und um Deutschland rudelweise unterwegs. Ihnen genügt nicht, daß zwischen Maas und Oder ohnedies längst eine multikulturelle Gesellschaft entstanden ist, daß in den größeren Städten längst Ausländer-Ghettos und Zuwanderer-Viertel existieren, mit all ihren sozialen und kulturellen Problemen. Sie wollen es auch noch dekretiert haben: Deutschland soll sich ganz offiziell als Einwanderungsland bekennen."[56]

52 Dieter Stein, Der Freiheit eine Gasse!, 15 Jahre „Junge Freiheit" als deutsche Pressegeschichte, in: JF v. 29.6.2001

53 Ebd.

54 Ebd.

55 Siehe ebd.

56 Andreas Mölzer, Umvolkung, in: JF v. 20.7.2001

Die Nation wird hier nicht als eine real „vorgestellte politische Gemeinschaft“[57], ein sich historisch fortwährend veränderndes Ergebnis politischer Machtkonstellationen verstanden, sondern biologistisch-völkisch als Urform menschlichen Lebens, welche durch Zuwanderung und Multikulturalismus zerstört werde. Das daraus hergeleitete „Deutschsein“ speist sich aus völkisch-nationalistischen Kategorisierungen und Untergangsszenarien: „Bezeichnend ist auch, daß die Zuwanderungs-Konzeption von CDU-Politikerinnen wie Frau Süssmuth propagiert werden. Und das in einer Situation, da die Deutschen selbst als traumatisierte und neurotisierte Nation nach wie vor im Zustand des Nationalmasochismus verharren und überdies, wie nahezu alle anderen entwickelten Industrienationen, unter rasantem Geburtenschwund leiden. Da ist ‚Umvolkung‘ – also eine bereits kurz- und mittelfristig zu erwartende Veränderung der ethnisch-kulturellen Zusammensetzung der Bevölkerung – eine nahezu unausweichliche Entwicklung.“[58]

Die JF greift breit geführte Auseinandersetzungen wie beispielsweise Debatten um Zuwanderung sowie eine „deutsche Leitkultur“ auf und positioniert sich dabei selbst im völkisch-nationalistischen Lager der extremen Rechten, was in den Kommentaren der Wochenzeitung deutlich zum Ausdruck kommt. Unter der Fragestellung „Was ist deutsch?“ erhob Michael Wiesberg beispielsweise die „Frage nach der Zuwanderung“ zum „Schicksalsthema für die Zukunft der Deutschen“. Nach Ansicht des JF-Autors muss diese Frage „zum zentralen Thema in Deutschland“ gemacht werden, weil zur Diskussion stehe, „ob die Deutschen in der völkerzerstörenden Nacht des ethnischen Todes verschwinden und in eine multirassische Gesellschaft einmünden, oder ob sich wenigstens noch ein Teil jener Substanz retten läßt, die mit einigem Wohlwollen als deutsche Zivilisation und Kultur identifiziert werden kann.“[59] Solche Stellungnahmen weisen sämtliche Merkmale eines völkisch-rassistischen Weltbildes auf. Durch die Unterscheidung zwischen einem völkisch hergeleiteten „Deutschsein“ und einer als „multirassisch“ begriffenen Gesellschaft bediente sich der Autor des Jargons nationalsozialistischer Bevölkerungspolitik und entwarf mit seiner Horrorvision vom „ethnischen Tod“ der nach dem Blutsrecht als Gemeinschaft definierten „Deutschen“ ein völkisches Untergangsszenario.

Claus M. Wolfschlag versuchte sich in der „Feindbestimmung“ für den beschworenen Untergang: „Seit der Regierungsübernahme durch Gerhard Schröder wird das Projekt ‚multikulturelle Gesellschaft‘, also im Grunde die schrittweise Marginalisierung einer sich als ‚deutsch‘ verstehenden Bevölkerungsmehrheit in Deutschland, offen propagiert. (...) In einer ‚multikulturellen Gesellschaft‘, in der das Fremde positiv besetzt wird, also nicht als Sünden-

---

57 Siehe Benedict Anderson, Die Erfindung der Nation. Zur Karriere eines folgenreichen Konzepts, Frankfurt am Main 1998, S. 14

58 Andreas Mölzer, Umvolkung, a.a.O.

59 Michael Wiesberg, Was ist deutsch?, Die Parteien streiten um den Sinn einer Leitkultur, in: JF v. 27.10.2000

bock herhalten kann, kann sich die Repression nur gegen den Einheimischen wenden, der sich ängstlich Gedanken um den Erhalt seiner Heimat macht."[60] Hier wird das alte Bild von den Linken als „Vaterlandsverrätern" geschürt und werden zugleich xenophobe Ressentiments für legitim erklärt.

JF-Chefredakteur Dieter Stein hingegen nutzte die Leitkultur-Debatte, um das zentrale Thema der extremen Rechten zu besetzen: „Es geht nämlich um die nationale Frage." Stein knüpfte mit seinem Querverweis auf den Internationalismus der Linken zur Zeit des Faschismus gleichfalls an die Parole vom „Vaterlandsverrat" an: „Diese internationale Kollaboration wirkt bis heute nach." Zwar ging die Leitkultur-Debatte der CDU für Stein in die richtige Richtung. Allerdings sei „offen, ob sie den Schwung, der in dieser Debatte liegt, ernsthaft nutzt und die Abschaffung des Grundrechts auf Asyl und damit die Zuwanderung aus rein wirtschaftlichen Gründen, die nicht im Interesse Deutschlands liegt, offensiv thematisiert."[61] Das Grundrecht auf Asyl wurde nicht im Kontext der deutschen Geschichte als verpflichtendes Menschenrecht, vielmehr demagogisch als Mittel für „wirtschaftliche Zuwanderung" begriffen. Die CDU kritisierte Stein mit dem Argument, sie sei gar nicht „zu einer konsequenten Ausländerpolitik und einer mutigen Formulierung der Sorgen der Bevölkerung" entschlossen.[62]

Die JF sieht sich dabei im Einklang mit der deutschen Mehrheitsbevölkerung, die genug an und von Ausländern habe. Die vorherrschende Integrationspolitik sei den Deutschen von der „politische(n) Klasse" aufoktroyiert worden, verkündete Klaus Hornung: „Tag für Tag versuchen diese Establishments der breiten Bevölkerung Schuld- und Minderwertigkeitsgefühle, ihren eigenen nationalen Selbsthaß einzupflanzen. Angesichts dieser welteinmaligen deutschen Identitäts- und Traditionsvergessenheit können Begriffe und Programme wie Leitkultur und Integration wenig beruhigen. Ja, man hat den Eindruck, daß sie bei dem Unternehmen zur deutschen Selbstabschaffung vor allem den Zweck haben, die deutsche Bevölkerung zu beruhigen und zum Stillhalten zu veranlassen."[63] Hier wird das rechtsextreme Bild vom „Ausverkauf deutscher Interessen" gezeichnet und zugleich mit der Kritik am „Stillhalten" bei der angeblichen „deutschen Selbstabschaffung" zum völkischen Widerstand gedrängt.

Die von JF-Redakteuren zu den Themen „Zuwanderung", „Leitkultur" oder „nationale Identität" verfassten Kommentare basieren auf einem geschlossenen rechtsextremen Weltbild. Wie zur Bekräftigung dieser Einschätzung wurde eine Rede des österreichischen Vorbildes der extremen Rechten, Jörg Haider, zum Thema „Heimat" abgedruckt, in welcher der Landeshaupt-

60 Claus M. Wolfschlag, Der Feind im eigenen Land, in: JF v. 17.11.2000

61 Dieter Stein, Eine demokratische Wende. Die Leitkultur-Debatte zeigt Schwächen des rot-grünen Lagers, in: JF v. 10.11.2000

62 Ebd.

63 Klaus Hornung, Integration, in: JF v. 24.11.2000

mann von Kärnten sein „Nein zu einem multikulturellen Einheitsbrei" bekundete.[64]

Damit fungiert die JF eindeutig als publizistisches Sprachrohr der extremen Rechten. Zugleich wird allerdings in Bezug auf aktuelle Diskussionen der argumentative Brückenschlag zum bürgerlichen Lager vollzogen. So dokumentierte die Wochenzeitung etwa Auszüge aus einem Arbeitspapier für die Zuwanderungskommission der CDU, in dem es beispielsweise heißt: „Multikulturalismus und Parallelgesellschaften sind kein Zukunftsmodell."[65]

2.1 Medialer Einbruch von rechtsaußen in die „Mitte"

Trotz ihrer wiederholt dokumentierten eindeutigen Positionierung im völkisch-nationalistischen Lager der extremen Rechten erfährt die JF Solidarität aus der sog. politischen Mitte. Bei ihrem Widerstand gegen die Beobachtung durch das nordrhein-westfälische Landesamt für Verfassungsschutz wurde sie beispielsweise von (ehemaligen) hohen Funktionsträgern des Staates wie dem früheren Generalbundesanwalt Alexander von Stahl, einem Vertreter des nationalliberalen Flügels der FDP, und Spitzenrepräsentanten etablierter Medien wie FOCUS-Chefredakteur Helmut Markwort unterstützt, die sich als Fürsprecher des Blattes zu erkennen gaben.[66] Dieser juristische Fall ist insofern bemerkenswert, als er das Problem einer Abgrenzung zwischen nationalkonservativen und von den Verfassungsschutzorganen als rechtsextremistisch definierten Positionen aufwirft. Armin Pfahl-Traughber, wissenschaftlicher Mitarbeiter des Bundesamtes für Verfassungsschutz, begreift Zeitschriften wie JF oder *Criticón* als „geistige Sammlungsprodukte" zwischen Rechtsextremismus und Konservatismus: „Durch diese Funktion werten sie rechtsextremistische Auffassungen aber objektiv auf, denn die Anhänger der Neuen Rechten können so über den demokratischen Konservatismus hinaus versuchen, breiter ihre Positionen in der Gesellschaft bekannt zu machen."[67]

Real sind die Grenzen zwischen (National-)Konservatismus und Rechtsextremismus in der JF fließend. Neben bekannten Persönlichkeiten des rechtsextremen Lagers aus der Bundesrepublik und dem Ausland firmieren nicht nur nationalkonservative Politiker der CDU/CSU, beispielsweise der ehema-

---

64 Siehe Jörg Haider, Heimat ist kein altmodischer Begriff, in: JF v. 24.11.2000

65 Dokumentation: Auszüge aus dem Arbeitspapier für die Zuwanderungs-Kommission der CDU, in: JF v. 10.11.2000

66 Vgl. Verfassungsschutz NRW, Zwischenbericht 2000, http://www.verfassungsschutz.nrw.de/dokument.htm v. 1.12.2000; JF-Internetseite unter: http://www.jungefreiheit.de. Man bezieht sich auf einen Zuspruch Markworts laut *Tagesspiegel* und der Nachrichtenagentur DDP v. 2.2.2001.

67 Armin Pfahl-Traughber, Der organisierte Rechtsextremismus in Deutschland nach 1945. Zur Entwicklung auf den Handlungsfeldern „Aktion" – „Gewalt" – „Kultur" – „Politik", in: Wilfried Schubarth/Richard Stöss (Hrsg.), Rechtsextremismus in der Bundesrepublik Deutschland. Eine Bilanz, Opladen 2001, S. 81

lige Berliner Innensenator Heinrich Lummer, als wiederkehrende Autoren, Interviewpartner und sogar als Herausgeber. Das politische Spektrum der Interviewpartner reicht vielmehr längst bis weit in die „Mitte“ der Gesellschaft hinein. So wirbt die JF offensiv mit der Tatsache, auch als „links“ geltende etablierte Politiker wie den Staatsminister im Auswärtigen Amt, Christoph Zöpel, als Interviewpartner gewonnen zu haben.[68] Die JF verfährt dabei nach der sog. Querfrontstrategie, indem sie Interviewpartner/innen aus dem bürgerlichen bis hinein in das linke Lager präsentiert, um damit aus dem Dunstkreis des Rechtsextremismus heraustreten zu können.

Gleichzeitig bemüht die JF bekannte Persönlichkeiten vom rechten Rand der Union, um die ideologische Trennlinie zwischen rechtsextremen und nationalkonservativen Positionen zu verwischen. Ein JF-Beitrag von Heinrich Lummer über die doppelte Staatsbürgerschaft bestätigt das gelungene Manöver. Lummer vertrat dort die Ansicht, durch Einwanderung sei „immer wieder versucht worden, ein Land zu populieren, das heißt sich überhaupt eine Bevölkerung zu schaffen oder durch Vertreibung die nicht gewünschte Bevölkerung loszuwerden. (...) So schafft man Schritt um Schritt ein neues Volk. Aber dieses neue Volk wird immer weniger deutsch sein. Tatsächlich wirft das beabsichtigte neue Ausländerrecht die Grundfrage nach der deutschen Identität auf. Das Volk als Souverän und die Nation als Schicksals- und Verantwortungsgemeinschaft wird durch die beabsichtigte Politik in Frage gestellt.“

Das prominente CDU-Mitglied Lummer glitt in den Jargon rechtsextremer Straßenparolen ab: „Deutschland soll den Deutschen genommen werden. Ob man das Landnahme, Überfremdung oder Unterwanderung nennt, tut nichts zur Sache. Das Phänomen des Nationalmasochismus ist nicht neu.“ Zur Unterfütterung seiner Stammtischparolen erklärte der Autor die rassistischen Aktivitäten des früheren RAF-Unterstützers und heutigen NPD-Mitglieds Horst Mahler zum Vorbild: „Horst Mahler verfaßte jüngst einen leidenschaftlichen Appell, der das Ziel hat, das deutsche Volk vor der Auflösung zu bewahren.“[69]

Heinrich Lummers Beitrag weist eine deutliche Affinität zu rechtsextremen Positionen auf. Er deckt sich weitgehend mit Stellungnahmen des DVU-Vorsitzenden Dr. Gerhard Frey oder des früheren REPublikaner-Vorsitzenden Franz Schönhuber. Dies hindert jedoch andere CDU-Mitglieder nicht daran, sich der JF für Interviews zur Verfügung zu stellen. So gelingt der Zeitung ein inhaltlicher Einbruch in den Diskurs des Konservatismus.

---

68 Vgl. „Staatsangehörigkeit statt Nation“. Der Staatsminister im Auswärtigen Amt, Christoph Zöpel, über sein Verhältnis zur Nation und die Zukunft Deutschlands in Europa, in: JF v. 22.9.2000

69 Heinrich Lummer, Staatsbürgerschaft zum Nulltarif, in: JF v. 12.2.1999. Gemeint ist Mahlers Initiierung einer „Bürgerbewegung: Für unser Land“, die der Rechtsextremist als „völkisches Embryo“ bezeichnete und mit der er gegen die doppelte Staatsbürgerschaft demonstrierte. Vgl. Mahlers Nazi-Aktivitäten, in: Antifaschistisches Info-Blatt 48/1999, S. 38f.

Der Landesvorsitzende der Jungen Union in Nordrhein-Westfalen, Hendrik Wüst, bekundete in einem JF-Interview: „Ich fand es (...) sehr erfrischend und sehr gut, daß unser neuer Generalsekretär Laurenz Meyer auf die Frage des Focus: ‚Sind Sie stolz, ein Deutscher zu sein?‘ geantwortet hat: ‚Ja, ich bin stolz, ein Deutscher zu sein.‘ Dies kann ich für mich auch nur unterstreichen. (...) Es ist eine Frage der Identität.“[70] Auf die Bitte des JF-Redakteurs nach Bewertung der „Kinder statt Inder“-Wahlkampagne des CDU-Politikers Jürgen Rüttgers sagte Wüst: „Ich glaube, der Zusammenhang, den er mit dem Slogan ‚Mehr Ausbildung statt mehr Einwanderung‘ aufgezeigt hat, trifft durchaus zu. Daraus ergibt sich: Mehr Ausbildung ist immer der erste Schritt. Mehr Zuwanderung wegen der zurückgehenden Bevölkerungszahl – oft auch als bloßes Argument für Einwanderung mißbraucht – kann immer nur der zweite Schritt sein. (...) Es muß in die Köpfe rein, daß wir junge Menschen selber wieder Kinder bekommen.“[71]

Das Bekenntnis des nordrhein-westfälischen Landesvorsitzenden der Jungen Union zum deutschen Nationalstolz korrespondierte mit einer völkischen Herleitung der Staatsangehörigkeit. Durch ethnisierende Trennungen zwischen „uns“, also den „angestammten Deutschen“, die mehr Kinder zeugen sollten, und „denen“, also Menschen, die einwandern, offenbarte Wüst ein völkisches Staatsverständnis, nach dem Migrant(inn)en unabhängig von ihrem rechtlichen Status immer „Ausländer/innen“ bleiben. Hiermit bezog der Interviewte eine Position, die im etablierten konservativen Lager mehrheitlich verankert ist und sich in den Kampagnen der CDU gegen die doppelte Staatsbürgerschaft bzw. die „Green Card“-Initiative der Bundesregierung sowie in der Debatte um eine „deutsche Leitkultur“ Bahn brach. Die JF griff die Ressentiments der Union in Sachen Zuwanderungsregelung auf und unterstützte die CSU-Forderung, Deutschland nicht als Einwanderungsland zu definieren.[72] In eigenen Kommentaren hingegen wurde versucht, die konservative Abwehr multikultureller Realität von rechts her zu radikalisieren: „Tragisch ist es, daß in dieser für die weitere Entwicklung Deutschlands so schicksalshaften Lage konstatiert werden muß, daß das rechtsdemokratische Lager so gut wie wirkungslos ist. Wenn es der ernstzunehmenden demokratischen Rechten in absehbarer Zeit nicht gelingt, sich politisch spürbar zu artikulieren, dann werden Fakten geschaffen sein, die nicht mehr revidierbar sind. Entschlossener Widerstand ist deshalb heute dringender denn je vonnöten.“[73]

In ihrer völkisch-nationalistisch begründeten Ablehnung von Zuwanderung und Multikulturalismus griff die Zeitung auch auf sog. nationalrevolutionäre Positionen der Neuen Rechten zurück, etwa in einem JF-Beitrag des

---

70 Hendrik Wüst, der neue Landesvorsitzende der Jungen Union in Nordrhein-Westfalen, über die Erneuerung der Union, in: JF v. 1.12.2000

71 Ebd.

72 Vgl. Thorsten Thaler, „Kein klassisches Einwanderungsland“. CSU legt Thesenpapier zur Zuwanderungs- und Asylpolitik vor, in: JF v. 27.4.2001

73 Michael Wiesberg, Eine neue Lebenslüge. Deutschland soll endgültig zum Einwanderungsland werden, in: JF v. 13.7.2001

Vordenkers der französischen Neuen Rechten, Alain de Benoist. Dieser bediente sich dort argumentativ der Phraseologie eines „nationalen Sozialismus“, um gegen Einwanderung zu hetzen. Benoist attackierte in ethnonationalistischem Impetus die Arbeitgeber, welche „in ihren Überlegungen nur eine einzige Variable interessiert, nämlich die wirtschaftliche. Sie machen sich keine Gedanken um den Problemkomplex, der mit der Einwanderung einhergeht; Faktoren wie Kultur, Stadtentwicklung, gesellschaftliches Zusammenleben, Ökologie und innere Sicherheit berücksichtigen sie nicht. (...) Wer von Einwanderung redet, ohne die Logik des Kapitals zu erwähnen, der sollte lieber schweigen. Umgekehrt gilt das freilich genauso.“[74] Pseudoklassenkämpferisch argumentierend, warf Benoist den Arbeitgebern vor, die „endlose Einwanderungsspirale“ bewirkt zu haben, wobei er „die extreme Linke und die Anhänger des Wirtschaftsliberalismus in bezug auf die Einwanderung“ als ideologisch deckungsgleich ansah.[75] Das Hauptanliegen der JF scheint allerdings weniger in der Verbreitung nationalrevolutionärer Positionen als in der Aufhebung nationalkonservativer und rechtsextremer Grenzziehungen zu liegen, wobei der ideologische Einbruch in das konservative Lager als zentrales Ziel erkennbar ist.

Zur Auseinandersetzung um die Einbürgerung nahm der CSU-Bundestagsabgeordnete Wolfgang Zeitlmann in einem JF-Interview Stellung. Die Frage der Redaktion, ob das in Deutschland immer noch gültige Abstammungsrecht überholt sei, verneinte er mit folgender Begründung: „Das Abstammungsrecht ist eine Errungenschaft des republikanischen Zeitalters. Früher bestimmte der Fürst, wer in seinem Land leben durfte. Mit dem 19. Jahrhundert und der Überwindung der Kleinstaaterei in Deutschland rückte die Abstammungsfrage ins Zentrum der Nations- und Staatenzugehörigkeit. Es besteht kein Anlaß, dies nun über Bord zu werfen.“[76] Damit stellte der CSU-Bundestagsabgeordnete freilich die Geschichte des Staatsbürgerschaftsrechts auf den Kopf. Während andere europäische Länder wie das republikanische Frankreich die Nationalität aus dem sog. Bodenrecht (ius soli) abgeleitet haben, d.h. die Staatsbürgerschaft allen auf ihrem Territorium lebenden Menschen gaben, verfügte der preußische König Friedrich Wilhelm IV. 1842 die Einführung des sog. Bluts- oder Abstammungsrechts (ius sanguinis) in Preußen; 1870 fand es Eingang in den Norddeutschen Bund und ein Jahr später in die Verfassung des deutschen Kaiserreiches.[77] Das im Reichs- und Staatsan-

74 Alain de Benoist, Seltsame Bettgefährten, in: JF v. 20.7.2001

75 Vgl. ebd.

76 Wolfgang Zeitlmann über die rot-grünen Regierungspläne zur Einbürgerung, in: JF v. 22.1.1999

77 Vgl. dazu und zum Folgenden: Jochen Baumann/Andreas Dietl/Wolfgang Wippermann, Blut oder Boden. Doppelpass, Staatsbürgerrecht und Nationsverständnis, Berlin 1999; Gudrun Hentges/Carolin Reißlandt, Blut oder Boden – Ethnos oder Demos?, Staatsangehörigkeit und Zuwanderung in Frankreich und Deutschland, in: Dietrich Heither/Gerd Wiegel (Hrsg.), Die Stolzdeutschen. Von Mordspatrioten, Herrenreitern und ihrer Leitkultur, Köln 2001, S. 172ff.

gehörigkeitsgesetz von 1913 verankerte Blutsrecht überdauerte das Kaiserreich und fand Eingang in die Gesetzgebung der Weimarer Republik sowie des NS-Regimes. Dieses Abstammungsrecht behielt in modifizierter Form – vor allem relativiert durch die rot-grüne Staatsbürgerschaftsreform 1999 – bis zum heutigen Tag in der Bundesrepublik seine Gültigkeit.

Die völkischen Deutungen des „Deutschen" implizieren rassistische Ausgrenzungsmechanismen, die vom 19. Jahrhundert bis zur Gegenwart reichen. So vertrat beispielsweise der Philosoph Johann Gottlieb Fichte in seinen berühmt gewordenen „Reden an die deutsche Nation" schon 1808 einen völkischen Nationalismus: „Die ersten, ursprünglichen, und wahrhaft natürlichen Grenzen der Staaten sind ohne Zweifel ihre inneren Grenzen. Ein solches (Volk) kann kein Volk anderer Abkunft und Sprache in sich aufnehmen und sich vermischen wollen, ohne wenigstens fürs erste sich zu verwirren."[78]

Während nach republikanischem Staatsverständnis zugewanderte Menschen zum Teil der Nation werden, gelten sie nach den Maßgaben des völkischen Abstammungsrechts als „fremd" und somit als tendenzielle Bedrohung für das „eigene" Volk. Was der CSU-Bundestagsabgeordnete Zeitlmann als „modernes" Staatsrecht darzustellen versucht, ist in Wirklichkeit ein argumentativer Bezugspunkt der extremen Rechten in ihrem Kampf gegen „Überfremdung".

Ein ähnlich problematisches Staatsverständnis ließ Jörg Schönbohm, 1996 bis 1998 Berliner Innensenator und seit 1999 Vorsitzender der brandenburgischen CDU, in einem JF-Interview erkennen. Auf die Frage „Sie haben den Begriff der ‚deutschen Leitkultur' geprägt. Was verstehen Sie darunter?" antwortete Schönbohm: „Wenn ich von Integration spreche und davon, wie unsere künftige Gesellschaft aussieht, meine ich, daß Parallelkulturen nicht entstehen dürfen. Die Grundlage unseres heutigen Zusammenlebens ist die deutsche Kultur, so wie sie sich seit Otto dem Großen bis heute entwickelt hat."[79] Kultur wird demnach als etwas Homogenes, Statisches betrachtet, das sich gegen Einflüsse von außen schützen muss. Der Hinweis auf die Gefahr sog. Parallelgesellschaften verdeutlicht diese monokausale Herleitung. Obwohl die Kultur entwickelter Gesellschaften in der Realität immer ein Resultat unterschiedlicher Einflüsse, also dynamisch ist, bemüht die konservative genauso wie die extreme Rechte fortwährend das Bild vom Kulturverfall im Kontext von Zuwanderung, ohne den Kampfbegriff einer „deutschen Leitkultur" schlüssig herleiten zu können. Das propagierte Engagement für den Erhalt einer solchen Leitkultur wird damit zum Kampf gegen Integration und multikulturelles Zusammenleben.

Der CDU-Bundestagsabgeordnete Martin Hohmann rechtfertigte in einem weiteren JF-Interview die Unterschriftenkampagne der Union gegen die doppelte Staatsbürgerschaft 1998/99 mit den Worten: „Als Mann mit Basis-

---

78 Johann Gottlieb Fichte, Reden an die deutsche Nation, Hamburg 1978, S. 207

79 Jörg Schönbohm, „Ich möchte, daß unsere innere Einheit vorangetrieben wird", in: JF v. 26.3.1999

nähe habe ich von vornherein gesagt, diese Unterschriftenaktion ist der Zündsatz zu unserem Sieg. (...) Die nationale Karte, vernünftig und moderat gespielt, hat gestochen und den Sieg gebracht. (...) Und besonders wichtig: Der normale Deutsche macht nicht den langen Weg an den rechten Rand, weil er sich dicht bei der Mitte schon gut aufgehoben fühlte."[80] Im Rahmen der Stellungnahme in einer Zeitung der extremen Rechten, die keinerlei Distanzierung von deren sonstigen Verlautbarungen zu diesem Thema erkennen lässt, verschwimmen die Grenzen zwischen nationalkonservativen und rechtsextremen Positionen. In metaphorischen Wendungen wie der „nationalen Karte" als „Zündsatz zum Sieg" vermischt sich der christdemokratische Wahlkampfjargon mit dem rechtsextremer Kampfparolen. „Die CDU und die Wähler haben den Schmutzkübeln und ‚Maschinenpistolen' der ‚Meinungssoldaten' standgehalten", so der Interviewte weiter. Die rassistische Wahlkampagne der CDU wurde mit militärischen Kampfbegriffen verteidigt, die an faschistische Brandreden erinnern.

Hohmann rekurrierte mit solchen Begriffen in zugespitzter Form auf Formulierungen des Schriftstellers Martin Walser. Jener hatte am 11. Oktober 1998 in seiner Rede anlässlich der Verleihung des Friedenspreises des Deutschen Buchhandels in der Frankfurter Paulskirche von „Meinungssoldaten" gesprochen, die „mit vorgehaltener Moralpistole" anderen ihre Überzeugung aufdrängten.[81] Statt sich mit dem Gehalt und den gesellschaftlichen Folgen einer solchen Kampagne auseinanderzusetzen, nahm Hohmann eine nationalistische Abwehrhaltung ein: „Die Bezeichnung ‚ausländerfeindlich' hat mit der Realität in Deutschland nichts zu tun. Sie ist eine Beleidigung für das deutsche Volk. Es ist eine Unsinns- und Totschlagvokabel."[82] Der CDU-Politiker leugnete die Existenz rassistischer Hetze, Übergriffe und Morde in der Bundesrepublik. Weiterhin wehrte er die Thematisierung von Rassismus mit Bedrohungsmetaphern ab und verfiel mit Formulierungen wie „Beleidigung am deutschen Volk" in ein völkisch-nationalistisches Vokabular.

Auch dieses Beispiel dokumentiert, dass sich im Diskurs um Migration und Integration sowohl inhaltliche wie sprachliche Überschneidungen zwischen etablierten Politikern und rechtsextremen Propagandisten ergeben. Der rechtsextreme Diskurs über die Abwehr von Zuwanderung hat Eingang in das etablierte politische Gefüge gefunden. Äußerungen rechtsextremer Scharfmacher und Parteikader sind von denen etablierter Politiker teilweise nicht mehr zu unterscheiden.

---

80 Martin Hohmann über die Unionskampagne und Roland Kochs Wahlerfolg, in: JF v. 12.2.1999

81 Siehe Martin Walser, „Mit vorgehaltener Moralpistole in den Meinungsdienst genötigt". Dokumentation: Die Dankesrede von Martin Walser anläßlich der Preisverleihung des Friedenspreises des Deutschen Buchhandels in der Frankfurter Paulskirche, in: JF v. 16.10.1998; zit. nach: Martin Dietzsch/Siegfried Jäger/Alfred Schobert (Hrsg.), Endlich ein normales Volk?, Vom rechten Verständnis der Friedenspreis-Rede Martin Walsers – Eine Dokumentation, Duisburg 1999

82 Ebd.

Die Ausweitung der politischen Grau- bzw. Braunzone auf die „Mitte" des politischen Spektrums gelingt der JF auch weit über das rechtskonservative Lager hinaus. So präsentiert die Zeitung nicht ohne hämischen Stolz über ihre gelungene Querfrontstrategie in einer Presseerklärung die Äußerung des SPD-Innenpolitikers Peter Enders aus einem JF-Interview, er befürchte „Zustände wie im englischen Oldham", falls es „zu Einwanderung im Maßstab einer großen Zahl kommt".[83] Manche Sozialdemokraten offenbarten zudem Einschätzungen, mit denen die JF durchaus konform geht. So gewann man den ehemaligen nordrhein-westfälischen Arbeits- und Sozialminister Friedhelm Farthmann (SPD) für ein Interview, der bei der Diskussion um Zuwanderung gleichfalls „Anfänge von Meinungsterror" zu erkennen glaubte: „Ich kann mich über die gezielte Emotionalisierung und sogar Unaufrichtigkeit in der Diskussion um Zuwanderung nur wundern. Wenn sich etwa jemand – wie ich – dagegen wendet, daß wir grenzenlose Zuwanderung zulassen, dann verwahre ich mich dagegen, ihn als ausländerfeindlich hinzustellen", bemerkte Farthmann auf die Frage, ob „Zuwanderung" ein legitimes Wahlkampfthema sei.[84]

Da keine politisch oder gesellschaftlich relevante Gruppe „grenzenlose Zuwanderung" fordert, war die Stellungnahme Farthmanns als irreales Bedrohungsszenario zu werten. Auf die Frage nach seinem Verständnis von „Ausländerfeindlichkeit" antwortete Farthmann: „Der Begriff ‚ausländerfeindlich' hat sich vor allem zu orientieren an den Ausländern, die hier bei uns leben. Denn die haben ja zu ertragen, wenn ihnen hier Fremdenfeindlichkeit entgegenschlägt. Und diese Feindlichkeit in der Bevölkerung können wir nur dann verhindern, wenn wir den Menschen die Angst nehmen vor einer unkontrollierten Zuwanderung: die Angst der Deutschen, etwa vor Konkurrenz um Arbeitsplätze, vor Mißbrauch sozialer Leistungen und auch vor dem Verlust kultureller Identität." Als Fazit seiner von rechten Klischees durchsetzten Ausführungen erhob Farthmann die Forderung: „Es dürfen nur noch Ausländer zu uns kommen, die wir entweder selbst gerufen haben oder die politisch verfolgt werden und in ihrer Heimat um Leib und Leben fürchten müssen. Alle anderen sollten nicht zugelassen werden, weil wir nicht das Elend der Welt bei uns lösen können."[85]

Die zitierten Interview-Passagen verdeutlichen, dass rassistische Ressentiments und rechtsextreme Argumentationslinien bis in die Sozialdemokratie hineinreichen. Der interviewte SPD-Politiker reproduzierte eine Vielzahl von rassistischen Klischees und Schuldzuweisungen. Die Erklärung von „Ausländerfeindlichkeit" als Resultat eines „grenzenlosen Zustroms" ist nur eines der sprachlichen Bilder, die – ähnlich den Schlagwörtern „Asylantenflut" oder

---

83 Vgl. Pressemitteilung der Jungen Freiheit v. 6.6.2001; siehe „Das gibt einen Aufschrei". Der SPD-Innenpolitiker Peter Enders über Zuwanderung und den konfliktträchtigen Multikulturalismus, Interview, in: JF v. 8.6.2001

84 Siehe Friedhelm Farthmann über Zuwanderung, den Begriff „deutsche Leitkultur" und die Zukunft der SPD, in: JF v. 27.10.2000

85 Ebd.

„Überfremdung“ – irreale Bedrohungsszenarien entwerfen und Rassismus als eine Form legitimer Abwehrhaltung erscheinen lassen. Diese indirekte Legitimierung rassistischer Einstellungen als eines angeblichen Schutzmechanismus wurde verstärkt durch eine pauschalisierende Identifikation der Zuwanderer mit bedrohlichen oder kriminellen Handlungen. Der Hinweis auf die „Angst der Deutschen“ vor „Konkurrenz um Arbeitsplätze“ im Kontext von Zuwanderung unterstellt fälschlicherweise, diese sei ursächlich für Arbeitsplatzverluste. Statt einer sachlich gerechtfertigten Kritik an ökonomischen Umstrukturierungsprozessen und systematischer Arbeitsplatzvernichtung als deren Folge wurden Bedrohungszenarien entwickelt, die im rechtsextremen Kontext ihre Zuspitzung in der Parole „Deutsche Arbeitsplätze zuerst für Deutsche!“ erfahren.

Solche falschen Schuldzuweisungen werden durch den Hinweis auf einen „Mißbrauch sozialer Leistungen“ noch verschärft. Durch die einseitige Verknüpfung von Zuwanderung und „Leistungsmissbrauch“ verstärkt sich das Klischee vom „ausländischen Schmarotzer“. Gleichzeitig wird von den realen Ursachen des Abbaus sozialstaatlicher Errungenschaften durch ein neoliberales Politikmodell abgelenkt. Das immer wieder bekräftigte Verständnis für eine als legitim dargestellte „Angst der Deutschen“ vor einem angeblichen „Verlust kultureller Identität“ im Kontext von Zuwanderung komplettiert die Bedrohungszenarien, durch welche die Propaganda der extremen Rechten gekennzeichnet ist. Denn der Verweis auf eine ethnisch homogene Gesellschaft als Voraussetzung „kultureller Identität“ deckt sich mit der neurechten Argumentationsweise. Sätze wie „Wir können nicht das Elend der Welt lösen“ greifen auf bekannte nationalistische Vorurteile zurück, die unterstellen, Ausländer wollten den Deutschen ihren hart erarbeiteten Wohlstand rauben. Tatsächlich wird hierdurch das Ursache-Wirkungs-Verhältnis von kolonialer Ausbeutung und Armut in der sog. Dritten Welt verdreht und ein wesentliches Moment für den überdurchschnittlichen Wohlstand in den kapitalistischen Metropolen ausgeklammert.

Die zitierten Äußerungen etablierter Politiker in einem Medium aus der Grauzone zwischen Nationalkonservatismus und Rechtsextremismus belegen den fließenden Übergang vom rechtsextremen Lager zur politischen „Mitte“ des politischen Gefüges im öffentlichen Diskurs um Zuwanderung, Integration und multikulturelles Zusammenleben. Eine Zeitung wie die JF hat im Hinblick auf ihren Verbreitungsgrad zwar nur einen relativ geringen Einfluss auf die öffentliche Meinung. Gleichwohl ist bemerkenswert, dass sie ihrem strategischen Ziel des Eindringens in die „Mitte“ des politischen Spektrums und einer Beeinflussung von deren Diskursen näher gekommen ist. Erreicht werden soll eine Aufweichung und Verschiebung etablierter Diskurse nach rechts, was im Hinblick auf die exemplarisch ausgewerteten Interviews durchaus als gelungen bezeichnet werden kann. Mit einem Zitat des neurechten Vordenkers Karlheinz Weißmann offenbarte der JF-Chefredakteur Dieter Stein diese Strategie: „Worauf es ankommt, ist zunächst die Besetzung von Feldern im vorpolitischen Raum: Nur eine vitale Subkultur garantiert längerfristig die Durchsetzung eigener Zielvorstellungen."[86] Bezogen auf die erwähnten Zielvorstellungen der JF, ideologische Fragmente eines völkischen Nationalismus in den Mittelpunkt öffentlicher Diskurse zu rücken und die Achse der politischen Kultur unter Einbindung rechtsextremer Theoreme zu verschieben, scheint dieses Anliegen teilweise schon Wirklichkeit geworden zu sein.

---

86 Dieter Stein, Langsam aber gewaltig, in: JF 3/1996; zit. nach: Felix Krebs, Mit der Konservativen Revolution die kulturelle Hegemonie erobern, a.a.O., S. 60

Diskurse zu (Leit-)Kultur, Nation und Volk

Gudrun Hentges

Das Plädoyer für eine „deutsche Leitkultur" – Steilvorlage für die extreme Rechte?

Am 10. Oktober 2000 äußerte der CDU/CSU-Fraktionsvorsitzende Friedrich Merz, die Union werde das Zuwanderungsthema zum Gegenstand des nächsten Bundestagswahlkampfes machen. In diesem Zusammenhang verlangte er, dass sich Zuwanderer der „deutschen Leitkultur" unterwerfen müssten. Anschließend wurde in unterschiedlichen Diskussionszusammenhängen darüber gestritten, ob eine solche Forderung berechtigt oder eine nationalistische bzw. rassistische Anmaßung sei.

Etymologisch betrachtet ist „Kultur" ein aus der „Natur" abgeleiteter Begriff, der in seiner ursprünglichen Bedeutung auf die Pflege des natürlichen Wachstums abhob. Terry Eagleton, in Oxford lehrender Professor für englische Literatur, unterscheidet drei moderne Hauptbedeutungen: Kultur als Zivilisation, als Lebensweise und als Kunst. Die erste Bedeutungsebene von Kultur entspringt dem Geist der Aufklärung und orientiert sich am französischen Begriff „Zivilisation", der das politische, wirtschaftliche und technische Leben abdeckt. Die zweite Bedeutungsebene war das Ergebnis einer semantischen Verschiebung, die sich an der Wende zum 19. Jahrhundert vollzog. Man entlehnte aus dem Französischen das Wort „culture" und kritisierte den sich herausbildenden Industriekapitalismus. Kultur, zunächst ein Synonym für Zivilisation, wurde zu deren Antonym. Im deutschen Idealismus entwickelte sich die Verwendung des Kulturbegriffs in seiner modernen Bedeutung als Lebensweise. Einen entscheidenden Beitrag zur Pluralisierung von Kultur leistete Gottfried Herder, der „von den Kulturen unterschiedlicher Völker und Zeiten (sprach; *G.H.*) und von den einzelnen gesellschaftlichen und wirtschaftlichen Kulturen innerhalb eine Volkes."[1] Kultur wurde fortan in der

1 Siehe Terry Eagleton, Was ist Kultur?, Eine Einführung, München 2001, S. 22. Vgl. auch die Debatte um die Bedeutung Herders für die Interkulturelle Pädagogik und Konzepte multikultureller Gesellschaften: Hans-Joachim Roth, Kultur und Kommunikation. Systematische und theoriegeschichtliche Umrisse Interkultureller Pädagogik, Opladen 2002; Georg Auernheimer, Zum Multikulturalismusverständnis bei Herder: Versuch einer Ehrenrettung für Johann Gottfried Herder, in: Stephan Neubert/Hans-Joachim Roth/Erol Yildiz (Hrsg.), Multikulturalität in der Diskussion. Neuere Beiträge zu einem umstrittenen Konzept, Opladen 2002, S. 165ff.

deutschen Sprache nicht mehr primär im Sinne einer universalen Zivilisation verwendet, sondern im Sinne einer Lebensweise. Die dritte Bedeutungsebene ging aus der „allmähliche(n) Spezialisierung auf die Künste“ hervor.[2] Kultur kann hier die geistige Betätigung im Rahmen der Wissenschaft, Philosophie und Forschung meinen, sich aber auch auf die sog. schönen Künste – Musik, Malerei oder Literatur – beschränken.

1. Die Leitkultur als ein Thema der Mitte

1.1 Bassam Tibi und die Leitkulturdebatte

Vergeblich sucht man in Enzyklopädien oder der wissenschaftlichen Fachliteratur nach dem Terminus bzw. einer Definition von „Leitkultur“ – sei es nun eine europäische oder deutsche. Ihr „Erfinder“, der in Göttingen lehrende Politikwissenschaftler Bassam Tibi, prägte diesen Begriff 1996 in einem Beitrag mit dem Titel „Multikultureller Werte-Relativismus und Werte-Verlust“.[3] In seinem Buch „Europa ohne Identität?“ erläuterte Tibi den Terminus zwei Jahre später im Sinne einer *europäischen* Leitkultur und gab ihm „in Abgrenzung zur Wertebeliebigkeit des Multikulturalismus“ einen „kulturpluralistischen Inhalt“.[4] Folgende Werte sollten seiner Meinung nach die Substanz einer für Europa benötigten Leitkultur bilden: „Primat der Vernunft vor religiöser Offenbarung, d.h. vor der Geltung absoluter religiöser Wahrheiten, *individuelle* Menschenrechte (also nicht Gruppenrechte), säkulare, auf die Trennung von Religion und Politik basierende Demokratie, *allseitig anerkannter* Pluralismus sowie ebenso gegenseitig zu geltende säkulare Toleranz.“[5] Die von Tibi genannten Bestimmungsmerkmale einer europäischen Leitkultur verweisen auf republikanische Werte, die sich im Zuge der Aufklärung und der bürgerlichen Revolutionen – insbesondere der Französischen – herausbildeten. Er verwendet den Begriff der (Leit-)Kultur im Sinne einer universalen Zivilisation. Die in der politischen Debatte vorgenommene Umdeutung der *europäischen* in eine *deutsche* Leitkultur lief freilich darauf hinaus, den Begriff seines Inhalts zu entleeren, indem die von Tibi angeführten Bestimmungsmerkmale weitgehend ignoriert wurden, während die Forderung nach einer deutschen Leitkultur zum Synonym für eine repressive Ausländer- und Asylpolitik avancierte.

---

2 Siehe ebd., S. 26

3 Vgl. Bassam Tibi, Multikultureller Werte-Relativismus und Werte-Verlust, in: Aus Politik und Zeitgeschichte. Beilage zur Wochenzeitung *Das Parlament* 52-53/1996, S. 27ff.

4 Ders., Leitkultur als Wertekonsens. Bilanz einer missglückten deutschen Debatte, in: Aus Politik und Zeitgeschichte 1-2/2001, S. 23ff.

5 Bassam Tibi, Europa ohne Identität?, Die Krise der multikulturellen Gesellschaft, München 2000, S. 183

Voreilig wäre es, zu schlussfolgern, Tibis Leitkultur-Konzept liefere keine Anknüpfungspunkte für rassistische Diskurse. Vielmehr ist das Gegenteil der Fall. Tibi diagnostizierte „(d)ie Krise der multikulturellen Gesellschaft" und bezog in erster Linie gegen jene Konzepte einer solchen Position, denen er Kulturrelativismus bis hin zur Bildung von sog. Parallelgesellschaften unterstellte. Aber welche Befürworter/innen einer multikulturellen Gesellschaft haben eigentlich die Geltung der Werte des Grundgesetzes, die Menschenrechte oder etwa die Glaubensfreiheit jemals angezweifelt? Das von Tibi behauptete Scheitern der multikulturellen Gesellschaft wurde in politischen Debatten wiederholt aufgegriffen, um generalisierend die Konsequenz zu ziehen, dass jedes multikulturelle Experiment scheitern müsse.

Noch deutlicher wird der aus Syrien stammende Wissenschaftler, wenn er als Politikberater auftritt und zur „Bewältigung des Zustroms von Zuwanderern aus nicht-westlichen Zivilisationen nach Europa"[6] beitragen will. Mit „Einwanderung statt Zuwanderung. Zu viele Ausländer missbrauchen das Asylrecht" war sein FOCUS-Kommentar überschrieben, worin er die Ansicht vertrat, aufgrund des Fehlens eines Einwanderungsgesetzes finde in Deutschland eine „wildwüchsige Zuwanderung" statt.[7] Für integrierte Ausländer (wie ihn selbst) sei diese Entwicklung ein „Ärgernis, weil der Anstieg der Sozialhilfeempfänger unter den Zuwanderern die Fremdenfeindlichkeit" der Deutschen intensiviere. Tibi empfahl den Politikern, unkontrollierte Zuwanderung in kontrollierte Einwanderung umzuwandeln. Entscheidender Hebel sei hierbei die Anpassung des Asylrechts an „europäische Standards" mit dem Ziel, „einen Missbrauch des Asylrechts" zu unterbinden.

Tibis Plädoyer für eine (europäische) Leitkultur, verbunden mit Kritik am Konzept multikultureller und sog. Parallelgesellschaften, sowie seine Kolumnen, in denen er Flüchtlinge pauschal des Asylmissbrauchs bezichtigt, ihnen vorwirft, dass sie Sozialhilfe beziehen, und sie für die ansteigende Fremdenfeindlichkeit in Deutschland verantwortlich macht, verkehren nicht nur Ursache und Wirkung, sondern auch Opfer und Täter; sie bedienen wohlstandschauvinistische Einstellungen innerhalb der Mehrheitsbevölkerung und leisten dem Rassismus Vorschub. Die verbale Einbindung des von Tibi geprägten Begriffs „Leitkultur" in nationalkonservative und rechtsextreme Konzepte ging zwar mit einer inhaltlichen Umdeutung einher, die Stoßrichtung der Leitkulturdebatte gegen Flüchtlinge und (sozial schlechter gestellte) Ausländer/innen widersprach jedoch keineswegs Tibis Generallinie der Argumentation, sondern deckte sich in weiten Teilen mit seinen Positionen, wiewohl er darauf bedacht war, die gesellschaftlich arrivierten Migrant(inn)en als positive Beispiele für Integration darzustellen. Die im Oktober 2000 von Friedrich Merz angestoßene Leitkulturdiskussion wertete Tibi zwar als „missglückte

6 Siehe ders., Einwanderung statt Zuwanderung. Zu viele Ausländer missbrauchen das Asylrecht, in: Focus v. 18.9.2000, S. 102

7 Ebd.

deutsche Debatte", der diese bilanzierende Beitrag hielt jedoch nicht, was sein Titel versprach.[8]

Tibi beschränkte die Kritik in seiner Replik auf folgenden Aspekt: Er berichtete, dass die *Frankfurter Allgemeine Sonntagszeitung* (v. 29.10.2000) Auszüge seines Buches „Europa ohne Identität?" abgedruckt, sich von den eingegangenen Leserzuschriften jedoch keine einzige auf den *europäischen* Inhalt des Begriffs bezogen hatte.[9] Der CDU-Politiker Heinz Daum habe auf seinen Beitrag Bezug genommen, „um Roten und Grünen die multikulturellen Flausen auszutreiben",[10] und der SPD-Politiker Gerhard Kadelbach geschrieben: „Eine deutsche Leitkultur (...) knüpft offen und schonungslos an den gewalttätigen Imperialismus von Wilhelm II. an. (...) So wurde für die Nazis der gesellschaftlich-kulturelle Boden bereitet. (...) Das ist die deutsche Leitkultur."[11] Mit keinem Wort ging Tibi darauf ein, dass sich die Debatte massiv gegen in Deutschland lebende Migrant(inn)en – insbesondere „nichtdeutschen" Aussehens – richtete. Unerwähnt blieb ferner, dass die Forderung nach einer deutschen Leitkultur seitens der extremen Rechten aufgegriffen wurde.

1.2 Von der europäischen zur deutschen Leitkultur

Tibis Forderung nach einer (europäischen) Leitkultur spielte in der öffentlichen Debatte zunächst keine bedeutende Rolle. Einen Versuch der Popularisierung wagte Jörg Schönbohm, früher Berliner Innensenator und heute Innenmister des Landes Brandenburg, als er sich im Zuge der Kampagne gegen die doppelte Staatsangehörigkeit zum Verteidiger der deutschen Leitkultur aufschwang und „Parallelkulturen" den Kampf ansagte. Letztlich war es jedoch Friedrich Merz, der mit seiner Forderung, die hier lebenden Ausländer müssten sich einer deutschen Leitkultur anpassen, den Begriff in die öffentliche Debatte brachte und popularisierte. Die zitierte Aussage löste eine Welle der Empörung aus, zog aber auch zahlreiche Solidaritätsbekundungen nach sich.

Der entscheidende semantische Wandel – die Abkehr von der *europäischen* und die Hinwendung zur *deutschen* Leitkultur – ging damit einher, dass deren Inhalt nebulös blieb. Wurden CDU/CSU-Politiker/innen dazu aufgefordert, den Begriff zu definieren, so nannten sie die Loyalität zur Verfassung, Kenntnisse der deutschen Sprache, die Akzeptanz von Menschenrechten und die Anerkennung der Gleichberechtigung der Frau. Kritiker/innen fragten zu Recht, weshalb man denn einen neuen Begriff benötige, dessen inhaltliche Bedeutung sich auf jene Aspekte beschränke, die bereits seit Jahren und Jahr-

---

8 Vgl. Bassam Tibi, Leitkultur als Wertekonsens. Bilanz einer missglückten deutschen Debatte, a.a.O.

9 Vgl. ebd.

10 Heinz Daum, zit. nach: ebd., S. 25

11 Gerhard Kadelbach, zit. nach: ebd., S. 25

zehnten in der Diskussion seien. Die Forderung nach einer deutschen Leitkultur stiftete also Verwirrung, weil deren Bedeutung häufig unklar blieb und die Vermutung nahe lag, dass sich die Reichweite des Begriffs keineswegs auf Verfassungstreue und Sprachkompetenz reduziert.

In einer Arbeitsgrundlage für die Zuwanderungskommission der CDU hieß es, Integration erfordere neben der Sprachkompetenz auch, sich für die Staats- und Verfassungsordnung zu entscheiden. „Dies bedeutet, dass die Werteordnung unserer christlich-abendländischen Kultur, die vom Christentum, Judentum, antiker Philosophie, Humanismus, römischen Recht und der Aufklärung geprägt wurde, in Deutschland akzeptiert wird. (...) Unser Ziel muss eine Kultur der Toleranz und des Miteinander sein – auf dem Boden unserer Verfassungswerte und im Bewusstsein der eigenen Identität. In diesem Sinne ist es zu verstehen, wenn die Beachtung dieser Werte als Leitkultur in Deutschland bezeichnet wird."[12] Indem die Union in ihrem Positionspapier von der expliziten Forderung nach einer „deutschen Leitkultur" Abstand nahm, jedoch an der Formel „Leitkultur in Deutschland" festhielt, versuchte sie, der Kritik den Wind aus den Segeln zu nehmen. Schließlich erkenne eine Leitkultur in Deutschland ja die heterogenen Einflüsse auf die deutsche Kultur an. Auffällig war jedoch, dass die CDU dem Islam keinerlei Einfluss auf die Werteordnung „unserer christlich-abendländischen Kultur" zugestand. Sie ging nicht nur von einem statischen Kulturbegriff aus, sondern negierte die Einflüsse, welche der Islam auch in europäischen Ländern auf die Wissenschaften – u.a. Mathematik, Astronomie und Medizin –, Technik, Architektur, Kunst und Literatur hatte.

2. Die Leitkultur als Thema der extremen Rechten

Während die Union aufgrund des massiven Protestes in offiziellen Stellungnahmen darauf verzichtete, die Forderung nach einer deutschen Leitkultur zu erheben, und stattdessen andere Formulierungen wählte, damit aber die gleichen Inhalte transportierte, witterte die extreme Rechte eben hier ihre Chance: „Nachdem die Unionsparteien einmal mehr vor dem Zeitgeist eingeknickt sind", so begründeten die REPublikaner ihre Position, „halten die Republikaner ohne Abstriche am Begriff der deutschen Leitkultur fest."[13] Auch in der rechtsextremen Publizistik erfreute sich der Begriff einer großen Beliebtheit, und in zahlreichen Beiträgen beanspruchte man, das Plädoyer für eine deutsche Leitkultur konsequent zu Ende zu denken. Von der extremen Rechten in

---

12 Arbeitsgrundlage für die Zuwanderungs-Kommission der CDU Deutschlands (6.11. 2000); http://www.cdu.de/politik-a-z/zuwanderung/arbeitsgrundlage.rtf v. 25.10.2001

13 „Eine deutsche Leitkultur ist zur Sicherung des inneren Friedens und der Stabilität unserer Demokratie unverzichtbar" (Resolution vom 18./19.11.2000 in Winnenden), http://www. republikaner.de/republikaner.de/presse/res191120b.htm v. 25.10.2001

der Ausländer- und Asylpolitik, aber auch der Familien- und Bevölkerungspolitik geforderte Maßnahmen wurden als zur Durchsetzung einer deutschen Leitkultur unabdingbar bezeichnet. Die Leitkulturdebatte in Medien der extremen Rechten war durchzogen von rassistischen bzw. antisemitischen Stereotypen – bis hin zur Relativierung des Holocaust.

2.1 Die Rezeption der Leitkulturdebatte in der *Jungen Freiheit*

2.1.1 Die Bedeutung von Interviews

In der *Jungen Freiheit* (JF) tauchte der Begriff einer deutschen Leitkultur erstmals 1999 in einem Interview mit Jörg Schönbohm auf, der Thorsten Thaler und Dieter Stein zufolge „den Begriff von der ‚deutschen Leitkultur' geprägt" hat.[14] Der damalige Vorsitzende des CDU-Landesverbandes Berlin-Brandenburg wandte sich im Interview gegen sog. Parallelkulturen und postulierte, die Grundlage unseres Zusammenlebens sei die deutsche Kultur, „so wie sie sich seit Otto dem Großen bis heute entwickelt" habe. Obgleich es zu Berührungen mit anderen Kulturen gekommen sei, müsse die deutsche Kultur als Grundlage dienen. Schönbohm verknüpfte seine Forderung nach einer deutschen Leitkultur mit Kritik am Multikulturalismus: „Multikulti ist die letzte Utopie der Linken, doch sie wird scheitern. (...) Ich habe gesagt, wir werden eine Vielfalt von Kulturen in Deutschland haben, wobei immer klar sein muß, daß die deutsche Kultur die Basis sein muß."[15]

Aufgegriffen wurde der Begriff „deutsche Leitkultur" in der JF erst wieder, als Merz die Forderung nach einer solchen im Oktober 2000 auf einer Pressekonferenz erhoben und die Ausländerpolitik zum Thema gemacht hatte.[16] In der JF veröffentlichte Interviews mit Prof. Friedhelm Farthmann,[17] ehemals nordrhein-westfälischer Sozialminister (SPD), Sebastian Jobelius,[18] Vorsitzender des nordrhein-westfälischen Landesverbandes der Jungsozialisten, sowie Prof. Dr. Klaus von Beyme[19] drehten sich u.a. um die Frage einer deutschen Leitkultur. Die Interviewpartner vertraten unterschiedliche Stand-

---

14 Jörg Schönbohm: Der CDU-Landeschef über seine Partei, die PDS, Brandenburger Verhältnisse, Deutsche Leitkultur und sein Verständnis von nationaler Identität in Europa, in: JF v. 19.3.1999

15 Ebd.

16 Vgl. Alexander Schmidt, Schwarzes Wechselspiel, in: JF v. 27.10.2000

17 Vgl. „Sorgen der Bürger ernst nehmen". Friedhelm Farthmann über Zuwanderung, den Begriff „Deutsche Leitkultur" und die Zukunft der SPD, in: JF v. 27.10.2000

18 Vgl „Das hat etwas von Popkultur". Jungsozialisten: NRW-Landeschef Sebastian Jobelius über das geplante NPD-Verbot, die Heuchelei der Union und das Bemühen um die rechte Jugend, in: JF v. 3.11.2000

19 Vgl. „Amerika ist uns voraus". Der Politikwissenschaftler Klaus von Beyme über Trittin, die Patriotismus-Debatte und den Wahlkampf in Baden-Württemberg, in: JF v. 23.3.2001

punkte – von einer deutlichen Unterstützung der Forderung nach einer deutschen Leitkultur (Schönbohm) über eine Zustimmung der Sache nach, aber einer Skepsis gegenüber dem konkreten Begriff (Farthmann) hin zu einer deutlichen Ablehnung (Jobelius).

Während sich in den Interviews zum Thema „Leitkultur“ konträre Positionen fanden, bezogen sich die thematischen Beiträge ausnahmslos positiv auf den Begriff. Konsens bestand darüber, dass die Ersetzung des Begriffs „Leitkultur“ durch den des Verfassungspatriotismus – wie u.a. von Dolf Sternberger, Jürgen Habermas, Heiner Geißler, Peter Struck oder Renate Künast vorgeschlagen – entschieden zurückzuweisen sei.

2.1.2 Kultur- und Leitkulturdebatte in thematischen Beiträgen

„Die Debatte um den Kulturbegriff in der *Jungen Freiheit*“ untersuchte Siegfried Jäger am Beispiel zweier programmatischer Artikel, deren Autoren einander widersprechende Konzeptionen vertraten: Andreas Molau veröffentlichte im September-Heft des Jahres 1992 einen Beitrag unter dem Titel „Kampf um einen neuen Kulturbegriff“, Stefan Ulbrich platzierte in der darauf folgenden Ausgabe seine Replik „Es entsteht eine neue Kultur. Antwort auf Molaus Kampf um einen neuen Kulturbegriff“. Die zentrale Streitfrage dieser Kontroverse war, ob „‚neurechte‘ Ideen im Gefolge von Alain de Benoist, wie Stefan Ulbrich oder Marcus Bauer sie vertreten, in den Rahmen einer insgesamt die JF dominierenden jungkonservativen Option integrierbar oder sogar wegweisend für eine politische Gesamt-Strategie der JF sein könnten.“[20] Während Andreas Molau, zu dieser Zeit für das JF-Kulturressort verantwortlich, die geistigen Traditionslinien der Konservativen Revolution aufgriff und für die Auseinandersetzungen nutzbar machen wollte, attackierte der JF-Redakteur Ulbrich, damals für das Ressort „Politik“ zuständig, die alte Rechte massiv und kritisierte deren konservativen Kulturbegriff. Ulbrich meinte, die „Neue Rechte“ müsse ihr Verständnis von Kultur ausweiten. Kultur und kulturelle Identität wurden von Ulbrich unter Berufung auf Antonio Gramsci definiert; er betrachtete sie auf individueller und gesellschaftlicher Ebene als dynamisch und ging von der Annahme aus, dass etwas Neues entstehe, dem man sich nicht verweigern dürfe.[21]

Drehte sich die Debatte in der *Jungen Freiheit* Anfang der 90er-Jahre noch vorwiegend um die Frage nach einem alten oder neuen Kulturbegriff, so lässt sich mit Blick auf die aktuelle Debatte um eine deutsche Leitkultur feststellen, dass sich hinsichtlich des Kulturbegriffs ein weitgehender Konsens herausgebildet hat. Sich auf die „jungkonservative Variante des Völkischen

---

20 Siehe Siegfried Jäger, Die Debatte um den Kulturbegriff in der *Jungen Freiheit*. Eiertanz um den heißen Brei, in: Helmut Kellershohn (Hrsg.), Das Plagiat. Der Völkische Nationalismus der *Jungen Freiheit*, Duisburg 1994, S. 153

21 Vgl. ebd., S. 167ff.

Nationalismus" beziehend,[22] diskutierten die Autoren den Stellenwert einer deutschen Leitkultur. Am Beispiel der JF-Beiträge von Angelika Willig, Karlheinz Weißmann und Baal Müller möchte ich zeigen, wie die Leitkultur-Debatte in der *Jungen Freiheit* rezipiert und mit den Konzepten der völkischen Ideologie, der Kulturkreislehre und der These vom „clash of civilizations" (Samuel P. Huntington) verknüpft wurde.

2.1.2.1 Leitkultur und das „Denken in Völkern" (Angelika Willig)

In ihrem Beitrag „Das Land mit den zwei Gesichtern" polemisierte Angelika Willig[23] gegen die von Merz erhobene Forderung nach einer deutschen Leitkultur: „Friedrich Merz kann sich unter ‚deutsch' nur noch das Grundgesetz vorstellen mit besonderer Berücksichtigung der ‚Würde des Einzelnen', der ‚Toleranz' und der ‚Gleichberechtigung der Frau'. Seine ‚Leitkultur' ist nichts anderes als eine CDU-Version des von Habermas verordneten Verfassungspatriotismus."[24] Willig selbst verwarf die Frage „Was ist deutsch?", weil diese falsche Antworten erzwinge. Ihre These, in Deutschland existierten zwei einander widersprechende Traditionslinien, illustrierte sie wie folgt: „Neben Lessing, Humboldt, Schiller und anderen reinen Humanisten gibt es eine ganze Reihe deutscher Geister, die in dieser Hinsicht zweideutig (...) sind. Dazu gehört, trotz allem, Goethe, gehören Kleist und Hölderlin, Schelling, Nietzsche, Heidegger und andere."[25] Insofern unterschied Willig zwischen einer universalistischen und einer ansatzweise partikularistischen Strömung in der deutschen Geistesgeschichte. Für eine Tradition, die eine solche Widersprüchlichkeit und Zerrissenheit aufweise, lasse sich, so Willig, kein „Leitanspruch" formulieren. Deutlicher als in dieser Passage offenbarte sich ihr Weltbild jedoch in einem Absatz, der auf einer Gegenüberstellung von Volk und Menschheit basiert: „Es ist nun einmal so, daß die ‚positive' deutsche Tradition – die die Linken ‚fortschrittlich' nannten –, uns vom Volk weg auf die Menschheit zuführt. Man braucht nur an Beethoven zu denken: ‚Alle Menschen werden Brüder', das ist in der Tat deutsch, aber führt vom Deutschen weg."[26]

---

22 Siehe Helmut Kellershohn, Das Projekt *Junge Freiheit*. Eine Einführung, in: ders. (Hrsg.), Das Plagiat. Der Völkische Nationalismus der *Jungen Freiheit*, Duisburg 1994, S. 34

23 Angelika Willig (Jg. 1963) – Mitglied in der Deutschen Gildenschaft – veröffentlicht nicht nur in der *Jungen Freiheit*, wo sie vorübergehend die einzige Frau in der Redaktion war, sondern auch in *Criticón* sowie in der Zeitschrift „Münchener Freiheit", die vor allem von Mitgliedern der Burschenschaft Danubia München getragen wurde. Vgl. Renate Bitzan, Selbstbilder rechter Frauen. Zwischen Antisexismus und völkischem Denken, Tübingen 2000, S. 517

24 Angelika Willig, Das Land mit den zwei Gesichtern, in: JF v. 3.11.2000

25 Ebd.

26 Ebd.

Wie lässt sich dieser scheinbare Widerspruch auflösen? Willig beklagte, dass es der deutschen Tradition nicht gelungen sei, am Begriff des Volkes festzuhalten und das völkische Konzept gegenüber einem humanistischen zu verteidigen. Sie sprach sich strikt gegen jede Form von Emanzipation aus: „Die Emanzipation nicht nur der Frau, sondern des Menschen ist nicht deutsch und auch europäisch nur im historischen Sinn. Christentum, Aufklärung und Romantik sind keine völkischen, sondern humanistische Bewegungen."[27] Vehement lehnte Willig Zuwanderung jedweder Form ab, denn je stärker der Ausländeranteil wachse, „desto geringer wird die Rolle des ‚Deutschen' (...) und desto größer wird die Rolle des Menschlichen, des Humanitären sein."[28] Auch hier findet sich in ihrer Argumentation die Kontrastierung zweier Bezugsgrößen: des (deutschen) Volkes und der Menschheit. Willig beklagt den Verlust der Kultur, und zwar auch bei den sog. Ausländern, die der westliche Individualismus – in geschlossene Kulturen einbrechend – korrumpiere. „Wer sich gegen eine ‚Überfremdung' zu wehren hat, sind die Einwanderer, die ihre Kinder vom Gottesdienst in die Disco und aus der Familie in gemischte Cliquen abwandern sehen. Was diesen fremden Kulturen wertvoll war, wird nun zur Unterhaltung und Abwechselung einer übersättigten Menge verramscht."[29]

Im Gegensatz zu anderen Beiträgen, die in der JF veröffentlicht wurden, unternahm Willigs Artikel nicht den Versuch, den Begriff der Leitkultur zu definieren und zu besetzen, sondern kritisierte seine bisherige Verwendung im Sinne von „Deutschlernen und pünktliche(m) Erscheinen am Arbeitsplatz" oder als Chiffre für die westliche Geldkultur.[30] Den von Willig vertretenen Positionen lag die völkische Ideologie zugrunde.[31] Der historische Ausgangspunkt der Entstehung des Begriffs „deutsches Volk" war das Jahr 1806: Damals traten die westdeutschen Staaten aus dem Reichsverband aus und schlossen sich zum Rheinbund zusammen, der unter dem Protektorat Napoleons stand, während der Kaiser das Heilige Römische Reich deutscher Nation für aufgelöst erklärte. Nach der Niederlage seiner Truppen in der Schlacht von Jena und Auerstedt musste Preußen im Frieden von Tilsit (1807) die französische Besatzung sowie den Verlust der Hälfte seines Territoriums hinnehmen.[32]

---

27 Ebd.

28 Ebd.

29 Ebd.

30 Ebd.

31 Vgl. zu deren Entwicklung: Günter Hartung, Völkische Ideologie, in: Uwe Puschner (Hrsg.), Handbuch zur „völkischen Bewegung". 1871-1918, München 1999, S. 22ff.

32 Vgl. Lutz Hoffmann, Das deutsche Volk und seine Feinde. Die völkische Droge, Köln 1994, S. 88; ders., „Die Liebe des Esels zu seinem Stall". Die Rolle des Nationalstolzes bei der Entstehung des deutschen Volkes, in: Dietrich Heither/Gerd Wiegel (Hrsg.), Die Stolzdeutschen. Von Mordspatrioten, Herrenreitern und ihrer Leitkultur, Köln 2001, S. 91ff.

Wenn nunmehr die Redewendung vom „deutschem Volk" ihren Aufschwung nahm, war dies weniger der Tatsache geschuldet, dass Schriftsteller den Begriff für sich entdeckten und propagierten, als der „Suche nach einem deutschen Gemeingeist als Subjekt des Widerstands gegen Napoleon", wozu es „zunächst einer aufwendigen Propaganda" bedurfte.[33] Um die Person des Freiherrn vom Stein gruppierte sich ein Kreis von Männern, der nicht nur die militärischen, sondern auch die „ideologischen Strategien zur Überwindung Napoleons" konzipierte.[34] Es galt, die deutsche Kleinstaaterei zu überwinden, die Vorstellung von einem deutschen Volk zu entwickeln und dieses gegen die französische Besatzung zu mobilisieren. „Nur indem man den Geist der Nationen aufreizt und in Gärung bringt", so Freiherr vom Stein, „kann man es dahin bringen, alle ihre moralischen und physischen Kräfte zu entwickeln."[35]

Insofern entstand die Konzeption eines deutschen Volkes in Abgrenzung zu den Prinzipien der Französischen Revolution. Die mit den „Besatzern" identifizierten Ziele Freiheit, Gleichheit und Brüderlichkeit lehnte man strikt ab. Flugschriften, Broschüren, Bücher und Reden von Ernst Moritz Arndt, Ludwig Jahn und Johann Gottlieb Fichte richteten sich gegen jene Ideen, die mit dem revolutionären Frankreich in Zusammenhang gebracht wurden: die Menschenrechte, die Gleichheit aller Menschen, die Emanzipation, den Liberalismus sowie den Humanismus. Nicht die Menschheit, sondern das deutsche Volk bzw. die deutsche Nation standen im Zentrum der Publikationen und Propaganda gegen die „Besatzer". So galt das deutsche Volk z.B. bei Fichte als „das Volk schlechtweg", als das „Urvolk" und – Bezug nehmend auf das Germanische als „Ursprache" – als ein „Volk der lebendigen Sprache". Die Kehrseite einer solchen Überhöhung des deutschen Volkes war die Konstruktion von Feindbildern: Die „Völker der toten Sprache" – vor allem jene Völker, deren Sprache auf das Latein zurückgeht – und das Judentum bedrohten angeblich das deutsche Volk.[36] Das völkische Denken erwies sich im Laufe des 19. und 20. Jahrhunderts vielfach als Bezugsrahmen und Legitimationsideologie politischer Bewegungen und Parteien: der Burschenschaften, der deutschnationalen Bewegung Österreichs, des Alldeutschen Verbandes, der Verfechter von Volksgruppenpolitik und -recht, der Konservativen Revolution, des NS-Staates sowie der Vertriebenenverbände.

Jüngstes Beispiel für die Konjunktur des völkischen Denkens ist das von Heinrich Jordis von Lohausen verfasste Buch „Denken in Völkern", das u.a. über den Buchdienst der *Jungen Freiheit* vertrieben wird. Der große Vordenker der Geopolitik untersuche in seinem neuen Standardwerk „die Bedeutung von Völkern, ihrer Sprache und des Raumes in der Weltgeschichte mit beson-

33 Siehe Lutz Hoffmann, Das deutsche Volk und seine Feinde, a.a.O., S. 88f.
34 Siehe ebd., S. 89
35 Freiherr vom Stein, zit. nach: ebd.
36 Vgl. Gudrun Hentges, Schattenseiten der Aufklärung. Die Darstellung von Juden und „Wilden" in philosophischen Schriften des 18. und 19. Jahrhunderts, Schwalbach im Taunus 1999, S. 110ff. und S. 225ff.

derem Augenmerk auf die Stellung Deutschlands in Europa",[37] so preist die JF das Buch auf ihrer Internetseite an. Den Begriff des Volkes verwendet von Lohausen keineswegs im demokratischen, sondern im ontologischen Sinne, und er wendet sich in seinen Ausführungen – in Einklang mit den Traditionslinien der völkischen Ideologie und den von Willig vertretenen Positionen – gegen die Französische Revolution, gegen die Gleichsetzung von Staat und Nation bzw. Volk sowie gegen das in Frankreich vorherrschende Nationsverständnis.[38]

2.1.2.2 Die Leitkultur, der Konfliktfall und der Kampf der Kulturen (Karlheinz Weißmann, Hans-Helmuth Knütter)

Unter der Überschrift „Den Konfliktfall denken" schaltete sich auch Karlheinz Weißmann in die Diskussion um eine deutsche Leitkultur ein.[39] Weißmann ist – ebenso wie Angelika Willig – Mitglied der Deutschen Gildenschaft (DG), die sich als akademische Elite begreift, „bündisch-soldatischen Gemeinschaftskult mit völkischem Nationalismus verbindet" und aus ca. 65 aktiven Mitgliedern und 530 Alten Herren besteht.[40] Weißmann sprach sich – im Gegensatz zu Willig – deutlich für die Verwendung des Begriffs einer deutschen Leitkultur aus. Den Verteidigern der Leitkultur in der öffentlichen Debatte attestierte er Unsicherheit, da sie sich scheuten, eine inhaltliche Festlegung vorzunehmen, die über Verfassungstreue und Sprachkompetenz hinausweise. Man propagiere die Vorstellung einer Gleichartigkeit und Gleichwertigkeit der Kulturen; lediglich aus rein pragmatischen Gründen behaupte man einen relativen Vorsprung einer einzigen Kultur, um die einheimische Bevölkerung zu beruhigen und das politische System funktionsfähig zu halten. Diese Art von (Kultur-)Relativismus sei fatal.

Kulturen sind laut Weißmann weder natürliche Gebilde, die sich selbst erhalten und regenerieren, noch Konstruktionen, sondern beruhen nach Meinung des Autors auf einer Menge überlieferter Präferenzen, die im Konfliktfall aktiv verteidigt werden müssen. Ein solcher Konfliktfall sei immer dann gegeben, wenn verschiedene Kulturen aufeinandertreffen, und der „clash of civilizations" im Konfliktfall nicht zwangsläufig, aber möglich. Letztlich gehe es immer darum, wer sich behauptet und wer sich nicht behauptet bzw.

---

37 www.jungefreiheit.de v. 3.10.2001

38 Vgl. Heinrich Jordis von Lohausen, Denken in Völkern, a.a.O., S. 35ff.

39 Vgl. Karlheinz Weißmann, Den Konfliktfall denken. CDU/CSU-Fraktionschef hat eine Debatte um den Begriff „deutsche Leitkultur" losgetreten, in: JF v. 3.11.2000

40 Siehe Gerhard Schäfer, Karlheinz Weißmann: Gildenschafter zwischen Konservatismus und Rechtsextremismus, in: Christoph Butterwegge/Gudrun Hentges (Hrsg.), Alte und Neue Rechte an den Hochschulen, Münster 1999, S. 138. Vgl. zu Weißmann auch: Armin Pfahl-Traughber, „Konservative Revolution" und „Neue Rechte". Rechtsextremistische Intellektuelle gegen den demokratischen Verfassungsstaat, Opladen 1998, S. 173ff.

nicht behaupten will. Zentral sei die Frage, welche Eliten die Vorzugswerte einer Kultur festlegen oder deren Festlegung verweigern. In Anlehnung an Bassam Tibi konstatierte Weißmann, die Integration von Zuwanderern könne sich nicht auf die formalen und rechtlichen Aspekte beschränken, sondern bedeute die Anerkennung und Übernahme bestimmter kultureller Muster.

Ergänzend zu seiner Aufforderung, den Konfliktfall zu denken, entwarf Weißmann in seinem Aufsatz „Volkheit" – angekündigt als Beitrag zur Fortsetzung der Forum-Debatte zum Thema „deutsche Leitkultur" – ein Bedrohungsszenario, das keinerlei Zweifel mehr an einem solchen Konfliktfall zulassen soll: „Wir sind an einem Punkt angekommen, von dem die meisten glaubten, daß wir ihn nie erreichen würden. Die Vernunft werde das verhindern, der gesunde Menschenverstand, die Pendelgesetze der Weltgeschichte, die Sittlichkeit. Wir sind an einem Punkt angekommen, an dem die Abtreibung straflos bleibt und die Schwulenehe staatlich gefördert wird und die Geburtenziffer einen Tiefpunkt erreicht, wir sind an einem Punkt angekommen, an dem die Zahl der Wehrdienstverweigerer unaufhörlich wächst und Frauen ihr Recht auf Kriegertum einklagen. Wir sind an einem Punkt angekommen, an dem die Volksvertreter nicht mehr zwischen Volk und Bevölkerung unterscheiden können, das Bürgerrecht für praktisch jeden zu haben ist und ein paar hunderttausend fremde Einwohner mehr kaum jemanden schrecken."[41] Weißmann verlangte – mit den Worten von Max Weber – eine „spezifische Art von Pathos", in der das Deutsche weiterlebt. Hier dachte er an „Walsers Überschwang", den „Stolz auf die Taten der beiden Friedrich", den „Anblick der Wartburg", die Werke „Herders, Goethes, Fichtes, Hegels, Nietzsches" sowie die „Trauer über die Gefallenen beider Weltkriege und die Opfer der Lager".[42] Die Konsequenz aus den Beiträgen von Weißmann lautete: Das deutsche Volk muss sich verteidigen und seine Werte bzw. kulturellen Muster durchsetzen, will es nicht im „Kampf der Kulturen" untergehen.

Neben Weißmann interpretierte auch der Bonner Politikwissenschaftler Hans-Helmuth Knütter[43] die Fragen der Einwanderung und Integration in Deutschland unter Rückgriff auf jenes Konzept. „Krieg der Kulturen" überschrieb Knütter sogar seinen JF-Beitrag zur Kulturkampfdebatte. Direkt auf Samuel P. Huntington Bezug nehmend, spekulierte der emeritierte Hochschullehrer: „Vielleicht verliert das vergreiste, hysterisierte deutsche Volk diesen Kampf auf deutschem Boden. Aber nicht Resignation ist gefordert, sondern Kampfbereitschaft im Sinne des Kirchenvaters Augustinus: ‚Solange wir leben, kämpfen wir. Solange wir kämpfen, ist es ein Zeichen, dass wir

41 Karlheinz Weißmann, Volkheit, in: JF v. 10.11.2000
42 Ebd.
43 Vgl. zu Knütter: Norbert Reichling, Der Antifaschismus als Grundtorheit unserer Epoche?, Zu Risiken und Nebenwirkungen der „wehrhaften Demokratie", in: Vorgänge. Zeitschrift für Bürgerrechte und Gesellschaftspolitik 4/1993, S. 38ff.; Samuel Salzborn, Unterwegs in deutscher Mission. Randnotizen zum Wirken eines rechten Emeritus, in: Christoph Butterwegge/Gudrun Hentges (Hrsg.), Alte und Neue Rechte an den Hochschulen, a.a.O., S. 214ff.

nicht unterlegen sind, und der gute Geist in uns wohnt. Und wenn dich der Tod nicht als Sieger antrifft, soll er dich als Kämpfer finden.'"[44]

Der US-amerikanische Politikwissenschaftler Samuel P. Huntington – Gewährsmann von Weißmann und Knütter – propagierte mit seinem Buch „Clash of Civilizations", das 1996 in der US-amerikanischen Originalausgabe und noch im selben Jahr in deutscher Übersetzung erschien, die zuvor zwar diffus vorhandene, nicht aber als theoretische Konzeption entwickelte These vom heraufziehenden „Kampf der Kulturen".[45] Nach dem Zusammenbruch des (real)sozialistischen Staatensystems habe sich das internationale System gewandelt. Zwar blieben Nationalstaaten die Hauptakteure des Weltgeschehens, die wichtigsten Gruppierungen von Staaten seien jedoch die sieben (oder acht) großen Kulturen der Welt: der sinische, japanische, hinduistische, islamische, westliche, lateinamerikanische und afrikanische Kulturkreis. Konstitutiv für einen Kulturkreis seien Blut, Sprache, Religion und Lebensweise sowie eine „signifikante Entsprechung zwischen der an kulturellen Merkmalen orientierten Einteilung der Menschen in Kulturkreise und ihrer an physischen Merkmalen orientierten Einteilung in Rassen" (wenngleich Huntington einschränkend anmerkt, dass „Kulturkreis und Rasse nicht identisch" seien). Außerdem sind „Kulturkreise" nach Huntington insofern in sich geschlossen, als die einzelnen Bestandteile nur in Bezug auf die Gesamtkultur ganz verstanden werden können.[46]

Welche Anknüpfungspunkte bietet Huntington den Protagonisten einer deutschen Leitkultur? Das Konzept des US-amerikanischen Politikwissenschaftlers geht davon aus, dass es sowohl *zwischen* den als auch *innerhalb* von Kulturkreisen zu sog. Bruchlinienkonflikten komme. Besondere Bedeutung misst Huntington dem Konflikt zwischen dem islamischen und dem westlichen Kulturkreis bei. Bassam Tibi stellte bereits 1995 – also noch vor Erscheinen von Samuel P. Huntingtons „Clash of Civilizations" – dessen Thesen in der FAZ vor und entwickelte davon ausgehend seine Kritik an der multikulturellen Gesellschaft, warnte vor einem „Prozeß der Entwestlichung" und plädierte dafür, „Brücken zwischen beiden Zivilisationen auf der Basis des gegenseitigen Respekts und Vertrauens zu errichten."[47] Die graduellen – nicht jedoch qualitativen – Differenzen zwischen seinem und dem Konzept

44 Hans-Helmuth Knütter, Krieg der Kulturen, in: JF v. 5.1.2001

45 Vgl. Samuel P. Huntington, Kampf der Kulturen. Die Neugestaltung der Weltpolitik im 21. Jahrhundert, München/Wien 1996; vgl. dazu u.a.: Christoph Butterwegge, Fundamentalismus und Gewalt als Grundmuster der Weltpolitik?, Zur Kritik an Samuel P. Huntingtons These vom „Kampf der Kulturen", in: Wolf-Dietrich Bukow/Markus Ottersbach (Hrsg.), Der Fundamentalismusverdacht. Plädoyer für eine Neuorientierung der Forschung im Umgang mit allochthonen Jugendlichen, Opladen 1999, S. 36ff.; einen guten Überblick über die Debatte gibt: Udo M. Metzinger, Die Huntington-Debatte. Die Auseinandersetzung mit Huntingtons „Clash of Civilizations" in der Publizistik, Köln 2000

46 Vgl. Samuel P. Huntington, Kampf der Kulturen, a.a.O., S. 52f.

47 Siehe Bassam Tibi, Wettkampf der Zivilisationen, in: FAZ v. 4.11.1995

von Huntington sah Tibi darin, dass der Harvard-Professor die sicherheitspolitischen „Frontlinien des Konflikts“ [48] betrachte, er hingegen den „Schwerpunkt auf die dialogischen Möglichkeiten für die Konfliktbewältigung“[49] lege. Obwohl sich Tibi gegen eine „Huntingtonisierung“[50] seines Ansatzes verwahrte, weisen die beiden Konzepte eine Vielzahl von Parallelen auf und können sogar als zwei Seiten ein und derselben Medaille gelten.

Innerhalb der extremen Rechten fungierte Huntington als Kronzeuge für die Notwendigkeit einer deutschen Leitkultur – ungeachtet dessen, dass der Begriff als solcher nicht in seinen Schriften auftaucht. Implizit geht Huntingtons Plädoyer für eine kulturelle Assimilation der Einwanderer vom Konzept einer westlichen Kultur aus, welche die Normen und Maßstäbe setzt, denen sich Einwanderer zu unterwerfen haben. Weißmann und Knütter bezogen sich zu Recht auf Huntington, als es darum ging, Kulturen als geschlossene Systeme zu entwerfen, deren Aufeinandertreffen bzw. Ineinandergreifen zu Konflikten und Kämpfen führt. Insofern waren die Thesen des Harvard-Professors durchaus geeignet, um seitens der extremen Rechten rezipiert und auf aktuelle Debatten und Entwicklungen angewandt zu werden.

2.1.2.3 Leitkultur im Übergang zwischen Kultur und Zivilisation (Baal Müller)

Anknüpfend an die Positionen von Angelika Willig und Karlheinz Weißmann kritisierte Baal Müller insbesondere die Befürworter einer deutschen Leitkultur, „unter der vorwiegend Verfassungstreue und Sprachkompetenz, gelegentlich aber auch Schweinebraten, Pünktlichkeit und das Auswendiglernen von Balladen verstanden werden.“[51] Der heutige Konservatismus berufe sich auf übernationale Werte von Gleichberechtigung, Demokratie und Toleranz. Das westliche humanitäre Modell gelte als verbindlich, und der kleinste gemeinsame Nenner bestehe in der Einigung auf Geldverdienen, -ausgeben, Produzieren und Konsumieren. Man behaupte, die Unterschiede zwischen den unterschiedlichen Kulturen weltweit seien nicht so groß, und auf nationaler Ebene herrschten eine *Leid*kultur der totalen Erinnerung und eine *Light*kultur des Spaßes vor.[52]

Ausgehend von der Frage, in welchem Verhältnis Kultur und Zivilisation zueinander stehen, bezog sich Baal Müller auf Oswald Spenglers Kulturkreislehre. Trotz ihres Schematismus, so Müllers verhaltene Kritik daran, sei Spenglers Herleitung der Zivilisation aus der Kultur bedenkenswert. Jede Kultur tendiere zum zivilisatorischen Universalismus; die zeitliche Dauer von Kulturen reduziere sich ebenso wie deren räumliche Ausdehnung. Die zu-

48 Ders., Europa ohne Identität?, a.a.O., S. 250
49 Ebd., S. 261
50 Ebd.
51 Baal Müller, Jenseits von Leid- und Lightkultur, in: JF v. 24.11.2000
52 Vgl. ebd.

nehmende Kommunikation zwischen den Kulturen habe zur Folge, dass das Fremdeste und Entfernteste präsent sei sowie eine neue Mischung mit dem Vertrauten und Hergebrachten eingehe. Die ökonomisch-militärische Ordnung sei von der angelsächsischen Kultur geprägt, die eine Weltzivilisation hervorbringe. Die Vernichtung der Kultur durch die Zivilisation sei keineswegs eine Entwicklung von außen, der kulturellen Entwicklung vielmehr inhärent.

Baal Müller wandte Spenglers Unterscheidung zwischen Kultur und Zivilisation auf die Leitkultur-Debatte an und zog folgende Schlüsse: Es müsse gefragt werden, welche Aspekte der intendierten Leitkultur zur Kultur und welche wiederum zur Zivilisation gehören. Leitkultur könne mithin als Kultur im Übergang zur Zivilisation verstanden werden. Die eigentliche Aufgabe der Konservativen bestehe darin, mit Hilfe der Leitkultur auf die Relation zwischen Kultur und Zivilisation Einfluss zu nehmen. „Konservativ ist somit nicht der Nostalgiker, der am regional Beschränkten festhält, obwohl dieses aus sich selbst heraus seine Grenzen transzendierte; konservativ ist vielmehr der Realist, der die Zwangsläufigkeit dieser Entwicklung einsieht, die jeweiligen Werte sowohl des Regionalen als auch des Globalen erkennt und in seiner konkreten historischen Situation das gerade stärker Bedrohte von beiden fördert. Seine Aufgabe ist also weniger ein Voranmarschieren, Umwälzen und Vorwärtspreschen, sondern ein Gegensteuern, Umlenken und Bremsen, weshalb er sich oft den jeweils stärksten Neigungen seiner Zeit verschließt und demgemäß ein Außenseiter und undogmatisch Abseitiger ist."[53] Die theoretische Basis des von Müller vertretenen Konzepts, in dem Leitkultur als Übergang zwischen Kultur und Zivilisation einerseits sowie als Steuerungsinstrument in den Händen der Konservativen andererseits begriffen wird, soll hier näher beleuchtet werden.

Norbert Elias zeichnete in seiner Untersuchung „Über den Prozeß der Zivilisation" den Gegensatz von Kultur und Zivilisation in Deutschland nach.[54] Der Begriff „Zivilisation" beziehe sich auf den Stand der Technik, die Manieren, die wissenschaftlichen Erkenntnisse und Gebräuche. Der Terminus bringe – darin liege seine allgemeine Funktion – das Selbstbewusstsein bzw. Nationalbewusstsein des Abendlandes zum Ausdruck, indem alles darunter subsumiert werde, was die abendländische Gesellschaft von früheren Gesellschaften unterscheide. Aber Zivilisation werde, so Elias, im französischen und angloamerikanischen Sprachraum anders verstanden als im deutschen. Im Französischen und Englischen beinhalte der Begriff den „Stolz auf die Bedeutung der eigenen Nation" sowie den „Fortschritt des Abendlandes und der Menschheit",[55] im Deutschen werde Zivilisation zwar als nützlich betrachtet,

---

53 Ebd.

54 Vgl. Norbert Elias, Über den Prozeß der Zivilisation. Soziogenetische und psychogenetische Untersuchungen, Bd. 1: Wandlungen des Verhaltens in den westlichen Oberschichten des Abendlandes, Frankfurt am Main 1997, S. 89ff.

55 Siehe ebd., S. 90

gelte jedoch nur als Wert zweiten Ranges, als etwas Oberflächliches. Jenes Wort, mit dem im deutschen Sprachgebrauch in erster Linie der Stolz auf die eigene Leistung und das eigene Wesen zum Ausdruck gebracht werde, sei die Kultur. Während sich der französische und englische Begriff „Zivilisation" auf politische oder wirtschaftliche, religiöse oder technische, moralische oder gesellschaftliche Fakten beziehe, beinhalte das deutsche Wort „Kultur" geistige, künstlerische bzw. religiöse Dimensionen und tendiere dazu, strikt zwischen dem eigenen geistig-künstlerisch-religiösen Verständnis von Kultur sowie der politisch-wirtschaftlichen Auffassung von Zivilisation zu unterscheiden. Ferner, so arbeitete Elias heraus, impliziert der Begriff „Zivilisation" eine Prozesshaftigkeit, während sich der deutsche Begriff „Kultur" auf Produkte des Menschen bezieht, die da sind und in denen die „Eigenart eines Volkes zum Ausdruck" komme.[56] Der Zivilisationsbegriff lasse die nationalen Differenzen zwischen Völkern in den Hintergrund treten, der Kulturbegriff hingegen akzentuiere sie in besonderer Weise.[57]

Oswald Spengler, auf den sich sowohl Samuel Huntington als auch Baal Müller positiv bezogen, hatte seinem Werk „Der Untergang des Abendlandes", das gegen Ende des Ersten Weltkrieges erschien, die aus dem 19. Jahrhundert stammende Unterscheidung zwischen Kultur und Zivilisation zugrunde gelegt.[58] Erstmals wurden die beiden Wörter als „Ausdrücke für ein strenges und notwendiges *organisches Nacheinander*" gefasst: „Zivilisation sind die *äußersten* und *künstlichsten* Zustände, deren eine höhere Art Menschen fähig ist. Sie sind ein Abschluß; sie folgen dem Werden als das Gewordene, dem Leben als der Tod, der Entwicklung als die Starrheit, dem Lande und der seelischen Kindheit, wie sie Dorik und Gotik zeigen, als das geistige Greisentum und die steinerne, versteinernde Weltstadt. Sie sind ein *Ende*, unwiderruflich, aber sie sind mit innerster Notwendigkeit immer wieder erreicht worden."[59]

Spengler veröffentlichte seine Dekadenzphilosophie und Kulturkreislehre, die sowohl Huntington wie auch Müller als Referenzrahmen diente, unter dem Eindruck der militärischen Niederlage im Ersten Weltkrieg, des Zusammenbruchs des Deutschen Kaiserreiches und der sich konstituierenden Weimarer Republik. Er war einer der wichtigsten Vordenker und Protagonisten der Konservativen Revolution, deren Ziel darin bestand, die Weimarer Repu-

56 Vgl. ebd., S. 91

57 Georg Bollenbeck (Bildung und Kultur. Glanz und Elend eines deutschen Deutungsmusters, Frankfurt am Main 1996, S. 85) konstatiert – in Übereinstimmung mit Elias – einen spezifisch deutschen Gegensatz zwischen Kultur und Zivilisation; der deutsche Kulturbegriff bildete sich seiner Ansicht nach jedoch erst im Gefolge des deutschen Idealismus und Neuhumanismus aus. Elias habe, so Bollenbecks Kritik, den Gegensatz in die Frühzeit projiziert, in der die Begriffe „Civilisation" und „Kultur" noch weitgehend identisch waren.

58 Oswald Spengler, Der Untergang des Abendlandes. Umrisse einer Morphologie der Weltgeschichte, Bd. 1: Gestalt und Wirklichkeit, 3. Aufl. München 1919, S. 43ff.

59 Ebd., S. 44

blik zu stürzen und demokratische Staatsformen generell sowie den Liberalismus zu bekämpfen. Den Deutschen empfahl er eine politische Praxis, „wie der italienische Duce Mussolini sie seit dem Marsch auf Rom zelebrierte.“[60] Der italienische Faschismus war das große Vorbild der jungkonservativen nationalistischen Opposition, die Überwindung der Dekadenz des liberalen Zeitgeistes ihr Ziel.

2.1.2.4 Zwischenfazit

Angelika Willig, Karlheinz Weißmann und Baal Müller erachteten die von Friedrich Merz erhobene Forderung nach einer deutschen Leitkultur sowie die sich daraus entwickelnde Debatte als derart relevant, dass sie hierzu Stellung bezogen. Einig waren sie sich in der Ablehnung eines Konzepts, das die Bedeutung des Begriffs der deutschen Leitkultur auf Verfassungstreue und Sprachkompetenz reduziert. In ihrer Polemik gegen die liberale Lesart innerhalb der Leitkulturdebatte hoben sie hervor, dass eine solche Interpretation vielleicht einem *westlichen*, aber keinem *deutschen* Verständnis entspreche. In der Frage, was die spezifisch deutsche (Leit-)Kultur ausmache, wurde jedoch keinerlei Einigkeit erzielt; Konsens bestand in der Ablehnung der Aufklärung und der Französischen Revolution, in der Denunziation des Prinzips der Gleichheit aller Menschen und der westlichen Werte. Gemeinsam war den Autor(inn)en das Feindbild; Dissens gab es in Bezug auf das Gemeinsame.

Die deutsche Leitkultur avancierte zu einer zentralen Kategorie, jedoch nicht in dem Sinne, dass neue Theorien darüber entwickelt wurden. Vielmehr griff man auf bereits vorhandene theoretische Konzepte zurück, und der Begriff „Leitkultur“ wurde hier implementiert. Dass dieser Terminus mit verschiedenen theoretischen Konzepten verknüpft werden konnte, lag im Fehlen einer klaren Begriffsdefinition begründet. Georg Bollenbecks Charakterisierung des Kulturbegriffs in der Aufklärung und Spätaufklärung ließe sich auch auf die aktuelle Bedeutung des Leitkulturbegriffs übertragen: „Er kann (...) hochbeweglich, weil befreit von definitorischen oder gar terminologischen ‚Festsetzungen‘, als eigenständiger Sinnträger in unterschiedlichen Themenbereichen der Historiographie, Philosophie, Pädagogik und Ästhetik auftreten. Der Begriff verfügt also über eine hohe diskursive Beweglichkeit.“[61]

Neben der theoretischen hat die Verwendung des Begriffs auch eine unmittelbar politisch-handlungsanleitende Dimension. Bei allen unterschiedlichen theoretischen Akzentuierungen im Einzelnen waren sich die JF-Autoren darin einig, dass das Fremde eine Bedrohung für die eigene kulturelle oder

---

60 Kurt Lenk/Günter Meuter/Henrique Ricardo Otten, Vordenker der Neuen Rechten, Frankfurt am Main/New York 1997, S. 39; vgl. zu Spengler: Kurt Lenk, Die Liebe zum Schicksal – Oswald Spengler und die „Konservative Revolution“, in: ders., Rechts, wo die Mitte ist. Studien zur Ideologie: Rechtsextremismus, Nationalsozialismus, Konservatismus, Baden-Baden 1994, S. 215ff.

61 Georg Bollenbeck, Bildung und Kultur, a.a.O., S. 91

nationale Identität darstelle und dass das „Eigene“ gegen das als fremd geltende „Andere“ verteidigt werden müsse. Die hier vorgestellten rechtsextremen Konzepte einer deutschen Leitkultur lieferten das theoretische Rüstzeug für eine Politik, die sich gegen „die Anderen“ bzw. „das Fremde“ richtet – u.a. gegen Ausländer/innen, Flüchtlinge, den Islam bzw. islamischen Fundamentalismus oder Terrorismus, das Judentum, das jüdische Finanzkapital oder jüdische Spekulationsgewinne und die amerikanische Ostküste (als Synonym dafür), aber auch gegen Homosexuelle und gleichgeschlechtliche Lebensweisen, deren „Dekadenz“ das „Aussterben des deutschen Volkes“ befördere.

2.2 Die Rezeption der Leitkultur-Debatte in weiteren Publikationen der extremen Rechten

2.2.1 Etablierte Medien, Wissenschaftler und Politiker sprechen lassen ...

Da die Forderung nach einer (deutschen) Leitkultur von Unionspolitikern erhoben und in der rechtsextremen Publizistik aufgegriffen wurde, war es naheliegend, dass solche Medien die Protagonisten einer deutschen Leitkultur zu Wort kommen ließen: Auszüge aus Stefan Dietrichs Artikel „Die Inländerfrage“ (FAZ v. 25.10.2001) wurden in der Zeitung *Der Republikaner* dokumentiert.[62] „Offen für das Fremde“ werde, so Dietrich, „wer sich des Eigenen sicher sein“ könne. Die seit Jahren geführte Ausländerdebatte umgehe die „Inländerfrage“. Der FAZ-Kommentator verknüpfte die Leitkultur- mit der Ausländerdebatte, indem er bilanzierte: „Wer sich der Frage nach der Leitkultur verweigert, wird auch die Lösung für die andere, die Ausländerfrage, nicht finden.“[63]

In der Folgeausgabe des *Republikaners* fanden sich unter der Überschrift „Menschenexperiment Multikulti“ Auszüge eines Interviews des Bamberger Bevölkerungswissenschaftlers Josef Schmid, das im Politischen Feuilleton des Deutschlandradios am 28. November 2000 gesendet worden war. Schmid wandte sich darin gegen das „verschwommene Gerede von einer multikulturellen Gesellschaft“, die „ein Menschenversuch mit ungewissem Ausgang“ bleibe, während Johann Gottfried Herder, auf den sich die Deutschen zurückbesinnen sollten, „mit Hilfe des deutschen Kulturgedankens den Völkern Selbstbewußtsein verschafft“ habe.[64]

Die *Unabhängigen Nachrichten* dokumentierten im selben Monat einen Kommentar des österreichischen Kolumnisten Günter Nenning, der zuvor in

---

62 Vgl. Der Republikaner 11/2000, S. 1

63 Stefan Dietrich, zit. nach: ebd.

64 Josef Schmid, zit. nach: Dokument: Menschenexperiment Multikulti, in: Der Republikaner 12/2000, S. 8

der *Welt am Sonntag* (v. 19.11.2000) veröffentlicht worden war.[65] Das Heuchelwort „Leitkultur“ werde von jenen verwendet, die „zu feig sind, von Nationalgefühl zu reden oder gar von Nationalstolz“, meinte Nenning: „Wenn die Deutschen (...) ein Nationalgefühl haben, dann sollen sie doch in drei Teufels Namen dies auch bekennen, statt es hinter dem Heuchelwort ‚Leitkultur‘ zu verstecken.“[66] Sowohl Befürworter als auch Kritiker der Leitkultur seien Heuchler; die einen seien zu feige, sich (wegen Hitler) zum Nationalstolz und zum „Deutschgefühl“ zu bekennen, die anderen (auch wegen Hitler) von „Selbsthaß“ getrieben.[67]

Der rechtsextremen Monatszeitschrift *Nation und Europa* diente Dr. Carl-Ludwig Wagner (CDU), ehemaliger Ministerpräsident von Rheinland-Pfalz, als Kronzeuge einer deutschen Leitkultur. Der Prozess der Ausländerintegration setzt laut Wagner ein positives Verhältnis zu „unserer Kultur und Geschichte“ voraus: „Die im Zusammenhang mit dem Begriff der Leitkultur neuerlich in der Öffentlichkeit gehörte Frage, was die deutsche Kultur denn sei, wäre weder in England noch in Frankreich, noch in Italien denkbar; in diesen Ländern weiß man ohne lange Erörterung, was man an der eigenen Kultur hat und warum man sie liebt.“[68]

Unter dem Motto „Aktuelles aus Multikultopia“ trägt *Nation und Europa* regelmäßig Pressemitteilungen zu Themen wie „Flucht“, „Migration“ und „Integration von Ausländern“ zusammen. In der März-Ausgabe 2001 zitierte man einen FAZ-Artikel (v. 31.1.), in dem berichtet wurde, dass Wolfgang Bosbach, stellvertretender Vorsitzender der CDU/CSU-Bundestagsfraktion, in Deutschland die Tendenz zu einer „Multi-Minoritäten-Gesellschaft“ sehe.[69] Die Deutschen stellten zwar noch die größte Gruppe, aber nicht mehr die zur Definition einer Leitkultur fähige Mehrheit.

Die April-Ausgabe von *Nation und Europa* zitierte – ebenfalls in der Rubrik „Aktuelles aus Multikultopia“ – einen in der *Süddeutschen Zeitung* (v. 10./11.2.2001) erschienenen Artikel, wonach sich Bayerns Ministerpräsident Edmund Stoiber (CSU) gegen eine multikulturelle Gesellschaft in Deutschland ausgesprochen hatte und den Begriff der Leitkultur als „Gegenentwurf zum Nebeneinander verschiedener Kulturen“ favorisierte.[70]

Medien der extremen Rechten zitierten Politiker und Wissenschaftler aus der „gesellschaftlichen Mitte“, die der multikulturellen Gesellschaft und den „Parallelgesellschaften“ den Kampf ansagten und sich für eine deutsche Leitkultur stark machten, und dokumentierten Artikel bzw. Kolumnen, die zuvor in den etablierten Medien veröffentlicht worden waren und die Forderungen nach einer deutschen Leitkultur mit der sog. Inländerfrage und dem „deut-

---

65 Günter Nenning, Deutsche „Leitkultur“ ist deutsche Feigheit, in: Unabhängige Nachrichten 12/2000, S. 2

66 Ebd.

67 Siehe ebd.

68 Carl-Ludwig Wagner, zit. nach: Nation und Europa 2/2001, S. 21

69 Wolfgang Bosbach, zit. nach: Nation und Europa 3/2001, S. 22

70 Siehe Edmund Stoiber, zit. nach: Nation und Europa 4/2001, S. 21

schen Nationalstolz“ verknüpften. Indem Zeitschriften wie *Der Republikaner*, *Unabhängige Nachrichten* oder *Nation und Europa* Politiker der CDU/CSU, Wissenschaftler oder Journalisten des als gemäßigt geltenden politischen Spektrums als Kronzeugen anführten, versuchten sie, ihrer Forderung nach einer deutschen Leitkultur ein höheres Maß an Seriosität zu verleihen. Diese Strategie verfolgte ein doppeltes Ziel: Einerseits diente die Orientierung an etablierten Meinungen und Positionen der Aufwertung des eigenen Mediums, da scheinbar ein Dialog mit Kräften der gesellschaftlichen Mitte aufgenommen wurde, andererseits waren sich alle Autoren des rechtsextremen Spektrums darin einig, dass ihnen die Forderung nach einer deutschen Leitkultur nicht weit genug ging. Die Ambivalenz des Begriffs war – aus der Perspektive der Rechten – keine Schwäche, sondern exakt darin lag seine Stärke. Der Parole „Alter Wein in neuen Schläuchen“ folgend, ließ die rechtsextreme Publizistik alte Ideologien und Begründungsmuster wieder aufleben.

2.2.2 Befürworter, Skeptiker und Gegner der Forderung nach einer deutschen Leitkultur

2.2.2.1 Befürworter einer positiven Rezeption der Leitkulturdebatte

In der rechtsextremen Publizistik überwogen jene Artikel, die – ausgehend vom Begriff der Leitkultur – Forderungen nach einer Rückbesinnung auf den deutschen Nationalstaat, die deutsche Kulturnation, den deutschen Nationalstolz und Nationalismus sowie die ethnische bzw. nationale Identität erhoben. Verknüpft wurde dieses Plädoyer mit Forderungen nach repressiven Maßnahmen im Bereich der Asyl- und Ausländerpolitik sowie Bekenntnissen zu einer pronatalistischen Bevölkerungs- und Geburtenpolitik. Die Themen „Leitkultur“ sowie „Ausländer- und Bevölkerungspolitik“ bilden in der Ideologie und Argumentation der extremen Rechten zwei Seiten ein und derselben Medaille.

Nation und Europa – Deutsche Monatshefte sowie das Parteiorgan *Der Republikaner* und die *National-Zeitung/Deutsche Wochen-Zeitung* (NZ/DWZ) der DVU veröffentlichten Beiträge, die sich ausgesprochen positiv auf den Begriff der deutschen Leitkultur bezogen. Roland Wuttke konstatierte in *Nation und Europa*, ohne Prinzip sei die Nation „zum Scheitern verurteilt“.[71] Von einer Kritik am „fremdbestimmten multikulturellen Nihilismus“ ausgehend, skizzierte er einen Gegenentwurf und konstatierte, die Identifizierung mit der Nation und deren „Leitkultur“ sei „ein natürlicher Vorgang.“[72] In den deutschen Großstädten bilden sich angeblich Parallelgesellschaften heraus, statt dass sich eine Integration vollziehe. Die ethnische Gruppe bzw. die Na-

71 Roland Wuttke, Ohne Prinzip Nation zum Scheitern verurteilt, in: Nation und Europa 11-12/2000, S. 28-31

72 Siehe ebd., S. 29f.

tion muss Wuttke zufolge einem „natürlichen Konstruktionsprinzip" entsprechen. Mit anderen Worten: Staat, Nation und Ethnizität sollten zur Deckung gebracht werden, um einer Nation zum Erfolg zu verhelfen.

Gerhard Frey fragte in der *National-Zeitung* „Wie deutsch darf Deutschland sein?" und präzisierte das Thema seines Beitrages in der Unterzeile: „‚Deutsche Leitkultur' – was dahinter steckt". Ausgerechnet der DVU-Vorsitzende Frey präsentierte sich als Anwalt der Menschen- und Frauenrechte: „Niemand vermag zu diktieren, was im Morgenland im allgemeinen und in der Türkei im besonderen geschieht. Aber es muss zulässig sein, Anstrengungen zu unternehmen, damit Militärdiktatur, Folter und Mord, Entrechtung der Frau und nicht lösbare Auseinandersetzungen zwischen Fundamentalisten und Kemalisten, zwischen Türken und Kurden in Mitteleuropa nicht Platz greifen."[73]

Die REPublikaner behaupteten von sich, bereits seit 1997 den Kampf um eine deutsche Leitkultur zu führen, also lange vor der CDU/CSU für dieses Konzept eingetreten zu sein, ohne jedoch die entsprechenden Belege dafür zu liefern.[74] Das Parteiorgan titelte „Die geistig-moralische Kapitulation. Absurde Diskussion um die ‚Leitkultur'" und modifizierte damit die von Helmut Kohl am 13. Oktober 1982 in seiner ersten Regierungserklärung erhobene Forderung nach einer „geistig-moralischen Wende". Den Konservativen sei es nicht gelungen, eine entscheidende Wende herbeizuführen, vielmehr hätten sie kapituliert, so die These Rolf Schlierers. „Der Gesinnungsterror der Gutmenschen", so behauptete der REP-Vorsitzende, „erstickt jede Diskussion über eine Zukunft mit anhaltender Zuwanderung und Multikulti."[75] Schlierers Kritik galt vor allem der Union und damit dem Hauptkonkurrenten der REPublikaner, denn sie sei nicht dazu in der Lage, „eine für die Zukunft unseres Landes und unseres Staatsvolkes entscheidende Debatte zu führen."[76] Ausgehend von einer Kampfansage gegenüber Parallelgesellschaften und Ghettobildung postulierte Schlierer: „Wir brauchen statt dessen eine klare Vorgabe für alle, die sich ernsthaft integrieren wollen – eben eine Leitkultur, die nur eine deutsche Leitkultur sein kann."[77] Letztere bilde die Voraussetzung für die „Zukunft unserer Nation" und für eine „nationale Identität", welche unver-

---

73 Gerhard Frey, Wie deutsch darf Deutschland sein?, in: NZ/DWZ v. 10.11.2000, S. 2. Die Doppelbödigkeit von Freys Argumentation wird deutlich, wenn man die von der DVU (vor allem in der *National-Zeitung*) vertretene Ideologie untersucht. Hier finden sich nicht nur rassistische Stereotype und Feindbilder, sondern auch Frauen entwürdigende sexistische und pornographische Darstellungen. Aktivistinnen der mittlerweile verbotenen *Freiheitlichen Arbeiterpartei Deutschlands* kritisierten in dem Rundbrief *FAP-intern* solche Darstellungen in den sog. Faschingsausgaben der *National-Zeitung*. Vgl. Renate Bitzan, Selbstbilder rechter Frauen, a.a.O., S. 220ff.

74 Vgl. „Leitkultur" für unser Land, in: Der Republikaner 2-3/2001

75 Rolf Schlierer, Die geistig-moralische Kapitulation. Absurde Diskussion um die „Leitkultur", in: Der Republikaner 11/2000, S. 1

76 Siehe ebd.

77 Ebd.

zichtbar sei, „wenn wir in einem Europa der Staaten als Deutsche leben wollen".[78]

Der von Schlierer konstatierte Zusammenhang zwischen Leitkultur, Staat und Nation wurde in der darauf folgenden Weihnachtsausgabe nochmals aufgegriffen und nachdrücklich propagiert. „Die Suche nach dem rechten Weg. Es geht um die Zukunft von Staat und Nation" hieß ein auf der Titelseite veröffentlichter, ebenfalls aus der Feder des Parteivorsitzenden stammender Artikel. Paul Spiegel, Vorsitzender des Zentralrates der Juden in Deutschland, wurde darin beschuldigt, „mit dem Hinweis auf brennende Synagogen" die Leitkultur zu Grabe getragen zu haben.[79] Inhaltlich setzte sich Schlierer nicht mit der Rede auseinander, die Spiegel zum Gedenken an die Reichspogromnacht vom 9. November 1938 gehalten hatte.[80] Vielmehr wurde der Vorsitzende des Zentralrates der Juden bezichtigt, dafür gesorgt zu haben, dass nun „Funkstille im Unionslager" herrsche,[81] womit das antisemitische Stereotyp der die Meinungsbildung beherrschenden Juden reproduziert wurde. Unausweichlich sei die „Entscheidungsfrage", wie die Gesellschaft in Zukunft aussehen bzw. „unser Volk" künftig leben solle: „In einer Multikultur mit unausweichlichen Konflikten und Parallelgesellschaften oder in einer friedensfähigen Gesellschaft mit einem Mindestmaß an Homogenität?"[82]

Die von Schlierer vorgenommene Polarisierung transportierte die Ideologie, dass eine kulturelle (nationale und ethnische) Homogenität die Voraussetzung für ein friedliches Zusammenleben sei und es – im Umkehrschluss – in einer kulturell (national oder ethnisch) heterogenen Gesellschaft kein friedliches Zusammenleben geben könne. Ein Aufeinandertreffen bzw. Zusammenprall der Kulturen bringe automatisch Konflikte und Kämpfe mit sich. Ebenfalls auf der Titelseite der Weihnachtsausgabe des Parteiorgans fand sich eine Illustration, welche die zentrale These des REP-Vorsitzenden in eine Metapher zu kleiden suchte. Über einem von Elchen gezogenen Schlitten, in dem der Weihnachtsmann sitzt, erstrahlt ein Sternenschweif mit dem Schriftzug „Leitkultur", und der Schlitten mit der Aufschrift „REP" gleitet geradewegs in Richtung des am Horizont aufgehenden Sterns. Die REPublikaner bedienen sich solcher Bilder und Darstellungen, die eng assoziiert sind mit christlichen Vorstellungen von Frieden und Erlösung, um mit

78 Siehe ebd.

79 Siehe Rolf Schlierer, Die Suche nach dem rechten Weg. Es geht um die Zukunft von Staat und Nation, in: Der Republikaner 12/2000, S. 1

80 Vgl. Paul Spiegel, „Es geht um unser Land". Rede zum Gedenken an die Reichspogromnacht vom 9. November 1938, in: Ulrich Schneider (Hrsg.), Tut was! Strategien gegen Rechts, Köln 2000, S. 16ff. Die wichtigste Passage der Rede sei hier zitiert: „Was soll das Gerede um die Leitkultur? Ist es etwa deutsche Leitkultur, Fremde zu jagen, Synagogen anzuzünden, Obdachlose zu töten? Geht es um Kultur oder um die Wertvorstellungen der westlich-demokratischen Zivilisation, die wir in unserem Grundgesetz fest verankert haben?" (S. 18)

81 Rolf Schlierer, Die Suche nach dem rechten Weg, a.a.O.

82 Ebd.

Hilfe von Visualisierungen auf emotionaler Ebene Zugang zu Parteimitgliedern und Sympathisant(inn)en zu finden.

Die an der deutschen Leitkultur geäußerte Kritik aufgreifend, wies der Verfasser des Beitrages „‚Leitkultur' für unser Land" den Vorwurf der „Deutschtümelei" von sich.[83] Der Begriff solle „nicht die Selbsterhöhung der Deutschen über andere Völker ausdrücken"; wer diesen Vorwurf erhebe, wolle sich von „einer funktionierenden und auf christlich-abendländischen Werten beruhenden deutschen Gesellschaft zugunsten eines multikulturellen Experiments" verabschieden.[84]

Unter der Überschrift „Das schleichende Gift. Die Hysterie ‚gegen rechts' soll linke Vorherrschaft zementieren" nahm Schlierer – in Analogie zu dem genannten JF-Interview mit Friedhelm Farthmann – eine Umdeutung der Begriffe vor. Eine Gefahr gehe vom „schleichende(n) Gift" einer linken Leitkultur aus, die sicherstellen solle, „daß der zum Aufstand aufgerufene anständige Deutsche künftig keine rechten Demokraten mehr kennt, sondern nur noch Demokraten und Rechtsextremisten."[85] Mit der Durchsetzung einer linken Leitkultur werde versucht, jeden Widerstand gegen weitere Zuwanderung zu kriminalisieren.

2.2.2.2 Stellungnahme eines Skeptikers zur Leitkulturdebatte

In den Parteiorganen *National-Zeitung/Deutsche Wochen-Zeitung* und *Der Republikaner* fanden sich fast ausnahmslos Beiträge, die sich positiv auf den Begriff der Leitkultur bezogen. Eine Ausnahme bildete ein im DVU-Organ veröffentlichter Artikel von Bernhard Barkholdt, der jene Aspekte in das Zentrum seiner Argumentation stellte, die – obgleich Voraussetzung für eine deutsche Leitkultur – seiner Meinung nach in der aktuellen Debatte vernachlässigt wurden. Unabhängig davon, ob man nun das Konzept der Leitkultur oder das des Verfassungspatriotismus favorisiere, setze „(j)ede, aber auch wirklich jede humane und vernünftige Integration von Ausländern (...) Ausländerbegrenzung voraus."[86] Barkholdt bestand darauf, „dass es also nicht zu viele sind und dass nicht noch weitere Massen unaufhörlich hinzuströmen."[87] Als zweite Voraussetzung nannte er, dass „man im Interesse der rechtstreuen, anständigen deutschen und ausländischen Mehrheit mit gesetzmäßiger Entschlossenheit gegen importierte (wie auch natürlich gegen hausgemachte) Kriminalität vorgeht."[88] Der Artikel in der *National-Zeitung* endete mit der

---

83 Vgl. „Leitkultur" für unser Land, in: Der Republikaner 2-3/2001

84 Siehe ebd.

85 Rolf Schlierer, Das schleichende Gift. Die Hysterie „gegen rechts" soll linke Vorherrschaft zementieren, in: Der Republikaner 4/2001, S. 1

86 Bernhard Barkholdt, „Deutsche Leitkultur" – warum nicht?, Die Deutschen wollen deutsch bleiben, in: NZ/DWZ v. 3.11.2000

87 Siehe ebd.

88 Ebd.

suggestiven Frage: „(I)st der Rauschgiftdeal, in dem (...) multikulturelles wie multikriminelles Banditentum vorherrscht, weniger giftig für das anzustrebende gute gesellschaftliche Klima zwischen Deutschen und Ausländern als das Treiben gewisser grässlicher Glatzkopf-Gestalten?"[89] Mit diesen Ausführungen rückte Barkholdt die Themen „Ausländerbegrenzung", „Zuwanderungsstopp" und „Ausländerkriminalität" ins Zentrum der Debatte und plädierte für repressives Vorgehen der Exekutive und einen starken Staat. Themen und Forderungen wie diese finden sich in den Publikationen der extremen Rechten verstärkt seit Anfang der 1980er-Jahre. Neu ist lediglich, dass die alten Themen mit neuen Begriffen wie dem der Leitkultur verknüpft werden.

2.2.2.3 Gegner einer positiven Rezeption der Leitkulturdebatte

Barkholdts Position hat zahlreiche Berührungspunkte zu einem von Karl Richter in *Nation und Europa* veröffentlichten Artikel. Während Barkholdt eher jenem Lager zuzuordnen ist, das sich skeptisch gegenüber der Forderung nach einer deutschen Leitkultur äußerte, kann Richter als expliziter Gegner dieses Konzepts bezeichnet werden. „Falsche Politik, dumme Parolen: ‚Deutsche Leitkultur'" – so lautet die Überschrift und zugleich die Quintessenz seines Beitrages. Sich auf die „Verteidigung einer deutschen ‚Leitkultur' zu versteifen", sei verfehlt.[90] Kultur könne, so Richters Argumentation, im Gegensatz zu Verkehrsregeln nicht eingeklagt werden. Die Voraussetzung für die Fortführung einer bestimmten Kultur bildeten die sog. Kulturträger. Seien diese „nicht mehr in genügender Zahl vorhanden (...) – zum Beispiel Deutsche in Berlin-Kreuzberg, in Neukölln, in Schlesien und Ostpreußen –, da ist es wenig sinnvoll, die neuen Herren auf die Fiktion der ‚Leitkultur' zu vergattern."[91] Richters Ausführungen mündeten nicht nur in die Forderung nach politischen Gesetzen mit dem Ziel, den Zuzug von Ausländern zu begrenzen und gegen damit verbundene Phänomene vorzugehen. Bezug nehmend auf die deutschen Ostvertriebenen und die nordamerikanischen Indianer, die von der Bühne abgetreten seien, weil sie nicht gekämpft hätten, insistierte Richter darauf, dass ein Kampf erforderlich sei, um das eigene Überleben zu sichern: „Es ist immer das gleiche: Wer seine Kultur bewahren will, muß um sie kämpfen, muß Kinder in die Welt setzen und den längeren Atem haben. Die Deutschen machen da keine Ausnahme."[92]

Auch im Organ der NPD wurde die von Merz erhobene Forderung kritisiert. „Leitkultur für Multikulti-Staat? Schmierentheater der CDU/CSU vor dem Hintergrund des drohenden Volkstodes" titelte die *Deutsche Stimme* in

89 Ebd.
90 Siehe Karl Richter, Falsche Politik, dumme Parolen: „Deutsche Leitkultur", in: Nation und Europa 11-12/2000, S. 9
91 Ebd., S. 10
92 Ebd.

ihrer November-Ausgabe 2000. „Wer (...) von ‚deutscher Leitkultur‘ spricht“, so konstatierte Jürgen Distler, habe „die dauerhafte Etablierung einer multikulturellen Gesellschaft längst akzeptiert.“[93] Die Forderung nach einer „deutschen Leitkultur“ solle lediglich die Bevölkerung über den Niedergang des deutschen Volkes hinwegtäuschen, der aufgrund einer sinkenden Nettoreproduktionsrate der Gesamtbevölkerung im Allgemeinen und der deutschen Bevölkerung im Besonderen, des Zuzugs von Asylbewerbern sowie von ausländischen Arbeitskräften voraussehbar sei.

Leserbriefe griffen die Grundthese nochmals auf und spitzten sie zu. Hier wurde die Begrenzung von Einwanderung als ein „wirksames Mittel gegen Fremdenhaß“ präsentiert und den Politikern vorgeworfen, sie tönten von Menschenwürde und -rechten, berücksichtigten jedoch nicht diejenigen der Deutschen.[94] Unter der Überschrift „Ausländerpolitik soll uns schaden!“ unterstellte eine Leserzuschrift, die „uneingeschränkte Aufnahme von Fremden widerspricht dem Grundgesetz allen Lebens auf dieser Erde, das die Naturwissenschaftler als ‚Arterhaltung‘ und ‚arterhaltendes Verhalten‘ bezeichnen“.[95]

3. Bilanz: eine missglückte deutsche Debatte

Die *europäische* Dimension der von Tibi geforderten Leitkultur wurde von ihren deutschen Protagonisten weitgehend ignoriert; einzig und allein die *deutsche* Leitkultur interessierte in der öffentlichen Diskussion. Kaum hatte Tibi den Begriff „erfunden“, schon verlor er die Deutungs- und Definitionsmacht über ihn. Die Umdeutung der europäischen in eine deutsche Leitkultur war charakteristisch für die hiesige Debatte.

Die Positionen differenzierten sich aus, wenn es darum ging, den Begriff der deutschen Leitkultur inhaltlich zu füllen. Beschränkten sich einige Leitkultur-Konzeptionen auf die Loyalität gegenüber der Verfassung und die Sprachkompetenz, so wiesen andere Stellungnahmen weit darüber hinaus. Hier wurde eine deutsche Kultur bzw. ein deutscher (National-)Charakter entworfen, an dem sich Zuwanderer zu orientieren hätten. Jenseits dieser expliziten Forderung nach kultureller Assimilation fanden sich in der Debatte zahlreiche implizite Ausgrenzungen und Stigmatisierungen. Für die extreme Rechte ergab sich die Möglichkeit, ältere Konzepte und Theorien mit einem

93 Jürgen Distler, Union führt Zuwanderungsdebatte. Leitkultur für Multikulti-Staat?, Schmierentheater der CDU/CSU vor dem Hintergrund des drohenden Volkstodes, in: Deutsche Stimme 11/2000, S. 1

94 Günther Kursawe (Kronach), Deutsche Gesundschrumpfung, in: Deutsche Stimme 12/2000-1/2001, S. 15; Dieter Schwitzkowski (Sarlhusen), Volk hat nichts zu sagen!, in: Deutsche Stimme 12/2000-1/2001, S. 15

95 Kurt Martens (Rodach-Roßfeld), Ausländerpolitik soll uns schaden!, in: Deutsche Stimme 12/2000-1/2001, S. 15

neuen Begriff zu verknüpfen und diese (scheinbar) zu aktualisieren. Stichwortartig sind zu nennen: völkische oder jungkonservative Ideologien, die Kontrastierung von Kultur und Zivilisation sowie die These vom „clash of civilizations“. Neben diesen Konzepten, die vor allem in der *Jungen Freiheit* propagiert wurden, fanden sich in anderen Zeitungen bzw. Zeitschriften der extremen Rechten rassistische, antisemitische und revisionistische Ideologien – gekleidet in eine neue Terminologie. Es lässt sich also festhalten, dass der kometenhafte Aufstieg des Leitkultur-Begriffs – ausgelöst durch die Äußerung von Merz – von der extremen Rechten genutzt werden konnte (und wurde), um sich als jene Kraft zu präsentieren, die einer solchen Leitkultur am konsequentesten zum Durchbruch verhilft.

Bereits am 3. November 2000 bezeichnete der frühere Präsident des Goethe-Instituts, Hilmar Hoffmann, diesen Begriff als „verheerend“, weil er auf eine „völlig falsche Fährte“ führe, und warnte davor, dass die Rede von der deutschen Leitkultur der rechten Klientel das Feld bereite.[96] Das Goethe-Institut vermeide es, von einer deutschen Kultur zu sprechen, und verwende stattdessen die Formulierung einer Kultur aus Deutschland, denn diese sei immer auch vom Ausland beeinflusst worden und Kultur ein ständiger Prozess.

Dass nun eine deutsche Kultur – was sich auch immer dahinter verbergen mag – für sich den Anspruch erhebt, andere Kulturen leiten zu wollen, ist vermessen. Neu war aber weder der Führungsanspruch der deutschen Kultur bzw. des deutschen Volkes gegenüber anderen Kulturen oder Völkern, sondern lediglich der Begriff. In der Vergangenheit – im Kaiserreich, in der Weimarer Republik oder auch im NS-Staat – war die deutsche Leitkultur nicht nur ein verbaler Anspruch, sondern z.T. auch herrschende Politik.

Vielfach übersetzten Unionspolitiker den Begriff „deutsche Leitkultur“, zu seiner Definition aufgefordert, mit „Bekenntnis zur Verfassung und zu den Menschenrechten“. Dieter Oberndörfer, Direktor des Arnold Bergsträsser Instituts für kulturwissenschaftliche Forschung (Freiburg im Breisgau), wies auf die Problematik einer solchen Begriffsdefinition hin: „Sie führt (...) zum Verrat an der universalen Geltung der Menschenrechte, wenn der Eindruck vermittelt wird, letztere seien spezifisch nationale oder europäische Güter – charakteristisch und gültig nur für westliche Gesellschaften.“[97] Problematisch sei ferner, dass die Forderung nach einer deutschen Leitkultur zum verfassungsrechtlich verankerten kulturellen Pluralismus im Widerspruch stehe. Die Freiheit des Glaubens, des Gewissens, des religiösen und weltanschaulichen Be-

96 Die *Junge Freiheit* berichtete über Hoffmanns Kritik am Begriff der deutschen Leitkultur: Hoffmann: Leitkultur ist ein Phantom, in: JF v. 10.11.2000; vgl. auch: Deutsche Leitkultur in Sarajevo?, Das Goethe-Institut verstärkt seine Balkan-Aktivitäten (Pressemitteilung des Goethe-Instituts vom 8. November 2000, http://www.goethe.de/z/03/notiz/depm029.htm v. 8.11.2001)

97 Dieter Oberndörfer, Leitkultur und Berliner Republik. Die Hausordnung der multikulturellen Gesellschaft Deutschlands ist das Grundgesetz, in: Aus Politik und Zeitgeschichte 1-2/2001, S. 27

kenntnisses ist ebenso in der Verfassung garantiert wie die Freiheit von Kunst und Wissenschaft, Forschung und Lehre (Art. 5, Abs. 1 und 2 GG, Art. 5, Abs. 3). Vor dem Hintergrund der religiösen, kulturellen und weltanschaulichen Pluralisierung werde, so Oberndörfer, Art. 5, Abs. 1 GG an Bedeutung gewinnen, wo es heißt: „Jeder hat das Recht, seine Meinung in Wort, Schrift und Bild frei zu äußern und zu verbreiten (...). Eine Zensur findet nicht statt." Nach den Ereignissen des 11. September 2001 erscheinen die Ausführungen von Oberndörfer in einem anderen Licht. Was die Protagonisten der deutschen Leitkultur nicht oder aus ihrer Perspektive nur unzureichend vermochten – die Ausgrenzung und Stigmatisierung von Menschen nichtdeutscher Herkunft – droht nun mit den Mitteln der Inneren Sicherheit umgesetzt zu werden.

Erwähnung fand der „beunruhigende Begriff" in einem Bericht, den die Europäische Kommission gegen Rassismus und Intoleranz im Juli 2001 vorlegte. Nach ihrer Einschätzung verstärkt der Terminus „auch die negativen Klischeevorstellungen von anderen Kulturen und lässt den Wert und den wichtigen Beitrag der Minderheiten in Deutschland außer Acht."[98] Die Debatte um eine (deutsche) Leitkultur ist gründlich missglückt, da sie untrennbar verknüpft war mit nationalistischen und rassistischen Ideologien. Die von Merz erhobene Forderung, Ausländer hätten sich einer deutschen Leitkultur anzupassen, rechtfertigte nicht nur bereits existierende rassistische Einstellungen und Meinungen, sondern beförderte sie auch.

---

98 Zweiter Bericht über Deutschland. Vorgelegt von der Europäischen Kommission gegen Rassismus und Intoleranz in Straßburg am 3. Juli 2001, in: Blätter für deutsche und internationale Politik 8/2001, S. 1015

Alexander Häusler

Die „Nationalstolz"-Debatte als Markstein einer Rechtsentwicklung der bürgerlichen Mitte

Kaum hatte ihn die CDU-Vorsitzende Angela Merkel zum Generalsekretär der Partei ernannt, erklärte Laurenz Meyer am 30. Oktober 2000 gegenüber dem Münchener Nachrichtenmagazin FOCUS in Anlehnung an einen von rechtsextremen Skinheads benutzten Slogan, er sei „stolz, ein Deutscher zu sein". Am 12. März 2001 bemerkte Bundesumweltminister Jürgen Trittin (Bündnis 90/Die Grünen), auf die Glatze des CDU-Generalsekretärs anspielend, in einem Radiointerview: „Laurenz Meyer hat die Mentalität eines Skinheads und nicht nur das Aussehen. Laurenz Meyer hat selber bekundet, dass er stolz darauf sei, dass er Deutscher ist. Das ist so die Flachheit, der geistige Tiefflug, der jeden rassistischen Schläger in dieser Republik auszeichnet."[1] Diese Reaktion des Bundesumweltministers war der Anlass für eine über sämtliche Parteigrenzen hinweg geäußerte öffentliche Empörung, die als „Nationalstolz"- bzw. „Patriotismus"-Debatte ungefähr einen Monat lang das beherrschende Thema der deutschen Medien bildete.

Genauso wie vergleichbare öffentliche Debatten – z.B. die ebenso vehement geführte Debatte um eine „deutsche Leitkultur" – verschwand auch jene „Nationalstolz"-Debatte nach temporärer medialer Zentralpräsenz wieder aus den Schlagzeilen. Die inflationäre Fluktuation öffentlicher Debattenthemen funktioniert nach den Mechanismen symbolischer Politik: Durch die politische Besetzung von Begriffen, Schlagworten und Parolen wird – analog zu zeitgemäßen Werbestrategien einer sich medial vermittelnden und neoliberal strukturierten Warengesellschaft – mittels „trend"- oder „agenda-setting" Politik inszeniert. Eine solche Politik setzt auf die emotionalisierte symbolische Besetzung kommunikativer Felder und gemeinschaftsstiftender Wir-Gefühle. Während es allerdings bei Großkonzernen wie etwa der US-amerikanischen Firma „Nike" symbolisch konstruierte und werbestrategisch vermittelte Wir-Gefühle eines jugendkonsumge-

1 Jürgen Trittin im „Morgenecho", WDR 5, 12.3.2001, zit. nach: CDU-Bundesgeschäftsstelle/Hauptabteilung Medienpolitik und Öffentlichkeitsarbeit (Hrsg.), „Es gibt viele Gründe, STOLZ AUF DEUTSCHLAND zu sein". Die Diffamierung hat Methode. Eine Dokumentation zu den Angriffen Jürgen Trittins gegen die politische Mitte, Berlin 2001, S. 2

ten Lifestyle sind, die schlicht der Profitmaximierung dienen, wird die emotionalisierte Besetzung nationalen Wir-Gefühls der symbolischen Realpolitik zunehmend zum gemeinschaftsstiftenden Kitt einer real zersplitterten und entsolidarisierten Klassengesellschaft.

Durch die (Re-)Nationalisierung von Sprache und Politik verschieben sich die Maßverhältnisse des Politischen weg von reflexiven und demokratisierenden Politikansätzen in Richtung einer populistischen, symbolisch-emotional ausgerichteten Politik, die Selektion und Ausgrenzung als Kehrseite symbolischer Kollektivbesetzung zum Maßstab gesellschaftlichen Handelns erhebt. Den temporär hoch emotionalisierten Trend-Kampagnen kommt hierbei trotz ihres mehr oder weniger begrenzten medialen Haltbarkeitsdatums die Rolle einer politischen Achsenverschiebung zu: „Neue Mitte", „Modernisierung", „normale" oder „selbstbewußte Nation", „deutscher Stolz" und „deutsche Leitkultur", „nationale Verantwortung" und „nationale Identität" – dies alles sind über symbolische Politik im öffentlichen (Unter-)Bewusstsein verankerte Schlagworte, mit deren Hilfe sich die Maßgaben politischen Handelns im gesellschaftlichen Bewusstsein verschoben haben.

Politische Kampagnen für Nationalismus und Nationalstolz erhielten in der Bundesrepublik erstmals durch die NPD mit Forderungen nach einer „Stärkung des Nationalbewußtseins" öffentliche Bedeutung.[2] In ihrem Gründungsaufruf, der als „Manifest der NPD" auf dem ersten Parteitag im November 1964 verabschiedet wurde, hieß es: „Nur ein seines eigenen Wertes und seiner nationalen Würde bewußtes Volk kann die Achtung der Welt und die Freundschaft der Völker gewinnen. (...) Wir fordern daher die Anspannung aller Kräfte, um den Willen zur Selbstbestimmung der deutschen Nation zu wecken."[3] Die nationalistische Kampagne der NPD bei Landtagswahlen hatte zur Folge, dass sich auch die großen Parteien eines nationalisierten Sprachjargons bedienten. So bilanzierte der SPIEGEL nach der Landtagswahl in Bayern 1966: „Der NPD-Erfolg geht in Ordnung, wenn CSU-Chef Franz Josef Strauß Volkssympathien für die NPD wertet als ‚Antwort auf die jahrelange Methode, alles was deutsch ist und was national heißt, in den Dreck zu ziehen' (Rundfunkinterview in der Bayern-Wahlnacht). Die NPD hat die Zeichen der Zeit erkannt: Die Nachkriegsära – mitgeprägt von gequälten, letztlich vergeblichen Bemühungen um Vergangenheitsbewältigung – gilt nach Kanzlerwort als beendet. Ludwig Ehrhard sagte: ‚Wir sind wieder wer.' Der so lange verdrängte Nationalstolz begann sich wieder zu regen."[4]

2 Vgl. Armin Pfahl-Traughber, Der organisierte Rechtsextremismus in Deutschland nach 1945, in: Wilfried Schubarth/Richard Stöss (Hrsg.), Rechtsextremismus in der Bundesrepublik Deutschland. Eine Bilanz, Opladen 2001, S. 77

3 NPD-Gründungsaufruf, zit. nach: Kurt Hirsch, Rechts von der Union. Personen, Organisationen, Parteien seit 1945, München 1989, S. 81

4 Der Spiegel 49/1966, zit. nach: Uwe Hoffmann, Die NPD. Entwicklung, Ideologie und Struktur, Frankfurt am Main 1999, S. 101

Die Nationalstolz-Parole als subkulturell und rassistisch codiertes Identifikationsmerkmal des Rechtsextremismus

Ein Rückblick in die Geschichte des sog. RechtsRock-Phänomens zeigt, dass die Parole „Ich bin stolz, Deutscher zu sein" für die Entwicklung der rechtsextrem orientierten Skinhead-Bewegung hierzulande konstitutiv war. Durch Songs wurde diese Parole kreiert, inhaltlich besetzt und mittels öffentlicher Präsentation durch Aufnäher oder T-Shirt-Aufdruck als Kampfparole transportiert.[5] Auch die britischen Skinheads verknüpften ihre subkulturell codierte Idealisierung proletarischer Männlichkeit mit nationalistischen und rassistischen Einstellungen.[6] Faschistische Parteien wie die National Front versuchten schon in den 1970-er Jahren, die Skinhead-Bewegung für sich nutzbar zu machen; es kam zur Verbindung von rechtsextremen und subkulturellen Strömungen, welche in Deutschland erst mit zeitlicher Versetzung sichtbar wurde. Zunächst orientierte sich die deutsche Skinheadbewegung weitestgehend an ihren britischen Vorbildern; sie versuchte dann allerdings, eigene – hier gewinnt der Deutschnationalismus an Bedeutung – Akzente zu setzen. Anstelle der englischen Texte ihrer britischen Heroen wurden deutsche Texte favorisiert, die den englischen Gruppen vorgezogen werden sollten. Die 1984 gegründete Moerser Skin-Band *Body Checks* – eine Kultband der rechtsextremen Skinheadszene – erläuterte diese Haltung in einem Song, in dem der Deutschnationalismus wohl erstmalig in die identitätsstiftende Parole des „stolzen Deutschen" übersetzt wurde:

> „Die Oi-Musik aus England,
> die ist zwar wirklich gut,
> doch weißt du denn nicht,
> daß sich hier in Deutschland etwas tut?
> Auch bei uns da gibt es Bands,
> die gute Musik bringen,
> die haben es nicht nötig,
> in Englisch zu singen.
> Englandkult, Englandkult –
> Laß' dich bloß nicht darauf ein!
> Englandkult, Englandkult,
> sei stolz darauf, Deutsch zu sein!"[7]

---

5 Vgl. Christian Dornbusch/Jan Raabe, Die Geschichte der Boneheads und des RechtsRock in Deutschland, in: dies. (Hrsg.), RechtsRock. Bestandsaufnahme und Gegenstrategien, Hamburg/Münster 2002. Soweit nicht anders vermerkt, stützen sich hierauf alle folgenden Hinweise zur Skinhead- und RechtsRock-Bewegung.

6 Vgl. Nick Lowles/Steve Silver, Vom Skinhead zum Bonehead. Die Wurzeln der Skinhead-Bewegung, in: Searchlight u.a. (Hrsg.), White Noise. Rechts-Rock, Skinhead-Musik, Blood & Honour – Einblicke in die internationale Neonazi-Musik-Szene, Hamburg/Münster 2000, S. 17ff.

7 Aus dem Lied *Englandkult* der Band Body Checks: Tätowiert + Kahlgeschoren. LP, Rock o Rama-Vertrieb (RoR) 1984

Als Heroen der deutschen Szene galten seit ihrem gleichfalls 1984 veröffentlichten Debüt „Der nette Mann“ vor allem die *Böhsen Onkelz*. In dem Skin-Fanzine *Clockwork Orange* erklärte die Band den Deutschnationalismus in nationalsozialistischer Tradition zum identitären Bezugspunkt der deutschen Skinhead-Szene: „Vergesst LAST RESORT, RED ALERT oder 4 SKINS. Die Onkelz singen nicht von Margaret Thatcher, Reagan oder irgendwelchen Sachen, die uns entweder nichts angehen oder an denen wir nichts ändern können, sie singen von unseren Problemen in unserer Sprache, nach dem Motto: Wir sind Böhse Onkelz und machen, was uns gefällt. Heute gehört uns Deutschland und morgen die ganze Welt!“[8]

Mit ihrem Lied *Deutschland* machte die Band die Parole „Wir sind stolz drauf, Deutsche zu sein“ zur Hymne der rechtsextremen Skinhead-Szene. Da diese Parole 17 Jahre später über die „Nationalstolz“-Debatte breite Zustimmung in der gesellschaftlichen Mitte erfuhr, lohnt sich ein Blick auf das Lied:

> „Auch zwölf dunkle Jahre in deiner Geschichte
> machen unsere Verbundenheit zu dir nicht zunichte.
> Es gibt kein Land frei von Dreck und Scherben,
> hier sind wir geboren, hier wollen wir sterben.
> Refrain:
> Deutschland, Deutschland, Vaterland,
> Deutschland, Deutschland, mein Heimatland.
> Den Stolz Deutsch zu sein woll'n sie dir nehmen,
> das Land in den Dreck zieh'n, die Fahne verhöhnen.
> Doch wir sind stolz, in dir geboren zu sein.
> Wir sind stolz drauf, Deutsche zu sein.
> Ref.
> Doch wir sind stolz, in dir geboren zu sein.
> Wir sind stolz drauf, Deutsche zu sein.
> Deutsche Frauen, deutsches Bier,
> scharz-rot-gold, wir steh'n zur dir.
> Ref. ...“[9]

In der Szene kursierten Songversionen aus Live-Mitschnitten, welche den rassistischen Kontext jenes Deutschnationalismus veranschaulichen: „Jetzt gibt's einen Aufruhr in unserem Land, die Kids von der Straße haben sich zusammengetan, Skinhead für Zusammenhalt, gegen euch und eure Kanakenwelt. Deutschland den Deutschen!“[10] Die Parole „Ich bin stolz, Deutscher zu sein“

---

8 Clockwork Orange 2 (1984)

9 Böhse Onkelz, Der nette Mann. LP, RoR, 1984

10 Transkription des Songs *Deutschland den Deutschen* nach dem Bootleg: „Mülla Milch Deutschland und Nazionalzeitung präsentieren ein Dokument der deutschen Gegenwart: Böhse Onkelz“, LP, Deutscher Schallplattendienst, o. J. Das Lied wird auf der LP unter dem Titel *Deutschland* aufgelistet (vgl. Christian Dornbusch/Jan Raabe, Die Geschichte der Boneheads und des RechtsRock in Deutschland, a.a.O.).

wurde durch diese musikalische Verbreitung zu einem szenespezifischen Identifikationscode. Sie avancierte zu einem durch Schulter-Aufnäher oder T-Shirt-Aufdruck offen zur Schau getragenen Symbol der Zugehörigkeit zur rechtsextrem orientierten Skinheadszene. Die RechtsRock-Experten Christian Dornbusch und Jan Raabe weisen darauf hin, dass in der Folgezeit Deutschnationalismus sowie Kampfparolen gegen die Linke sinnstiftend wurden für den rechtsextremen Teil der deutschen Skinheadszene: „Das Szeneereignis der 80er Jahre war das erste deutsche *Rock gegen Links*-Festival in Groß Parin bei Lübeck am 17. August 1985. Neben den *Böhsen Onkelz* traten die britischen sog. White Noise-Bands *Indecent Exposure* und *Die Hards* auf sowie die seinerzeit noch relativ unbekannte deutsche Band *Kahlkopf* aus Bad Homburg. Auf dem Konzert waren über 600 Skinheads anwesend."[11]

Der subkulturell codiert aufkommende Deutschnationalismus in der Skinhead-Szene bot der klassischen extremen Rechten einen Anknüpfungspunkt zur jugendorientierten „Modernisierung" ihrer völkisch-nationalistischen Propaganda. Das rechtsextreme Theorieorgan *Nation Europa* griff 1987 die deutschnationalistische Kampfparole der Skinhead-Szene auf: „Die Skinheads heißen zu deutsch ‚Kahlschädel' (...). Die Quexe von heute tragen feste Schnürstiefel mit Stahlkappe (...), tarnfarbene Armeehosen (...) und Bomberjacken mit Aufnähern wie ‚Ich bin stolz ein Deutscher zu sein!'"[12] Daraus leitete das rechtsextreme Organ die Notwendigkeit ab, „sich mit den Modetrends der Jugendszene ernsthaft zu befassen"[13] und deren subkulturell codierten Nationalismus politisch für sich auszunutzen: „Wir müssen uns dieser jungen Deutschen annehmen und froh sein, daß es nichtangepaßte Deutsche gibt. Unsere Aufgabe ist (...), sie für das Volksganze zu gewinnen, ihnen den Weg dahin zu zeigen."[14]

Andere Strömungen der extremen Rechten zogen nach: Der strategische Kopf der REPublikaner-Abspaltung „Deutsche Liga für Volk und Heimat" und zwischenzeitlich mit dem Rechtsrock-Unternehmer Torsten Lemmer geschäftlich verbundene Herausgeber von *Europa vorn*, Manfred Rouhs, erklärte 1993: „Gut gemachter ‚Rechtsrock' kann helfen, Menschenmassen wenigstens oberflächlich im patriotischen Sinne zu politisieren. Ist es uns so gelungen, einen Fuß in die Tür des öffentlichen Bewußtseins zu stellen, werden wir die Pforten bald weiter öffnen für unsere in eine bessere Zukunft weisende Alternative zu Marxismus und Liberalismus. (...) Hat der (...) Jugendliche erst einmal an Bands, die patriotische Motive in ihren Texten verarbeiten, Gefallen gefunden, dann fragt er möglicherweise nach Mehr, nach dem Woher

---

11 Laut der Biografie von Edmund Hartsch, Böhse Onkelz. „Danke für nichts", Frankfurt am Main 1997, S. 90, waren „rund 600 Glatzen mit Anhang vor einer winzigen Bühne zusammengedrängt".

12 B.M. Lunder, Jugend: Modetrends und Subkultur, in: Nation Europa 9/1987, S. 20

13 Peter Dehoust, in: Nation Europa 9/1987; zit. nach: Michael Weiss, Begleitmusik zu Mord und Totschlag. Rechtsrock in Deutschland, in: Searchlight u.a. (Hrsg.), White Noise, a.a.O., S. 66

14 Ebd.

und Warum des Nationalismus. Das ist der Moment, in dem wir von Europa vorn zuschlagen, ihm Inhalte und Kontakte bieten müssen."[15]

Der durch das Tragen jener Parole szenetypisch zur Schau gestellte Nationalstolz wurde in der Folgezeit weit über die Skinhead-Szene hinaus von rechtsextremen Gruppen strömungsübergreifend aufgegriffen und identitätsstiftend als Motto und zugleich als politische Proklamation wie als Stilmittel rechtsextremer Selbstinszenierung und Mobilisierung genutzt. Klassisch rechtsextreme Parteien wie die NPD und ihre Jugendorganisation „Junge Nationaldemokraten" (JN) bezogen sich im Rahmen ihrer Umgestaltung zur „Kampf- und Bewegungspartei" spätestens seit den 90er-Jahren inhaltlich und strategisch auf die subkulturell codierte Symbolik des Deutschnationalismus der Skinhead- und Rechtsrock-Szenen. Denn durch die sich zum subkulturellen Erkennungsmerkmal wandelnde Parole des „stolzen Deutschen" erfuhr der völkische Nationalismus eine so erfolgreiche Verbreitung, wie sie die vorhandenen klassisch-rechtsextremen Strukturen zu leisten nie imstande gewesen wären.

Die NPD erkannte in dem Nationalismus rechtsextremer und gewalttätig-rassistischer Skinhead-Jugendszenen besonders in Ostdeutschland eine operative Basis für ihre Mobilisierungen. Durch propagandistische Unterstützung versuchte sie, diesen bis dahin hauptsächlich über den RechtsRock verbreiteten Nationalismus der Jugendszenen für ihre Parteiarbeit nutzbar zu machen: „An Symbolik festgezurrte Äußerlichkeiten spielen beim Jugendprotest eine große Rolle, Inhalte werden von ‚rechten' Jugendlichen meist erst nachträglich realisiert, wobei hier die Beeinflussung über ‚rechte' Musik eine nicht unerhebliche Rolle spielen dürfte. So rauscht derzeit ein imaginärer Zug durchs Land, auf den die nationalistische Opposition derzeit aufspringt oder bereits aufgesprungen ist."[16] In dem über den RechtsRock transportierten Nationalismus sah man einen Anknüpfungspunkt, um sich aus der politischen Isolation zu befreien: „Da es sich beim rechten Jugendprotest allerdings um eine subkulturelle Ausprägung handelt, müssen die inhaltlichen Überlegungen zweifellos auch auf die Begriffe Nachhaltigkeit und Kontinuität abheben. (...) Ziel muß es sein, durch die Konzentration auf den vorpolitischen Raum nationalistisches Bewußtsein bei der unzufriedenen Jugend heranzubilden. Ein mühsamer und schwieriger Weg, doch liegt darin auch die eigentliche Chance für Nationalisten, langfristig aus der Ghettoisierung herauszukommen."[17]

Dabei handelte es sich um ein Konzept, dessen Umsetzung der NPD einen Zulauf jüngerer und subkulturell vom RechtsRock geprägter Jugendlicher bescherte: Auf dem sog. „2. Tag des nationalen Widerstandes" der NPD in der Passauer Nibelungenhalle wurde der Deutschnationalismus unter der Lo-

---

15 Manfred Rouhs, in: Europa vorn spezial 6/1993; zit. nach: Rechtsschutzinstitut (Hrsg.), Lokalpolitik und die extreme Rechte in Düsseldorf, Düsseldorf 1997, S. 73

16 Jürgen Distler, Eigene Wege im Kulturkampf. Aus der dunklen Perspektivlosigkeit des Systems hebt sich eine „rechte" Subkultur ab, in: Deutsche Stimme 12/1999

17 Ebd.

sung „Bewegung muß Partei ergreifen" zum Programm erhoben. Neben dem rechtsextremen Liedermacher Frank Rennicke wurde der Rechtsrocker „Stigger" zur Mobilisierung der Jugend angekündigt.[18] Darin drückte sich die Hinwendung einer traditionellen rechtsextremen Partei zur Subkultur aus, getragen von der Hoffnung auf die Nationalisierung der Popkultur, aber verbunden mit einer historisch begründeten Skepsis: „Dabei ist insbesondere mit Blick auf den ‚Rechtsrock' zu beobachten, daß hier durchaus auch auf Kommunikationsmittel zurückgegriffen wird, mit denen einst die Feinde des deutschen Volkes diesem ihre kulturellen und gesellschaftlichen Auffassungen aufzuzwingen getrachtet hatten. Die Rockmusik wurde durch die nationale Gegenkultur entdeckt und nunmehr gegen ihre vermeintlichen Urheber gekehrt. Nationalistische Texte, zu lauter Gitarrenmusik und aufputschenden Rhythmen gesungen, kehrten vielfach jene Fronten um, die im Westdeutschland der 60er-Jahre entstanden waren, als die ‚fortschrittliche' Jugend ihr ‚eigenes Lebensgefühl' nach dem Willen der Besatzer gegen die ästhetischen und ethischen Vorstellungen ihrer Eltern finden sollte."[19]

Die NPD bediente sich des musikalisch transportierten Nationalismus weit über das Skinhead-Spektrum hinaus. „Stolz auf Herkunft" und „nationale Identität" waren hierbei die Schlagworte, mit denen völkischer Deutschnationalismus in unterschiedlichen Jugend- und Musikszenen verankert werden sollte. In einem Interview mit der *Deutschen Stimme* erläuterten Mitglieder der Band *Carpe Diem* diese Strategie: „Unsere Vision ist eine Sammlung von systemkritischen Bands, die (...) allesamt den Erhalt der nationalen Identität vertreten. Hierbei wollen wir uns ganz offen zeigen und uns nicht nur auf die Skinheadszene beschränken. Es gibt nämlich sehr viele Leute, die politisch schon mehr in unsere Richtung denken, die aber mit der Skinheadmusik und -szene nichts anfangen können."[20]

Für die in sog. Kameradschaftszirkeln organisierte militante Neonaziszene hingegen stellten rechtsextreme Skinheads schon seit jeher einen integralen Bestandteil dar. Unter der verbindenden Parole des „stolzen Deutschen" gingen seit den 90er-Jahren die anfangs mehrheitlich subkulturell ausgerichteten Skinheadszenen mit den informell organisierten Strömungen des militanten Neonazismus und dem rechtsextremen Parteienspektrum eine Symbiose ein.[21] Analog dazu entfaltete sich ein Vertriebssystem für rechtsextreme Skinhead- und RechtsRock-Musik, das eine angebotsorientierte Mischung von Nationa-

18 Vgl. Nationalisten setzen auf Politik und Kultur. Vom Bummel über die „Straße des nationalen Widerstandes" zum Konzerterlebnis, in: Deutsche Stimme 4/2000

19 Jürgen Schwab, Befreite Zonen schaffen. Couragierte Gegenmacht. Die Eroberung kultureller Freiräume ist Aufgabe und Ziel nationalistischer Politik, in: Deutsche Stimme 10/1999

20 Mit einem neuen Musikstil ganz neue konzeptionelle Wege beschreiten: Inhalte und Qualität im Mittelpunkt. Die Stuttgarter Gruppe Carpe Diem will Identität durch Musik schaffen, in: Deutsche Stimme 1/2000

21 Vgl. Alexander Häusler, Szene, Stil, Subkultur oder Bewegung?, in: Christian Dornbusch/Jan Raabe (Hrsg.), RechtsRock, a.a.O.

lismus und Rassismus in musikalischer Verpackung unter zunehmend professionalisierten und profitorientierten Vertriebsstrukturen entfaltete. Marktführer wie die Labels *Rock O Rama* von Herbert Egold oder *Moderne Zeiten-Vertrieb/Creative Zeiten GmbH* von Torsten Lemmer erreichen mittlerweile eine weit über die zahlenmäßig relativ unbedeutende Skinheadszene hinausreichende Käuferschicht.[22] So fand die identitätsstiftende Parole des „stolzen Deutschen" auch Berücksichtigung bei der Formierung eines warenkompatiblen nationalistischen Lifestyles, und die öffentliche Zur-Schau-Stellung jener Parole wurde zum käuflich erwerbbaren Erkennungsmerkmal der Zugehörigkeit zu einer rechtsorientierten Subkultur.

Ein exemplarischer Blick in das bundesweit führende RechtsRock-Magazin *Rock Nord* aus dem Hause des RechtsRock-Unternehmers Torsten Lemmer veranschaulicht die symbolische Bedeutung von Utensilien zur Demonstration nationalen Stolzes: T-Shirts und Aufnäher mit der Parole „Ich bin stolz ein Deutscher zu sein" als grafische Umrandung eines Reichsadlers mit schwarz-weiß-roter Fahne werden dort gemeinsam mit Hunderten verschiedener Produkte zum Vertrieb angeboten. Variationen stellen beispielsweise Aufnäher mit dem Aufdruck „Stolz und weiß", Schals mit dem Aufdruck „Deutschland bleibt deutsch!" bzw. „Deutschland mein Vaterland" oder Anstecker mit Bekenntnissen zum Deutschnationalismus dar, die zusammen mit rassistischen Bekenntnissen auf ebenfalls angebotenen Aufnähern („my blood is my honour – my race is my pride") den politischen Kontext jener Nationalstolz-Parolen verdeutlichen.[23]

Nach der Wiedervereinigung vernetzten sich RechtsRock-Vertriebe und Skinheadszenen mit neonazistischen Gruppen organisatorisch derart, dass von einem jeweils eigenständigen Wirken nicht mehr gesprochen werden kann. Seit den 90er-Jahren gibt es keinen einzigen neonazistischen Aufmarsch mehr, auf dem die Parole vom „deutschen Stolz" nicht durch Transparente, T-Shirts, Aufnäher oder Anstecker zur Schau gestellt wurde. Sie bildete vor der „Nationalstolz"-Debatte ein symbolisches Identifikationsmerkmal der rechtsextremen Skinhead- und Neonazi-Szene, das bis dahin in sämtlichen Medien auch als ein solches abgelichtet und interpretiert wurde.

Hieraus kann die Schlussfolgerung gezogen werden, dass der umstrittene Skinhead-Vergleich des Bundesumweltministers zwar in seinem persönlichen Angriff auf den CDU-Generalsekretär je nach Geschmack als eine Frage des politischen Stils unterschiedlich gewertet werden kann; bezogen auf die inhaltliche Aussage zur Konnotation der Nationalstolz-Parole ist Trittins Bemerkung jedoch schwerlich zu widerlegen. Besonders bedenkenswert war in

---

22 Vgl. zu Egold: Ralph Christoph, Hitler's back in the Charts again. Herbert Egold und „Rock-O-Rama", in: Max Annas/Ralph Christoph (Hrsg.), Neue Soundtracks für den Volksempfänger. Nazirock, Jugendkultur & rechter Mainstream, Berlin 1993, S. 111ff.; zu Lemmer: Antifaschistisches AutorInnenkollektiv des Antifa-KOK, Rechtsrock und rechte Subkultur, in: Rechtsschutzinstitut (Hrsg.), Lokalpolitik und die extreme Rechte in Düsseldorf, a.a.O., S. 64ff.

23 Vgl. exemplarisch das MZ-Vertriebsangebot in: Rock Nord 8/1999, S. 26ff.

diesem Kontext die Tatsache, dass viele der oben aufgeführten Zitate rechtsextremer Medien und Gruppierungen zum Nationalstolz im Zuge jener Debatte eine argumentative Deckungsgleichheit mit den Formulierungen diverser etablierter Medien aufwiesen.

Wie die Nationalstolz-Parole in der gesellschaftlichen Mitte ankam

Die vehemente Beschwörung nationalen Stolzes in Deutschland speist sich aus der Abwehr von Erinnerung; sie resultiert aus der Abwehr geschichtlicher Verantwortung und Besinnung. Diese Abwehr ist in vielen öffentlichen Diskursen über den geistigen Zustand der seit 1989/90 territorial erstarkten Republik zum Ausdruck gekommen – m.E. in besonders bedenklicher Form im Zuge der sog. Walser-Bubis-Debatte. Da hier die ideologischen Grundzüge politischer Nationalisierung im Kontext der Erinnerungsabwehr deutlich wurden, lohnt sich ein Rückblick auf die argumentative Einbettung jener Forderung nach Schamabwehr und „Normalisierung". Martin Walser empörte sich in der Frankfurter Friedenspreis-Rede über die „Dauerpräsentation unserer Schande".[24] Gerade die von Walser postulierte „Normalität" kennzeichnet laut Moshe Zuckermann, Professor für Deutsche Geschichte, den Zeitgeist: „Daß man wieder wer ist, hat sich im ökonomischen und politischen Bereich längst schon weltweit manifestiert. Gleichwohl ging die objektive Stärke mit vergangener Schuld und Schande einher."[25] Zuckermann sieht in dem zwanghaften Insistieren auf „Normalität" sowie der kollektiven Abwehr von Verwunderung und Skepsis gegenüber einem solchen Erstarken eine problematische ideologische Komponente: „Solcher Verwunderung wird besonders nach der Vereinigung beider deutscher Staaten mit der Taktik des normalisierenden Bewußtseins begegnet: Man ist jetzt eben ein ‚normales Volk', eine ‚gewöhnliche Gesellschaft', positives Nationalgefühl steht einem wieder an – man fällt eben nicht mehr aus der Reihe."[26]

Erschrecken über nationalistische Entwicklungen im wieder vereinten Deutschland zeigten nicht nur kosmopolitisch und links orientierte Kreise. Auch konservative Querdenker wie der CDU-Politiker Friedbert Pflüger erkannten schon früh das Eindringen rechtsextremer Theoreme in die politische

24 Siehe Martin Walser, Erfahrungen beim Verfassen einer Sonntagsrede, in: Frank Schirrmacher (Hrsg.), Die Walser-Bubis-Debatte. Eine Dokumentation, Frankfurt am Main 1999, S. 12; vgl. kritisch dazu: Gerd Wiegel, Eine Rede und ihre Folgen, in: Johannes Klotz/Gerd Wiegel, Geistige Brandstiftung?, Die Walser-Bubis-Debatte, Köln 1999, S. 45

25 Moshe Zuckermann, zit. nach: ebd., S. 49

26 Ebd.

Mitte und erhoben Einspruch gegen den sich vollziehenden Rechtsruck.[27] Doch derartige Alarmzeichen blieben ungehört; das weitere inhaltliche Zusammenwachsen zwischen konservativen und neurechten Positionen verstärkte vielmehr den prognostizierten Trend. Wie eine vergebliche Warnung wirkt in der Nachbetrachtung auch die engagierte Intervention des ehemaligen CDU-Generalsekretärs Heiner Geißler gegen eine (Re-)Nationalisierung des politischen Diskurses. Der auf dem Buchcover abgedruckte Geleitsatz seiner 1995 veröffentlichten Anklage gegen Deutschtümelei und völkisches Denken lautete: „Christ sein, Demokrat sein ist für viele, auch für mich, wichtiger als Deutscher zu sein." Geißler bekundete dort, „wenn sich in Deutschland Nationalismus und Rassismus durchsetzten – zugegebenermaßen eine theoretische Erwägung –, dann müßte man diesen Staat bekämpfen. Ich möchte in keinem nationalistischen Deutschland leben, voll Rassismus und Fremdenhaß."[28] Fünf Jahre später erklärte der CDU-Bundestagsabgeordnete Martin Hohmann im Hinblick auf die Unterschriftenkampagne der CDU gegen die doppelte Staatsbürgerschaft: „Die nationale Karte (...) hat gestochen und den Sieg gebracht. (...) Und besonders wichtig: Der normale Deutsche macht nicht den langen Weg an den rechten Rand, weil er sich dicht bei der Mitte schon gut aufgehoben fühlte."[29]

Heute ist das Bekenntnis zum Deutschtum längst kein ausschließliches Spezifikum von Rechtsextremen und Nationalkonservativen mehr. Bundeskanzler Gerhard Schröder prognostizierte kurz nach dem Regierungswechsel im Herbst 1998: „Das Deutschland, das wir repräsentieren, wird unbefangen sein, in einem guten Sinne vielleicht sogar deutscher sein."[30] Eine solche neue Unbefangenheit wurde ursprünglich unter dem Motto einer „selbstbewußten Nation" von Neurechten proklamiert und steht im Kontext einer Loslösung vom geschichtlichen Erbe der Verantwortung gegenüber rassistischen, antisemitischen und kriegerischen Verbrechen.[31] Jörg Schönbohm (CDU), Innenminister des Landes Brandenburg, vermisste bei Rot-Grün den „Willen zur Selbstbehauptung unserer Nation"; die Bundesregierung solle sich, meinte er, an „den deutschen Interessen orientieren" und von einer „permanenten Selbstzerfleischung" in der Ausländerpolitik Abstand nehmen, „die nicht länger als Reparationsleistung für die Rassenpolitik des Dritten Reiches betrieben" wer-

27 Vgl. Friedbert Pflüger, Deutschland driftet. Die konservative Revolution entdeckt ihre Kinder, Düsseldorf 1994

28 Heiner Geißler, Der Irrweg des Nationalismus, Weinheim 1995, S. 39

29 Martin Hohmann über die Unionskampagne und Roland Kochs Wahlerfolg, in: Junge Freiheit (JF) v. 12.2.1999

30 Gerhard Schröder in der Sendung „Talk im Turm", zit. nach: Werner A. Perger, Wir Unbefangenen, in: Die Zeit v. 12.11.1998

31 Vgl. dazu: Friedemann Schmidt, Die Neue Rechte und die Berliner Republik. Parallel laufende Wege im Normalisierungsdiskurs, Wiesbaden 2001

den dürfe.[32] Die Proklamation einer „selbstbewußten Nation", von CDU-Politikern wie Geißler und Pflüger noch angeprangert,[33] gehören inzwischen zum offiziellen Jargon der rot-grünen Regierung wie ihrer bürgerlichen Opposition.

In den zitierten, durchaus dem vorherrschenden öffentlichen Diskurs entsprechenden Äußerungen zeigt sich die gefährliche Dimension von Nationalisierungs-Parolen. Denn die Rechtsextremisten fühlten sich durch das Bekenntnis des CDU-Generalsekretärs im politischen Aufwind und gerierten sich mit ihren völkisch-nationalistischen Parolen als Vorreiter der „Nationalstolz"-Debatte. Auch die REPublikaner übernahmen den Begriff der „selbstbewußten Nation" und erklärten sich zu geistigen Urhebern der CDU-Kampagnen. In einer Stellungnahme der REPublikaner im Landtag von Baden-Württemberg hieß es: „Die Republikaner sehen die Diskussion um den Begriff des ‚Nationalstolzes' als Chance zu einer nationalen Besinnung, für die sie seit langem eintreten. Die Republikaner werden das Ihrige dazu beitragen, damit der nationale Nihilismus in Deutschland überwunden und Deutschland wieder zu einer selbstbewußten und verantwortungsbewußten Nation wird."[34]

Schon früher hatte die Parteizeitung der REPublikaner den Begriff „Nationalstolz" benutzt und ihn in den Kontext der damaligen Debatte über die Entschädigung früherer NS-Zwangsarbeiter/innen gestellt: „Wer will schon freiwillig und ohne Not zu einer Büßergemeinschaft gehören und für etwas büßen, das er nicht begangen hat; und wer will schon einer Nation ohne Selbstachtung und Nationalstolz angehören, die ihre Mitglieder bei jeder Gelegenheit verunglimpft, anstatt sie wie andere Nationen zu schützen?"[35]

Nach Auffassung der *National-Zeitung* geht „ein Ruck durch Deutschland – in Richtung auf Normalisierung des Nationalbewußtseins und Nationalgefühls. Was bislang nur von rechts klar und deutlich gesagt und, soweit im Volk verbreitet, von herrschenden Meinungsmachern als ‚dumpfbackiges Stammtischgelaber' abqualifiziert worden ist, wird ‚salonfähig', zum modernen Bekenntnis quer durch die Gesellschaftsschichten: ‚Ich bin stolz, Deutscher zu sein!' Neue Meinungsumfragen zeigen, daß die von Trittin unfreiwillig ausgelöste Nationalstolz-Belebung den Grad der Zustimmung zu ‚Ich bin stolz, ein Deutscher zu sein' auf 60 Prozent, einige Demoskopen ermitteln sogar zwischen 70 und 80 Prozent, gesteigert hat. Man soll bekanntlich nicht

---

32 Jörg Schönbohm, in: Der Spiegel v. 7.8.2000, zit. nach: Hajo Funke/Lars Rensmann, Kinder der Einheit. Oder: Die soziale Dynamik des Rechtsextremismus, in: Blätter für deutsche und internationale Politik 9/2000, S. 1075

33 Vgl. die Kritik Geißlers an der Aufsatzsammlung von Heimo Schwilk/Ulrich Schacht (Hrsg.), Die selbstbewußte Nation. „Anschwellender Bocksgesang" und weitere Beiträge zu einer deutschen Debatte, Frankfurt am Main 1994, in: Heiner Geißler, Der Irrweg des Nationalismus, a.a.O., S. 15ff.

34 Die Republikaner im Landtag von Baden-Württemberg, „Die Demokratie braucht die selbstbewußte Nation". Positionspapier der Republikaner zur „Nationalstolz"-Debatte, in: Der Republikaner 4/2001

35 Achim Balters, Die deutsche Büßergemeinschaft, in: Der Republikaner 11/2000

zu früh frohlocken. Doch es hat den Anschein, als ob der deutsche Nationalstolz endlich nicht mehr in der rechten Ecke ghettoisiert werden kann, sondern dahin kommt, wo er hingehört: mitten unters Volk. Und dass Trittins Ungeistesheltung darüber zum Teufel geht."[36]

Die *National-Zeitung*, die schon lange vor dem Bekenntnis des CDU-Generalsekretärs regelmäßig ihrer Leserschaft die Skinhead-Parole vom „stolzen Deutschen" als Gratisaufnäher zuzusenden anbot, konnte sich durch das etablierte Politik- und Medienecho in der „Nationalstolz"-Debatte bestätigt fühlen. Dasselbe gilt für die musikalischen Protagonisten jener Parole, die ihren völkischen Nationalismus zunehmend in einer Form verteidigten, welche im Zuge der besagten Diskussion als „Volkes Meinung" zum Ausdruck kam. So heißt es beispielsweise in einem Song der Gruppe *Sturmgesang* aus dem Hause des RechtsRock-Verlegers Torsten Lemmer: „Sie machen auf mich Jagd, sie schlagen auf mich ein. Doch was ist falsch daran, ein Deutscher zu sein?"[37]

Der RechtsRock-Zeitschrift *Rock Nord* lagen in ähnlich klingender Verteidigungshaltung Aufkleber mit Parolen wie „Sie sagen ‚die Nazis' und meinen uns Deutsche!" oder „Musik für's Vaterland" bei.[38] In Deutschlands größter Boulevardzeitung hieß es nur ein Jahr später in frappierendem Gleichklang: „Das Diskussionsthema nach der Entgleisung von Minister Trittin: Darf ich als Deutscher stolz sein auf mein Land?"[39] Die *Berliner Zeitung* titelte „den Fall Trittin" mit den Worten: „Bin ich ein Neonazi, wenn ich stolz bin ein Deutscher zu sein?"[40]

Zur Ironie der Geschichte des Transports jener subkulturell kodierten Nationalstolz-Parole in die gesellschaftliche Mitte gehört, dass deren zentrale Verkünder aus der Skinhead-Szene, die eingangs zitierten frühen Neonazi-Kultbands *Body Checks* und *Böhse Onkelz*, damit Eingang in den kulturellen Mainstream fanden. Nach der Abkehr von ihrer Naziattitüde avancierten die *Böhsen Onkelz* zu dem Zeitgeist entsprechenden Heroen eines sich männlich-autoritär inszenierenden „Rebellentums". Durch öffentlichen Zuspruch bekannter Persönlichkeiten wie der Feministin Alice Schwarzer oder dem grünen Europaabgeordneten Daniel Cohn-Bendit erlangten sie die notwendige Absolution, um zu einer massenkonsumierbaren Musikgruppe aufzusteigen. Der Band *Body Checks* hingegen gelang durch das sich tabubrechend gerierende Medienspektakel des Theaterregisseurs Christoph Schlingensief im Duktus „bekehrter Rechter" der medial begleitete Einstieg in „Hamlet"-Aufführungen renommierter Theaterhäuser. Ein Mitglied der Band – zugleich Leibwächter des RechtsRock-Verlegers Torsten Lemmer – wurde daraufhin

36 Die „Ich-bin-stolz-Deutscher-zu-sein"-Welle. Weshalb die Rechten dem Trittin dankbar sind, in: National-Zeitung/Deutsche Wochen-Zeitung (NZ/DWZ) v. 30.3.2001
37 Song der Gruppe Sturmgesang „Was kann ich dafür?", Funny Sounds, 1996
38 Beilage in Rock Nord 8/1999
39 Bild v. 16.3.2001
40 Berliner Zeitung v. 16.3.2001

als eine Art gelungenes Beispiel für einen Ausstieg aus der rechtsextremen Szene medial in Szene gesetzt.[41]

Ganz im Trend des Zeitgeistes einer sich modern gebenden „selbstbewußten Nation" droht die Skinhead-Parole in geglätteter Form zugleich zu einem allseits akzeptierten Stilmittel unter populär-kulturellen Vorzeichen zu werden. In einem WELT-Interview verdeutlichte Paul Landers, Gitarrist der Chart-Band *Rammstein*, eine solche Tendenz mit den Worten: „Der Vorwurf, wir würden mit rechten Zeichen spielen, hat mit dem komischen Verhältnis zu tun, das Deutsche zu Deutschland haben."[42]

Die breit geäußerte öffentliche Ablehnung des Rechtsextremismus reduziert sich auf dessen äußere Erscheinungsformen in subkulturellen und gewalttätigen Bereichen: Während der die SA imitierende und gewaltstrotzende Habitus rechtsextremer Skinheads (noch) eine Abwehrhaltung hervorruft, stoßen ihre identitätsstiftenden Nationalstolz-Parolen durchaus auf breite Zustimmung, wie ein Kommentar in der *Bild*-Zeitung verdeutlicht. Darin griff der Boulevardjournalist und frühere Regierungssprecher Peter Boenisch den Bundesumweltminister mit folgenden Worten an: „Wie die meisten unter uns ist auch der Bürger Boenisch gegen politische Gewalt und gegen Skinheads. (...) Dennoch ist er, wie viele von uns, stolz darauf, Deutscher zu sein. (...) Diese Heimat braucht Minister. Keine Heimat braucht auch keine Minister."[43]

Die „Nationalstolz"-Debatte im Spiegel des öffentlichen Diskurses

Weniger die vom CDU-Generalsekretär verkündete Skinhead-Parole als der Skinhead-Vergleich Trittins erfuhr in Politik und Medien überwiegend große Empörung und Ablehnung. Obwohl die von den Unionsparteien und der FDP angestrebte Entlassung des Ministers im Bundestag nicht durchgesetzt werden konnte, galt Trittins Äußerung allgemein als „Fehler" (Claudia Roth, Vorsitzende von Bündnis 90/Die Grünen), „böser Ausrutscher" (Wolfgang Thierse,

---

41 Vgl. exemplarisch den bar jeglicher journalistischer Sorgfaltspflicht verfassten und an Unsinn schwer zu überbietenden Artikel von Till Briegleb, Der Widerspenstigen Zähmung. Aus Christoph Schlingensiefs „Hamlet"-Projekt hat sich mit dem Verein REIN eine viel versprechende Aussteiger-Initiative für rechtsradikale Jugendliche gebildet, in: Die Woche v. 15.6.2001. Zu den faktischen Hintergründen dieses als „Aussteiger-Programm" inszenierten Medienspektakels vgl. Pierre Briegert, Never ending Lemmer, in: Düsseldorfer Stadtzeitung Terz 9/2001; Gudrun Hentges, Die Bundeszentrale für politische Bildung im Umbruch, in: Christoph Butterwegge/Gudrun Hentges (Hrsg.), Politische Bildung und Globalisierung, Opladen 2002, S. 265f.

42 Zit. nach: Tobias Wimbauer, Feuer, das Lust verbrennt. Nach vier Jahren ist ein neues Rammstein-Album erschienen, in: JF v. 20.4.2001

43 Peter Boenisch, Stolz, ein Deutscher zu sein, in: Bild v. 18.3.2001. Boenisch bezieht sich mit seinem versteckten Vorwurf des „Vaterlandsverräters" auf Bundesumweltminister Jürgen Trittin.

Bundestagspräsident), „sprachliche Entgleisung" (Heidi Knake-Werner, damals PDS-Bundestagsabgeordnete und heute Berliner Sozialsenatorin) bzw. „einmalige Entgleisung" (CSU-Landesgruppenchef Michael Glos), während Trittin selbst als „Rüpel" und „linksradikaler Brandstifter" (Christoph Böhr, Vorsitzender der rheinland-pfälzischen CDU), „charakterlich nicht geeignet" (Guido Westerwelle, damals Generalsekretär und heute Vorsitzender der FDP), „krankes Hirn" (CSU-Politiker Thomas Goppel) oder „bekloppt" (SPD-Generalsekretär Franz Müntefering) bezeichnet wurde. Auch in den eigenen Reihen forderte man den Minister (vereinzelt) zum Rücktritt auf.

Neben der überwiegenden Ablehnung der Äußerung Trittins gab es auch vereinzelte öffentliche Interventionen zu seiner inhaltlichen Verteidigung. So erschien beispielsweise als wohl schärfste veröffentlichte Verteidigung in der *taz* ein Beitrag des Journalisten und Fachpublizisten Eberhard Seidel, in dem der Vergleich Trittins als inhaltlich richtig bezeichnet wurde: „Die Erfahrung lehrt, dass die radikale rechte Szene Motivationsanreize und Legitimationsmuster aus der bürgerlichen Mitte braucht. Augenblicklich diskutiert diese Mitte, ob die rechtsradikale Parole ‚Ich bin stolz ein Deutscher zu sein' wirklich rechtsradikal ist. Es ist eine gespenstische Debatte, die vor allem zeigt, wie groß die geistige Nähe zwischen Rechtsextremisten und so manchen Demokraten bereits ist."[44]

Derart deutlich formulierte Unterstützungen von Trittins Skinhead-Vergleich stellten jedoch die absolute Ausnahme einer ansonsten eindeutig ablehnenden Kommentierung in den Medien dar. Diese Ablehnung wurde sowohl mit politischen Stilfragen wie inhaltlich weitgehend gleichlautend begründet: Die Äußerung des Bundesumweltministers stelle eine Abkehr von „der Gemeinsamkeit der Demokraten" dar.[45] Zugleich erfuhr das Bekenntnis des CDU-Generalsekretärs zu jener Skinhead-Parole eine Nachahmung über die Parteigrenzen hinweg, was die Identifikation mit einem „stolzen Deutschen" zum medial verbreiteten Massenphänomen werden ließ.[46] Die vorher noch in sämtlichen Mainstream-Medien als Erkennungsmerkmal rechtsextremer Skinhead- und Neonazi-Zirkel dargestellte Parole wurde nunmehr in der bürgerlichen Mitte adaptiert. In abgewandelter Form bekannten sich Politiker und Prominente jeglicher Couleur dazu, wahlweise „stolz zu sein" auf, für oder in Deutschland, als Deutscher oder auf die Leistungen der Nation.

Der bekannte Aufnäher „Ich bin stolz, Deutscher zu sein", früher als Merkmal des „hässlichen Deutschen" geltend, verwandelte sich im Laufe der öffentlichen Kampagne in einen Slogan, mit dem man seine Zugehörigkeit demonstrierte. Gerade weil jene Parole bis dato eine derart eindeutige symbolische Besetzung durch diejenigen erfahren hatte, welche sie über das

44 Eberhard Seidel, Volksfront aus CDU und Skins. Jürgen Trittin hat die Union mit rechten Skinheads verglichen. Das darf er: Seit 20 Jahren führt die bürgerliche Mitte einen Ausländerdiskurs, der die Naziskins mobilisiert hat, in: taz v. 20.3.2001

45 So exemplarisch: Einar Koch, Herr Trittin, das war kein Stil!, in: Bild v. 14.3.2001

46 Vgl. den Abdruck von Bekenntnissen prominenter Persönlichkeiten, in: Berliner Zeitung und Bild v. 16.3.2001

RechtsRock-Netzwerk als rechtsextreme Kampfparole kreierten, wurde diese Zuordnung von ihren Vertretern aus der politischen Mitte nun umso vehementer bestritten.

Vor der Abstimmung über die Entlassung des Umweltministers griff die Union daher zu einem Mittel, das als Versuch einer politischen Umdeutung von Begriffen oder Parolen gedeutet werden kann. Medienwirksam entfaltete CSU-Landesgeschäftsführer Michael Glos im Parlament ein SPD-Wahlkampfplakat von 1972 mit dem Konterfei des damaligen Bundeskanzlers und Parteivorsitzenden sowie der Aufschrift: „Deutsche. Wir können stolz sein auf unser Land. Wählt Willy Brandt!"[47] In seiner Rede zitierte der CDU/CSU-Fraktionsvorsitzende Friedrich Merz diesen Slogan und fragte rhetorisch: „Meine Damen und Herren von der rot-grünen Koalition, ich frage Sie: Was ist an diesem Satz 30 Jahre später eigentlich rassistisch oder rechtsradikal?"[48]

Im weiteren Verlauf der Debatte schmückte jener SPD-Slogan sämtliche Berichterstattungen zum Thema, und die Nationalstolz-Parole rief plötzlich öffentliche Irritation bezüglich ihrer Zuordnung hervor: In Runenschrift noch rechtsradikal, in neudeutscher Schrift hingegen nicht mehr – als Aufnäher präsentiert noch neonazistisch, als politisches Bekenntnis etablierter Politiker jedoch völlig normal? Angesichts der folgenden Welle nationaler „Stolz"-Bekenntnisse, so kann die Auswertung der Kommentare zum Thema gedeutet werden, ging man mehrheitlich dazu über, die Nationalstolz-Parole als – je nach politischer Couleur – Ausdruck oder Voraussetzung nationaler Loyalität und Zugehörigkeit zu deuten und es dabei in der öffentlichen Debatte schlicht zu belassen.

Exkurs: Nationalstolz im Kontext politischer Semantik

Wie auch immer der SPD-Wahlkampfslogan von 1972 zu werten sein mag: Er stellt jedenfalls kein Pendant zu der vom CDU-Generalsekretär zitierten Skinhead-Parole dar. Der Unterschied liegt im Detail: Während das alte SPD-Plakat den Stolz auf das Land pries, rekurriert die Skinhead-Parole auf das Identitäre des Individuums mit der Nation; sie beinhaltet den Stolz auf das „Deutschsein" bzw. das „deutsche Wesen". Es ist daher zu prüfen, ob und inwieweit jenes Identitäts-Postulat in der „Nationalstolz"-Debatte selbst zum Ausdruck gekommen ist und inwieweit sich dies inhaltlich von jenem SPD-Wahlkampfslogan unterscheidet. Zudem ist die öffentliche Besetzung von Begriffen, Slogans oder Symbolen ausschlaggebend für deren assoziative Zu-

---

47 Vgl. Rüdiger Scharf, Niemand ist stolz auf Trittin, in: Berliner Morgenpost v. 17.3.2001

48 Friedrich Merz, zit. nach: CDU-Bundesgeschäftsstelle/Hauptabteilung Medienpolitik und Öffentlichkeitsarbeit (Hrsg.), „Es gibt viele Gründe, STOLZ AUF DEUTSCHLAND zu sein", a.a.O., S. 8

ordnung und nicht unbedingt deren ursprüngliche oder zeitlich vorhergehende Verwendung. Schließlich lässt sich auch das Hakenkreuz im heutigen öffentlichen Diskurs nicht einfach als Segen bringendes Heilszeichen aus dem Vorderasien des 4. Jahrtausends vor Christus adaptieren und für die politische Propaganda nutzbar machen, obwohl ihm eine solche Bedeutung laut geschichtlicher Herkunft real zugesprochen werden könnte.[49] Seine zentrale geschichtlich determinierte Bedeutungsassoziation erlangte es als Symbol der NSDAP und als solches wird seine Verwendung zudem auch juristisch sanktioniert. Ebenso ist die verbotene dritte Strophe des als Nationalhymne dienenden „Deutschlandliedes" keine ursprüngliche Erfindung der Nazis. Ihr Verbot resultiert jedoch aus deren symbolischer Besetzung durch mörderisch nationalistische und faschistische Bewegungen.

Wie eingangs nachgezeichnet, war die „Stolz"-Parole zum Beginn der Debatte im öffentlichen Bewusstsein eindeutig als rechtsextreme bzw. Skinhead-Parole verankert und wurde als solche auch medial dargestellt; der SPD-Wahlkampfslogan von 1972 war hingegen vergessen worden und besaß keine aktuelle assoziative Bedeutung mehr. Hierbei ist anzumerken, dass nach kommunikationstheoretischen Analysekriterien die konkrete Textanalyse mit einer Kontextanalyse konfundiert werden muss.[50] Im Kontext semantischer Deutungen des Nationalstolzes steht daher zugleich die inhaltliche Zuordnung der Rhetorik zu einem spezifischen Nationskonzept, wobei in der wissenschaftlichen Diskussion im Wesentlichen zwischen der politischen *Staats*nation nach französischem Vorbild und der ethnisch begründeten sowie sprachlich hergeleiteten *Kultur*nation differenziert wird.[51]

Der britische Sozialwissenschaftler Stuart Hall entwickelt einen Begriff der Nation als „symbolische Gemeinschaft", welche „Systeme kultureller Repräsentationen"[52] entfalte: „Eine nationale Kultur ist ein Diskurs – eine Weise, Bedeutungen zu konstruieren, die sowohl unsere Handlungen als auch unsere Auffassungen von uns selbst beeinflußt und organisiert. Nationale Kulturen konstruieren Identitäten, indem sie Bedeutungen der ‚Nation' herstellen, mit denen wir uns identifizieren können; sie sind in den Geschichten enthalten, die über die Nation erzählt werden, in den Erinnerungen, die ihre Gegenwart mit der Vergangenheit verbinden, und in den Vorstellungen, die über sie konstruiert werden."[53] In Anlehnung an den französischen Soziologen Pierre

---

49 Vgl. dtv-Lexikon politischer Symbole, München 1970, S. 110

50 Vgl. Reinhart Koselleck, Einleitung, in: Otto Brunner/Werner Conze/Reinhart Koselleck (Hrsg.), Geschichtliche Grundbegriffe. Historisches Lexikon zur politisch-sozialen Sprache in Deutschland, Bd. 1, Stuttgart 1972, S. XIVff.

51 Vgl. Eric J. Hobsbawm, Nationen und Nationalismus. Mythos und Realität seit 1780, Frankfurt am Main 1991; Ernest Gellner, Nationalismus und Moderne, Hamburg 1995; Benedict Anderson, Die Erfindung der Nation. Zur Karriere eines folgenreichen Konzepts, Berlin 1998

52 Stuart Hall, Rassismus und kulturelle Identität. Ausgewählte Schriften 2, Hamburg/Berlin 1994, S. 200

53 Ebd., S. 201

Bourdieu kann diese Konstruktion eines nationalen „Wir-Gefühls" als strategisches Verhalten bezeichnet werden, das in dem Kontext nicht als bewusste Planung, sondern als interaktiver Prozess zu verstehen ist: „Ich muß noch einmal betonen, daß das Prinzip der philosophischen (oder literarischen usw.) Strategien nicht etwa die zynische Berechnung, das bewußte Streben nach Maximierung des spezifischen Profits ist, sondern ein unbewußtes Verhältnis zwischen einem Habitus und einem Feld. Die Strategien, die ich meine, sind Handlungen, die sich objektiv auf die Ziele richten, die nicht unbedingt auch die subjektiv angestrebten Ziele sein müssen."[54]

In der politischen Rhetorik zur Entfaltung von Nationalstolz erhält in diesem Kontext die aus dem Begriff der „Kulturnation" hergeleitete Konstruktion eines „Wir-Gefühls" zentrale Bedeutung: „Für den Redner bieten sich viele (fintenreiche) Möglichkeiten, eine Vertretung der Wir-Gruppen-Angelegenheiten und eine Wahrnehmung der Wir-Gruppen-Interessen öffentlich darzustellen. In einer Wahlkampfrede zum Beispiel kann er alle Unterschiede von Herkunft, Glauben, gesellschaftlichem Rang und Lebensstil durch ‚wir' vergessen machen, indem er sich mit seinem Publikum (zum Beispiel durch ‚wir Deutschen') zu einer ‚Schicksalsgemeinschaft' vereinigt. Diese Gemeinschaft kann vom Vertrautheits- und Intimitätsgrad her unterschiedlich abgestuft sein: von den gemeinsamen ökonomischen Interessen der ‚Gesamtgesellschaft' bis hin zu den emotionalen Bedürfnissen einer Art Familiengemeinschaft."[55]

Die Auseinandersetzung um den Nationalstolz in Deutschland ist keine Erfindung von Altbundeskanzler Willy Brandt, der real mit der Proklamation seines Stolzes auf das „Land" – wohlgemerkt: nicht die Nation – eine propagandistische Offensive gegen die völkisch-revanchistisch motivierten Angriffe der Rechten gegen die sozialdemokratische Ostpolitik zu entfachen versuchte. Der proklamierte Nationalstolz hingegen hat eine in Deutschland eindeutig völkisch sowie nazistisch besetzte Tradition. In Hitlers Propagandaschrift „Mein Kampf" wird der Nationalstolz gar als Voraussetzung zur Formung eines völkischen Staates beschrieben: „Der völkische Staat wird für sein Dasein kämpfen müssen."[56] Basis hierzu sei eine „lebendige Mauer von Männern und Frauen, erfüllt von höchster Vaterlandsliebe und fanatischer Nationalbegeisterung. (...) Auch in der Wissenschaft hat der völkische Staat ein Hilfsmittel zu erblicken zur Förderung des Nationalstolzes. (...) Die Bewunderung jeder großen Tat muß umgegossen werden in Stolz auf den glücklichen Überbringer derselben als Angehörigen des eigenen Volkes. (...) Planmäßig ist der Lehrstoff nach diesen Gesichtspunkten auszubauen, planmäßig die Erziehung so zu gestalten, daß der junge Mensch beim Verlassen seiner

54 Pierre Bourdieu, Soziologische Fragen, Frankfurt am Main 1993, S. 113

55 Johannes Volmert, Politikerrede als kommunikatives Handlungsspiel. Ein integriertes Modell zur semantisch-pragmatischen Beschreibung öffentlicher Rede, München 1989, S. 123

56 Adolf Hitler, Mein Kampf, Bd. 2, München 1934, S. 473

Schule nicht ein halber Pazifist, Demokrat oder sonst was ist, sondern ein ganzer Deutscher. (...) Erst wenn ein Volkstum in allen seinen Gliedern, an Leib und Seele gesund ist, kann sich die Freude, ihm anzugehören, bei allen mit Recht zu jenem hohen Gefühl steigern, das wir mit Nationalstolz bezeichnen."[57]

Nun hat auch Hitler den deutschen Nationalstolz nicht erfunden, ihn jedoch – zumindest bislang – geschichtsprägend symbolisch besetzt. Seit der Befreiung vom Nationalsozialismus war es die extreme Rechte, die das Bekenntnis zu einer völkisch hergeleiteten „nationalen Identität" und nationalem Stolz im Kontext geschichtsrevisionistischer, rassistischer und chauvinistischer Propaganda politisch besetzte. Das demonstrative Bekenntnis zum „deutschen Wesen" trotz Auschwitz beinhaltete programmatisch die Ablehnung von Erinnerung, Verantwortung und Versöhnung. Folgerichtig wehrte sich die Rechte vehement gegen das Eingeständnis historischer Schuld – eine Haltung, die anlässlich des berühmten „Kniefalls" von Altbundeskanzler Willy Brandt öffentlichkeitswirksam zum Ausdruck kam.

Die konservative wie die extreme Rechte bezog eindeutig Position gegen die sog. Ost- und Entspannungspolitik der sozial-liberalen Koalition zwischen 1969 bis 1982. Die CDU/CSU bekämpfte energisch den Moskauer sowie den Warschauer Vertrag als Ergebnis der Ost-West-Annäherung. Sie warf der sozial-liberalen Koalition vor, durch die Anerkennung der Oder-Neiße-Grenze einen „Ausverkauf deutscher Interessen" zu betreiben. Dies wurde sogar zum Anlass für das erste konstruktive Misstrauensvotum gegen einen Bundeskanzler, das 1972 scheiterte. Fünf Monate später stellte Brandt die erste Vertrauensfrage in der Geschichte der Bundesrepublik, die in der Abstimmung ein Übergewicht an Gegenstimmen ergab und vorgezogene Neuwahlen nach sich zog. Zu diesen Neuwahlen am 19. November 1972 warb Brandt mit jenem von der CDU im Jahre 2001 wieder hervorgekramten Wahlkampfslogan. Dieser stand demnach in einem völlig anderen politischen Kontext: Brandt, einer der wenigen Antifaschisten aus der NS-Zeit, die später in der Bundesrepublik ein hohes Amt bekleideten, leitete die Entspannungspolitik mit einer international beachteten Geste in Warschau ein: Zum Gedenken an die Opfer des Warschauer Ghettoaufstandes kniete er am 7. Dezember 1970 vor dem zentralen Denkmal in Warschau nieder. Die extreme Rechte formulierte daraufhin die hasserfüllte Parole: „Willy Brandt an die Wand!" Jene Geste der Ehrung galt den Rechten fortan als Ausdruck nationaler Demütigung und der Altkanzler selbst als „Vaterlandsverräter". In der rechtsextremen Propaganda wurde immer wieder Bezug genommen auf jene Versöhnungsgeste. So verteilte beispielsweise noch nach dem Fall der Mauer die 1992 verbotene neonazistische Gruppierung Nationalistische Front (NF) einen Aufkleber mit dem

57 Ebd., S. 473f.

Bild Brandts am Denkmal des Warschauer Ghettoaufstandes und dem Slogan: „Deutsche! Lernt wieder aufrecht stehen!"[58]

Der CDU-Verweis auf den SPD-Wahlkampfslogan von 1972 im Kontext der Nationalstolz-Debatte war aufgrund des skizzierten Entstehungskontextes zumindest deplaziert, denn die CDU/CSU sowie die gesamte Rechte waren es, die Brandt wegen seiner Versöhnungsgeste und Entspannungspolitik diffamierten. Stand der SPD-Wahlkampfslogan noch im Kontext außenpolitischer Öffnung und geschichtspolitischen Verantwortungsbewusstseins sowie des innenpolitischen Mottos „Mehr Demokratie wagen!", so traten in der Nationalstolz-Debatte völkisch-nationalistische Tendenzen und Abwehrhaltungen gegenüber der Erinnerung an deutsche Verbrechen zutage.

Der völkisch-nationalistische Kontext der „Nationalstolz"-Debatte

Nach Ansicht des Freiburger Politikwissenschaftlers Dieter Oberndörfer wurden die theoretischen Grundlagen eines völkischen Nationalismus „für das nationale Selbstverständnis der Deutschen bestimmend"; seine mythischen sowie rassistisch-biologistischen Herleitungen avancierten zur prägenden Staatsideologie in Deutschland „und wirken noch heute nach."[59] Zu den Erkennungsmerkmalen des völkischen Nationalismus gehört laut Hannah Arendt, „daß er im Grunde alles, was zur sichtbaren Existenz der eigenen Nation gehört, ihre Traditionen, ihre politischen Einrichtungen, ihre Kultur an (...) fingierten Maßstäben des ‚Blutes' mißt und beurteilt."[60]

Von einem völkischen Nationalismus muss laut Helmut Kellershohn dann gesprochen werden, wenn an „die Stelle der rationalistischen, in der Tradition naturrechtlicher Argumentation stehenden Gleichsetzung von Einzelwille und gemeinschaftlichem Willen (...) die Identifizierung von Ich und Nation über die ursprungsmythische Konstruktion der Vermittlungsinstanz ‚Volk'" tritt.[61] Kellershohn nennt als Kernideologeme des völkischen Nationalismus: eine Gleichsetzung von Volk und Nation; eine Überhöhung des Volkes zu einem Kollektivsubjekt; die Rechtfertigung eines „starken Staates"; die Heroisierung des „anständigen Deutschen" und die völkisch/rassistische Konstruktion eines inneren Feindes; schließlich ein biopolitisches Verständnis des „Volkskör-

58 Vgl. Rechtsschutzinstitut (Hrsg.), Lokalpolitik und die extreme Rechte in Düsseldorf, a.a.O., S. 65

59 Siehe Dieter Oberndörfer, Der Wahn des Nationalen. Die Alternative der offenen Republik, Bonn 1993, S. 33 und S. 39

60 Siehe Hannah Arendt, Elemente und Ursprünge totaler Herrschaft, 2. Aufl. Frankfurt am Main 1958, S. 345

61 Siehe Helmut Kellershohn, Völkischer Nationalismus und seine Kernideologeme. Eine knappe Begriffserklärung, in: Siegfried Jäger u.a., Völkisch-nationalistische Ideologeme im öffentlichen Diskurs der Gegenwart, Duisburg 1998, S. 27

pers" sowie ein chauvinistisches Machtstaatsdenken.[62] Eben jene Kernideologeme kamen im Zuge der Nationalstolz-Debatte in unterschiedlicher Akzentuierung sowohl seitens der extremen Rechten wie auch der bürgerlichen Mitte zum Ausdruck.

Im postnazistischen Deutschland, das Altbundespräsident Gustav Heinemann im Kontext der begangenen Verbrechen als „schwieriges Vaterland" bezeichnete,[63] war die unverhohlene Artikulation eines sog. Nationalstolzes bis zur Wiedervereinigung weitestgehend eingedämmt durch die internationalen Machtkonstellationen sowie die Verankerung der Erkenntnis im öffentlichen Bewusstsein, dass unter eben jenem nationalistischen Identitätsangebot in dessen Verknüpfung mit einem eliminatorischen Antisemitismus und einem mörderischen Kriegschauvinismus die schrecklichsten Verbrechen der Menschheitsgeschichte begangen wurden. Jenes allgemeine Wissen war in der alten Bundesrepublik trotz exzessiver Erinnerungsabwehr und Geschichtsverdrängung real vorhanden. Diese allgemein vorherrschende Form von Erinnerungs- oder auch „Schuldbewusstsein" erfuhr im Zuge der Wiedervereinigung einen historischen Einschnitt. Annette Treibel erkennt hierin eine erneute Genese ethnischer Wir-Gefühle: „Die Wiedervereinigung hat – so meine These – das ‚Sortiment' der kollektiven Zugehörigkeiten in Deutschland ins Wanken gebracht. (...) Im wiedervereinigten Deutschland sind besonders die nationalen und ethnischen Wir-Gefühle eng aufeinander bezogen."[64] Gerade jene ethnisch hergeleiteten Wir-Gefühle eines sich „selbstbewußt" gerierenden Deutschtums sind es, die sich aus Ablehnung oder gar Aggression gegenüber „Fremden" herleiten: „Zwischen der Art und Weise, wie Deutsche sich selbst sehen und wie sie Gruppen anderer ethnischer Zugehörigkeit im eigenen Land sehen, besteht ein Zusammenhang: Die Anwesenheit von ethnischen Minderheiten wie Türkinnen und Türken, Italienerinnen und Italienern oder Flüchtlingen aus Sri Lanka wird in einer historischen Phase, wo ‚das Deutsche' neu definiert werden muß, als störend empfunden."[65]

Eine solche Haltung fand ihren Niederschlag nicht nur in gesetzgeberischen Maßnahmen wie der Verstümmelung des Asylrechts und einer begleitenden medialen Bedrohungskampagne in Bezug auf Migration und Multikulturalismus sowie einem seit der „Wende" bzw. der Wiedervereinigung 1989/90 im gesellschaftlichen Alltag etablierten „Normalzustand" rassistischer Gewalt. Jener identifikatorische Habitus fand zudem Eingang in öffentliche Kampagnen der sog. politischen Mitte, bei denen völkische und rassistische Ressentiments in der Bevölkerung entfacht und potenziert wurden. Neben Beispielen wie der Unterschriftenkampagne gegen die doppelte Staats-

62 Vgl. ebd., S. 27f.

63 Vgl. Annette Treibel, Transformation des Wir-Gefühls. Nationale und ethnische Zugehörigkeit in Deutschland, in: Reinhard Blomert/Helmut Kuzmics/Annette Treibel (Hrsg.), Transformation des Wir-Gefühls. Studien zum nationalen Habitus, Frankfurt am Main 1993, S. 313

64 Ebd., S. 314

65 Ebd.

bürgerschaft oder öffentlichen Forderungen nach einer „deutschen Leitkultur" kann auch die „Nationalstolz"-Debatte als Ausdruck eines solchen Habitus interpretiert werden.

Der israelische Botschafter in Deutschland, Schimon Stein, warnte vor nationalistischen Entwicklungen und verwies darauf, dass die „Stolz"-Parole vor allem deshalb problematisch sei, weil die Jahre 1933 bis 1945 nicht aus der Geschichte gestrichen werden können: „Die Deutschen müssen sich selbst die Frage beantworten, ob sie unbefangen mit dem Begriff des stolzen Deutschen umgehen wollen. Sie sollten aber daran denken, welches Mißverständnis damit im Ausland auch erzeugt werden kann."[66]

Eine geradezu gegenteilige Reaktion war im Zuge der weiteren Entwicklung der „Nationalstolz"-Debatte zu konstatieren. Nicht öffentliches Einlenken und Reflexion über Gefahren eines nationalistischen Populismus und dessen geschichtspolitische Analogien dominierten im Laufe der Debatte, vielmehr entfaltete sich ein öffentliches Ringen um die konsensfähigste Artikulationsform nationalen Stolzes. Im Zuge der medial in Szene gesetzten allgemeinen „Bekenntnis-Welle" erfuhren eher solche bekannten Persönlichkeiten öffentlichen Widerspruch, die sich diesem Bekenntnis zu entziehen versuchten. Als propagandistische Reaktion auf den Skinhead-Vergleich Trittins beließ es auch die CDU nicht bei einem Entlassungsantrag im Bundestag. Sie startete in Rheinland-Pfalz eine Unterschriften- und Plakataktion mit populistisch-nationalistischer Stoßrichtung gegen den Bundesumweltminister. Auf den Plakaten war zu lesen: „Jetzt reicht's! Trittin beleidigt ganz Deutschland. Die SPD schaut zu."[67] Der nationalistische Unterton jener Kampagne führte zu ihrer Unterstützung seitens der NPD. So kündigte die rheinland-pfälzische Parteiorganisation an, ihre Mitglieder an die Unterschriftenstände der CDU zu entsenden, die dort den Aufkleber „Ich bin stolz, ein Deutscher zu sein" verteilen sollten.[68] Die *National-Zeitung* titelte eine ihrer Ausgaben mit der Zeile „Stolz, Deutscher zu sein. So denkt die Mehrheit des Volkes" und hetzte in Anlehnung an die CDU-Kampagne gegen den Bundesumweltminister unter dem Titel „Wie Trittin die Deutschen hasst".[69]

Angesichts der zu jener Zeit bevorstehenden Landtagswahl rückte auch der rheinland-pfälzische Ministerpräsident Kurt Beck vom grünem Bundesumweltminister mit den Worten ab: „Trittins Auftritt war völlig daneben."[70] Auch Parteikollegen des Bundesumweltministers konnten sich dem allgemeinen Trend zur Distanzierung nicht entziehen. So schrieb Bundesgeschäftsführer Reinhard Bütikofer in einem Brief an die grünen Wahlkämpfer/innen in

---

66 Schimon Stein, zit. nach: Robert Birnbaum, „Man muss nicht stolz sein, aber man darf". Schäuble will den Patriotismus nicht den Rechten überlassen/Opposition wirft Rot-Grün nationale Verklemmtheit vor, in: Der Tagesspiegel v. 21.3.2001

67 Vgl. CDU startet Plakat-Aktion gegen Trittin, in: Bild v. 22.3.2001

68 Vgl. NPD unterstützt Aktion der CDU, in: Berliner Zeitung v. 23.3.2001

69 Wie Trittin die Deutschen hasst, in: NZ/DWZ v. 30.3.2001

70 Kurt Beck, zit. nach: U. Brüssel/E. Kleine, Jetzt sagt auch die SPD „Trittin war bekloppt", in: Bild v. 24.3.2001

Rheinland-Pfalz und Baden-Württemberg, dass Trittin mit seinen Äußerungen „sich und uns keinen Gefallen getan“ habe.[71] In eher rechten Medien wie dem FOCUS wurde die angeblich unpatriotische Haltung des Bundesumweltministers gar zum Gegenstand verschwörungstheoretischer Mutmaßungen. So glaubte FOCUS-Chefredakteur Helmut Markwort in seiner Rubrik „Tagebuch“ am Briefkopf des Bundesumweltministers ein Indiz für „eine Trittin'sche Störung gegenüber diesem Land“ gefunden zu haben.[72] Wortgleich fand sich diese Form journalistischer Beweisführung in der *National-Zeitung* wieder.[73]

In ihrer Deutschtümelei waren die Angriffe der sog. Mitte und der extremen Rechten auf den Bundesumweltminister inhaltlich teilweise nicht mehr zu unterscheiden. Die nationalistische Stoßrichtung in der „Nationalstolz“-Debatte kam auch in Angriffen auf Bundespräsident Johannes Rau deutlich zum Ausdruck. Rau bezog in jener Debatte Position und erklärte: „Man kann nicht stolz sein auf etwas, was man selber gar nicht zu Stande gebracht hat, sondern man kann froh sein oder dankbar dafür, dass man Deutscher ist. Aber stolz kann man darauf nicht sein, nach meiner Überzeugung. Stolz ist man auf das, was man selber zu Wege gebracht hat.“[74] Darauf entgegnete CSU-Generalsekretär Goppel öffentlich in nationalistischem Impetus via BILD: „Bei einem Bundespräsidenten, der diesen Stolz nicht hat, darf man fragen, ob er die 80 Millionen Bürgerinnen und Bürger seines Landes angemessen vertritt.“[75] Der designierte FDP-Vorsitzende Guido Westerwelle hingegen bezeichnete im neurechten Jargon einer „selbstbewußten Nation“ die Äußerung Raus als „geradezu verklemmt“.[76]

Eine indirekte Entgegnung des Bundespräsidenten, sich „vor nationalistischen Tönen“ zu hüten,[77] konnte ein weiteres partielles Abgleiten der Debatte in völkisch-nationalistische Tendenzen nicht verhindern. So wurde in der Tageszeitung *Die Welt* der Nationalstolz zur Voraussetzung einer noch akzeptablen nationalen Zugehörigkeit deklariert: „Wer hier sein Leben führt und Deutschland siezt, wird das Land verändern, und es wird nicht zum Guten sein.“[78] In argumentativem Gleichklang mit neurechten Forderungen nach einem „ethnopluralistisch“ verklausuliertem Rassismus wurde der Nationalstolz dort zur nationalen Notwendigkeit, um eine angeblich bedrohliche Zuwande-

---

71 Bütikofer: Trittin tut Grünen keinen Gefallen, in: Süddeutsche Zeitung v. 23.3.2001

72 Helmut Markwort, Trittins Briefkopf ist ein Indiz, in: Focus v. 19.3.2001, S. 3. Als „Indiz“ wurde dort gewertet, dass bei der Bezeichnung „Mitglied des Bundestages“ das Wörtchen „Deutschen“ fehle.

73 Vgl. Wie Trittin die Deutschen hasst, a.a.O.

74 Rau zur Nation: Dankbar, nicht stolz. Zitat aus der Rede von Rau im TV-Sender N24, in: taz v. 20.3.2001

75 Zit. nach: Sevrin Weiland, Wettstreit im Stolzen, in: taz v. 20.3.2001

76 Vgl. Die stolze Gefahr, in: taz v. 21.3.2001

77 Rau anlässlich der ver.di-Gründung, zit. nach: Kanzler: Ich bin ein deutscher Patriot, in: Süddeutsche Zeitung v. 20.3.2001

78 Torsten Krauel, Wer Deutschland siezt ..., in: Die Welt v. 20.3.2001

rung unterbinden zu können: „Wer das Grundgesetz zum Maßstab deutschen Selbstverständnisses erklärt, wird ohne den notfalls unbeugsamen Stolz auf es die Auslegungshoheit verlieren, die verhindert, dass eine nahezu vierzig Jahre währende ungeregelte Zuwanderung doch noch in ethnische Partikularismen mündet."[79]

Damit völkisch-nationalistischen Positionen folgend, nahm die WELT von dem Begriff „Verfassungspatriotismus" Abstand, den Dolf Sternberger und Jürgen Habermas vorgeschlagen hatten. Das Grundgesetz allein scheint laut der konservativen Tageszeitung nicht mehr auszureichen, um die deutsche Nation vertreten – ja, ihr zugehörig sein zu können. Eine derartige Einstellung ist, wie anhand von Statements in rechtsextremen Medien aufgezeigt wurde, argumentativ identisch mit dem ethnorassistischen Nationalismus der extremen Rechten. Eine vergleichbare Logik trat auch bei dem ehemaligen CDU-Vorsitzenden Wolfgang Schäuble zutage, der Bundesumweltminister Trittin vorwarf, mit seiner Ablehnung des Nationalstolzes die Menschen scharenweise in die Arme der Rechtsextremen zu treiben.[80] Schäuble, der die Nation als „Schutz- und Schicksalsgemeinschaft" bezeichnet,[81] bedient sich dabei des NPD-Jargons. Es war Adolf von Thadden, der die Nation auf dem Hannoveraner NPD-Parteitag im November 1967 als „Kultur- und Schicksalsgemeinschaft" definierte.[82]

Während Schäuble in verdrehter Logik eine Negation des Nationalstolzes zur Ursache für Rechtsextremismus erklärte, sehen sich die verschiedenen Schattierungen der extremen Rechten real – wie gezeigt – durch das Eindringen der Skinhead-Parole in die bürgerliche Mitte geradezu ideologisch bestätigt. Als exemplarischer Beleg dafür kann das JF-Interview mit dem ehemaligen Generalinspekteur der Bundeswehr, Klaus Naumann, interpretiert werden, in dem dieser „ein bißchen mehr Stolz auf unser Land, ein bißchen mehr Patriotismus" forderte.[83] Auch der CDU/CSU-Kanzlerkandidat für die Bundestagswahl 2002, Edmund Stoiber, fand in diesem Kontext lobende Erwähnung in der *Jungen Freiheit*. In einem Beitrag zum Thema „Nationale Identität" wurde Stoiber mit den Worten zitiert: „Ist es verpönt, verfemt, zu sagen,

79 Ebd.

80 Vgl. Die stolze Gefahr, a.a.O.

81 Siehe Wolfgang Schäuble, Und der Zukunft zugewandt, Berlin 1994, S. 217; vgl. kritisch dazu: Dirk Kretschmer/Siegfried Jäger, Symbolische Politik der „Mitte" – nach rechts gewandt, in: Siegfried Jäger u.a., Der Spuk ist nicht vorbei. Völkisch-nationalistische Ideologeme im öffentlichen Diskurs der Gegenwart, Duisburg 1998, S. 48

82 Adolf von Thadden, zit. nach: Reinhard Kühnl/Reiner Rilling/Christine Sager, Die NPD. Struktur, Ideologie und Funktion einer neofaschistischen Partei, Frankfurt am Main 1969, S. 148

83 „Sie waren deutsche Patrioten". Der ehemalige Generalinspekteur Klaus Naumann über den 20. Juli und dessen Bedeutung für die Bundeswehr, in: JF v. 20.7.2001

wir haben eine nationale Identität?"[84] In der Notwendigkeit von Nationalstolz als Voraussetzung einer „gesunden" oder „selbstbewußten Nation" scheinen sich Vertreter rechtsextremer, konservativer sowie weiterer politischer Orientierungen in Deutschland einig zu sein – über die Nationalstolz-Parole ist der völkische Nationalismus der extremen Rechten schlagwortartig wie teilweise auch gesinnungspolitisch in die Mitte der Gesellschaft gerückt.

Abschließend sei angemerkt, dass die „Nationalstolz"-Debatte nur einen vorläufigen Höhepunkt politischer (Re-)Nationalisierung etablierter Diskurse darstellte. Dies vermittelt sicherlich einen bedenkenswerten Einblick in den hegemonialen Geisteszustand in diesem Land; die politische Dimension der gesellschaftlichen Auswirkung von Nationalisierungsprozessen ist jedoch allein mit der kritischen Reflexion einer solchen Debatte beileibe nicht erfasst. National(istisch)e Beschwörungsriten gab es seit dem Prozess der Wiedervereinigung in der sog. politischen Mitte parteienübergreifend. Als bedenkenswertes Beispiel hierfür nennt der Historiker Lutz Niethammer Äußerungen, die auf der 5. Jahrestagung 1997 der von Alt-Bundeskanzler Helmut Schmidt gegründeten „Deutschen Nationalstiftung" zum Thema „Was hält unser Land zusammen?" fielen. Der ehemalige Hamburger Bürgermeister Klaus von Dohnanyi verkündete dort, „daß im Sturmwind der Globalisierung eine sich von anderen Nationen erfolgreich abhebende soziale und gesellschaftspolitische Leistung eines modernen deutschen Staats den Deutschen sehr wohl wieder ein Gefühl der Besonnenheit und des Stolzes vermitteln könnte – ein Gefühl, das jede Nation zu ihrem Zusammenhalt im Erbe braucht."[85] Nicht „Ersatzbindungen" wie der „Verfassungspatriotismus" können laut Dohnanyi einen solchen als notwendig angesehenen Stolz erzeugen, denn „Deutschland ist in Wirklichkeit gar kein Nationalstaat mehr, sondern nur noch ein Staat von überwiegend deutsch sprechenden Menschen."[86] Dohnanyi hält die Auswirkungen seiner Zustandsbeschreibung auf Deutschland für ein scheinbar schwerwiegendes Problem, denn „man braucht ja für eine nationale Identität die Unterscheidung zu anderen."[87] Unterstützung erhielt Dohnanyi für seine von neurechten Identitätsproklamationen durchsetzten Ausführungen von Altbundespräsident Richard von Weizsäcker, der meinte, „daß der Begriff Verfassungspatriotismus mit dem 3. Oktober 1990 obsolet geworden ist."[88] Ganz entscheidend für die politische Zukunft des Landes wird sein, was an dessen Stelle tritt.

---

84 Edmund Stoiber, zit. nach: Paul Rosen, Die Vorsitzende wird demontiert. Nationale Identität III: Unter Führung von Roland Koch arbeitet die CDU für die Zeit nach Angela Merkel, in: JF v. 14.9.2001

85 Klaus von Dohnanyi, zit. nach: Lutz Niethammer, Kollektive Identität. Quellen einer unheimlichen Konjunktur, Hamburg 2000, S. 603

86 Siehe ebd., S. 602

87 Ebd. (Fn. 100)

88 Siehe ebd.

Samuel Salzborn

Ein neuer deutscher Opferdiskurs

Zur Bedeutung der Vertriebenenverbände und ihrer Anliegen für politische Debatten der Gegenwart

Es mag aus sozialwissenschaftlicher Perspektive verwundern, dass Interessenverbände, die in Reaktion auf ein inzwischen über 50 Jahre zurückliegendes Ereignis gegründet worden sind, noch immer gesellschaftliche und politische Relevanz entfalten. Denn die Vertriebenenverbände, von denen hier die Rede ist, könnten nach erfolgter Aufnahme und (sicher nicht immer reibungslos verlaufener) Integration der Flüchtlinge ins bundesdeutsche Wirtschafts- und Sozialgefüge Ende der 1950er-Jahre/Anfang der 1960er-Jahre ihre unmittelbare Bedeutung längst verloren und ihre Existenz aufgegeben haben.[1] Wären die Vertriebenenverbände tatsächlich nur mit dem Ansinnen gegründet worden, die sozialen und ökonomischen Belange der von Flucht bzw. Umsiedlung infolge des Nationalsozialismus und des Zweiten Weltkrieges betroffenen Menschen zu vertreten, träfe dies höchstwahrscheinlich zu. Von den ehemaligen deutschen Ostgebieten würden unter diesem Signet lediglich noch einige ältere Menschen berichten, wenn sie z.B. den Enkeln ihre Kindheitserlebnisse schildern. In naher Zukunft hätten diese Gebiete politisch und gesellschaftlich den gleichen Status, den sie als abgeschlossenes Kapitel der deutschen Geschichte historisch und juristisch längst haben.

Doch die Vertriebenenverbände, deren Gründung bereits wenige Wochen nach der bedingungslosen Kapitulation Deutschlands in der Illegalität – solche Organisationen hatten die Alliierten seinerzeit wegen der Gefahr des Wiederauflebens von Militarismus und Nationalismus verboten – begann, begriffen sich keinesfalls nur als innenpolitischer Interessenverband.[2] Bereits frühzeitig wurde konkurrierend zu integrativen Ansätzen das Modell des „landsmannschaftlichen Gedankens“ entwickelt.[3] Dabei handelte es sich um ein Konzept, nach dem alle Flüchtlinge und Umsiedler/innen nicht nur real in ihrer „neuen Heimat“ leben sollten, sondern parallel dazu auch weiterhin ide-

---

1 Vgl. zur Aufnahme und Integration der Flüchtlinge: Eugen Lemberg/Friedrich Edding (Hrsg.), Die Vertriebenen in Westdeutschland, 3 Bde., Kiel 1959

2 Vgl. Samuel Salzborn, Grenzenlose Heimat. Geschichte, Gegenwart und Zukunft der Vertriebenenverbände, Berlin 2000, S. 52ff.

3 Vgl. dazu: Göttinger Arbeitskreis (Hrsg.), Wesen und Bedeutung des landsmannschaftlichen Gedankens, München 1952

ell in ihrer „alten“ – um dieser wieder eine reale deutsche Zukunft geben zu können. Die Verwurzelung in der Landsmannschaft, die sich mit deutlich wahrnehmbarem territorialem Bezug artikulierte, sollte die Identität der bundesdeutschen Neubürger/innen prägen.[4] Da es sich hierbei nicht nur um eine Erinnerung an vergangene Zeiten handeln sollte, man vielmehr schnellstmöglich den früheren Zustand wieder herstellen wollte, wurde das Heimatkonzept der Vertriebenenverbände in eine außenpolitische Forderung gegossen, die für die osteuropäischen Nachbarstaaten als provokativ und aggressiv anmutende Drohung erscheinen musste – stellt(e) sie doch deren Existenz grundsätzlich in Frage: das „Recht auf die Heimat“.[5] Betont wurde und wird bis die Gegenwart der bestimmte Artikel „die“. Es geht also nicht darum, dass jeder Mensch das Recht auf Leben an dem Ort haben soll, wo er sich aufhält, sondern um die an eine konkrete Region gebundene „Heimat“, die im Fall der Vertriebenenverbände (wieder) die „Heimat“ von Pol(inn)en, Russ(inn)en, Tschech(inn)en und anderen geworden ist. Unterstrichen wurde diese außenpolitische Stoßrichtung der völkischen Forderung nach einem „Recht auf die Heimat“ noch dadurch, dass die Umsiedler/innen ja bereits eine neue Heimat gefunden hatten: in der Bundesrepublik und teilweise auch in der DDR.[6] Da man sich mit dieser Ausgangslage nicht zufrieden geben wollte, halten die politischen Aktivitäten der Vertriebenenverbände bis heute an.

Sicher ist der Einfluss der Vertriebenenverbände in der Gegenwart geringer, als er es noch vor 30 oder 40 Jahren war – einer Zeit, in der sie innenpolitisch und wahlstrategisch einen entscheidenden Machtfaktor darstellten.[7] Doch erheben die Vertriebenenverbände auch heute noch (außen)politische Ansprüche, wodurch sie immer wieder zum Gegenstand des öffentlichen Interesses und ihre Forderungen – so absurd diese manchmal auch scheinen mögen – ernst genommen werden. Verknüpft mit den Anspruchshaltungen, für welche die Vertriebenenverbände stehen, ist ihre moralische Funktion, die sie für eine „selbstbewusste“ deutsche Außenpolitik haben. Denn dass Positionen und Thesen der Vertriebenenverbände nach wie vor Gehör finden, liegt

---

4 Vgl. Ingeborg Zeiträg, Die Selbstdarstellung der deutschen Vertriebenenverbände als Reflex ihrer gesellschaftlichen Situation (Diss.), Hamburg 1970, S. 38ff.

5 Vgl. hierzu: Samuel Salzborn, Heimatrecht und Volkstumskampf. Außenpolitische Konzepte der Vertriebenenverbände und ihre praktische Umsetzung, Mit einem Vorwort von Wolfgang Kreutzberger, Hannover 2001

6 Vgl. Dierk Hoffmann/Michael Schwartz (Hrsg.), Geglückte Integration?, Spezifika und Vergleichbarkeiten der Vertriebenen-Eingliederung in der SBZ/DDR, München 1999; Dierk Hoffmann/Marita Krauss/Michael Schwartz (Hrsg.), Vertriebene in Deutschland. Interdisziplinäre Ergebnisse und Forschungsperspektiven, München 2000

7 Vgl. Manfred Max Wambach, Verbändestaat und Parteienoligopol. Macht und Ohnmacht der Vertriebenenverbände, Stuttgart 1971; Hans-Josef Brües, Artikulation und Repräsentation politischer Verbandsinteressen, dargestellt am Beispiel der Vertriebenenorganisationen (Diss.), Köln 1972; Michael Imhof, Die Vertriebenenverbände in der Bundesrepublik Deutschland. Geschichte, Organisation und gesellschaftliche Bedeutung (Diss.), Marburg 1975

in einem sich seit der osteuropäischen Transformation 1989/90 neu artikulierenden Souveränitäts- und Normalitätsanspruch bundesdeutscher Politik begründet, bei dem neben einer „Einebnung der NS-Vergangenheit“[8] im Alltagsbewusstsein vor allem eine moralisierende Entkonkretisierung der historischen Realität, d.h. die Lösung bestimmter Ereignisse und Entwicklungen aus ihrem gesellschaftlichen bzw. politischen Zusammenhang, zur geschichtspolitischen Praxis gehört.[9]

Diese moralische Manifestation wird in einer Zeit, in welcher der Tabubruch zum Programm erklärt sowie gleichermaßen jederzeit und allerorten von der NS-Vergangenheit geredet wird, ohne über sie zu sprechen, immer relevanter. Denn wenn die Bundesrepublik in der ganzen Welt um die Korrektur des Bildes der „unbelehrbaren Deutschen“ bemüht ist und dieses Ansinnen etwa durch das Bekenntnis, aus der Geschichte gelernt zu haben, durch verbale Proteste gegen Rechts oder durch Repressalien gegenüber neonazistischen Gewalttätern – die freilich nur die Spitze des Eisberges darstellen – unterstreicht, soll man endlich anerkennen, dass die Deutschen auch Opfer gewesen seien. Auch sie hätten schließlich unter Hitler gelitten – was, wie man mit Sicherheit sagen kann, zwar auf jüdische und sonstige aus rassistischen Gründen verfolgte Menschen, auf politische Gegner des Nationalsozialismus wie auch auf als „minderwertig“ eingestufte Personen zutraf, aber nicht auf die überwältigende Mehrheit der Deutschen.[10] Diese hätten vor allem „nach Hitler“ bzw. „an den Folgen Hitlers“ gelitten, heißt es nun: Hier beginnt jene moralische Funktion der Vertriebenenverbände, die sie jüngst immer wieder zu einem Medienereignis werden ließ.

Wie sich die öffentliche Wahrnehmung von Positionen der Vertriebenen(verbände) wandelte

Erregten die Vertriebenenverbände früher vor allem dann (im negativen Sinne) Aufsehen, wenn sie ihre Forderungen besonders aggressiv vertraten, so avancieren sie in jüngerer Vergangenheit eher zu positiven Stichwortgebern im gesellschaftlichen Diskurs. Der außenpolitische Kampf um das „Recht auf die Heimat“ wird in den medial rezipierten Positionen der Vertriebenenverbände zunehmend durch eine geschichtspolitische Dimension ergänzt, deren Legitimationsgrundlage zweifelsohne Flucht, Vertreibung und Umsiedlung der Deutschen infolge des Nationalsozialismus und des Zweiten Weltkrieges

8 Siehe Gerd Wiegel, Die Zukunft der Vergangenheit. Konservativer Geschichtsdiskurs und kulturelle Hegemonie, Köln 2001, S. 399

9 Vgl. Sabine Moller, Die Entkonkretisierung der NS-Herrschaft in der Ära Kohl, Hannover 1998

10 Vgl. Robert Gellately, Backing Hitler. Consent and Coercion in Nazi Germany, Oxford 2001; Daniel Jonah Goldhagen, Hitlers willige Vollstrecker. Ganz gewöhnliche Deutsche und der Holocaust, Berlin 1996

darstellt, die von den Betroffenen wie von ihren Verbänden als Unrecht verstanden werden.[11]

Während die Vertriebenenverbände in der Vergangenheit diesbezüglich eher zurückhaltend argumentiert haben – wohl wissend, dass entsprechende Thesen und Forderungen zu erheblichen politischen und diplomatischen Verstimmungen in den osteuropäischen Staaten hätten führen können –, wird ihr Ton anlässlich der bevorstehenden EU-Osterweiterung schärfer. Auch soll die Legitimation ihrer Politik nun für alle Menschen sichtbar in der deutschen Hauptstadt dokumentiert werden: in Form eines „Zentrums gegen Vertreibungen".[12] Die Präsidentin des Bundes der Vertriebenen (BdV), die CDU-Bundestagsabgeordnete Erika Steinbach, macht kein Hehl daraus, was sich die Vertriebenenverbände davon versprechen. In „geschichtlicher und räumlicher Nähe" zum Holocaust-Mahnmal soll ihr „Zentrum" entstehen.[13] Konzeptionelles Vorbild für das Projekt sei das Holocaust Memorial Museum in Washington.[14] Die Botschaft solcher Aussagen ist an Deutlichkeit kaum zu überbieten: Man sucht die „geschichtliche" Nähe zum deutschen Massenmord an den europäischen Juden, genauer gesagt: die Nähe zu deren Opferstatus. Steinbach formuliert das so: „Im Grunde genommen ergänzen sich die Themen Juden und Vertriebene miteinander. Dieser entmenschte Rassenwahn hier wie dort, der soll auch Thema in unserem Zentrum sein."[15]

Dieser Vergleich stellt die historische Realität jedoch auf den Kopf. Denn die Umsiedlung der Deutschen erfolgte in Konsequenz auf den Nationalsozialismus und die Massenvernichtung der europäischen Juden. Entgegen der Politik der Nazis wurde sie in dem bis heute gültigen Potsdamer Abkommen völkerrechtlich verbindlich festgelegt.[16] Auch die Vokabel „Rassenwahn" ist

---

11 Entgegen des von den Vertriebenenverbänden verwendeten Terminus „Vertreibung" wird im Folgenden jener der Umsiedlung als Oberbegriff gebraucht. Die Wahl eines generalisierenden Begriffs für den in mehrere Phasen zu unterteilenden historischen Vorgang ist bis heute umstritten, wobei der Oberbegriff „Vertreibung" nach dem Zweiten Weltkrieg bewusst moralisierend gemeint war, wohingegen der Begriff „Umsiedlung" nicht nur weniger Pathos in sich birgt, sondern auch den tatsächlichen historischen Vorgängen eher gerecht wird. Denn nach einer kurzen Phase vor dem Potsdamer Abkommen, die als „wilde Vertreibung" zu bezeichnen wäre, machte neben der Flucht die Umsiedlung den gewichtigsten Teil aus. Vgl. Theodor Schieder, Die Vertreibung der Deutschen aus dem Osten als wissenschaftliches Problem, in: Vierteljahrshefte für Zeitgeschichte 1/1960, S. 1ff.

12 Vgl. Bund der Vertriebenen (Hrsg.), Zentrum gegen Vertreibungen (Konzeption), Bonn 2000

13 Vgl. Dieter Wonka, Vertriebene für Gedenkstätte neben Holocaust-Mahnmal, in: Leipziger Volkszeitung v. 29.5.2000

14 Vgl. Johannes Leithäuser, Vertriebene wollen Wege zur Völkerverständigung weisen, in: FAZ v. 7.6.2000

15 Erika Steinbach, zit. nach: Dieter Wonka, Vertriebene für Gedenkstätte neben Holocaust-Mahnmal, a.a.O.

16 Vgl. Mitteilung über die Berliner Konferenz der drei Mächte, in: Sch.P. Sanakojew/B.L. Zybulewski (Hrsg.), Teheran – Jalta – Potsdam. Dokumentensammlung, Moskau 1978, S. 412ff.

bezüglich der Umsiedlung von Deutschen unangemessen, denn diese erfolgte nicht aus rassistischen, sondern antifaschistischen Gründen und sollte das künftige Konfliktpotenzial in Osteuropa verringern. Schließlich hatten die sog. deutschen Minderheiten (oder „Volksdeutschen", wie es damals hieß) in Osteuropa während des Nationalsozialismus soziale und politische Konflikte geschürt.[17] Darauf basierte die NS-Außenpolitik, zumindest so lange, wie sie ihre Interessen noch nicht auf kriegerischem Weg verfolgte. Die Volkstumspolitik, die zur Umsiedlung der Deutschen führen sollte, war letztlich konstitutiv für die Vorbereitung und Umsetzung der deutschen Eroberungs- und Vernichtungspolitik. Jüngste Forschungen im Bereich der Sozialgeschichte belegen sogar einen strukturellen Zusammenhang zwischen deutscher Volkstums- bzw. Minderheitenpolitik in Osteuropa und der Massenvernichtung der europäischen Juden.[18]

Wenn Erika Steinbach, die wegen ihrer Gleichsetzung der Judenvernichtung mit der Umsiedlung von Deutschen bereits eine symbolische Rote Karte als „intellektuellen Platzverweis" gezeigt bekommen hatte,[19] von einer Ergänzung der Themen „Juden" und „Vertriebene" spricht, hat dies nicht nur eine historisch verquere Dimension. Denn das „Zentrum gegen Vertreibungen" soll 160 Mio. DM (knapp 82 Mio. Euro) kosten,[20] das Holocaust-Mahnmal hingegen nur 50 Mio. DM (gut 25,5 Mio. Euro).[21]

Unabhängig von den individuellen, sicher oftmals erschütternden Schicksalen der Flüchtlinge stellt die von den Vertriebenenverbänden erstrebte Pauschalqualifizierung der Umsiedlung als „Unrecht" keine historisch adäquate Interpretation dar.[22] Der Versuch einer Durchsetzung dieser Position zielt vielmehr auf die Entkontextualisierung der Vergangenheit, also die Aufhebung ursächlicher Entwicklungs- und Wirkungszusammenhänge in der Geschichte. Durch die Vermengung von Individuellem und Kollektivem, von Narrativem und Faktischem, von Interpretation und Wirklichkeit stehen einzelne historische Momente scheinbar in einem kontingenten bzw. kausalitätslosen Verhältnis zueinander. Eine fragmentierte Geschichtsdarstellung, bei der Ursachen und Akteure, vor allem aber auch Motive und Interessen aus dem Bewusstsein getilgt sind, erlaubt eine auf Beliebigkeit basierende Politik

---

17 Vgl. Samuel Salzborn, Grenzenlose Heimat, a.a.O., S. 22ff.

18 Vgl. Ingo Haar, Deutsche „Ostforschung" und Antisemitismus, in: Zeitschrift für Geschichtswissenschaft 6/2000, S. 485ff.

19 Vgl. Rote Karte, in: Frankfurter Rundschau v. 12.12.1998

20 Vgl. Philip Cassier, Vertriebene fordern 160 Millionen Mark, in: Berliner Zeitung v. 7.6.2000. Ersten Angaben zufolge war sogar ein Betrag von bis zu 200 Millionen Mark anvisiert worden. Vgl. Gernot Facius, Suche nach einem Haus für Vertriebenen-Stiftung, in: Die Welt v. 27.8.1999

21 Vgl. Thierse spricht von „bösartigen Verdächtigungen", in: FAZ v. 22.9.2000; Martina Meister, Jetzt wird es wirklich, in: Frankfurter Rundschau v. 19.5.2001

22 Vgl. Karin Böke, *Flüchtlinge* und *Vertriebene* zwischen dem *Recht auf die alte Heimat* und der *Eingliederung in die neue Heimat.* Leitvokabeln der Flüchtlingspolitik, in: dies./Frank Liedtke/Martin Wengeler, Politische Leitvokabeln in der Adenauer-Ära, Berlin/New York 1996, S. 131ff.

in der Gegenwart, die aufgrund ihres Ahistorizismus zwar entpolitisiert, aber keineswegs unpolitisch ist. Eine moralische Uminterpretation der Wirklichkeit im Sinne der Vertriebenenverbände kann so dort ansetzen, wo sie für die eigenen Interessen nützlich ist – alles andere tilgt das Vergessen.

Damit sind die geschichtspolitischen Argumente der Vertriebenenverbände Teil eines größeren Diskurses zum deutschen Geschichtsbild, um das konservative und rechtsextreme Kräfte in den letzten 20 Jahren einen heftigen Kampf führten.[23] Dessen Ziel war und ist die „Normalisierung" der deutschen Geschichtsdarstellung, wobei durch die Beseitigung in der NS-Vergangenheit begründeter Beschränkungen deutsche Hegemonialpolitik wieder möglich werden soll. Konservative bemühen sich unter Rückgriff auf totalitarismustheoretische Denkmuster, die historische Sonderstellung des Nationalsozialismus zu negieren und die deutsche Vergangenheit zu entlasten.[24] Diese auf eine Relativierung der politischen, historischen und gesellschaftlichen Relevanz des Nationalsozialismus gerichtete Argumentationsfigur wird im geschichtspolitischen Diskurs von den Vertriebenenverbänden um eine These ergänzt, die von erheblicher Bedeutung für das eigene Geschichtsbild und die daraus abgeleiteten politischen Legitimationspotenziale ist: die Umdeutung des Täter-Opfer-Verhältnisses mit dem Ziel, eigene hegemoniale Interessen moralisch wie historisch zu legitimieren und dabei selbst durch die „Konstruktion einer Opfergemeinschaft"[25] deutscher Exklusivität eine passive Rolle zu spielen. Die verbindliche Durchsetzung dieser These zielt auf die Legitimation des Auftretens als „selbstbewußte Nation" in der Zukunft, womit sie ihrem Ansinnen nach im Kern politisch motiviert und damit gerade nicht um historisch adäquate Interpretation bzw. Einordnung der Wirklichkeit bemüht ist.[26]

Ausgangspunkt für die neue Salonfähigkeit der Vertriebenenpositionen war die im Kontext des Krieges gegen Jugoslawien entwickelte Argumentationsfigur, die sich vordergründig auf die Flucht der Kosovo-Albaner/innen bezog, im Kern aber auf die eigenen Ziele und Forderungen gerichtet war. Sie erregte große Medienaufmerksamkeit und transportierte den Spezialdiskurs der Vertriebenenverbände in die gesellschaftliche Mitte hinein. Ihre mediale Fortsetzung fand die Rezeption dieser Positionsbestimmung in den Stellungnahmen der Vertriebenenverbände zur Frage der Entschädigung ehemaliger Zwangsarbeiter/innen wie in der aufkommenden Debatte um das o.g. „Zentrum gegen Vertreibungen". Den vorläufigen Höhepunkt bildete das riesige

---

23 Vgl. Gerd Wiegel, Die Zukunft der Vergangenheit, a.a.O.; Michael Klundt, Geschichtspolitik. Die Kontroversen um Goldhagen, die Wehrmachtsausstellung und das „Schwarzbuch des Kommunismus", Köln 2000

24 Vgl. Gerd Wiegel, Die Zukunft der Vergangenheit, a.a.O., S. 395ff.

25 Siehe Hans-Dieter König, Ein Neonazi in Auschwitz. Tiefenhermeneutische Rekonstruktion einer Filmsequenz aus Bonengels *Beruf Neonazi* und ihre Wirkung im kulturellen Klima der Postmoderne, in: ders. (Hrsg.), Sozialpsychologie des Rechtsextremismus, Frankfurt am Main 1998, S. 411

26 Vgl. Gerd Wiegel, Die Zukunft der Vergangenheit, a.a.O., S. 397ff.

Medienecho zum 50. Jahrestag der am 5. August 1950 proklamierten Charta der deutschen Heimatvertriebenen.[27]

Versuche der Parallelisierung von Vergangenheit und Gegenwart

Während des NATO-Krieges gegen Jugoslawien verknüpften die Vertriebenenverbände die Umsiedlung der Deutschen infolge des Zweiten Weltkrieges mit der Fluchtbewegung aus dem Kosovo. Das allgemeine Entsetzen über die Flucht der Kosovo-Albaner/innen ermöglichte ihnen die Konstruktion einer phantastischen Kausalitätsverkettung: „Hätte man die Vertreibung der Deutschen nach dem Zweiten Weltkrieg genauso intensiv aufgearbeitet wie die NS-Vergangenheit“, erklärte BdV-Präsidentin Steinbach, dann hätte es „die Vertreibung unter Milošević vermutlich nie gegeben“.[28]

Abgesehen davon, dass die Bezeichnung „intensiv“ für die Auseinandersetzung mit der NS-Vergangenheit gewagt erscheint, wurden durch den Vergleich der aktuellen Geschehnisse mit der politischen Reaktion der Alliierten auf die nationalsozialistische Politik – die Umsiedlung der Deutschen – die historischen Besonderheiten ebenso wie die politischen Differenzen dieser Prozesse nivelliert. Diese Parallelisierung ist für die Vertriebenenverbände von großer Bedeutung, weil dadurch die Legitimität desjenigen Teils des Potsdamer Abkommens in Abrede gestellt werden kann, in dem die Umsiedlung der Deutschen völkerrechtlich verbindlich festgelegt wurde: Artikel XIII regelte, dass die noch in Polen, der Tschechoslowakei und Ungarn verbliebene deutsche Bevölkerung in das Rest-Reichsgebiet umgesiedelt werden sollte. Damit reagierte man auf den Nationalsozialismus und die expansive deutsche Außenpolitik, wobei die sog. deutschen Minderheiten jenseits der Reichsgrenzen Konflikte geschürt und sich an der Zerstörung der osteuropäischen Nationalstaaten sowie der Vorbereitung und Realisierung der Germanisierung beteiligt hatten.[29] Vor diesem Hintergrund hat die Verurteilung der Umsiedlung von Deutschen eine besondere Brisanz.

Eine Stellungnahme der Seliger-Gemeinde, einer Untergliederung der Sudetendeutschen Landsmannschaft (SL), ging noch weiter. Die Siegermächte des Zweiten Weltkrieges, hieß es darin, hätten durch das Potsdamer Abkommen „die Vertreibung von Völkern leider als Mittel der Politik zugelassen“, worauf die „heutigen Vertreiber Bezug“ nähmen. Deshalb erklärte man sich

---

27 Vgl. Holger Kuhr, „Geist, Volkstum und Heimatrecht“. 50 Jahre „Charta der deutschen Heimatvertriebenen“ und die eth(n)isch orientierte deutsche Außenpolitik, Hamburg 2000

28 Erika Steinbach, zit. nach: Martin Zips, Im Volkstanz geübt, in: Süddeutsche Zeitung v. 21.5.1999

29 Vgl. hierzu: Samuel Salzborn, Grenzenlose Heimat, a.a.O., S. 22ff.

auch „solidarisch mit den geschundenen Opfern der Vertreibung im Kosovo“.[30] Die Solidarität der Vertriebenenverbände kann vor allem als Hebel zur Durchsetzung der eigenen Anliegen angesehen werden, als ein Versuch, aus dem Krieg gegen Jugoslawien und der Flucht von Kosovo-Albaner(inne)n Kapital zu schlagen oder „Profite für sich zu ziehen“, wie es die polnische Tageszeitung *Gazeta Wyborcza* ausdrückte.[31]

Denn wer wie das neue NATO-Mitglied Tschechien an der Seite dieser Militärallianz gegen die Flucht einer „Volksgruppe“ im Kosovo gekämpft habe, müsse sich heute umso dringlicher der eigenen Geschichte und ihrer „dunklen Kapitel“ stellen. Die moralisch-politische Konsequenz aus dem Krieg auf dem Balkan solle die Ächtung jedweden Bevölkerungstransfers sein, und zwar, weil dieser als Grundübel ausgemacht wurde, insbesondere jener an der deutschen Bevölkerung infolge des Nationalsozialismus. Der damalige SL-Sprecher Franz Neubauer frohlockte während des 50. Sudetendeutschen Tages, der Wind habe sich zu drehen begonnen: „Spätestens seit den Untaten in Bosnien und im Kosovo hat der Zynismus gegenüber einer ganzen Volksgruppe keine Konjunktur mehr.“[32] Da heute „jeder versteht, was Vertreibung bedeutet“, müsse nun auch den Deutschen Recht widerfahren. Denn „wer vertrieben worden ist, hat einen berechtigten Anspruch auf die Wiederherstellung des ihm durch die Vertreibung geraubten Rechtes auf die Heimat“,[33] meinte der langjährige Bundesvorsitzende der Landsmannschaft Schlesien, Herbert Hupka, während des Jugoslawien-Krieges. Durch diese Analogiekette wurden Flucht und Umsiedlung der Deutschen zu einer Moralkeule, mit der sich die Vertriebenenverbände „ihr Recht“ und „ihre Heimat“ erkämpfen woll(t)en; zu einem Mittel, um sich selbst zum moralischen Richter aufzuwerfen und damit eigene expansive Interessen zu legitimieren.

Ebenfalls um die eigenen Interessen der Vertriebenenverbände ging es bei der im Mai 2000 erhobenen Forderung der Sudetendeutschen Landsmannschaft, „sudetendeutsche Opfer tschechischer Gewalt“ aus dem Deutsch-Tschechischen Zukunftsfonds zu entschädigen. Die SL ermittelte dazu sog. Härtefälle, d.h. Umsiedler, die länger als drei Monate „aus politischen oder sonstigen rechtsstaatlich nicht zu vertretenden Gründen interniert bzw. inhaftiert“ gewesen und bisher nur unzureichend entschädigt worden seien. Die Gesamthöhe der für die „sudetendeutschen Gewaltopfer“ geforderten Zahlungen betrug nach Angaben der SL bis zu 8 Mio. DM (ca. 4, 10 Mio. Euro).[34]

---

30 Seliger-Gemeinde, Erklärung des Präsidiums, in: Die Brücke v. 15.5.1999, S. 1

31 Siehe „Gazeta Wyborcza“: Vertriebene wollen aus Kosovo-Drama profitieren, dpa-Meldung v. 24.5.1999

32 Franz Neubauer, Rede des Sprechers der sudetendeutschen Volksgruppe anlässlich des 50. Sudetendeutsche Tages 1999 zur Hauptkundgebung am 23.5.1999 (Redemanuskript), München/Nürnberg 1999, S. 4

33 Herbert Hupka, Das Recht auf Heimat nun von der Nato angemahnt, Leserbrief in: FAZ v. 17.4.1999

34 Vgl. Außenpolitische Verstimmung zwischen Prag und Berlin befürchtet, in: FAZ v. 20.5.2000

Dieser Betrag muss vor dem Hintergrund der Entschädigungszahlungen des Lastenausgleichs gesehen werden, der bereits ein Leistungsvolumen von gut 130 Mrd. DM (ca. 66,5 Mrd. Euro) hatte.[35] Die Forderung der Sudetendeutschen Landsmannschaft an den Deutsch-Tschechischen Zukunftsfonds bildete den vorläufigen Höhepunkt der die Zwangsarbeiterentschädigungsdiskussion begleitenden Kampagne der Vertriebenenverbände. Allerdings blieb es nicht dabei. In den USA streben die „Sudetendeutschen" Sammelklagen gegen dort vertretene tschechische Banken und Versicherungen an.[36] Auf diese Weise will man die im US-amerikanischen Rechtssystem vorhandene Möglichkeit nutzen, auch stellvertretend für ganze Gruppen Ansprüche geltend zu machen.

Schon bevor die Vertriebenenverbände mit ihren Forderungen an die Öffentlichkeit traten und betonten, es handle sich bei möglichen Zahlungen um „humanitäre Hilfen", hatten sie gegen die Entschädigung der Zwangsarbeiter/innen polemisiert. So hieß es im *Ostpreußenblatt*, dem Organ der entsprechenden Landsmannschaft, dass es „jüdische Organisationen" seien, die in den USA „erneut Entschädigungen" verlangten – „diesmal für sogenannte ‚Zwangsarbeiter'". Nicht nur hätten die Löhne der in Fortführung des NS-Jargons „Fremdarbeiter" genannten Menschen „denen ihrer deutschen Kollegen" entsprochen: „Sie waren genau so sozialversichert wie die Deutschen, hatten Anspruch auf Urlaub, in dem sie nach Hause fuhren und auch in der großen Masse pünktlich an die Arbeitsstelle zurückkehrten." Deshalb müsse Deutschland „endlich ein Zeichen setzen", sonst würden „die Erpressungen bis in alle Ewigkeit" andauern.[37] In den USA sei eine „Druck-Kulisse gegen deutsche Unternehmen aufgebaut" worden, hieß es im BdV-Organ *Deutscher Ostdienst*, die „allmählich rufmörderische Formen" annehme.[38] „Lobbyisten" wie der „besonders einfallsreiche Anwalt Ed Fagan" hätten „immer höher geschraubte Ansprüche" vertreten. Im „Kern" gehe es den Opfern um Geld, „um sehr viel Geld, doch nicht zuletzt um die anteiligen Erfolgshonorare von Anwälten", wurde behauptet.[39] Man beließ es nicht bei Spekulationen, sondern sprach aus, wer hinter Rufmord und Lobbyismus, Einfallsreichtum und Geldgier stecke: Wie bereits erwähnt, berichtete das *Ostpreußenblatt*, dass für die Entschädigungsforderungen „jüdische Organisationen" verantwortlich seien, und zwar obwohl Deutschland „enorme Beitrage für NS-Verfolgte" unter anderem „nach Israel" gezahlt habe. Nein, diese Beträge seien dort nie ange-

---

35 Vgl. Lutz Wiegand, Der Lastenausgleich in der Bundesrepublik Deutschland 1949 bis 1985, Frankfurt am Main/Bern/New York/Paris 1992, S. 385

36 Vgl. Samuel Salzborn, Von seinen Opfern lernen. Mit einer Sammelklage in den USA wollen die Sudetendeutschen Entschädigungszahlungen durchsetzen, in: Deutsch-Tschechische Nachrichten 4/1998, S. 9

37 Hans-Joachim von Leesen, Endlich ein Zeichen setzen, in: Das Ostpreußenblatt v. 13.11.1999, S. 1

38 Siehe Markus Leuschner, Und kein Ende in Sicht, in: Deutscher Ostdienst v. 29.10.1999, S. 1

39 Vgl. ebd., S. 1f.

kommen: „Offenbar herrscht in diesen Bereichen eine enorme Korruption, die keiner untersucht und die niemand zu hinterfragen wagt.“[40]

Während bei den Kosovo-Albaner(inne)n noch Solidarität proklamiert worden war, positionierten sich die Vertriebenenverbände im Fall der Entschädigung von Zwangsarbeiter(inne)n in eindeutiger Weise, die jedes Missverständnis über die Interessenlage der Argumentation unmöglich machte.

Das Schicksal der Vertriebenen als Waffe im Kampf um die kulturelle Hegemonie

„Wer das Recht auf die Heimat einforderte, galt jahrzehntelang als Störenfried“, schrieb Gernot Facius in der WELT. Wer dieses „Recht auf die Heimat“ – d.h. osteuropäisches Staatsterritorium – einforderte, habe „den Zeitgeist gegen sich“ gehabt und sei „als Ewiggestriger stigmatisiert, als Revanchist“ tituliert worden. Erst die „blindwütigen Vertreibungen im Kosovo“, hieß es weiter, hätten „das Bewußtsein der Menschen verändert“. Die WELT machte sich im Vertriebenensinne Gedanken darüber, wohin der Krieg gegen Jugoslawien vor allem Deutschland bringen könne: „Hat die Parallele zum Schicksal der Kosovaren Konsequenzen für die Sudetendeutschen und andere Vertriebene? Können sie auf ein Rückkehrrecht hoffen, von dem sie dann Gebrauch machen oder nicht? Die Antwort lautet: Ja, wenn die politische Klasse in Deutschland es will.“[41] Im gleichen Tenor und dasselbe Ziel vor Augen, meinte die ZEIT: „Es ist gut, dass es keinen deutschen Revanchismus mehr gibt, keine Gebietsansprüche und keine offenen Grenzfragen. Aber der kollektive Gedächtnisverlust in Sachen Vertreibung ist schädlich. (...) In Wahrheit (...) setzt sich dort (im Kosovo; *S.S.*) eine nur allzu europäische Geschichte dieses Jahrhunderts fort, und eben noch waren wir selbst ein Teil davon.“[42] So wie man „eben noch Teil“ der Geschichte gewesen sei, will man es jetzt auch wieder sein: als zu entschädigendes Opfer.

Was die Autoren von WELT und ZEIT über diesen Konsens hinaus verband, war der unbedingte Wille, nicht wieder aufgrund eigener Forderungen als „Revanchist“ oder „Ewiggestriger“ dazustehen, sondern die internationale Staatengemeinschaft im Rücken zu wissen, wenn man das deutsche „Recht auf die Heimat“ durchsetzt. Dass dabei auch andere Volkstumskämpfer/innen, wie etwa die Kosovo-Albaner/innen, dieses „Recht“ für sich nutzen könnten, störte nicht weiter, war man sich doch in der Sache einig: „Wir werden nicht aufgeben! Wir werden nach Hause zurückkehren“, hatte der Ministerpräsident

40 Hans-Joachim von Leesen, Endlich ein Zeichen setzen, a.a.O.
41 Gernot Facius, Das Heimatrecht, neu besehen, in: Die Welt v. 25.5.1999
42 Jan Ross, Vergessene Vertriebene, in: Die Zeit v. 22.4.1999, S. 1

der sog. Exilregierung der Republik Kosovo, Bujar Bukoshi, in seinem Grußwort beim 50. Sudetendeutschen Tag unter großem Beifall festgestellt.[43]

In einem SZ-Artikel stellte BdV-Präsidentin Steinbach mit Bezugnahme auf die Flucht der Kosovo-Albaner/innen die Forderung auf, die Aufnahme von Polen und der Tschechischen Republik in die Europäische Union von der Aufarbeitung sog. Vertreibungsverbrechen, von der „Heilung dieser großen europäischen Wunde", abhängig zu machen. Sollten sich diese „uneinsichtigen Kandidaten" dazu nicht bereit erklären, könne man ihre Integration in die EU mit einem Veto blockieren oder verhindern – denn dazu, so Steinbach doppeldeutig, bedürfe es „keiner Kampfflugzeuge".[44]

Bereits Anfang Juli 1999 war in der *Frankfurter Rundschau* mit Karl Schlögel ein Historiker zu Wort gekommen, der sich in Sachen „Sprachlosigkeit und Sprachefinden für eine europäische Erfahrung" – die Umsiedlung der Deutschen infolge des Nationalsozialismus – bereits verdient gemacht hatte.[45] Schon während des Krieges gegen Jugoslawien verfasste er ein umfangreiches ZEIT-Dossier mit dem Titel „Kosovo war überall", das die deutschen Umsiedler/innen in eine Reihe mit anderen Flüchtlingen stellte.[46] Und in der FAZ sinnierte er Mitte Juni 1999 über eine neue deutsche Geopolitik – ein Thema, über das Schlögel sich bereits weit vor der osteuropäischen Transformation 1989/90 ausführlichst in verschiedenen Schriften Gedanken gemacht hatte.[47] Über eine seiner Publikationen hatte das rechtsintellektuelle Periodikum *Criticón* geurteilt: „Schlögel ruft verschüttete geschichtliche und ‚geo-politische' Zusammenhänge ins Gedächtnis zurück und belegt und verknüpft sie mit seinen reichen Erfahrungen und Kenntnissen der Gegenwart im Osten."[48]

Die *Frankfurter Rundschau* veröffentlichte einen Vortrag, den Schlögel zur Eröffnung einer internationalen Konferenz mit dem Titel „Im Jahrhundert der Flüchtlinge. Umsiedlung, Flucht und Vertreibung im Gedächtnis der europäischen Völker" an der Europa-Universität Viadrina in Frankfurt/Oder gehalten hatte. Schlögel fragte darin: „Wie denkt man zweierlei Untergang zusammen?", womit er den „Untergang des europäischen Judentums und den Untergang des deutschen Ostens" meinte. Und weil er „seit jeher" der Ansicht gewesen sei, der „Verlust des deutschen Ostens" gehöre zu den „großen kulturellen Katastrophen" des 20. Jahrhunderts, welche die „Stellung Deutsch-

43 Bujar Bukoshi, Grußwort (Redemanuskript), Bonn/Nürnberg 1999, S. 1

44 Vgl. Erika Steinbach, Das Gewissen ist gegen Vertreibungen sensibilisiert, in: Süddeutsche Zeitung v. 26.8.1999

45 Vgl. Karl Schlögel, Wie denkt man zweierlei Untergang zusammen?, in: Frankfurter Rundschau v. 3.7.1999

46 Vgl. ders., Kosovo war überall, in: Die Zeit v. 29.4.1999, S. 15ff.

47 Vgl. ders., Die Wiederkehr des Raumes, in: FAZ v. 19.6.1999; kritisch dazu: Walter von Goldendach/Hans-Rüdiger Minow, „Deutschtum erwache!", Aus dem Innenleben des staatlichen Pangermanismus, Berlin 1994, S. 396ff.

48 Meinrad von Ow, Ein Plädoyer für die Entdeckung des Ostens, in: Criticón 149 (1996), S. 58

lands in Europa, aber auch das Antlitz Europas fundamental verändert" hätten, scheute Schlögel auch nicht den Vergleich zwischen Opfern und Tätern, deren Differenz bereits durch die analoge Verwendung des Begriffs „Vertreibung" eliminiert wird. War das eine Massendeportation und systematische -vernichtung, so handelte es sich bei dem anderen um Flucht und – zumindest in weiten Teilen – geordnete (wenn auch entgegen der politischen Vorgabe des Potsdamer Abkommens keineswegs immer humane) Umsiedlung. „Sich für die Geschichte der Vertreibung und der von ihr Betroffenen einzusetzen, verlangt nicht weniger Empathie, Leidenschaft und Interesse als das Studium der Unterdrückung und Verfolgung der Opfer des Naziregimes, einschließlich der dem Genozid preisgegebenen europäischen Juden", schrieb Schlögel in der Frankfurter Rundschau. Es müsse möglich sein, über beides zu sprechen, ohne dass der „Revisionismus-Vorwurf" ertöne. Denn nur in der „rechthaberischen Geschichtsschreibung" der „political correctness" erscheine die „Vertreibung der Deutschen als das logische Ergebnis der deutschen Verbrechen". Es gehe jedoch um die „mehr oder weniger aktive Bewirtschaftung des historischen Bewusstseins" und den „Kampf um kulturelle Hegemonie"; somit sei davon auszugehen, dass zwar ein Zusammenhang zwischen den nationalsozialistischen Vernichtungslagern und der „Vernichtung des deutschen Ostens" bestehe, es jedoch „keine Logik in den neuen Grenzziehungen und ethnischen Säuberungen, die ihnen folgten", gegeben habe.[49]

Der wegen Protesten gegen die „neuen Grenzziehungen" vor Jahren oft erhobene Revanchismus-Vorwurf war auch der Grund dafür, schrieb Christian Semler in einem Artikel in der *tageszeitung*, dass in Deutschland zwischen den Vertriebenenverbänden und der Linken jahrzehntelang „Eiszeit" geherrscht habe. „Das ändert sich jetzt", erklärte Semler in der Hoffnung darauf, dass dies auch die „organisierten Vertriebenen" bemerken und sich endlich der deutschen Linken annehmen würden, obgleich die Ursachen dieser Veränderung außerhalb Deutschlands zu suchen seien: „Die Massenvertreibungen zuerst in Bosnien, dann im Kosova, haben die Emotionen aufgerührt, für das Schicksal der Flüchtlinge neue Sensibilität in Deutschland wie in Osteuropa geweckt."[50]

Beim „Tag der deutschen Heimatvertriebenen" des BdV im Mai 1999 hatte Bundesinnenminister Otto Schily (SPD) bereits die deutsche Linke dafür gerügt, dass sie in der Vergangenheit aus politischem Opportunismus sowie aus „Mutlosigkeit und Zaghaftigkeit" über das „millionenfache Leid, das den Vertriebenen zugefügt wurde", hinweggesehen habe. Bei dieser Gelegenheit unterstützte Schily ausdrücklich den BdV-Vorschlag, in Berlin ein „Zentrum gegen Vertreibungen" als „Stiftung der deutschen Heimatvertriebenen" einzu-

---

49 Siehe Karl Schlögel, Wie denkt man zweierlei Untergang zusammen?, a.a.O.
50 Christian Semler, Kalte Herzen, kalte Heimat, in: taz v. 19./20.6.1999

richten.[51] Die EU werde „Schaden nehmen, wenn die Vertreibungs- und Entrechtungsdekrete Polens, der Tschechischen Republik und Sloweniens sozusagen als Morgengabe importiert“ würden, begründete BdV-Präsidentin Steinbach das Vorhaben.[52]

Der *Frankfurter Allgemeinen Zeitung* zufolge gibt es aber auch Grenzen bei der Vergleichbarkeit und Aufrechnung der Vertreibungen des 20. Jahrhunderts. Denn im Falle der flüchtenden Serben wusste man fein säuberlich zu trennen, sei doch deren „Exodus“ aus dem Kosovo „mit der Vertreibung der Albaner nicht zu vergleichen“.[53] So wurde im Fall der unliebsamen Serben wieder eine begriffliche Differenzierung eingeführt, wonach doch nicht alle Flüchtlinge gleich sind. Die von der FAZ ausgemachte Schuldverstrickung der Serben im Zuge der Vorgeschichte ihrer Flucht und die daraus resultierende Versagung von gleichwertigen Flüchtlingseigenschaften müsste, würde sie als Kriterium auch auf die infolge des Nationalsozialismus flüchtenden Deutschen angewandt, deren Klassifizierung als „Vertriebene“ gleichfalls ausschließen.

Die Vertriebenen als „vom Leid dieser Zeit am schwersten Betroffene“

Während die von den Vertriebenenverbänden moralisch lancierte Kosovo-Debatte als Einstieg in einen neuen deutschen Opferdiskurs gesehen werden muss, ging die darauf basierende Argumentation im Fall der Entschädigung ehemaliger Zwangsarbeiter/innen bereits weiter. Die Vertriebenenverbände konnten hier an eine weit verbreitete Haltung der Entschädigungsverweigerung anknüpfen, die sich wesentlich aus der Überzeugung speiste, die Deutschen hätten bereits genug für ihre Verbrechen bezahlt, weshalb es nun an der Zeit sei, die angebliche Gier der Opfer beim Namen zu nennen.[54] Diese sowohl in Neonazi-Kreisen wie an deutschen Stammtischen zu hörende Position unterstellte den Opfern ganz unverhohlen das Interesse an Bereicherung, das aufs Engste verknüpft war mit dem antisemitischen Stereotyp des Profitierens auf Kosten anderer.[55]

---

51 Vgl. Otto Schily, Erinnerung und Gedenken finden ihren Sinn im Willen für eine bessere Zukunft, in: Presse- und Informationsamt der Bundesregierung (Hrsg.), Bulletin v. 1.6.1999, S. 368ff.

52 Vgl. Erika Steinbach, Begrüßung und Ansprache zum Tag der deutschen Heimatvertriebenen (Redemanuskript), Bonn/Berlin 1999, S. 7

53 Vgl. Falscher Vergleich, in: FAZ v. 16.5.1999

54 Vgl. Rolf Surmann, Trugbild. Die deutschc Entschädigungsverweigerung gegenüber den NS-Opfern, in: Ulrike Winkler (Hrsg.), Stiften gehen. NS-Zwangsarbeit und Entschädigungsdebatte, Köln 2000, S. 186ff.

55 Vgl. Gruppe 3 Frankfurt am Main, Ressentiment und Rancune: Antisemitische Stereotype in der Entschädigungsdebatte, in: ebd., S. 251ff.

Mit ihrer Forderung, auch „deutsche Opfer" zu entschädigen, gingen die Vertriebenenverbände jedoch einen deutlichen Schritt über die allgemeinen Ressentiments hinaus und machten sich zur Speerspitze einer rechtskonservativen Klientel, die versuchte, aus der Entschädigungsdebatte Nutzen für sich zu ziehen.[56] „Millionen deutscher Zivilisten", erklärte BdV-Präsidentin Steinbach, hätten nach dem Zweiten Weltkrieg „jahrelang Zwangsarbeit" leisten müssen.[57] Sie seien unter „unmenschlichen Bedingungen" in „Lagern eingepfercht" gewesen, hätten „Misshandlungen" erlitten und seien „Deportationsopfer" geworden. In dieser Analogiekette fehlte auch der sprachliche Vergleich mit dem Holocaust nicht, wenn der BdV behauptete, „Millionen von Deutschen" seien nach Ende des Zweiten Weltkrieges in „Zwangsarbeits- und Vernichtungslager" eingeliefert worden.[58] Die damit begründete Forderung nach materieller Entschädigung für „deutsche Opfer" stieß in der medialen Öffentlichkeit allerdings auf Ablehnung, was in der Art der Entstehung der eigentlichen Entschädigungsdebatte und deren politischer Bedeutung begründet sein dürfte. Die Diskussion über die Entschädigung ehemaliger Zwangsarbeiter/innen wurde in der Bundesrepublik (nach Druck aus den USA) wesentlich von den Medien initiiert und getragen, sodass eine grundsätzliche Umorientierung des Diskurses gegen die Mehrheit der öffentlich verbreiteten Meinung schwerlich durchsetzbar gewesen wäre. Insgesamt wurde so zwar eine gewisse Berechtigung der Forderung nicht gänzlich in Abrede gestellt, jedoch viel deutlicher ihre Geschmack- und Maßlosigkeit unterstrichen.[59]

Ganz anders verhielt sich das bei der von den Vertriebenenverbänden initiierten Kampagne zum „Zentrum gegen Vertreibungen", die in erster Linie auf die Zustimmung politischer Eliten orientierte, bevor sie in jüngster Vergangenheit begann, mediale Breitenwirkung zu entfalten. Um mit dem Projekt in der Öffentlichkeit Fuß fassen zu können, wurden im ersten Schritt namhafte Fürsprecher/innen gewonnen. Dazu gehörten Persönlichkeiten wie Roland Koch (hessischer Ministerpräsident und Bundesratspräsident), Eberhard Diepgen (Regierender Bürgermeister von Berlin), Erwin Teufel (baden-württembergischer Ministerpräsident), Edmund Stoiber (bayerischer Ministerpräsident), Manfred Stolpe (Ministerpräsident von Brandenburg), Gerhard Glogowski (niedersächsischer Ministerpräsident), Reinhard Klimmt (Ministerpräsident des Saarlandes), Reinhard Höppner (Ministerpräsident von Sachsen-Anhalt), Bernhard Vogel (Ministerpräsident von Thüringen), Harald Ringstorff (Ministerpräsident von Mecklenburg-Vorpommern), Ortwin Runde (Erster Bürgermeister der Freien und Hansestadt Hamburg), Kurt Biedenkopf

---

56 Vgl. hierzu ausführlich: Joß Fritz/Frank Kretschmar, Revision der Geschichte. Rechte Versuche, die Entschädigungsdebatte für sich zu nutzen, in: Der Rechte Rand 65 (2000), S. 18f.

57 Vgl. Steinbach erinnert an deutsche Zwangsarbeiter und Insassen von Vernichtungslagern, in: Deutscher Ostdienst v. 10.12.1999, S. 1

58 Vgl. ebd.

59 Vgl. Joachim Käppner, Die Sudetendeutsche Landsmannschaft. Stolperstein auf dem Weg der Tschechen in die EU?, NDR 4, Forum 4 v. 17.1.2001

(sächsischer Ministerpräsident), Kurt Beck (rheinland-pfälzischer Ministerpräsident), Prof. György Konrád (Präsident der Akademie der Künste), Prof. Dieter Blumenwitz (Universität Würzburg), Prof. Peter Glotz (Präsident der Universität Erfurt), Prof. Karl Schlögel (Universität Frankfurt/Oder), Prof. Arnulf Baring (Historiker), Rolf Breuer (Vorstandsvorsitzender der Deutschen Bank), Axel Freiherr von Campenhausen (Vorsitzender des Bundesverbandes Deutscher Stiftungen), Bernhard Jagoda (Präsident der Bundesanstalt für Arbeit), Udo Müller (Präsident des hessischen Landesrechnungshofes), Christoph Stölzl (Leiter des Feuilletons der WELT), Tilman Zülch (Vorsitzender der Gesellschaft für bedrohte Völker) und Freya Klier (Schriftstellerin).[60] Auch wenn nicht bekannt ist, ob sämtliche Unterstützer/innen über die Details der Planung informiert waren, muss ihre Befürwortung des „Zentrums" als grundsätzliche Akzeptanz der Vertriebenenpläne gewertet werden.

Seit der offiziellen Präsentation des Konzepts im Juni 2000 war das allgemeine Medienecho von Zustimmung zu dem geplanten Projekt geprägt. So wurde der (vermeintlich) plurale und somit defensive Charakter des geplanten „Zentrums" hervorgehoben, das „Ort der Mahnung" sein sowie Ausgangspunkt für „Versöhnung und Recht" werden solle.[61] Durch die Errichtung dieses deutschen „Mahnzentrums" wachse das politische und gesellschaftliche „Verständnis für die Heimatvertriebenen", hieß es in der Presse.[62] Entscheidend war aber die Zustimmung prominenter Fürsprecher/innen, die auf lange Sicht wieder als Multiplikator(inn)en auftreten und somit die weitere Verankerung der Vertriebenenpositionen im gesellschaftlichen Diskurs vorantreiben könnten. Die Unterstützerliste des „Zentrums gegen Vertreibungen" signalisierte somit bereits eine Verankerung des Vertriebenendiskurses in der Mitte der Gesellschaft.

Erfolge bei der Etablierung eines über die Vertriebenenverbände moralisch vermittelten deutschen Opferdiskurses zeigten sich noch deutlicher an den Stimmen zu der am 5. August 1950 in Stuttgart proklamierten *Charta der deutschen Heimatvertriebenen*.[63] Die Vertriebenenverbände beteuern stets, mit ihrer bis heute wichtigsten politischen Erklärung menschliche Größe be-

60 Die Angaben zu den Funktionen der Personen beziehen sich jeweils auf den Veröffentlichungszeitpunkt der Unterstützungsbekundung zugunsten des „Zentrums gegen Vertreibungen". Sie wurden zusammengestellt nach: Bund der Vertriebenen, „Zentrum gegen Vertreibungen" stößt auf gute politische Resonanz, Pressemitteilung v. 24.8.1999; BdV erhält weitere Unterstützung für Zentrum gegen Vertreibungen, in: Deutscher Ostdienst v. 7.1.2000, S. 1

61 Siehe Ort der Mahnung, in: taz v. 5.8.2000; Vertriebene setzen auf Versöhnung und Recht, in: General-Anzeiger v. 5./6.8.2000

62 Siehe Steinbach wirbt für Mahnzentrum, in: FAZ v. 5.8.2000; Stefan Hupka, Noch ein Mahnzentrum in Berlin?, in: Badische Zeitung v. 8.8.2000; Zentrum soll Mahnung sein, in: NRZ v. 4.8.2000; Rudolf Grimm, Das Verständnis für die Heimatvertriebenen wächst, in: Frankfurter Neue Presse v. 5.8.2000

63 Vgl. Bund der Vertriebenen (Hrsg.), Charta der deutschen Heimatvertriebenen gegeben zu Stuttgart am 5. August 1950 (Faltschrift), Bonn o. J.

wiesen zu haben, weil sie eine Absage an Rache und Vergeltung darstelle.[64] In Wirklichkeit finden sich darin sogar Aussagen, welche die Kriegsschuld Deutschlands relativieren. In der *Charta* erklärten die Vertriebenenvertreter „im Bewußtsein ihres deutschen Volkstums“ und ihrer „Zugehörigkeit zum christlich-abendländischen Kulturkreis“, dass den „Menschen mit Zwang von seiner Heimat“ zu trennen bedeute, „ihn im Geiste töten“, wobei die „Völker der Welt (...) ihre Mitverantwortung am Schicksal der Heimatvertriebenen als der vom Leid dieser Zeit *am schwersten Betroffenen* empfinden“ sollten. Besonders häufig zitiert wurde in jüngster Vergangenheit neben dieser Passage das in der *Charta* enthaltene Bekenntnis, auf „Rache und Vergeltung“ zu „verzichten“.[65] Ralph Giordano merkte anlässlich des *Charta*-Jubiläums im Herbst 2000 in der *Allgemeinen Jüdischen Wochenzeitung* zu diesem Satz an: „Von allem Fatalen in der Charta ist dieser stets im Brustton von Großmut und Verzeihen wiederholte Kernsatz das Fatalste: Er verwandelt die Opfer der deutschen Aggression in Schuldner, die Aggressoren aber in Gläubiger der Geschichte!“[66] Dass diese Anmaßung vollkommen ernst gemeint und Giordano keinesfalls einem Missverständnis aufgesessen war, belegt die *Deklaration zur Charta der deutschen Heimatvertriebenen*, in der 1960 von der „geistig-moralischen Not jener Zeit seit 1945“ – also *nach* der NS-Diktatur – gesprochen wurde.[67]

Von all dem hörte man in der Öffentlichkeit beim *Charta*-Jubiläum nur am Rande, vielmehr wurde die Interpretation der Vertriebenenverbände, die bereits bei bloßer Lektüre der *Charta* als absurd und anmaßend hätte erscheinen müssen, sowohl von überregionalen wie auch von lokalen Medien weitgehend übernommen. Da war von einem „erstaunlichen Dokument des Gewaltverzichts“[68] die Rede, in dem die Vertriebenenverbände das Versprechen abgegeben hätten, „auf Rache und Vergeltung gegenüber ihren Peinigern zu verzichten“,[69] wie die *Charta* auch als „ein Beispiel ohne Vorbild“ gepriesen wurde.[70] Sie stehe für einen „Kurs der Versöhnung“,[71] sei zweifelsohne eine

---

64 Vgl. Herbert Czaja, Die Charta als Grundlage einer gesamteuropäischen Friedensordnung, in: Bund der Vertriebenen (Hrsg.), 40 Jahre Charta der deutschen Heimatvertriebenen 1950-1990 (Kulturelle Arbeitshefte 22), Bonn 1990, S. 1f.

65 Vgl. Bund der Vertriebenen (Hrsg.), Charta der deutschen Heimatvertriebenen gegeben zu Stuttgart am 5. August 1950, a.a.O. (Hervorhebung durch mich; *S.S.*)

66 Ralph Giordano, Eine zähe Legende, in: Allgemeine Jüdische Wochenzeitung v. 31.8.2000. Vgl. dazu ausführlicher: ders., Die zweite Schuld oder Von der Last Deutscher zu sein, München 1990, S. 281ff.

67 Vgl. Deklaration zur Charta der deutschen Heimatvertriebenen vom 6. August 1960 (Dokumentation), in: Bund der Vertriebenen (Hrsg.), Die Charta der deutschen Heimatvertriebenen 5. August 1950 (Kulturelle Arbeitshefte 22), 2. Aufl. Bonn 1995, S. 16

68 Siehe Alexander Loesch, Heimatvertriebene. Die Charta der Organisation ist 50 Jahre alt, in: Der Tagesspiegel v. 18.8.2000

69 Siehe Gernot Facius, „Ein Dokument der Weisheit und des Mutes“, in: Die Welt v. 2.9.2000

70 Siehe Michael Jach, Ende eines Feindbilds, in: Focus v. 28.8.2000, S. 50

„historische Tat“[72] gewesen und setze – besonders mit Blick auf die Flucht der Kosovo-Albaner/innen und die Entschädigungsdebatte – ein „gutes Zeichen“.[73] Auch fehlte der Hinweis nicht, dass die „Versöhnungsarbeit“[74] der Vertriebenenverbände „keine Sache der Vergangenheit, sondern Maßstab und Hoffnung für Gegenwart und Zukunft“ sei und die *Charta* somit den Weg ins vereinte Europa weise.[75] Denn entgegen vieler anderer politischer Artikulationen der Vertriebenenverbände in der Vergangenheit sei es der „versöhnliche Text der Charta“ gewesen, welcher bereits frühzeitig in eine andere Richtung gewiesen habe.[76]

Dass die Vertriebenenverbände mit der *Charta* in der Tat für ein anderes Europa eintraten, als es zum Zeitpunkt ihrer Verkündung existierte, zeigte bereits das Proklamationsdatum: Den fünften Jahrestag der Unterzeichnung des Potsdamer Abkommens hatte man als Protest gegen das „Unrecht“ von Potsdam gewählt.[77] Somit war die *Charta* nicht nur, wie Giordano betont, historisch fatal, sondern auch hinsichtlich der europäischen Zukunft. Denn die Anerkennung der in der *Charta* artikulierten Geschichtsinterpretation stellt die europäische Nachkriegsordnung in Frage, die auf dem Potsdamer Abkommen basiert. Somit lässt sich Bundestagsvizepräsidentin Antje Vollmer auch mit Blick auf die *Charta* zustimmen, wenn sie zum „Zentrum gegen Vertreibungen“ sagt, darin solle „nur die auf ein deutsches Schicksal verengte ideologische Positionierung der Vertriebenenverbände“ vermittelt werden.[78] Nicht zufällig hat der BdV auch die Einrichtung eines „nationalen Gedenktags für die deutschen (!) Opfer von Vertreibung, Deportation und Zwangsarbeit“ gefordert und hierfür den Tag der Proklamation der *Charta* vorgeschlagen.[79]

Kontext und Bedeutung des neuen deutschen Opferdiskurses

Die relativierende und revisionistische Komponente des von den Vertriebenenverbänden maßgeblich getragenen neuen deutschen Opferdiskurses be-

71 Vertriebene setzen auf Kurs der Versöhnung, in: Neue Deister Zeitung v. 5.8.2000
72 Siehe Annette Pfeiffer, „Ein Friedens- und Europamanifest“, in: Stuttgarter Zeitung v. 5.8.2000
73 Siehe Dieter Sattler, Vertriebene: Ein gutes Zeichen, in: Frankfurter Neue Presse v. 5.8.2000
74 Vertriebene: Absage an Radikale, in: WAZ v. 5.8.2000
75 Siehe Helmut Herles, Brückenbauer, in: General-Anzeiger v. 5./6.8.2000
76 Siehe Philipp Ther, Schwieriger Verzicht auf Vergeltung, in: taz v. 2./3.9.2000
77 Vgl. Holger Kuhr, „Geist, Volkstum und Heimatrecht“, a.a.O., S. 13f.
78 Antje Vollmer, zit. nach: Dieter Wonka, Streit um eigenes Mahnzentrum für Vertriebene, in: Leipziger Volkszeitung v. 7.6.2000
79 Vgl. Bund der Vertriebenen, Der 5. August soll alljährlich als nationaler Gedenktag für die deutschen Opfer von Vertreibung, Deportation und Zwangsarbeit begangen werden, Pressemitteilung v. 26.6.2001

steht mitnichten darin, den Gegenstand der Umsiedlung von Deutschen infolge des Zweiten Weltkrieges als solchen zu thematisieren und sich um seine adäquate Einordnung und Interpretation zu bemühen. Sie liegt vielmehr in der Art und Weise begründet, wie diese Auseinandersetzung mit der Vergangenheit geschieht. Denn es geht in dem neuen deutschen Opferdiskurs gerade nicht um die Auseinandersetzung mit dem individuellen Schicksal und Leid der von Flucht bzw. Umsiedlung betroffenen Menschen, sondern um den Versuch einer Kollektivinterpretation der Umsiedlung als zu sanktionierendes Unrecht. Das Ziel dieser Geschichtsversion ist nicht die Aufklärung über geschichtliche Realität(en), vielmehr die Schaffung und Formung einer bestimmten kollektiven Identität: „Die Deutung der Vergangenheit wird dabei nicht nur zum Streitfall, sondern sie kann auch, national wie international, zum Ziel politischer Einflussnahme werden – sei es, um bestimmte Inhalte kollektiver Identität zu beeinflussen, sei es, um politische Gegner mit historischen Argumenten zu bekämpfen, sei es, um in den internationalen Interessenkonflikten Ansprüche historisch zu rechtfertigen.“[80] Die Historiker/innen Eva und Hans-Henning Hahn konstatieren in Bezug auf die SL sogar, dass „der Grund, warum sich diese Organisation mehr für politische Slogans interessiert als für individuelle menschliche Erfahrungen“, darin zu sehen sei, dass „sie sich nicht als Organisation der Opfer der Aussiedlung versteht, sondern als Sprecherin der sudetendeutschen ‚Volksgruppe‘“.[81] In Wirklichkeit habe es eine „sudetendeutsche Volksgruppe“ aber nie gegeben, denn Konrad Henleins Traum der Schaffung einer solchen habe sich erst nach Ende des Zweiten Weltkrieges in Deutschland erfüllt.[82] Dies verweist auf das kollektive Moment und dessen völkische Herleitung.

Auch in anderen essenziellen Teilen der Vertriebenenargumentation findet sich dieser Vorgang der Entindividualisierung, welcher einen zentralen Punkt in den diskursiven Ansätzen der Vertriebenenverbände ausmacht. So werden die von Flucht und Umsiedlung betroffenen Menschen zumeist lediglich als Zahlenmaterial verhandelt, bei dem es wesentlich scheint, eine möglichst hohe Anzahl von Menschen als betroffen darstellen zu können. Denn je größer die Anzahl der Betroffenen, so die Annahme, desto größer ist auch der daraus zu ziehende Nutzen. Nicht von ungefähr werden zu den tatsächlichen Flüchtlingen und Umsiedler(inne)n oft auch diejenigen Menschen addiert, die erst viel später – als Aussiedler/innen – die osteuropäischen Staaten verlassen haben; alle gemeinsam firmieren dann als „Vertriebene“.[83]

Durch die Kollektivierung der individuellen Geschichte(n) will man den historischen Kontext revidieren. Einerseits werden so die Ursachen von

80 Peter Steinbach, Geschichte und Politik – nicht nur ein wissenschaftliches Verhältnis, in: Aus Politik und Zeitgeschichte. Beilage zur Wochenzeitung *Das Parlament* v. 6.7.2001, S. 7

81 Siehe Eva Hahn/Hans-Henning Hahn, zit. nach: „Antiliberal und antidemokratisch“. Scharfe Kritik an der Sudetendeutschen Landsmannschaft, in: FAZ v. 23.6.2001

82 Vgl. ebd.

83 Vgl. Samuel Salzborn, Grenzenlose Heimat, a.a.O., S. 38f.

Flucht und Umsiedlung negiert, andererseits wird die Legitimität ihrer Folgen in Frage gestellt. Denn die Delegitimation der antifaschistischen Neuordnung Europas nach Niederschlagung des Nationalsozialismus durch die Alliierten wird erst durch die Zerlegung der Geschichte in scheinbar unzusammenhängende Zufälle möglich; erst wenn Flucht und Umsiedlung der Deutschen nicht mehr im NS-Zusammenhang gedacht werden, besteht die Möglichkeit der moralischen Entlastung und damit der Forderung nach ihrer kollektiven Sanktionierung als „Unrecht". Dass genau dieser Kontext abgestritten wird, zeigte sich beispielsweise beim Deutschlandtreffen der Landsmannschaft Schlesien im Juli 2001. Dort wurde Bundesinnenminister Schily ausgepfiffen bzw. -gebuht, als er auf den ursächlichen Zusammenhang zwischen Nationalsozialismus und Umsiedlung der Deutschen hinwies.

Das Ziel der skizzierten Entkontextualisierung besteht darin, das Opfer-Täter-Verhältnis zugunsten der Deutschen umzukehren und somit einen entlastenden Blick auf die Vergangenheit zu ermöglichen. Die inzwischen erreichte Diskursmächtigkeit dieser Bestrebungen wurde durch die Wahl des Titels bzw. Untertitels „Die Vertriebenen. Hitlers letzte Opfer" für eine im März 2001 von der ARD ausgestrahlte dreiteilige Dokumentation unterstrichen, die es sich zur Aufgabe gemacht hatte, „das Leid aller, die durch den Krieg irgendwie zu Opfern geworden sind, aus allen möglichen Perspektiven zu betrachten".[84] Dass der Untertitel unabhängig von der tatsächlichen politischen Intention der Serie zu genau den von Vertriebenenseite implizierten Verdrehungen führt, zeigte das Medienecho, in dem diffus von der „Zeit der Unmenschlichkeit" die Rede war oder die Umsiedlung der Deutschen mit der Beschreibungsformel „Als der Krieg nicht enden wollte" sprachlich gar auf eine Stufe mit den NS-Kriegshandlungen gestellt wurde.[85]

Die Vertriebenenverbände fungieren in dem Entkontextualisierungsprozess sozusagen als Entlastungszeugen, wobei eine Moralisierung und Emotionalisierung des Diskurses erreicht werden soll, um von den Fakten und Zusammenhängen abzulenken bzw. zu abstrahieren. Das Moralisierende besteht darin, dass im Rekurs auf die Umsiedlung der Deutschen eine Empörung in der Bevölkerung für die damaligen Schicksale der Menschen geweckt werden soll, deren Kern nicht eine realistische Betrachtung der Umsiedlung, sondern ihre politische Instrumentalisierung für die Umsetzung der aus dieser Empörung resultierenden außenpolitischen Forderungen ist. Diese fragmentierte und enthistorisierte Sicht auf die Geschichte findet in der Vertriebenenargumentation ihre Fortsetzung durch den permanenten Vergleich mit Ereignissen in der Gegenwart, bei dem punktuelle Parallelen (z.B. Fluchtbewegungen, Gewaltanwendung, sog. Ethnische Konflikte) absolut gesetzt und als eigentlicher Kern des Problems benannt werden, ohne den jeweiligen Kontext präzi-

84 René Martens, Opfer sehen dich an, in: Jungle World v. 21.3.2001, S. 34

85 Siehe Gustav Roeder, Zeit der Unmenschlichkeit, in: Nürnberger Zeitung v. 21.3.2001; Tilmann Gangloff, Als der Krieg nicht enden wollte, in: Frankfurter Rundschau v. 21.3.2001

ser zu bestimmen. Durch die unaufhörliche Wiederholung verlieren derartige Versuche in der öffentlichen Wahrnehmung an Absurdität, die sie für sich genommen als einzelne Presseerklärungen hätten – wie eine Stellungnahme des BdV zu den Terroranschlägen am 11. September auf das World Trade Center und das Pentagon zeigte, die in wenigen Sätzen eine Brücke von den aktuellen Mitleidsbekundungen zu der Forderung an die Politik schlug, sich daran zu erinnern, wie „singulär der Weg der deutschen Heimatvertriebenen" (Erika Steinbach) gewesen sei.[86]

Ihr politisches und gesellschaftliches Gewicht erhalten die vertriebenenpolitischen Debatten erst durch den diskursiven Kontext. Denn während von den Vertriebenenverbänden intensiv an der Verankerung eines neuen deutschen Opferdiskurses in der Mitte der Gesellschaft gearbeitet wurde, konzentrierte sich das Medieninteresse für Monate auf die Düsseldorfer Anschläge am 27. Juli und 2. Oktober 2000, was für die Vertriebenenverbände die Gefahr in sich barg, Gegenstand des öffentlichen Interesses zu werden, weil sie zum Brückenspektrum zwischen Konservatismus und Rechtsextremismus zählen.[87] Niemals, erklärte der Verband, habe er Affinitäten zu „Extremismus und antidemokratischer Haltung" gehabt.[88] Und Erika Steinbach beteuerte, man habe Versuchen von rechter Seite, den BdV zu „unterwandern", einen „Riegel" vorgeschoben.[89] Zu keinem Zeitpunkt habe „extremistisches Gedankengut" im BdV „Fuß fassen" können.[90] Diese Behauptung genügte, um den Verdacht des Rechtsextremismus zu zerstreuen. So lobte die *Frankfurter Rundschau* die „neuen Töne" des Verbandes, und die WELT bescheinigte ihm einen „klaren Trennungsstrich zu rechtsextremistischen Bestrebungen".[91] Daran zeigt sich deutlich die politische Motivation des öffentlichen Umgangs mit den Vertriebenenpositionen, die von der Mitte der Gesellschaft hofiert und salonfähig gemacht werden, während die notwendige Diskussion über den Rechtsextremismus auf den militanten und pronazistischen Flügel der deutschen Rechten verkürzt wird.

---

86 Siehe Bund der Vertriebenen, Terrorabwehr mit Augenmaß, Pressemitteilung v. 18.9.2001; Erika Steinbach, zit. nach: Walter Stratmann, Entmythologisierung des Hasses, in: Deutscher Ostdienst v. 14.9.2001, S. 1

87 Vgl. Ulla Jelpke/Helmut Schröder, Der Bund der Vertriebenen. Für ein Deutschland in den Grenzen von 1937, 1938, 1939 ..., in: Jens Mecklenburg (Hrsg.), Handbuch deutscher Rechtsextremismus, Berlin 1996, S. 885ff.; Jos Vander Velpen, Horizons noirs. L'Extrême droite en Europe, Bruxelles 1996, S. 165ff.

88 Vgl. Vertriebene dringen auf Mahnzentrum in Berlin, in: Süddeutsche Zeitung v. 5./6.8.2000

89 Vgl. Hans-Jürgen Leersch, Vertriebene wehren sich gegen Rechtsextremisten, in: Die Welt v. 5.8.2000

90 Erika Steinbach, „Vertriebene wollen aus dem Schatten ihres Schicksals heraustreten", Interview von Stephan Hebel und Reino Schönberger, in: Frankfurter Rundschau v. 17.8.2000

91 Siehe Knut Pries, Neue Töne bei den Vertriebenen, in: Frankfurter Rundschau v. 5.8.2000; Hans-Jürgen Leersch, Vertriebene wehren sich gegen Rechtsextremisten, a.a.O.

Christoph Butterwegge

Stirbt „das deutsche Volk" aus?

Wie die politische Mitte im Demografie-Diskurs nach rechts rückt

Sucht man nach politisch-ideologischen Schnittmengen zwischen der „Mitte" und der extremen Rechten, die in Zukunft noch an Bedeutung gewinnen dürften, fällt ein Themenfeld sofort ins Auge, das ich „Demografie-Diskurs" nennen möchte. Hier liegt nach übereinstimmender Auffassung von Neonazis und Führungskräften in Wirtschaft, Politik und Verwaltung ein zentrales, ja existenzielles Problem der Gesellschaftsentwicklung, für das Lösungen vorgeschlagen werden, die mit durch das NS-Regime entstandenen Tabus der öffentlichen Meinungsbildung radikal brechen und gleichzeitig an den Kern demokratischer Grundüberzeugungen rühren.

Rechtsextremisten und Neonazis bewegt schon immer die Lebensfähigkeit des „Volkskörpers"

Zu den ideologischen Schlüsselelementen des völkischen Nationalismus gehört seit jeher die feste Überzeugung, dass der Fortbestand des eigenen Volkes durch dazu geeignete Maßnahmen (etwa die Geburtenförderung sowie das Verbot und die strenge Bestrafung von Schwangerschaftsabbrüchen) garantiert werden muss. Rechtsextremisten aller Stilrichtungen haben der Demografie daher immer schon eine zentrale Bedeutung zugemessen und sich darum bemüht, mittels einer systematischen Bevölkerungspolitik die Grundlagen einer biologischen Reproduktion ihrer völkisch verstandenen Nation möglichst sogar auf höherer Stufenleiter zu schaffen. Kein anderes politisches Lager hat sich so früh und auch so intensiv mit Fragen der Bevölkerungsentwicklung und mit Möglichkeiten der Geburtenförderung befasst wie die extreme Rechte. Sie erscheint deshalb geradezu prädestiniert, die öffentliche Meinungsführerschaft auf diesem Gebiet zu übernehmen, wenn sich auch fest etablierte Kreise der Mehrheitsgesellschaft dafür interessieren.

Für öffentliches Aufsehen sorgte das am 17. Juni 1981 von 15 Hochschullehrern aus der politischen Grau- bzw. Braunzone zwischen dem Rechtsextremismus und dem Konservatismus unterzeichnete *Heidelberger Manifest*, in dem die „Unterwanderung des deutschen Volkes“ durch den Zuzug von Millionen Ausländern mitsamt ihren Familien sowie eine „Überfremdung unserer Sprache, unserer Kultur und unseres Volkstums“ beklagt wurde.[1] Weiter hieß es darin: „Gegenüber der zur Erhaltung unseres Volkes notwendigen Zahl von Kindern werden jährlich kaum mehr als die Hälfte geboren.“ Völker seien (biologisch wie kybernetisch) lebende Systeme höherer Ordnung mit verschiedenen Eigenschaften, die genetisch und durch Traditionspflege weitergegeben würden. Das Grundgesetz gehe nicht vom Begriff „Nation“ als der Summe aller Völker innerhalb eines Staates, sondern vom Begriff „Volk“ aus und verpflichte die Mitglieder der Bundesregierung per Amtseid zur Erhaltung des deutschen Volkes. Die jetzige Ausländerpolitik, welche die Entwicklung zur „multirassischen Gesellschaft“ fördere, widerspreche der Verfassung, die allen Deutschen die „Bewahrung und Verteidigung der Lebensrechte unseres Volkes“ ans Herz lege. In neurechter Manier wurde gefordert, die Maschinen müssten zu den Menschen, nicht die Menschen zu den Maschinen gebracht und durch gezielte Entwicklungshilfe die Lebensbedingungen der Gastarbeiter in den Herkunftsländern verbessert werden. Die dadurch ermöglichte „Rückkehr der Ausländer in ihre angestammte Heimat“ bringe, hieß es weiter, für die Bundesrepublik als eines der am dichtesten besiedelten Länder der Welt gesellschaftliche wie auch ökologische Entlastung. Hinsichtlich der demografischen Entwicklungsalternative für die Bundesrepublik bemerkte man: „Allein lebensvolle und intakte deutsche Familien können unser Volk für die Zukunft erhalten. Nur eigene Kinder sind die alleinige Grundlage der deutschen und europäischen Zukunft.“

Das *Heidelberger Manifest* wurde 1981/82 in mehreren Publikationsorganen der extremen Rechten (*Deutsche Wochen-Zeitung*, *Nation Europa*, *Neue Anthropologie* u.a.) dokumentiert. Seither ist das schon in der NS-Propaganda immer wieder bemühte Schreckensbild des „sterbenden Volkes“ als den Deutschen drohendes Schicksal im ultrarechten Diskurs eigentlich ständig präsent. Indem man formuliert, das deutsche Volk sterbe aus, wird der Eindruck erweckt, es handle sich dabei um eine besondere Spezies, deren Existenz genauso bedroht sei wie die seltener Tier- oder Pflanzenarten. Durch die permanent ins Bewusstsein der rechtslastigen Leser solcher Publikationen gehämmerte Horrorvision eines „(aus)sterbenden Volkes“ werden bei ihnen systematisch Angstgefühle erzeugt bzw. gestärkt.[2]

Als der *Heidelberger Kreis* um Prof. Dr. Helmut Schröcke, aus dem der „Schutzbund für das Deutsche Volk“ (SDV) hervorging, nach Protesten von studentischer Seite am 31. Januar 1982 eine zweite, entschärfte Fassung des Manifests verabschiedete, das bisher bloß als Entwurf vorgelegen habe, war ein Thema in die Öffentlichkeit gebracht und inhaltlich mit dem Spannungs-

1 Siehe Heidelberger Manifest vom 17. Juni 1981, in: Neue Anthropologie 1/1982, S. 24

2 Vgl. Margret Jäger/Siegfried Jäger, Gefährliche Erbschaften. Die schleichende Restauration rechten Denkens, Berlin 1999, S. 71

verhältnis zwischen Zuwanderung und Geburtenförderung besetzt worden, das mittlerweile in Politik und Medien noch mehr Publizität beansprucht. Die sog. Neue Rechte hatte Erfolg mit ihrer der Hegemonietheorie des italienischen Marxisten Antonio Gramsci entlehnten Strategie, bestimmte Thesen der biologischen Wissenschaften vom Menschen (Ethologie, Anthropologie und Humangenetik) zu adaptieren und sie mit dem Ziel in den gesellschaftlichen Diskurs einzuspeisen, dass „Biopolitik" eine allgemeine Wertschätzung erfahre.[3]

Harald Pohl konstatierte Mitte der 80er-Jahre, in der Bundesrepublik fehlten keine Wohnungen, sondern Kinder: „Das deutsche Volk stirbt noch schneller als der deutsche Wald."[4] Um die (als niedrigste der Welt apostrophierte) Geburtenrate zu steigern, empfahl der Verfasser, die bisherige „kinderfeindliche Besteuerung" aufzugeben und das bestehende Ehegatten- in ein Familiensplitting umzuwandeln. Dass diese heute auch von einigen Repräsentant(inn)en des politischen Mainstreams vertretene Forderung zu noch mehr sozialer Ungerechtigkeit führen würde, blieb völlig außer Acht, ging es doch nicht um die Bekämpfung der Not armer Familien, sondern um Geburtenförderung mittels materieller Anreize: „Ein Familiensplitting würde infolge des höheren Divisors (Ehepartner + Kinder) noch nachhaltiger die einkommensstärkeren Schichten begünstigen."[5]

Rechtsextremisten haben das Kind seit jeher politisch instrumentalisiert und die Familie für ihre Zwecke missbraucht. Dies gilt nicht nur für den Nationalsozialismus, der mit Mutterkreuzen und Gebärprämien dafür warb, mehr (deutschen) Nachwuchs zu zeugen und aufzuziehen, den er dann von 1939 bis 1945 im größten Gemetzel der Weltgeschichte militärisch für seine Großraumträume ohne Rücksicht auf persönliche Einzelschicksale regelrecht verheizte, sondern auch für ultrarechte Kreise heute. Wieder steht das deutsche Volk im Mittelpunkt, für dessen biologische Reproduktion die Familien sorgen und dem sich die Kinder ungeachtet ihrer eigenen Bedürfnisse und Interessen mit ganzem Herzen widmen sollen.

In dem Artikel „Hat unser Volk noch eine Zukunft?", von der rechtsextremen Monatszeitschrift *Nation Europa* veröffentlicht, nannte Wiebke Stelling Mitte der 80er-Jahre als „Todsünden unserer Zeit" erstens die Aushöhlung des Paragrafen 218 StGB (Abtreibung), zweitens die Auflösung „unserer Familie" als Folge der „Berufstätigkeit unserer Mütter", drittens den linken bzw. RAF-Terrorismus als Folge der antiautoritären Erziehung, viertens die Zerstörung der Jugend durch Drogen und fünftens „die Überschwemmung

---

3 Vgl. Sebastian Reinfeldt/Richard Schwarz, Biopolitische Konzepte der Neuen Rechten, in: dies./Michel Foucault, Bio-Macht, Duisburg 1992 (DISS-Text 25), S. 9f.

4 Harald Pohl, Die wirtschaftliche Leistungsfähigkeit der Familien, in: Neue Anthropologie 1/1985, S. 15

5 Franz-Xaver Kaufmann, Zukunft der Familie im vereinten Deutschland. Gesellschaftliche und politische Bedingungen, München 1995, S. 209

durch Angehörige fremder Völker".[6] Aufgrund der „Überschwemmung mit Asylanten" und des massenhaften Asylmissbrauchs könne man (als „Abwehrreaktionen" verharmloste) Übergriffe nicht mehr mit dem Begriff „Ausländerfeindlichkeit" disqualifizieren: „Wir haben ein Recht auf unser eigenes Land, wie wir ebenso das Recht haben, daß zuerst unsere eigenen Lebensinteressen berücksichtigt werden und nicht mit Milliarden unserer Steuergelder der Asylmißbrauch auch noch begünstigt wird."[7] Wo Völker keine Kinder mehr haben wollten, rückten „gesunde Völker mit gebärwilligen Frauen" nach, um die entstandenen Leerräume auszufüllen. „Der große Bevölkerungsschwund und die fehlenden Maßnahmen unserer Regierung zeigen einen Mangel an Selbstwertgefühl des Staates. Daher ist es notwendig, daß wir zu einem natürlichen Nationalgefühl zurückfinden, daß die Freude am Kind wieder geweckt wird, daß ein Kindersegen als Sinngebung und Pflichterfüllung gegenüber kommenden Generationen wieder eine Selbstverständlichkeit wird."[8]

In der seinerzeit noch vierteljährlich vom neurechten Kasseler „Thule-Seminar" herausgegebenen Zeitschrift *elemente zur Metapolitik* beklagte dessen Leiter Pierre Krebs den Geburtenrückgang: Europa entwickle sich zum Altersheim, und der „Opa-Boom" wirke sich „entfähigend" aus, denn „die gesamte Dynamik unserer Völker" werde allmählich zerstört, was Letztere wehrlos gegenüber dem permanenten Zustrom von Migranten mache: „Das gealterte, geschwächte Europa wird eine unwiderstehliche Anziehungskraft auf riesige Bevölkerungsmassen der Dritten Welt (einem unerschöpflichen Reservoir an Jungvölkern, die von Armut und Tatkraft übersprudeln) ausüben. Vor diesen demographischen Druckerscheinungen wird sich Europa nicht schützen können."[9] Laut Krebs bildeten die Abnahme der Bevölkerung, die „äußere Gefahr der fremdstämmigen Besetzung" und die „innere Gefahr der fremdstämmigen Vermehrung" das Dreieck eines Alptraums.[10] Dafür machte der *elemente*-Redaktionsleiter, sich auf den Verhaltensforscher Konrad Lorenz berufend, in erster Linie den Liberalismus mit seiner Verherrlichung des Konsums, seinem Egalitarismus und seinem Universalismus verantwortlich.[11] Die egalitäre Gefahr bedrohe „jede ethnische Identität, jedes historische Gedächtnis, jede Kultur. Dieser Gefahr muß eine neue Weltanschauung entgegenwirken. Das bedingt eine geistige Umwälzung, eine Revolution der Ideen und Werte, eine echte kulturelle Erschütterung, die mit dem universalistischen Irrsinn aufräumen. Erst dann wird es möglich sein, eine Gesellschaft auf den organischen Gesetzen des Lebendigen aufzubauen."[12]

---

6 Siehe Wiebke Stelling, Hat unser Volk noch eine Zukunft?, in: Nation Europa 12/1986, S. 25
7 Ebd., S. 28
8 Ebd., S. 28f.
9 Pierre Krebs, Spektrale Analyse des Geburtenrückganges, in: elemente zur Metapolitik 3/1987, S. 7
10 Siehe ebd., S. 8
11 Vgl. ebd., S. 11
12 Ebd., S. 16

Dieselbe *elemente*-Ausgabe enthielt auch ein Interview mit Prof. Dr. Robert Hepp, damals Leiter der Forschungsstelle für Phänomenologische Soziologie und Bevölkerungswissenschaft an der Universität Osnabrück, Standort Vechta. Hepp sprach in Bezug auf die demografische Entwicklung der Bundesrepublik von einem „sanften Völkermord an sich selbst“ und einer „Endlösung der Deutschen Frage“, die wegen des Bevölkerungsschwundes nur noch eine Frage der Zeit sei. Wenn die deutsche Bevölkerung weiter abnehme, drohten seiner Ansicht nach größte Schwierigkeiten, in Teilbereichen auch katastrophale Folgen. Hepp nannte die Überalterung, unter der die ökonomische Risikofreudigkeit und die Innovationsbereitschaft litten.[13] Davon berührt würden auch die Machtbasis des Staates und seine Fähigkeit, sich selbst (ohne Senkung der atomaren Schwelle) militärisch gegen Aggressoren zu verteidigen. Probleme dieser Art seien der DDR fremd, weil man sich dort zu einer „geburtenstimulierenden Bevölkerungspolitik“ bekenne: „Während die Bundesregierung bei jeder Gelegenheit versichert, die Heiligkeit des Schlafzimmers sei die oberste Maxime ihres Handelns (und dabei Kondome anpreist, Sexualkundeunterricht erteilen läßt und die Geburtenkontrolle mit Steuergeldern subventioniert!), hat ein ,sozialistischer Staat‘ wie die DDR keine Skrupel, ,in das Schlafzimmer seiner Bürger hineinzuregieren‘. Ein ,liberaler‘ Staat muß sich im Fall eines Zielkonflikts zwischen dem ,Gemeinwohl‘ und dem ,Wohl des einzelnen Bürgers‘ schon aus ideologischen Gründen auf die Seite des Individuums schlagen.“[14] Deshalb sei er auch unfähig, die Selbsterhaltung seines Staatsvolkes zu gewährleisten.

Ausdrücklich gelobt wurde hingegen Rumänien, das den Verkauf von Kontrazeptiva verboten und für Abtreibung (im Wiederholungsfall) die Todesstrafe eingeführt habe. Alternativ zur Anwerbe- bzw. Migrationspolitik der Bundesregierung, die auch eine Form der Bevölkerungspolitik und daher immerhin besser als Nichtstun sei, empfahl Hepp eine *pronatalistische* Bevölkerungspolitik, die „Wertordnung“ und „Mentalität“ der Deutschen grundlegend verändern müsse: „Wenn wirklich etwas erreicht werden soll, käme man nicht daran vorbei, einige der ,sozialen Errungenschaften‘ in Frage zu stellen, die für den Geburtenrückgang in erster Linie verantwortlich sind. Indirekte ,Eingriffe‘ in die ,Freiheitssphäre‘, in das sakrosankte Schlafzimmer des deutschen Spießers, wären nicht zu vermeiden. Sie sind bei der laufenden Entwicklung nicht weniger legitim als die massive Intervention des Staates in Sachen Umwelt, Gesundheit und Sicherheit. Das ,generative Verhalten‘ ist eben heute keine rein private Angelegenheit mehr, in die sich der Staat nicht einmischen darf, denn die Zeiten sind vorbei, da die Bevölkerung sich von selbst reproduzierte.“[15]

---

13 Vgl. Robert Hepp, „... als würde der deutsche Wald das deutsche Volk überleben“, in: elemente zur Metapolitik 3/1987, S. 20

14 Ebd., S. 21

15 Ebd., S. 24

Um das „Gesamtinteresse“ zu wahren, müsse der Staat, meinte Hepp weiter, entweder die Aufzucht von Kindern in die eigene Regie übernehmen oder ihre Rahmenbedingungen so gestalten, dass es auch für das nüchtern kalkulierende (deutsche) Individuum wieder vorteilhaft sei, Kinder in die Welt zu setzen. Eine zusätzliche Voraussetzung für das Gelingen eines Kurswechsels bestehe im Sinn für überindividuelle Verpflichtungen und in der Bereitschaft, Opfer für die Gemeinschaft zu bringen. „Daß man den ‚Gemeingeist‘ bei den Deutschen auch heute noch mobilisieren kann, scheint die Kampagne gegen das Waldsterben bewiesen zu haben. Wenn etwas Vergleichbares zur Revitalisierung des deutschen Volkes geschähe, wäre die Bataille noch nicht verloren. Einstweilen sieht es allerdings so aus, als würde der ‚deutsche Wald‘ das ‚deutsche Volk‘ überleben.“[16]

Die Bevölkerungsentwicklung in Deutschland und anderswo spitze sich immer weiter zu, meinte Hubert Dröscher, der darüber eine Artikelserie in *Nation und Europa* schrieb. Seiner Meinung nach war die Krise durch folgende drei Momente gekennzeichnet: Geburtenarmut, Masseneinwanderung und Rassenvermischung (offenbar aus taktischen Gründen am Wortanfang mit „M“ geschrieben): „Das Deutsche Volk ist im Begriffe, aufgelöst und abgelöst zu werden von einer Mischbevölkerung aus Menschen aller Rassen, Kulturen und Religionen.“[17]

Während des sog. Dritten bzw. Großdeutschen Reiches ein politischer Kampfbegriff, hat das Wort „Bevölkerung“, seiner etymologischen Ableitbarkeit sowohl von „Volk“ wie von „bevölkern“ entsprechend, in der rechtsextremen Propaganda eine Doppelbedeutung als Zustand und Tätigkeit.[18] Zu den sieben Kernideologemen des völkischen Nationalismus, die Helmut Kellershohn mit Blick auf die Wochenzeitung *Junge Freiheit* (JF) herausgearbeitet hat, gehört neben der Gleichsetzung von Volk und Nation, der Überhöhung des Volkes zu einem Kollektivsubjekt und der Relativierung individueller Interessen durch den Primat der „Volksgemeinschaft“, der Rechtfertigung eines „starken“ Staates, welcher die Volksgemeinschaft mittels national gesinnter Eliten und/oder einer charismatischen Führerfigur organisiert, der Heroisierung des „Volksgenossen“, d.h. jenes „anständigen Deutschen“, der Opfer für seine Volksgemeinschaft bringt, der völkischen bzw. rassistischen Konstruktion eines „inner(staatlich)en Feindes“ sowie einem chauvinistischen Machtstaatsdenken, das auf die massive Vertretung der nationalen Interessen gegenüber dem „äußeren Feind“ pocht, ein *biopolitisches* Verständnis des „Volkskörpers“, das diesen mittels Bevölkerungspolitik bzw. Techniken der Disziplinierung des menschlichen Körpers (Familien-, Frauen- und Bildungs-

---

16 Ebd.

17 Hubert Dröscher, Die deutsche Lebenskurve, in: Nation und Europa 10/1992, S. 14

18 Vgl. Diana Hummel, Der Bevölkerungsdiskurs. Demographisches Wissen und politische Macht, Opladen 2000, S. 146

politik) gesund und kräftig erhalten bzw. machen will.[19] Wenn das deutsche Volk in diesem Sinne als Bluts- und Abstammungsgemeinschaft begriffen wird, scheidet natürlich Einwanderung als Möglichkeit, aufgrund des demografischen Wandels entstehende Lücken in der Wohnbevölkerung durch Migrant(inn)en zu schließen, aus.

Sabine van den Bruck und Renate Schmitz, die das Frauenbild der *Jungen Freiheit* untersucht haben, ziehen den Schluss: „Der JF geht es um die Kinderproduktion für ‚Volk und Vaterland'."[20] Dass im Hinblick auf die Entwicklungsländer des Südens von einer „Bevölkerungsexplosion" gesprochen werde, die mittels brutaler, auch betroffene Frauen entwürdigender Maßnahmen wie z.B. der Zwangssterilisation einzudämmen sei, während die Abtreibung in der Bundesrepublik mit Mord oder gar Massenmord („Babycaust") gleichgesetzt werde, zeigt nach Auffassung der beiden Autorinnen überdeutlich, dass es der neurechten Wochenzeitung ausschließlich um die Förderung *deutscher* Föten geht.[21] Einen Beleg für diese These liefert die Titelseite der JF-Ausgabe vom 9. März 2001. Während der Leitartikel „Ein Planet wird geplündert. Bevölkerungswachstum: Europa muß sich auf neue Wanderungsströme einstellen" für die Dritte Welt die Forderung nach einer Familienplanung unterstützt, die „auch vor Abtreibungen nicht zurückzuschrecken" habe, um damit die Bevölkerungsvermehrung in den Entwicklungsländern zu stoppen, geißelt Chefredakteur und Hauptgesellschafter Dieter Stein in dem „Eine Wende für das Leben" überschriebenen und direkt darunter stehenden Kommentar zum Embryonenschutz die vor 25 Jahren von der feministischen Linken hierzulande durchgesetzte „Freigabe der Tötung ungeborener Kinder durch Abtreibung (verniedlichend ‚Schwangerschaftsabbruch' genannt)", wodurch „seitdem jährlich Hunderttausende ungeborene Kinder legal ans Messer" geliefert worden seien.[22]

Frank Dietrich führte die Krise der sozialen Sicherungssysteme (Gesetzliche Renten-, Kranken- und Pflegeversicherung) in seinem ganzseitigen JF-Artikel „Die Einwanderungsfalle" auf eine „verheimlichte Revolution" gegen Ende der 1960er-/Anfang der 1970er-Jahre zurück: „Einerseits wurde mit der ‚Pille' Empfängnisverhütung wesentlich einfacher, andererseits vollzog sich ein grandioser Mentalitätswandel. Die Frau, die sich durch berufliche Karriere selbst verwirklicht, wurde zum gesellschaftlichen Leitbild. Die Folge ist eine demographische Implosion, wie sie die Weltgeschichte noch nicht gesehen hat. Ohne Krieg, Hungersnot oder Massenepidemien ist in einer friedlich

19 Siehe Helmut Kellershohn, Das Projekt *Junge Freiheit*. Eine Einführung, in: ders. (Hrsg.), Das Plagiat. Der Völkische Nationalismus der *Jungen Freiheit*, Duisburg 1994, S. 28

20 Sabine van den Bruck/Renate Schmitz, „Emanzipation der Frau von der Frauenemanzipation" oder: Bevölkerungspolitik à la *Junge Freiheit*, in: ebd., S. 256

21 Vgl. ebd., S. 245ff.

22 Volker Kempf, Ein Planet wird geplündert. Bevölkerungswachstum: Europa muß sich auf neue Wanderungsströme einstellen, in: JF v. 9.3.2001, S. 1; Dieter Stein, Biopolitik und Ethik: Eine Wende für das Leben, in: ebd.

prosperierenden Gesellschaft innerhalb weniger Jahre, und das ist demographisch blitzartig, die Reproduktionsrate um ein Drittel gefallen."[23] Während die „Reproduktionsrate" sinke, monierte der Verfasser, steige das „Langlebigkeitsrisiko" der Menschen. Solche inhumanen, weil technokratischen Begriffe sind an der Tagesordnung, wenn Bevölkerungswissenschaftler über die demografische Entwicklung räsonieren. Auch kennt man die von Dietrich bemühte Prognose, das Bild des Altersaufbaus der Bevölkerung in Deutschland, um 1900 noch einem gleichmäßig gewachsenen Tannenbaum ähnlich, nähere sich einer auf die Spitze gestellten Stufenpyramide und weise 2050 eine Pilzform auf, „bei der auf einem relativ schmalen Jugendsockel und einer noch etwas breiteren Generation im Erwerbstätigenalter ein stattlicher Kopf von Alten lastet".

Ähnlich pessimistische Prognosen bestimmten den ultrarechten Diskurs durchgängig. Teilweise wurde sogar die demografische Apokalypse beschworen. Hans-Joachim von Leesen berichtete am 10. November 2000 in der *Jungen Freiheit* über ein Seminar der „Staats- und Wirtschaftspolitischen Gesellschaft" (SWG) zum Thema „Wege aus der Demokratie- und Staatskrise in Deutschland". Dort hatte neben so „hochkarätigen Referenten" wie Arnulf Baring, Hans-Helmuth Knütter und Karlheinz Weißmann auch Hermann von Laer (Hochschule Vechta) einen Vortrag gehalten. „Zuwanderung in die Bundesrepublik Deutschland und ihre ökonomischen und sonstigen Folgen" lautete sein Titel. Die Ausführungen des Referenten paraphrasierend, bemerkte von Leesen: „Angesichts des Schwindens der Deutschen – pro Jahr nehmen die Deutschen um 200.000 bis 300.000 Menschen ab – ist für die Deutschen die demographische Katastrophe bereits eingetreten; die Bevölkerungsverluste sind nicht mehr aufzufangen, es sei denn, jede deutsche Frau bringt vier Kinder zur Welt, was wohl ausgeschlossen sein dürfte."[24] Positiv zu werten sei die Einwanderung osteuropäischer Aussiedler, was von Laer mit ihrer „hohe(n) Arbeits- und Anpassungswilligkeit" begründete. Gleichwohl gebe es Probleme, weil sich die Zuwanderer aus den Nachfolgestaaten der Sowjetunion kaum als Deutsche fühlten und in die Isolierung gerieten. Für den Referenten war klar, dass dies zu größeren Konflikten, wenn nicht Bürgerkriegen führen müsse: „Es wird weder zu einem fröhlichen noch zu einem friedlichen Miteinander von Ausländern und Deutschen kommen."[25] Wenn man die skizzierte Entwicklung nicht aufhalte, werde es im Jahr 2100 nur noch 15 Millionen Deutsche geben, was jedoch keinen deutschen Politiker zu interessieren scheine.

In derselben JF-Ausgabe entwickelte der Historiker Karlheinz Weißmann ein homophobes, antifeministisches und rassistisches Verschwörungsszenario über den Untergang des deutschen Volkes: „Wir sind an einem Punkt ange-

---

23 Frank Dietrich, Die Einwanderungsfalle, in: JF v. 1.6.2001

24 Hans-Joachim von Leesen, Wege aus der Staatskrise. Eine Tagung in Niedersachsen: hochkarätige Vorträge über Leitkultur und Einwanderung, in: JF v. 10.11.2000

25 Hermann von Laer, zit. nach: ebd.

kommen, an dem die Abtreibung straflos bleibt und die Schwulenehe staatlich gefördert wird und die Geburtenziffer einen Tiefpunkt erreicht, wir sind an einem Punkt angekommen, an dem die Zahl der Wehrdienstverweigerer unaufhörlich wächst und Frauen ihr Recht auf Kriegertum einklagen. Wir sind an einem Punkt angekommen, an dem die Volksvertreter nicht mehr zwischen Volk und Bevölkerung unterscheiden können, das Bürgerrecht praktisch für jeden zu haben ist und ein paar hunderttausend fremde Einwohner mehr kaum jemanden schrecken."[26]

In der rechtsextremen Monatszeitschrift *Nation und Europa* zogen Frank Westphal und Martin Lohmann historische Parallelen zum Untergang des Römischen Reiches, der durch anhaltenden Geburtenrückgang, den „demographischen Abschwung" und von der einheimischen Bevölkerung nicht akzeptierte, sondern als „Barbaren" bezeichnete Zuwanderer herbeigeführt worden sei. Die längere, unter dem Titel „Die Wiegen blieben leer" veröffentlichte Internet-Fassung ihres Artikels endete mit folgender Feststellung: „Das Fortpflanzungsverhalten ging durch die Zeitgeistkultur der Individualisierung und der christlichen Ideologisierung zurück. Die Wiegen der Römer blieben leer. Am Ende war nichts mehr von dem da, was Rom einst groß und stark gemacht hatte."[27]

Da sie die Weltgeltung eines Landes mit seiner Bevölkerungszahl in Verbindung bringen und eine „Überfremdung" durch Migrant(inn)en fürchten, treibt Neonazis und Rechtsextremisten seit jeher die Sorge um, die Deutschen könnten zu wenig Kinder bekommen. (Arbeits-)Migration wird nur als Notbehelf akzeptiert, und zwar dann, wenn sie im ökonomischen Interesse des eigenen Landes liegt. In dem „Ein sterbendes Volk" überschriebenen JF-Leitartikel bemerkte Michael Wiesberg: „Die chronische Gebärverweigerung der Deutschen zwingt zur Zuwanderung. Deutschland ist auf den Zuzug von qualifizierten Zuwanderern angewiesen, soll es nicht in Zukunft zu einem gravierenden Facharbeitermangel kommen."[28]

Fritjof Berg, Vorsitzender des Verbandes heimatvertriebener Studenten (VHDS), unterstellte den Bündnisgrünen in der *Jungen Freiheit*, die Parole „Nie wieder Deutschland!" durch „Abschaffung eines genuin deutschen Volkes und seine Ersetzung durch eine Multi-Kulti-Amorphie" realisieren zu wollen: „Die jährliche Abtreibung hunderttausender Ungeborener, die gesetzliche Etablierung des ius-soli-Prinzips zugunsten der Kinder geburtenfreudiger Menschen aus anderen Kulturkreisen und Ethnien, die Geburtenverweigerung deutscher Ehepaare, die Legalisierung der sogenannten Homo-Ehe und

---

26 Karlheinz Weißmann, Volkheit, in: JF v. 10.11.2000

27 Frank Westphal/Martin Lohmann, Die Wiegen blieben leer. Der demographische Rückgang der Römer und die unkontrollierte Zuwanderung germanischer Völker waren entscheidende Faktoren für den Untergang des Römischen Reiches, http://konservativ.de/mkg/rom.htm; vgl. auch: dies., Historisches Lehrstück: An der Überfremdung ging schon Rom zugrunde, in: Nation und Europa 7-8/2001, S. 61ff.

28 Michael Wiesberg, Ein sterbendes Volk. Bevölkerungsrückgang: Gebärverweigerung wird mit Zuwanderung bestraft, in: JF v. 8.6.2001, S. 1

die beabsichtigte Verwandlung Deutschlands in ein Einwanderungsland von Rechts wegen markieren die bereits sichtbare Entwicklung."[29]

Franz Harder bezeichnete die kinderlosen Deutschen in der *Jungen Freiheit* als „genealogische Leichen" und sprach von einer „Todesspirale", weil die heutige Enkelgeneration ihre Großeltern nur noch zu 30 Prozent ersetze: „Wir haben einen Geburtenmangel von 0,75 Millionen Kindern jährlich. In die freiwerdenden Räume rücken vitale, vermehrungsfreudige, zur Selbstbehauptung hochmotivierte, andersartige Völker ein; unser Geburtenmangel von acht Millionen Kindern entspricht nahezu der Zahl der Ausländer. Ethnische Auseinandersetzungen sind unvermeidlich."[30] Wäre der „Leichtsinn der Deutschen" nicht evident, müsste man nach Ansicht des Verfassers meinen, „deutschfeindliche Mächte" seien am Werk. In diesem Zusammenhang wurde – bestimmt nicht ohne antisemitischen Hintersinn – ein jüdischer Publizist, Henryk M. Broder, mit den Worten zitiert, es könne den europäischen Nachbarn der Bundesrepublik nur recht sein, wenn sich die „vermehrungslustige Volksgenossenschaft" auf polnisches oder französisches Format dezimiere. Schuld an der beklagten Entwicklung sei die „übertriebene Emanzipation" der letzten Jahrzehnte: „Ehescheidungen, Promiskuität, alternative Lebensgemeinschaften etc., kurz die Abkehr von christlichen Normen und abendländischer Kultur, ist Gift für die Familie."[31]

Mit der Furcht vor „Überfremdung" durch Menschen anderer „Rasse", Herkunft oder Kultur korrespondiert die Sorge um Deutschland, seine Zukunft als stärkste Wirtschaftsmacht Europas und das deutsche Volk als größter Ethnie der Alten Welt. Für die extreme Rechte steht Deutschland bzw. das Abendland aufgrund vermehrter Migration im Zeichen der Globalisierung einerseits und seiner „Vergreisung", d.h. des als krisenhaft bzw. katastrophisch interpretierten demografischen Wandels, vor dem Untergang. *Nation und Europa* klagte unter dem Titel „Die Deutschen – ein sterbendes Volk" über die fehlenden Zukunftsperspektiven: „Das deutsche Volk ist in seiner biologischen und kulturellen Existenz auf das schwerste bedroht. Der extreme Geburtenrückgang zwischen 1965 und 1975, der seitdem weiter andauert, führte zu Jahrgangsstärken, die zu einem Drittel unter denen der Elterngenerationen liegen. (...) Die Todesspirale unseres Volkes dreht sich in immer schnellerer Folge."[32] Zu den Kollektivsymbolen, die das „Aussterben des deutschen Volkes" bzw. das Überhandnehmen anderer Völker (der sog. Dritten Welt) versinnbildlichen sollen, gehört neben der „Todesspirale" und dem „krankenden Lebensbaum" vor allem die „tickende Zeitbombe", mit der gleichfalls Furcht verbreitet wird.[33]

---

29 Fritjof Berg, Land und Leute preisgegeben, in: JF v. 14.12.2001

30 Franz Harder, Die Zeche zahlen die Enkel, in: JF v. 4.1.2002

31 Ebd.

32 Uwe Rheingans, Die Deutschen – ein sterbendes Volk, in: Nation und Europa 11-12/2000, S. 20

33 Siehe z.B. Marco Meng, Die Bevölkerungsbombe tickt, in: Nation und Europa 11-12/1993, S. 26f.

Auf der Neonazi-Website *Rheinwacht* wird zur Bevölkerungsentwicklung in der Bundesrepublik verkündet: „Die Deutschen sterben aus!" Unter scheinbar seriöser Berufung auf Veröffentlichungen der Enquête-Kommission „Demographischer Wandel" des Bundestages weist man darauf hin, dass die „deutsche Stammbevölkerung" bis 2050 rapide abnehme und kollektiv altere, während sich die Anzahl der Zuwanderer fast verdreifache und außerdem stark verjünge: „Das System läßt es kalt, daß die Zahl der Deutschen durch fehlenden Nachwuchs laufend zurückgeht. Das System will den Wirtschaftsstandort Deutschland durch einen Bevölkerungsstand von 80 Millionen sichern. Das System setzt auf den Ausgleich der schrumpfenden deutschen Bevölkerung durch millionenfache Zuwanderung aus allen Erdteilen."[34] Um den Bevölkerungsrückgang auszugleichen, sei „eine aktive Politik zur Förderung deutscher (!) Familien" nötig. Abschließend heißt es: „Wir Deutsche sind das Volk und wir sind der Herr unseres Landes. Fragen Sie Ihre Abgeordneten, ob sie unser Volk erhalten oder abschaffen wollen! Setzen Sie sich, wo immer Sie können, für die Erhaltung unseres Volkes in seiner Heimat und Kultur ein. Klären Sie Ihre Verwandten und Bekannten auf. Sprechen Sie mit Ihren Kindern und der Jugend, die weit mehr als die Älteren die Betroffenen sein werden. Ohne deren Willen zur Gründung und Erhaltung deutscher Familien mit mehreren Kindern wird es ein deutsches Volk nicht mehr geben! Unser Volk braucht Ihre aktive Mithilfe, damit endlich gesunde Voraussetzungen für sein Weiterleben in eigenen Kindern und Kindeskindern entstehen können. Fordern Sie einen deutschfreundlichen Staat ein!"

Horrorvisionen, düstere Prognosen und Kassandrarufe: Bevölkerungsentwicklung im Zerrspiegel einer reaktionären Wissenschaftsdisziplin

Die rechtsextremen Politiker, Parteien und Publizisten verlangen seit jeher eine Aufwertung bzw. stärkere Berücksichtigung von Erkenntnissen der Bevölkerungswissenschaft, wenn es gilt, für den Erhalt des „deutschen Volkes" richtige Entscheidungen zu treffen. Dies verweist auf problematische Seiten der Demografie, sofern man darunter eine Wissenschaftsdisziplin versteht, die es erlaubt, mit den Methoden der exakten Naturwissenschaft unabhängig davon ablaufende Entwicklungsprozesse objektiv zu erfassen und auf der Grundlage bestimmter Gesetzmäßigkeiten zu kontrollieren bzw. zu steuern.

Eine „wertfreie" oder politisch neutrale Bevölkerungswissenschaft gibt es nicht, weil der Staat ihre Ergebnisse nutzt, um damit die politischen Vorstellungen und die sozioökonomischen Interessen gesellschaftlicher Klassen, Schichten oder Gruppen zu verwirklichen. „Erst die Betrachtung der politi-

34 Die Deutschen sterben aus!, Die Bevölkerungsentwicklung in Deutschland; http://www.front14.org/rheinwacht/texte/pt3.html v. 6.8.2001

schen Instrumentalisierung bevölkerungswissenschaftlicher Diskurse verdeutlicht den immer noch aktuellen Grundtenor bevölkerungspolitischer Maßnahmen."[35] Dies ignoriert, wer soziale Prozesse als Produkt sozialer Systeme interpretiert, ohne dass sein Modell die Steuerungsleistung der Politik bzw. des Staates berücksichtigt.

So richtig es ist, die Instrumentalisierung der Wissenschaft zu kritisieren, so wichtig wäre es, auch zu konstatieren, dass die Bevölkerungswissenschaftler ihrerseits politisch denkende und handelnde Subjekte waren, die den Staat häufig genug in eine nationalkonservative bzw. in eine rechtsextreme Richtung zu drängen suchten. Bevölkerungswissenschaftler machen es sich zu leicht, wenn sie die Verantwortung ihrer Disziplin für den NS-Völkermord leugnen und suggerieren, deren Resultate seien nur in die falschen Hände gelangt. So behaupten Herwig Birg und Helmut Koch: „Rassenwahn und Eugenik haben die Demographie missbraucht und Deutschland dem Untergang nahegebracht."[36]

Neben die quantitative Erfassung der Bevölkerung (Demografie) trat keineswegs erst im NS-Staat, sondern bereits Mitte des 18. Jahrhunderts die qualitative Beeinflussung der Bevölkerungsstruktur (Eugenik).[37] Um die Mitte des 19. Jahrhunderts gewannen Begriffe wie „Defizit", „Dekadenz" und „Degeneration" im gesellschaftlichen Diskurs an Boden. Damit verbanden sich sozialdarwinistische Vorstellungen, die im Ziel einer Züchtung des „rassisch reinen" bzw. „biologisch einwandfreien" Menschen gipfelten. Vererbungslehren stellten damals die Abstammung in den Mittelpunkt, was Rassismus und Chauvinismus eine pseudowissenschaftliche Legitimation verschaffte. Durch die Einführung der „Rassenhygiene" in der zweiten Hälfte des 19. Jahrhunderts wurde die Eugenik jedoch auch praktisch, will sagen: durch bevölkerungspolitische Maßnahmen wirksam, umgesetzt. Nunmehr unterschied man zwischen „wertvollem" bzw. verwertbarem und „unwertem" Leben. Sterilisation und Euthanasie bildeten die beiden Mittel der Selektion im Sinne einer „rassischen" Veredelung des „Volkskörpers". Markus Ottersbach schreibt resümierend: „Eine von der Politik instrumentalisierte Wissenschaft wird zur Perfektionierung *und* zur Legitimation der Zugriffe auf das Geschlechtsleben, auf die – je nach „Rassenzugehörigkeit" – Verhinderung oder Steigerung der Fruchtbarkeit, Förderung der Gesundheit oder der Sterblichkeit und auf das Migrationsverhalten und deren Ausnutzung herangezogen."[38]

---

35 Markus Ottersbach, Gesellschaftliche Konstruktion von Minderheiten. Bevölkerungspolitischer Diskurs und politische Instrumentalisierung, Opladen 1997, S. 11

36 Herwig Birg/Helmut Koch, Der Bevölkerungsrückgang in der Bundesrepublik Deutschland. Langfristige Bevölkerungsvorausschätzungen auf der Grundlage des demographischen Kohortenmodells und der biographischen Theorie der Fertilität, Frankfurt am Main/New York 1987, S. 151

37 Vgl. Peter Weingart/Jürgen Kroll/Kurt Bayertz, Rasse, Blut und Gene. Geschichte der Eugenik und Rassenhygiene in Deutschland, Frankfurt am Main 1992, S. 17

38 Markus Ottersbach, Gesellschaftliche Konstruktion von Minderheiten, a.a.O., S. 145

Die führenden Protagonisten einer möglichst aktiven Bevölkerungspolitik haben sich nie um die Nöte der Adressat(inn)en ihrer Maßnahmen gekümmert, sondern gerade die armen kinderreichen Familien zumindest nach der Geburt ihres Nachwuchses meist sich selbst überlassen. Schon der Beginn einer bevölkerungspolitisch initiierten „Menschenproduktion" im Spätmittelalter war die „Geburtsstunde einer qualitativ neuen Armut, die nicht mehr der im Mittelalter vorzufindenden ‚relativen Armut' und der ihr entgegenkommenden ‚Armenfürsorge' entsprach, sondern zu einer standes- bzw. klassenspezifischen Armut pervertierte, der eine ‚obrigkeitliche Armenpolitik' hilflos gegenüberstand."[39] Auch später fand Geburtenförderung häufig ohne Rücksicht auf die sozialen Probleme der betroffenen Frauen bzw. Mütter statt. Es ging ja auch nicht um deren Wohl, sondern um die Bedürfnisse des Staates, der – weshalb auch immer – mehr Einwohner/innen, Arbeitskräfte und/oder Soldaten brauchte.

In den letzten Jahren hat sich das Armutsbild in der Bundesrepublik erheblich verändert. Wer das Wort „Armut" hört und dabei nicht (nur) an die sog. Dritte oder Vierte Welt denkt, assoziiert damit heute meist weniger ältere Menschen, vor allem Rentnerinnen, die – in primitiven Kellerwohnungen hausend – mühselig ihr Dasein fristen, sondern eher Kinder und Jugendliche, die ohne Frühstück zur Schule kommen und/oder sich keine teure Markenkleidung wie ihre Spielkameraden leisten können.[40] Neuerdings versteht man unter „Kinderarmut" aber wieder häufiger nicht die Not junger Menschen, sondern einen Mangel an (deutschem) Nachwuchs. Genannt sei hier nur Susanne Mayer, Redakteurin der liberalen ZEIT: „Alle wissen, dass es die Kinderarmut ist, die unser Sozialsystem unterhöhlen wird. In Deutschland werden Hunderttausende von Menschen zu wenig geboren. Wer soll einst für die Älteren sorgen? Woher sollen die Wissenschaftler, die Lehrer und Computerfachleute kommen, um unserem Land eine Zukunft zu geben? Aus dem Internet? Wollen wir nur noch (?!) Fachkräfte aus der Dritten Welt abwerben?"[41] Weiter hieß es bei Mayer im Stil eines rechtsextremen Hetzblattes: „Kindermangel bedroht die Substanz des Staates. Und wieder hat es die Regierung versäumt, eine jahrzehntealte Politik der Familienverachtung (!?) grundsätzlich zu korrigieren."[42]

Auf dem Höhepunkt der Auseinandersetzung mit dem Rechtsextremismus, welcher seit langem eine Kehrtwende in der Familienpolitik verlangt, stellte Susanne Mayer in einem Leitartikel der ZEIT unter der Schlagzeile „Kinder, Kinder!" verschiedene Überlegungen an, wie die Geburtenrate der

39 Siehe ebd., S. 133f.

40 Vgl. hierzu: Christoph Butterwegge (Hrsg.), Kinderarmut in Deutschland. Ursachen, Erscheinungsformen und Gegenmaßnahmen, 2. Aufl. Frankfurt am Main/New York 2000

41 Susanne Mayer, Die betrogene Familie. Demografischer Irrsinn: Die Regierung hat die Kinder vergessen, in: Die Zeit v. 1.2.2001, S. 1

42 Ebd.

Deutschen (!) durch staatliche Maßnahmen zu steigern wäre.[43] Mayer möchte den „Notfall“, dass „immer mehr Frauen und Männer (...) einfach keine Kinder mehr (bekommen)“, durch höhere bzw. weitere Steuerfreibeträge für Familien (Umwandlung des Ehegatten- in ein Familiensplitting) und durch Strafabgaben, wie es sie am Ende der Weimarer Republik für Junggesellen und in der von ihr geplanten Form nur im NS-Regime gab („Wenn eine Familie für ein Kind im Monat 800 Mark aufbringt, könnten doch Kinderlose einen vergleichbaren Betrag an das Finanzamt abführen“) bekämpfen. Gleichzeitig sollen die Mittel für Ältere drastisch beschnitten werden. Denn die ZEIT-Redakteurin behauptete allen Ernstes, „dass jede (!?) Rente schon heute viel zu hoch ist, aufgebläht durch Summen, die eigentlich anderen zustehen – Eltern nämlich, deren Tätigkeit in Haushalt und Kindererziehung spätere Erwerbsarbeit überhaupt erst ermöglicht, die zum Rentenbezug berechtigt.“[44] Offenbar übersah die Verfasserin im Eifer des Gefechts für mehr Familienglück, dass vor allem viele ältere Frauen von Kleinstrenten leben müssen, die weit unter dem Betrag liegen, den die Bundesregierung ihres Erachtens regelmäßig für jedes Kind ausgeben soll.

Empirisch lässt sich der behauptete Zusammenhang zwischen Geldzuwendungen und einer höheren Fertilität bzw. einer größeren Gebärfreudigkeit übrigens nicht nachweisen: „Kinder werden weder im Interesse des Bevölkerungswachstums noch der Rentensicherheit gezeugt, aber auch nicht, weil man sie sich ‚leisten‘ kann. Viele gutbetuchte Familien könnten sie sich zusätzlich zu Eigenheim und Segelboot leisten, und tun es trotzdem nicht. Viele arme Familien könnten sich weitere Kinder eigentlich nicht leisten – und kriegen sie trotzdem.“[45]

Bevölkerungswissenschaftler/innen und Repräsentant(inn)en anderer Wissenschaftsdisziplinen entwickelten Argumentationsfiguren, die rechtsextremen Deutungsmustern teilweise bis ins Detail glichen. Auf diese Weise gelangte der Demografie-Diskurs, wie man das Reden bzw. Schreiben über eine negative Bevölkerungsentwicklung, die „Vergreisung“ und ähnliche Prozesse nennen kann, nach 1945 allmählich wieder vom äußersten rechten Rand des politischen Spektrums in das gesellschaftliche Machtzentrum, wo sich viele konservative und neoliberale Medienmacher/innen um seine Weiterverbreitung bemühten. So bezog man sich etwa wechselseitig aufeinander: Die rechtsextremen Publikationsorgane stützten sich gern auf reputierliche Wissenschaftler/innen oder Journalist(inn)en, um ihre politischen Stellungnahmen vom Ruch der Unseriosität zu befreien. Umgekehrt scheuten sich manche bürgerliche Gelehrte nicht, in Gazetten zitiert zu werden oder gar zu publizieren, die fast nur Neonazis abonnieren.

---

43 Vgl. Susanne Mayer, Kinder, Kinder!, Die Zahl der Deutschen fällt rapide. Noch immer fehlt eine Familienpolitik, in: Die Zeit v. 10. 8.2000, S. 1

44 Siehe dies., Die betrogene Familie, a.a.O.

45 Claudia Pinl, Wieviele Ernährer braucht das Land?, Familienpolitik als Wahlkampfschlager, in: Blätter für deutsche und internationale Politik 9/2001, S. 1126; vgl. auch: Elisabeth Niejahr, Geld allein macht nicht kinderreich, in: Die Zeit v. 11.1.2001

Der bekannte Sachbuchautor Prof. Dr.-Ing. Karl Steinbuch machte sich bereits Mitte der 80er-Jahre in einem vom „Schutzbund für das Deutsche Volk" verbreiteten und von der rechtsextremen Monatsschrift *Nation Europa* dokumentierten Text über die „gefährdete Existenz unseres Volkes" Gedanken. Kaum beachtet werde, hieß es dort, „daß das deutsche Volk (ob in der Bundesrepublik Deutschland oder in der DDR lebend) durch seine allzu kleine Geburtenrate abstirbt und daß unser Land überflutet wird durch Millionen Fremder, welche die Lösung unserer ökologischen und kulturellen Probleme erschweren."[46] Der konstatierte „Bevölkerungsschwund" in Deutschland könne „das allzugroße weltweite Wachstum" freilich nicht ausgleichen: „Selbst wenn das ganze deutsche Volk Selbstmord beginge, wäre noch nicht einmal die Zunahme der Erdbevölkerung eines Jahres ausgeglichen."[47] Als mögliche Gründe für die niedrige Geburtenrate der Deutschen würden z.B. eine Sozialpolitik, die kinderreiche Familien finanziell benachteilige, eine Gesundheitspolitik, die das ungeborene Leben nicht schütze, das Fehlen kinderfreundlicher Wohnungen und Siedlungsformen, eine die Frau den Kindern entfremdende „Gleichberechtigung" sowie eine Ideologie der „Selbstverwirklichung" genannt, die zutiefst egoistisch sei. Darin sah der Informatiker Steinbuch jedoch „nur Symptome einer grundlegenden Fehlentwicklung: Man identifiziert sich nicht mehr mit dem Deutschen Volk und seiner Zukunft."[48] Der allerorten verbreitete Pessimismus schlage auf die Geburtenrate durch, was bloß dadurch verhindert werden könne, dass man „den eingeredeten Selbsthaß und die Jammerexistenz" aufgebe, sich „der großen geschichtlichen Leistungen unseres Volkes" erinnere und seine Zukunft kraftvoll gestalte. „Unsere Politik hat ein großes vorrangiges Ziel: die Existenz unseres Volkes zu erhalten!"[49]

Die Problematik der zumindest tendenziell zahlenmäßig abnehmenden und gleichzeitig kollektiv alternden Bevölkerung der Bundesrepublik wurde gegen Ende der 80er-/Anfang der 90er-Jahre nicht nur von rechtslastigen Propagandisten, sondern auch in einer Reihe populärwissenschaftlicher Sachbücher behandelt.[50] Offenbar war es ultrarechten Kreisen gelungen, das hoch komplexe und komplizierte Thema in die Öffentlichkeit zu lancieren, wiewohl dort im Vergleich gegenüber der einschlägigen Fachliteratur sehr viel weniger fundiert argumentiert wurde, was Bettina Bräuniger, Andreas Lange und Kurt Lüscher auf die griffige Formel „Zeitdiagnose zwischen publizisti-

46 Karl Steinbuch, Die gefährdete Existenz unseres Volkes, in: Nation Europa 9/1986, S. 70

47 Ebd.

48 Ebd., S. 71

49 Ebd.

50 Vgl. z.B. Bruno Heck (Hrsg.), Sterben wir aus?, Die Bevölkerungsentwicklung in der Bundesrepublik Deutschland, Freiburg im Breisgau/Basel/Wien 1988; Hans-Georg Wehling (Red.), Bevölkerungsentwicklung und Bevölkerungspolitik in der Bundesrepublik, Stuttgart 1988; Hans Mohl, Die Altersexplosion. Doht uns ein Krieg der Generationen?, Stuttgart 1993

scher Dramatisierung und sozialwissenschaftlicher Differenzierung" brachten.[51]

Während die deutschen Fachwissenschaftler mit Blick auf die Entwicklungsländer der sog. Dritten Welt eine „Bevölkerungsexplosion" prognostizierten und dort die Anwendung rigider Maßnahmen der Geburtenkontrolle empfahlen,[52] prophezeiten sie der Bundesrepublik selbst einen rapiden „Bevölkerungsschwund", verbunden mit einer Verschiebung der Altersstruktur zugunsten von Senior(inn)en und Hochbetagten. Überalterung und „Schrumpfung" der (heimischen) Bevölkerung galten als Hauptprobleme, die durch Zuwanderung höchstens abgemildert, jedoch nicht einmal ansatzweise gelöst werden könnten. So sprach der Bielefelder Bevölkerungswissenschaftler Herwig Birg von einem „demographisch bedingten Desaster" und bezeichnete die Bundesrepublik als „demographisches Pleiteunternehmen", dessen Gläubiger „unsere Kinder" seien.[53] Die (politisch rechtslastige, nationalkonservativ bzw. neoliberal ausgerichtete) Bevölkerungswissenschaft war hauptsächlich über die „altersbedingte Erhöhung der Lohnnebenkosten und die daraus folgende demographisch bedingte Verschlechterung der Wettbewerbsposition des Standorts Deutschland" besorgt.[54]

In dem Bedrohungsszenario, das die (west)deutsche Bevölkerungswissenschaft zeichnete, fehlte auch der „Untergang des Abendlandes" nicht, wie folgender Bemerkung einer ihrer führenden Repräsentanten zu entnehmen war: „So wie der abendländische Geist an die Populationen gebunden bleibt, die ihn hervorgebracht haben, könnte die Aufzehrung ihrer demographischen Substanz auch sein Ende bedeuten."[55]

Wie Diana Hummel nachweist, ist der Bevölkerungswissenschaft nicht nur ein hohes Maß an Willkür im Hinblick auf die ihren Prognosen zugrunde gelegten Prämissen eigen, sondern auch ein Übermaß an politischer Ideologie dadurch, dass sie das Volk nicht als politisches Subjekt, vielmehr als biologisches Objekt betrachtet. „Die Demographie betreibt eine Abspaltung der körperlichen Seite von den Subjekten und ermöglicht damit eine Bemächtigung der Körper."[56] Nötig ist daher eine Fundamentalkritik an der völkisch-natio-

---

51 Siehe Bettina Bräuniger/Andreas Lange/Kurt Lüscher, „Alterslast" und „Krieg zwischen den Generationen"?, Generationenbeziehungen in aktuellen Sachbuchtexten, in: Zeitschrift für Bevölkerungswissenschaft 1/1998, S. 11

52 Vgl. dazu und zur Kritik: Diana Hummel, Der Bevölkerungsdiskurs, a.a.O.

53 Siehe Herwig Birg, Bevölkerungsentwicklung, Alterung und Einwanderungen in Deutschland – Entwicklung seit dem Zweiten Weltkrieg und Ausblick auf das 21. Jahrhundert, in: Albrecht Weber (Hrsg.), Einwanderungsland Bundesrepublik Deutschland in der Europäischen Union: Gestaltungsauftrag und Regelungsmöglichkeiten, Osnabrück 1997, S. 70

54 Vgl. ebd., S. 66

55 Josef Schmid, Der harte Faktor der Weltveränderung: die demographischen Entwicklungen bis zum Jahre 2050, in: Aus Politik und Zeitgeschichte. Beilage zur Wochenzeitung *Das Parlament* 52-53/1999, S. 22

56 Diana Hummel, Der Bevölkerungsdiskurs, a.a.O., S. 309

nalistisch orientierten, mit „Vorstellungen einer biologisch-ethnischen Abstammungsgemeinschaft" verbundenen Bevölkerungswissenschaft.[57]

Übereinstimmungen zwischen Bevölkerungswissenschaftler(inne)n und rechtsextremen Agitatoren sind nicht zufälliger Natur, sondern entspringen gemeinsamen Grundpositionen und Prämissen. Man geht vom „(deutschen) Volk" statt vom Individuum aus, was zur Folge hat, dass nationale Machtinteressen und gerade nicht die Bedürfnisse der einzelnen Menschen im Mittelpunkt stehen. Hier knüpft der *völkische* Nationalismus, im Gefolge der Globalisierung bzw. der neoliberalen Modernisierung durch den *Standort*nationalismus – eine neue Variante dieser soziale Ungleichheit legitimierenden Schlüsselideologie des Rechtsextremismus – ergänzt, aber nicht ersetzt,[58] mühelos an.

Paradoxerweise wirft die deutsche Bevölkerungswissenschaft den anderen Völkern eine übergroße Fertilität vor, die sie beim eigenen Volk sehnsüchtig vermisst. Irenäus Eibl-Eibesfeldt, Biologe, Humanethologe und Schüler des Nobelpreisträgers Konrad Lorenz, macht genetische Differenzen für das unterschiedliche „Reproduktionsverhalten" von Schwarzen und Weißen, die er „unseren europäischen Bevölkerungstypus" nennt, verantwortlich und warnt: „Pflanzen wir Europäer uns nicht fort, dann treten wir ab."[59]

Der Ökonom und Soziologe Hans-Dieter Striening verallgemeinert das Schicksal der heute zu Chile gehörenden, früher als Strafgefangenenkolonie genutzten Osterinsel. Dort verringerte sich die Bewohnerzahl nach einem ungehemmten Bevölkerungswachstums, einer rasanten Zerstörung des begrenzten Lebensraumes und grauenhaften Gemetzeln. Striening, der bei IBM Deutschland und als Hochschullehrer tätig war, greift auf die berühmt-berüchtigte Bevölkerungslehre des britischen Pfarrers Thomas Robert Malthus zurück und prognostiziert: „Eine Apokalypse aus Krankheiten, Umweltkatastrophen, Hungersnöten, Arbeitslosigkeit, Wanderungen und Kriegen droht, falls es nicht gelingt, eine wirksame Weltbevölkerungspolitik zu entwerfen und umzusetzen."[60] Die *Junge Freiheit* brachte eine Empfehlungsrezension von Strienings Buch über das „Osterinsel-Syndrom", der sie – in Anlehnung an eine Kapitelüberschrift daraus – den Titel „Die demographische Apokalypse" gab.[61] Was die neurechte Wochenzeitung lieber verschwieg: Striening erklärt nicht nur eine durchgreifende Reform des Staatsbürgerschaftsrechts und „eine Überwindung des ethnisch verengten nationalen Denkens" für „überfällig", sondern auch einen Bewusstseinswandel in den Aufnahmeländern: „Statt

57 Siehe ebd., S. 304

58 Vgl. hierzu: Christoph Butterwegge, Rechtsextremismus, Freiburg im Breisgau/Basel/Wien 2002, S. 120ff.

59 Irenäus Eibl-Eibesfeldt, Wider die Misstrauensgesellschaft. Streitschrift für eine bessere Zukunft, 2. Aufl. München/Zürich 1995, S. 134

60 Hans-Dieter Striening, Das Osterinsel-Syndrom. Bevölkerungswachstum – Armut – Arbeit – Wohlstand, Düsseldorf/Berlin 2001, S. 44

61 Volker Kempf, Die demographische Apokalypse. Hans-Dieter Striening zufolge droht der Welt das Schicksal der Osterinsel, in: JF v. 12.10.2001

der häufigen, aus Unkenntnis resultierenden Vorurteile und den dumpfen Ängsten um den eigenen Besitzstand muss sich die klare Erkenntnis durchsetzen, dass wir, das heißt die meisten Volkswirtschaften der Industrieländer, auf Zuwanderung von Außen angewiesen sind.“[62]

Ein immer mehr um sich greifender demografischer Defätismus ist schon deshalb unangebracht, weil sich die Bevölkerungswissenschaft in der Vergangenheit häufig genug irrte. So werden die demografischen Entwicklungsperspektiven heute zu einem Schreckensszenario verdüstert, das Stefan Hradil an entsprechende Prognosen aus den 70er- und 80er-Jahren erinnert, die sich freilich nicht bewahrheiteten: „Auch damals haben die maßgebenden Prognosen ein Schrumpfen der Bevölkerung vorausgesagt. Hauptsächlich in Folge der Zuwanderung, von der die Prognostiker damals nichts oder zu wenig wissen wollten, blieb die Bevölkerung Westdeutschlands jedoch bis in die 90er Jahre hinein stabil.“[63]

Für den nationalkonservativen Bevölkerungswissenschaftler Josef Schmid birgt die demografische Entwicklung besonders der sog. Dritten Welt nur tödliche Gefahren und unabsehbare Risiken in sich: „Sie“ bedrohen „uns“, was eine existenzielle Herausforderung des Westens darstellt, die sich nicht mehr beherrschen lässt. Wie die militärischen Metaphern (z.B. „Bevölkerungsbombe“ oder „Immigrationswaffe“) illustrieren, hilft da – wenn überhaupt – nur noch der Krieg, verstanden als Verteidigung der Heimat bzw. des eigenen Volkes. „In der Demographie der Dritten Welt stecken Drohpotentiale gegenüber der modernen Welt: die Abwanderung von Bevölkerungsteilen würde ein Land kaum schwächen, den Westen aber destabilisieren. (...) Ethnische Konflikte, Säuberungen und Separatismen werden an der Tagesordnung sein. Im Drogenanbau und -verkehr wie der organisierten Kriminalität steckt eine weitere Erpressung. Eine stattliche Anzahl von Staaten mit über 50 Millionen Menschen wird über ein gefährliches Waffenarsenal verfügen und – im Konfliktfall – sich nicht mehr für moralisch begründete Interventionen des Westens eignen.“[64]

Schmid, Professor für Bevölkerungswissenschaft an der Universität Bamberg, begreift das 20. Jahrhundert – totalitarismustheoretisch verbrämt – im Rückblick als „ideologisches Jahrhundert“, das durch den Kommunismus und den Faschismus als „Diesseitsreligionen“ geprägt worden sei. Ihm folge nunmehr das „demographische Jahrhundert“, in dem die Bevölkerungsentwicklung über das Wohl und Wehe der ganzen Menschheit entscheide. Nicht mehr sozioökonomische Interessen, (subjektive) politische Überzeugungen und persönliche Dispositionen sind danach für den Fortgang der Geschichte maßgeblich, sondern (objektive) biologische Konstanten und Determinanten.

62 Hans-Dieter Striening, Das Osterinsel-Syndrom, a.a.O., S. 213 bzw. 217

63 Stefan Hradil, Bevölkerungsentwicklung und Gesellschaftsveränderung in den kommenden Jahrzehnten, in: Gegenwartskunde 3/2001, S. 387

64 Josef Schmid, Bevölkerungswachstum und internationales Konfliktpotential – vom ideologischen zum demographischen Jahrhundert, in: Zeitschrift für Bevölkerungswissenschaft 3-4/2000, S. 489

Was Schmid als „Durchbruch der demographischen Sicht auf zentrale Zukunftsaufgaben" begrüßt, impliziert eine Tendenz zur Entpolitisierung, weil soziale Fragen auf demografische Probleme reduziert und restriktive Lösungen im Sinne des National- bzw. Liberalkonservatismus als natürlich dargestellt und damit präjudiziert werden: „Der Bereich des Sozialen steht endgültig unter dem Einfluss der Altersstruktur. Die Debatten um die Stabilität eines Alterssicherungssystems drehen sich nicht mehr oberflächlich um Finanztransfers, sondern um die Folgen der demographischen Gewichtsverlagerung von Jung zu Alt."[65]

Hier setzte auch die Analyse des britischen Wirtschaftsjournalisten Paul Wallace an. Er sprach in seinem Buch „Altersbeben" von einer „seismischen Verwerfung" und einem epochalen Wandel: „Mit dem 21. Jahrhundert bricht ein neues Zeitalter an, in dem wir nicht länger jung sein werden."[66] Die demografische Entwicklung gleiche einer unsichtbaren Hand, die wesentlichen Einfluss auf den Wirtschaftsprozess habe. Wallace begründete damit die Notwendigkeit einer (Teil-)Privatisierung der Altersvorsorge: „Wenn nicht zusätzliche Rentenfonds eingeführt werden, um die Last der unbezahlbar großzügigen staatlichen Altersversorgung zu vermindern, werden viele europäische Länder auf ihrer Titanic volle Kraft voraus gegen den demografischen Eisberg donnern."[67] Der bewährte Generationenvertrag (Umlageverfahren in der Gesetzlichen Rentenversicherung) wird zum Auslaufmodell erklärt, das Kapitaldeckungsprinzip geradezu glorifiziert. Dabei zeigten das Absacken der Aktienkurse nach den Terroranschlägen vom 11. September 2001 und die Entwertung der Betriebsrente des bankrott gegangenen US-amerikanischen Energiekonzerns Enron besonders eindrucksvoll, wie problematisch es ist, auf die Börse und Maßnahmen privat(wirtschaftlich)er Vorsorge zu setzen, wenn es um die Stabilität und Verlässlichkeit der Alterssicherung geht. „Aus Sicht der abhängig Beschäftigten stellt sich der Einstieg in das Kapitaldeckungsverfahren ohnehin als wenig attraktive Maßnahme dar. Abgesehen von Umstellungsschwierigkeiten, die fast unvermeidlich überproportionale Belastungen einzelner Jahrgänge nach sich ziehen, führt die rot-grüne Rentenreform im Ergebnis zu einem sinkenden Leistungsniveau für alle Rentnerinnen und Rentner bei gleichzeitig höheren individuellen Leistungen in der Beitragsphase."[68]

Im Oktober 1992 setzte der Bundestag auf Antrag der SPD, der CDU/CSU und der FDP eine Enquête-Kommission „Demographischer Wandel –

---

65 Ders., Bevölkerungsentwicklung und Migration in Deutschland, in: Aus Politik und Zeitgeschichte 43/2001, S. 20

66 Paul Wallace, Altersbeben. Wie wir die demografische Erschütterung in Wirtschaft und Gesellschaft meistern werden, Frankfurt am Main/New York 1999, S. 11

67 Ebd., S. 205

68 Norbert Reuter, Generationengerechtigkeit als Richtschnur der Wirtschaftspolitik?, in: Christoph Butterwegge/Michael Klundt (Hrsg.), Kinderarmut und Generationengerechtigkeit. Familien- und Sozialpolitik im demografischen Wandel, Opladen 2002, S. 93

Herausforderungen unserer älter werdenden Gesellschaft an den einzelnen und die Politik“ ein, die im Juni 1994 ihren Ersten und nach einem Fortführungsbeschluss des Parlaments im Oktober 1998 ihren Zweiten Zwischenbericht vorlegte.[69] Aufgrund ihrer pluralistischen Zusammensetzung gab die Kommission auch nach Beendigung ihrer Arbeit im April 2002 politisch ausgewogene Empfehlungen, welche sich wohltuend von denen anderer Expertengremien unterschieden. Je drastischer Bevölkerungswissenschaftler den Rückgang der Geburtenrate ansetzen und je lauter sie die Überalterung der Gesellschaft skandalisieren, desto schneller und stärker wächst nämlich ihr geistig-politischer Einfluss. So berichtete der SPIEGEL, das Bundesverfassungsgericht in Karlsruhe habe sich „sichtlich beeindruckt“ gezeigt, als Herwig Birg bei einer Anhörung auf von ihm berechnete Trends hinwies: „Um in den nächsten 50 Jahren den Zusammenbruch etwa der Pflegeversicherung durch die Vergreisung der Gesellschaft abzuwenden, so Birg, dürften theoretisch Männer erst mit 74 in Rente gehen, müssten 188 Millionen jüngerer Menschen einwandern oder jede Frau im Schnitt 3,8 Kinder gebären.“[70] Die Mitglieder der sog. Süssmuth-Kommission wiederum wurden bei einer ihrer ersten Sitzungen durch Prognosen des Bevölkerungswissenschaftlers Rainer Münz „verblüfft“, wie dasselbe Nachrichtenmagazin unter Hinweis auf seine zentrale These meldete: „Die Bevölkerung in Deutschland wird unaufhaltsam schrumpfen. Der demografische Aderlass ist auch durch noch so hohe Zuwanderungsraten nicht zu stoppen, bestenfalls abzufedern.“[71]

Auch Birg hob in einem Gutachten für die bayerische Staatsregierung hervor, das demografische Problem der Bundesrepublik lasse sich nicht durch Ausweitung der Zuwanderung lösen, die er als „falsche Weichenstellung von geschichtlicher Tragweite“ bezeichnete. Vielmehr sei aufgrund der Integrationsschwierigkeiten „eine wirksame Begrenzung der bereits stattfindenden Zuwanderung“ nötig: „Eine nachhaltige Bevölkerungspolitik muss sich darum bemühen, die Probleme aus eigener Kraft zu lösen. Dazu gehören in erster Linie eine Erhöhung der Geburtenrate, die – wie das Beispiel Frankreichs zeigt – nicht unerreichbar ist, sowie Maßnahmen zur Ausschöpfung des Arbeitskräftepotenzials. Weitere Zuwanderung birgt gesellschaftspolitisch und kulturell erhebliche Risiken, vor allem hinsichtlich der dann nicht mehr gegebenen Integrationsfähigkeit, wenn die Mehrheitsbevölkerung in bestimmten Regionen und Altersgruppen in die Minderheit gerät. Diese Risiken sind we-

69 Vgl. Deutscher Bundestag, Referat Öffentlichkeitsarbeit (Hrsg.), Demographischer Wandel. Zweiter Zwischenbericht der Enquête-Kommission „Demographischer Wandel – Herausforderungen unserer älter werdenden Gesellschaft an den einzelnen und die Politik“, Bonn 1998, S. 36ff.

70 Dietmar Hipp/Alexander Neubacher, Altersvorsorge: Asoziales Projekt, in: Der Spiegel v. 2.4.2001, S. 56

71 Horand Knaup/Christoph Mestmacher, Einwanderung: Bremsen für den Zuzug, in: Der Spiegel v. 14.4.2001, S. 44

sentlich höher und für Staat und Gesellschaft von größerer Tragweite als die mit der Schrumpfung verbundenen Konsequenzen."[72]

Der Bevölkerungswissenschaftler Birg fungiert schon seit vielen Jahren als Kronzeuge für die demografischen Katastrophenszenarios der extremen Rechten. Die *Junge Freiheit* berichtete unter dem Titel „Deutsche werden zur Minderheit im eigenen Land" über sein Gutachten für das Land Bayern. „Die Analyse dient der CSU-Regierung jetzt als intellektuelle Wahlkampfmunition. Das Gutachten versteht sich brisanterweise als Antwort auf den Bericht der von der Parteifreundin Rita Süssmuth geleiteten Arbeitsgruppe. (...) Auch wenn das Gutachten es nicht ausspricht, so legt es doch sogar eine Rückführung bereits Eingereister nahe. Die CSU redet zwar von ‚nationaler Identität' und fordert Veränderungen des rot-grünen Gesetzentwurfs. Ob nach dem Bundestagswahlkampf mehr als vage Korrekturen umgesetzt werden, bleibt dahingestellt."[73] Birgs fragwürdigen Analysen hielt der Freiburger Politikwissenschaftler und Migrationsforscher Dieter Oberndörfer entgegen, sie seien „in weiten Teilen nicht durch die Fakten gedeckt und in ihren Schlussfolgerungen gefährlich. Denn Deutschland wird seine Wirtschaftskraft nur erhalten können, wenn es zu einer deutlichen Zuwanderung kommt. Allerdings muss die Politik dann endlich ihre passive Haltung in der Integrationspolitik aufgeben."[74]

Zahlen über die Bevölkerungsentwicklung erhält man auch von den Vereinten Nationen, die sich seit langem mit demografischen Trends beschäftigen. Im März 2000 präsentierte die UNO-Abteilung für Bevölkerungsfragen eine Studie, die für einige Schlagzeilen sorgte.[75] Während die „Fruchtbarkeitsrate" im Bundesgebiet während des Zeitraums von 1960 bis 1965 noch bei 2,49 Kindern pro Frau lag, ging sie zwischen 1990 bis 1995 auf 1,30 zurück. Lag die durchschnittliche Lebenserwartung innerhalb des Zeitraums von 1950 bis 1955 bei 67,5 Jahren, so stieg sie innerhalb von vier Jahrzehnten sukzessive an und erreichte in den Jahren 1990 bis 1995 schon 76 Jahre. Der Anteil der über 65-Jährigen stieg von 9,7 Prozent (1950) auf 15,5 Prozent (1995), während der potenzielle Unterstützungskoeffizient (d.h. die Relation zwischen der Zahl von Personen im erwerbsfähigen Alter und von über 65-jährigen Personen) von 6,9 im Jahre 1950 auf 4,4 im Jahre 1995 fiel. Zusammen-

---

72 „Von Zuwanderung profitiert vor allem der Migrant, nicht der Staat". Was der Bielefelder Bevölkerungsforscher Herwig Birg im Auftrag des Landes Bayern herausgefunden hat/Die Zusammenfassung seines Gutachtens, in: Frankfurter Rundschau v. 18.1.2002

73 Ronald Gläser, Deutsche werden zur Minderheit im eigenen Land. Ausländer: Gutachten des Bevölkerungswissenschaftlers Herwig Birg über Armutsmigration stellt Zuwanderung in Frage, in: JF v. 15.2.2002

74 Nur Zuwanderung sichert den Wohlstand Deutschlands. Dieter Oberndörfer über die kollektive Verdrängungsmentalität der Politiker und die verfehlte Ausländerpolitik, in: Frankfurter Rundschau v. 21.1.2002

75 Vgl. unter: http://www.uno.de/presse/2000/unic242.htm v. 16.7.2001; http://www.un.org/esa/population/migration.htm v. 16.7.2001.

fassend konstatierte die UN-Pressestelle: „Deutschland bräuchte jährlich 6.000 Zuwanderer pro 1 Million Einwohner, um den Anteil von Personen im arbeitsfähigen Alter an der Bevölkerung zu halten.“[76]

Ein Tabubruch scheint vorprogrammiert: Rückkehr der Bundesrepublik zur Bevölkerungspolitik?

Als einzig sinnvoller Ausweg aus dem „demografischen Dilemma“ wurde in den rechtsextremen Publikationsorganen, die wir zitiert haben, eine Rückkehr zur deutschen Familientradition und zu einer pronatalistischen – mit entsprechenden Maßnahmen die Gebärfreudigkeit der (deutschen) Frauen fördernden – Bevölkerungspolitik angesehen. Aber auch nationalkonservative Kreise neigen angesichts der häufig in alarmistischer Manier dramatisierten demografischen Entwicklung stark zu solchen Lösungen.

Seit die Geburtenrate in der Bundesrepublik gegen Ende der 60er-/Anfang der 70er-Jahre als Folge eines ständig wachsenden Wohlstandes, eines höheren (Aus-)Bildungsniveaus und einer steigenden Erwerbsquote der Frauen bei gleichzeitiger Verbesserung der Methoden und Einführung neuer Mittel zur Empfängnisverhütung (Antibabypille) sank, wurde von konservativer Seite versucht, eine pronatalistische Familien- und Bevölkerungspolitik wieder hoffähig zu machen. Genannt sei hier nur das 1975 erschienene Buch „Grundfragen der Bevölkerungspolitik“. In den abschließenden 40 Thesen bezeichnete sein Verfasser Max Wingen, damals Ministerialrat im Bundesministerium für Jugend, Familie und Gesundheit sowie Honorarprofessor an der Ruhr-Universität Bochum, unter dem Titel „Bevölkerungspolitik als gesellschaftspolitische Aufgabe“ indirekt wirkende Maßnahmen als „weniger problematisch“, weil sie die freie Entscheidung des Einzelnen nicht beeinträchtigten, sondern nur auf den Datenkranz einwirkten, innerhalb dessen individuelle Entscheidungen getroffen würden: „Aufgrund von übermächtigen wirtschaftlichen Anreizen oder Belastungssituationen kann es indessen einen Umschlag von ‚Quantität‘ in ‚Qualität‘ im Sinne einer Annäherung an ‚Zwang‘ geben. Ein *isolierter* Einsatz wirtschaftlicher Leistungen zwecks Hebung der Geburtenfreudigkeit verspricht erfahrungsgemäß wegen der Einbettung des generativen Verhaltens in ein umfassendes gesellschaftliches Werte- und Normensystem wenig Erfolg.“[77]

Am 18. Juli 1979 richtete die CDU/CSU-Bundestagsfraktion eine Große Anfrage zum Thema „Grundprobleme der Bevölkerungsentwicklung in der Bundesrepublik“ an die sozial-liberale Koalition. Innenminister Gerhard Baum (FDP) antwortete am 26. Oktober desselben Jahres für die Bundesregierung, man beobachte die Bevölkerungsentwicklung mit großer Aufmerk-

---

76 http://www.uno.de/presse/2000/unic242.htm v. 16.7.2001

77 Max Wingen, Grundfragen der Bevölkerungspolitik, Stuttgart 1975, S. 125 (These 29)

samkeit und sei sich der daraus resultierenden Probleme und Möglichkeiten bewusst. SDV-Geschäftsführer Hubert Dröscher kritisierte im Nachhinein, das Ziel der „Volkserhaltung" sei auch bei der Plenardebatte am 6. März 1980 darüber gänzlich unberücksichtigt geblieben: „Selbst der CDU/CSU-Opposition als Initiatorin kam es nicht eigentlich auf die Erhaltung des deutschen Volkes an, sondern vor allem auf eine ausgewogene Altersstruktur für die nächsten Jahrzehnte, der Rente wegen."[78]

Als die SPD/FDP-Regierung 1980 den ersten Teil ihres Bevölkerungsberichts veröffentlichte, den eine interministerielle Arbeitsgruppe unter Leitung des Innenressorts erstellt hatte, fragten erschreckte Politiker/innen und Journalist(inn)en, ob die Deutschen ausstürben; fünf Jahre später machte die WELT im Rahmen einer Serie von Horst Stein „Die lautlose Katastrophe" einen Artikel mit der Frage „Bleiben genug Deutsche übrig, um den Fortschritt in Gang zu halten?" auf.[79] Nach dem Regierungswechsel im Herbst 1982 häuften sich generell die Meldungen über die „ungünstige" demografische Entwicklung. Beispielsweise berichtete die *Frankfurter Allgemeine Zeitung* im Dezember 1983, die CDU/CSU-geführte Bundesregierung mache sich Sorgen hinsichtlich des prognostizierten Bevölkerungsrückgangs.[80] Seither fanden Positionen der sog. Neuen Rechten zur pronatalistischen Familien- und Bevölkerungspolitik teilweise auch einen stärkeren Widerhall bzw. Bestätigung im täglichen Regierungshandeln.

Gleichwohl wurden die CDU-Politiker Heiner Geißler und Rita Süssmuth, die man als zuständige Fachministerin feministischer Emanzipationsbestrebungen, einer „Preisgabe des bürgerlichen Familienideals" sowie einer „Relativierung der Naturordnung" bezichtigte, scharf kritisiert: „Rita Süßmuth steht für eine Politik, die weiterhin der Zerstörung von Familien Vorschub leistet, dem Geburtenschwund und der drastischen Minderung unseres Volksbestandes tatenlos zusieht und eine Gesellschaftsveränderung betreibt, die Geschlechtergleichheit als oberste Sinn- und Zweckerfüllung fordert."[81] Die vom damaligen Bundeskanzler Helmut Kohl in seiner ersten Regierungserklärung versprochene „geistig-moralische Erneuerung" sei ausgeblieben und die Scheidungsquote steige weiter „in kühner Kurve" an, beklagte Gustav Sichelschmidt: „Der schizophrene Zustand, daß man sich um die Erhaltung aussterbender Tierarten mit aller Energie ins Zeug legt, aber für den Schutz ungeborenen Menschenlebens auch nicht einen Finger rührt, daß man Holocaust-Verbrechen mit dem Brustton der sittlichen Empörung in alle Welt hin-

78 Hubert Dröscher, Bevölkerungspolitischer Rahmen, in: Nation und Europa 2/1993, S. 39

79 Ansgar Skriver, Zu viele Menschen?, Die Bevölkerungskatastrophe ist vermeidbar, München 1986, S. 117

80 Vgl. „Die Deutschen sterben aus". Bonn über den Rückgang der Bevölkerung besorgt, in: FAZ v. 15.12.1983

81 Siehe Wolfgang Hieber, Familienpolitik der CDU nach Art der Süßmuth, in: Nation Europa 12/1986, S. 31

ausposaunt, aber eigene Kinder zerstückelt, wird auf die Dauer immer unerträglicher."[82]

Hubert Dröscher berichtete in *Nation Europa* über einen Fachkongress „Bevölkerung in der Bundesrepublik Deutschland", den die Politische Akademie der Konrad-Adenauer-Stiftung am 9./10. Oktober 1986 in Bonn durchgeführt hatte.[83] Uneinigkeit habe hinsichtlich demografischer Prognosen, also Modellrechnungen über die künftige Entwicklung der deutschen Bevölkerung, geherrscht: „Letztere durch Hinzuzählen von Millionen Einbürgerungen von Fremden statistisch zu vergrößern, ist freilich unsinnig, denn auf diese Weise können die Deutschen aussterben, ohne daß die Zahl deutscher Staatsbürger dabei abnimmt."[84] So machte Dröscher klar, dass die Zuwanderung bzw. der „Import von Immigranten statt Produktion von Kindern", wie er sich ausdrückte,[85] wegen seines völkisch-biologistischen Weltbildes keine Lösung der Problematik des Geburtenrückgangs darstellte. Über ein anderes, damit verbundenes Problem habe die Tagung gar nichts ausgesagt: das der „Vermischung. Ausgehend von einer jetzt noch kleinen Vermischungsrate würde sie in den kommenden Jahrzehnten eine schnell zunehmende Wirkung erreichen, indem sie die deutsche Nettoreproduktionsrate (NRR) laufend weiter herabdrückt, weil in jeder Generation ein immer größerer Teil von Deutschen durch die Mischehe mit Fremden keine beidseitig deutschen Kinder mehr haben kann."[86]

Dröscher verlangte eine „geburtenfördernde Politik" als Zeichen des Selbstwertgefühls und des Überlebenswillens einer Kulturnation, die erkennen müsse, dass Geburten und Kinder längst einen „Wert an sich" darstellten, wohingegen Zuwanderung jedweder Art unterbleiben sollte: „Mit dem Draußenlassen der Fremden wären uns all jene heute fehlenden Anreize geschaffen, den nötigen Nachwuchs selbst zu zeugen, zu gebären und aufzuziehen, meint der Verfasser dieser Zeilen. Das Weglassen der im Grunde deutschfeindlichen Bevölkerungspolitik und die Einführung einer umfassend deutschfreundlichen brächte also doppelte Wirkung, ausreichend zur Stabilisierung unseres Volkes."[87]

Um die Jahrtausendwende beklagte Karl Schwarz, Bevölkerungspolitik sei noch immer durch die „Untaten des Naziregimes kompromittiert", was viele Bevölkerungswissenschaftler von einem politischen Engagement abhal-

---

82 Gustav Sichelschmidt, Familienpolitik oder Gesellschaftsveränderung?, in: Nation Europa 11-12/1989, S. 57

83 Die Beiträge (u.a. von Charlotte Höhn, Josef Schmid und Max Wingen) erschienen in: Bruno Heck (Hrsg.), Sterben wir aus?, a.a.O.

84 Hubert Dröscher, Zum 1. Fachkongreß der Konrad Adenauer-Stiftung: „Bevölkerung in der Bundesrepublik Deutschland", in: Nation Europa 12/1986, S. 22

85 Siehe ebd., S. 23

86 Ebd.

87 Ebd., S. 24

te.[88] Deshalb warb Schwarz dafür, Bevölkerungswissenschaft als wissenschaftliche Disziplin und praktisches Engagement aufzufassen, was er damit begründete, dass die demografische Lage keine andere Wahl lasse, weil die Entwicklung der Bevölkerung „die Erhaltung des Humankapitals und Deutschlands als Wirtschaftsstandort" gefährde.[89] Schwarz forderte die Demografen „zum Einstieg in die Bevölkerungspolitik" (historisch genauer wäre es wohl, von einem „Wiedereinstieg" zu sprechen) auf. Denn man kann sich seiner Meinung nach als Bevölkerungswissenschaftler nicht auf die Position zurückziehen, die Deutschen sollten ruhig aussterben, wenn sie es wollten, aber auch nicht einfach abwarten, wie künftige Generationen mit der Entwicklung fertig würden. Obwohl in Deutschland vor 60 Jahren auf einer sehr viel größeren Fläche nur 60 Millionen Menschen gelebt hätten, von denen viele damals meinten, einem „Volk ohne Raum" anzugehören, und viele Umweltprobleme bei einer kleineren Bevölkerung leichter zu bewältigen seien, dürfe man der Frage nach einer pronatalistischen Bevölkerungspolitik und/oder einer gezielten Einwanderungspolitik nicht ausweichen.[90]

In einem Artikel, den die von der Konrad-Adenauer-Stiftung herausgegebene Monatszeitschrift *Die politische Meinung* veröffentlichte, sprach sich Max Wingen für eine „bevölkerungsbewusste Familienpolitik" aus. „Um der Zukunftsfähigkeit unseres Gemeinwesens willen geht es unter dem demographischen Aspekt um einen notwendigen, im Grunde überfälligen Politikwechsel im Feld der Gesellschafts- und Familienpolitik. Hier rückt dann der Zusammenhang von Familienpolitik und Geburtenentwicklung betont ins Blickfeld nicht nur der gesellschaftspolitischen Diskussion, sondern auch der familien- und bevölkerungswissenschaftlichen Analysearbeiten."[91] Generative Entscheidungen seien persönliche Angelegenheiten der Paare selbst und müssten es bleiben; hinsichtlich ihrer objektiven Konsequenzen erklärte Wingen sie jedoch für „gesellschaftlich hochgradig relevant. Darum sind Kinder auch keine reine Privatangelegenheit, mit der die einzelne Familie allein fertig zu werden hat."[92]

Glaubt man Konrad Adam, WELT-Chefkorrespondent und früher FAZ-Redakteur, besteht in der Bundesrepublik die Tendenz, sich „in demographischen Dingen politisch dumm zu stellen", was eine Spätfolge des sog. Dritten Reiches sei: „Man glaubt aus der Geschichte zu lernen, indem man die Bevölkerungspolitik mit einem Odium von Blut und Boden umgibt; womit man freilich nur dem Mißbrauch, den die Nazis trieben, einen zweiten, diesmal demokratischen Mißbrauch folgen läßt. Denn selbstverständlich gehört die Sorge um den Bestand und die Zusammensetzung der Bevölkerung zu den le-

---

88 Karl Schwarz, Aufforderung an die Demographen zum Einstieg in die Bevölkerungspolitik, in: Zeitschrift für Bevölkerungswissenschaft 3-4/2000, S. 431

89 Siehe ebd.

90 Ebd., S. 434

91 Max Wingen, Bevölkerungsbewusste Familienpolitik. Zuwanderung im Fadenkreuz der Diskussion, in: Die politische Meinung 12/2001, S. 39

92 Ebd., S. 40

gitimen Staatsaufgaben, auch und vor allem in der Demokratie, wo das Volk schließlich den Souverän vorstellt."[93]

Der Würzburger Politikwissenschaftler Tilman Mayer bemerkte in seinem Buch „Die demographische Krise", dass der Hitlerfaschismus mit seiner Bevölkerungs- und Rassenpolitik die deutsche Debatte um Bevölkerungsfragen „kontaminiert" habe. Man sei deshalb gut beraten, jede „Wiederholungstäterschaft" zu vermeiden. Mayer wies darauf hin, dass „der Tabu-Tatbestand offenbar auch nicht durch alarmistische Statements aus der Welt zu schaffen" sei: „Derartige Äußerungen – über das Aussterben des deutschen Volkes, die ‚Endlösung der deutschen Frage' – werden entgegen der Intentionen der Verfasser als maßlose Übertreibungen empfunden, als unseriös oder tendenziös abgelehnt und sind auch deshalb als kontraproduktiv tatsächlich (!?) abzulehnen."[94] Da die Bevölkerungsfrage hierzulande nicht nur unter dem NS-Tabu leide, sondern auch als peinlicher Eingriff in die Intimsphäre oder staatliche Anmaßung einer sozialen Kontrolle gelte, forderte Mayer – man kann unterstellen, primär aus taktischen Gründen – eine Uminterpretation. Pronatalismus deutet er nicht mehr als gezielte Geburtenförderung oder Kinderwunscherzeugung, sondern als eine Politik, die der Verwirklichung des Kinderwunsches potenzieller Eltern diene, was dem Verfassungsauftrag (Art. 6 GG) entspreche und wofür sich in der Bundesrepublik außerdem eher die nötige Akzeptanz herstellen lasse.

Blut- und erborientierte Ideen seien gerade in Deutschland „vergiftet", stellte die *Berliner Zeitung* fest. Die historisch begründete „Verspannung" sah man zwar als berechtigt an, gleichwohl hindere sie Deutschland allerdings daran, sein Bevölkerungsproblem als solches zu behandeln. In diesem Zusammenhang wurde die „Bevölkerungspolitik" zwischen 1933 und 1945 als „durchaus effektiv" bezeichnet,[95] was schon ganz in die Nähe ihrer endgültigen Rehabilitation führte.

Mehrfach fragte denn auch die ZEIT ihre Interviewpartner/innen, ob „wir eine Bevölkerungspolitik für Deutschland" bräuchten. Die bayerische SPD-Politikerin Renate Schmidt erteilte diesem Ansinnen eine klare Absage: „Das Wort entsetzt mich. ‚Bevölkerungspolitik' bedeutet, dass man versucht, Menschen durch materielle Anreize dazu zu bewegen, mehr Kinder zu bekommen, als sie wollen."[96] Solche Versuche seien von vornherein zum Scheitern verur-

---

93 Konrad Adam, Für Kinder haften die Eltern. Die Familie als Opfer der Wohlstandsgesellschaft, Weinheim/Berlin 1996, S. 207

94 Tilman Mayer, Die demographische Krise. Eine integrative Theorie der Bevölkerungsentwicklung, Frankfurt am Main/New York 1999, S. 37

95 Siehe Maritta Tkalec, Deutschland ohne Kinder, in: Berliner Zeitung v. 2./3.2.2002

96 „Mehr Männerförderung!", Die SPD braucht eine neue Familienpolitik. ZEIT-Gespräch mit Renate Schmidt, in: Die Zeit v. 19.10.2000. Titel und Untertitel ihres Buches, das zu Beginn des Bundestagswahlkampfes erschien, tragen aber nicht zur Versachlichung der Diskussion bei, sondern fördern – vermutlich ungewollt – den Trend zur Überzeichnung demografischer Ungleichgewichte und zu einem familien-

teilt, außer vielleicht bei denen, die aufgrund einer schlechten Ausbildung geringe Einkommenschancen hätten. Man brauche stattdessen eine neue Familienpolitik, die das Kind in den Mittelpunkt stelle. Sie müsse für ein gesellschaftliches Klima sorgen, in dem Menschen gern Kinder bekämen. Ähnlich äußerte sich die schleswig-holsteinische Ministerpräsidentin Heide Simonis, der man Edmund Stoibers Forderung nach einer „nationalen Bevölkerungspolitik" entgegenhielt: „... da schaudert's mich. Will man die Deutschen zum Kinderkriegen ermutigen, weil die Deutschen sonst aussterben, werden viele sagen: ‚Kann ich was dafür?' Damit wird das Thema diskreditiert. Mir geht es nicht darum, irgendwen zu überreden, Kinder zu bekommen. Mein Ansatz ist, diejenigen mit besseren Angeboten vor Not zu schützen, die sich für Kinder entscheiden."[97] Der gleichfalls befragte frühere Verfassungsrichter Paul Kirchhof wich einer Antwort aus, ließ aber erkennen, dass er für ein stärkeres Engagement auf diesem Gebiet war, besonders hinsichtlich der Beeinflussung des Massenbewusstseins: „Unterstellt, wir würden uns nicht jeden Abend in der Fernsehgemeinde dem Faszinosum steigender und fallender Aktienkurse widmen, sondern wir würden jeden Abend unterrichtet, wie viele Kinder in Deutschland geboren werden (!) und dieser Demokratie eine Zukunft geben, dann verstünden die Menschen, um was es um ihrer selbst willen geht."[98]

Susanne Gaschke nahm im Rahmen einer längeren ZEIT-Serie über die Familie zu der Frage Stellung, ob der Kinderwunsch „rein privater Natur" sei oder „nicht doch in gesellschaftliche Verantwortung" falle. Sie erklärte es für falsch, die finanziellen Notlagen im Zusammenleben mit Kindern anzuprangern und Abhilfe zu verlangen, weil das Familiendasein dann zwangsläufig als etwas Defizitäres erscheine, das in erster Linie mit mehr Geld zu heilen sei: „Dieser Ansatz ist weder dazu geeignet, Leuten mit Kindern ein positives Lebensgefühl zu vermitteln, noch dazu, Menschen ohne Kinder die Familiengründung attraktiv erscheinen zu lassen. Auch Letzteres gehört, so unangenehm das manchen Familienpolitikern sein mag, zu ihrem Auftrag. Man braucht es ja nicht Bevölkerungspolitik zu nennen."[99]

---

politischen Alarmismus: Renate Schmidt, S.O.S. Familie. Ohne Kinder sehen wir alt aus, Berlin 2002.

97 Kinderpause für Väter. Und Ganztagsschulen helfen mehr als ein höheres Kindergeld. Die SPD-Politikerin Heide Simonis fordert eine neue Familienpolitik. Ein ZEIT-Gespräch, in: Die Zeit v. 30.8.2001

98 Paul Kirchhof, Was Familien jetzt brauchen. Mut zum Glück, in: Die Zeit v. 17.1.2002; vgl. auch: ders., Wer Kinder hat, ist angeschmiert. Die familienfeindliche Gesellschaft zerstört die Voraussetzungen ihrer eigenen Existenz, in: Die Zeit v. 11.1.2001

99 Susanne Gaschke, Familie haben heißt verzichten. Naiv ist die Vorstellung, mehr Geld vom Staat brächte automatisch mehr Zufriedenheit, in: Die Zeit v. 29.11.2001

Alternativen der Bevölkerungspolitik: Geburtenförderung und Einwanderung („Kinder oder Inder")

Im nordrhein-westfälischen Landtagswahlkampf 2000 sorgte die Parole „Kinder statt Inder" für ziemlich großen Wirbel, mit der Jürgen Rüttgers, damals Spitzenkandidat der CDU für das Amt des Ministerpräsidenten, die Green-Card-Initiative von Bundeskanzler Gerhard Schröder bekämpfte. Sie wurde in der *Jungen Freiheit* als „hilflose Formulierung" abqualifiziert, die nicht richtig habe ausdrücken können, was Rüttgers damals meinte: „Die Kinder müssen nicht nur besser ausgebildet werden, sondern es muß auch wieder mehr Geburten geben, um die Bedürfnisse des Arbeitsmarktes befriedigen zu können."[100]

Tatsächlich hat sich längst ein Konsens der etablierten Parteien im Hinblick auf die Zuwanderung ausländischer Fachleute im IT-Bereich herausgebildet, die umstrittene Losung jedoch auf einem anderen Gebiet an Bedeutung gewonnen: Sinkt die Bevölkerungszahl – wie erwartet – stark, kann diese Entwicklung entweder durch Steigerung der Geburtenrate (mehr Kinder) oder verstärkte Zuwanderung (Inder) umgekehrt werden. Wenn man sowohl unterstellt, dass die Prognosen der Bevölkerungswissenschaft im Hinblick auf die Entwicklung der Einwohnerzahl Deutschlands zutreffen, als auch der Überzeugung ist, dass diese möglichst konstant gehalten werden sollte, sind bloß zwei Wege denkbar, um das gesteckte Ziel zu erreichen: die Erleichterung der Zuwanderung einerseits und die Förderung der Geburten (von Einheimischen) andererseits. SPD-Altkanzler Helmut Schmidt meinte, man könne zum einen „die Schleusen für junge Zuwanderer von außerhalb der EU noch viel weiter öffnen. Dagegen spricht unsere (?) Abneigung und unsere offenkundige Unfähigkeit zur Assimilation – wir haben uns schon heute überfordert. Alle politische Vernunft spricht gegen diesen Weg. Zum anderen kann man mit vielerlei Mitteln die Kinderfreudigkeit in Deutschland wieder auf jenes Niveau heben, dessen wir uns vor dem Pillenknick seit den sechziger Jahren erfreut haben."[101]

Hans-Olaf Henkel, seinerzeit noch Präsident des Bundesverbandes der Deutschen Industrie (BDI), wertete Wanderungsbewegungen primär unter demografischen Gesichtspunkten positiv: „Vor dem Hintergrund der ergrauten Gesellschaft sollten wir uns über den Zustrom freuen."[102] In der jüngsten Zuwanderungsdebatte vermischten sich demografische und ökonomische Argumente, die das Wohl des „Wirtschaftsstandortes" betrafen: „Ohne Zuwanderung aus dem Ausland wird die Bevölkerung der Bundesrepublik innerhalb

---

100 Paul Rosen, Schützt die Familie!, Die Einführung einer aktiven Bevölkerungspolitik in Deutschland ist überfällig, in: JF v. 14.7.2000, S. 1

101 Helmut Schmidt, Alle müssen länger arbeiten. Die Rentenreform genügt für die kommenden Jahre, aber nicht auf Dauer, in: Die Zeit v. 4.1.2001

102 Hans-Olaf Henkel, Jetzt oder nie. Ein Bündnis für Nachhaltigkeit in der Politik, Berlin 1998, S. 99

von fünfzig Jahren von heute 82 Millionen Bürgern auf unter 60 Millionen sinken. Minus 20 Millionen – das ist ein Aderlass, den die deutsche Wirtschaft nicht verkraften kann und das System der sozialen Sicherung schon gar nicht. Das sind zu wenig Kinder, zu wenig Arbeitskräfte, zu wenig Konsumenten, zu wenig Beitragszahler. Und zu viele Alte."[103] Rainer Brüderle, stellvertretender Vorsitzender der FDP und ihrer Bundestagsfraktion, begründete die Notwendigkeit eines Zuwanderungsgesetzes im FOCUS so: „Es geht um unsere legitimen nationalen Interessen. Es geht um den weltweiten Wettbewerb um die besten Köpfe und um unsere Zukunft als attraktiver Wirtschaftsstandort."[104]

Ulrich Beck, einer der bekanntesten Soziologen des Landes, wies in der ZEIT darauf hin, dass es für Zuwanderung „knallharte wirtschaftspolitische Gründe" gibt: „Sie ist ein Mittel gegen die drohende Vergreisung der deutschen Gesellschaft – eine Tendenz, die Investoren abschreckt. Es gilt die elementare Einsicht, dass die allseits erwünschte Wachstumsspirale nur durch offene Grenzen, gezielte Migration und Verjüngung der Bevölkerung möglich wird."[105] Da die Bevölkerung der Bundesrepublik ohne Immigration von gegenwärtig 82 Millionen auf 59 Millionen im Jahr 2050 sinken und die Zahl der Erwerbstätigen zwischen 15 und 64 Jahren sogar um etwa 40 Prozent abnehmen würde, sei in der Zuwanderungspolitik ein radikaler Kurswechsel angesagt: „Wer Überalterung, Kostenexplosion, Rentenzusammenbruch und die Abwanderung von Kapital und von jungen qualifizierten Arbeitskräften vermeiden will, muss für die Öffnung der Grenzen kämpfen und dafür sorgen, dass die Deutschen endlich ihre Augen für die innere Globalisierung öffnen."[106]

Rainer Münz, Professor für Bevölkerungswissenschaft an der Humboldt-Universität zu Berlin und Mitglied der sog. Süssmuth-Kommission, plädierte am 9. März 2001 in einem Gastkommentar für die WELT für mehr Zuwanderung. Unter dem Titel „Wir werden immer weniger!" führte er vor allem demografische Gründe ins Feld: Da die Bevölkerung der Bundesrepublik im Laufe des 21. Jahrhunderts nicht weiter wachsen, sondern schrumpfen und es gleichzeitig zu einer massiven Alterung kommen werde, müsse man mehr Migrant(inn)en ins Land holen.[107] Diese auf den ersten Blick plausible Argumentation ist zweischneidig: Wie bei der *ökonomischen* Nützlichkeit, nach der man Arbeitsmigrant(inn)en bewertet, wird die Zuwanderung nicht von den jeweiligen Bedürfnissen der Migrant(inn)en, sondern ausschließlich nach den Interessen des Aufnahmelandes beurteilt und die humanitäre Seite vollständig ausgeblendet. Außerdem weist das „Wir" im Titel des Münz'schen

---

103 Klaus-Peter Schmid, Vor der Haustür. Die Osterweiterung der EU sorgt für die nötige Zuwanderung, in: Die Zeit v. 22.2.2001

104 Rainer Brüderle, Bei Zuwanderung muss ein Kompromiss her. Warum wir hier eine flexible Regelung brauchen, in: Focus v. 18.3.2002, S. 82

105 Ulrich Beck, Arbeit ist ein bewegliches Ziel, in: Die Zeit v. 7.2.2002

106 Ebd.

107 Rainer Münz, Gastkommentar: Wir werden immer weniger!, in: Die Welt v. 9.3.2001

Kommentars eine „Ich-wir-Dichotomie“ auf, die ethnische Minderheiten ausgrenzt. Sie muss umso mehr erstaunen, als gleichzeitig – bezogen auf die sog. Dritte Welt – über eine angeblich für Armut und Unterentwicklung verantwortliche „Bevölkerungsexplosion“ geklagt wird.

Zuwanderung wird – wenn man sie, weil nach dem 11. September 2001 beinahe nur noch unter Sicherheitsaspekten diskutiert, überhaupt noch befürwortet – meist mit der demografischen Entwicklung begründet. So kommentierte die *Frankfurter Rundschau* den Streit um das von Otto Schily geplante Zuwanderungsgesetz unter Würdigung der Einwände der CDU/CSU-Opposition wie folgt: „Natürlich muss Zuwanderung gesteuert werden; angesichts sinkender Kinderzahlen müssen viele junge Leute nach Deutschland kommen, ob über Green Cards oder andere Formen der Zuwanderung; die Wirtschaft weiß das längst.“[108]

Das Szenario IV der genannten UNO-Studie fragt, welche Nettoimmigration in das Bundesgebiet erforderlich wäre, um den Anteil der Bevölkerung zwischen 15 und 64 Jahren – d.h. den Anteil der potenziell erwerbstätigen Bevölkerung – konstant zu halten. Um dieses Ziel zu erreichen, so die Modellrechnung, wäre eine Zuwanderung von 25,2 Mio. Migrant(inn)en zwischen 1995 und 2050 erforderlich. Dies entspräche einer jährlichen Zuwanderung von durchschnittlich 458.000 Personen und hätte einen Anstieg der Einwohnerzahl auf 92 Mio. im Jahre 2050 zur Folge; davon wären 33 Mio. (bzw. 36 Prozent) nach 1995 in das Bundesgebiet zugewandert oder hier als Kinder von Migrant(inn)en geboren.

Berechnungen, Prognosen und Empfehlungen der UNO stießen auf die empörte Ablehnung aller rechtsextremen Medien. In der *Deutschen Stimme*, dem Parteiorgan der NPD, fragte Richard Blümle: „Wo ist jemals untersucht worden, ob Deutschland zu seiner Zukunftsgestaltung überhaupt einen Bevölkerungszuwachs braucht oder nicht sogar mit einer geringeren Bevölkerungszahl als bislang auskommen kann, wenn mehr ‚Kinder statt Inder‘ in Deutschland für die Zukunft arbeiten und sich bilden, Deutschland endlich wieder ein Hochleistungsland würde, über Innovationen nicht nur geredet wird, sondern Gestaltungs- und Verantwortungspolitik praktiziert wird, Lebensqualität nicht nur in grenzenlosem Konsum und Partyluxus liegt, Bildung Wachstumsfaktor Nr. 1 wird, die Säuglingsverweigerung aufhört, deutsche Kinder zu zeugen, zu bilden und zu erziehen wieder zur Selbstverständlichkeit wird.“[109]

Scharfe Gegner/innen der Orientierung auf Zuwanderung in die Bundesrepublik finden sich aber auch im Wiesbadener Bundesinstitut für Bevölkerungsforschung, das beim Statistischen Bundesamt angesiedelt ist. So kritisierte Prof. Dr. Charlotte Höhn, geschäftsführende Direktorin des Instituts, die

---

108 Rückfall in alte Zeiten, in: Frankfurter Rundschau v. 14.2.2002

109 Richard Blümle, Zuwanderung, weil's ins Kalkül passt?, Die UN-Forderung nach Zuwanderung geht von Tabus und falschen Voraussetzungen aus, in: Deutsche Stimme 5/2000

UNO-Konzepte vehement.[110] Ihr Amtsvorgänger Karl Schwarz hielt ebenfalls wenig davon, den künftig zu erwartenden Bevölkerungsverlust durch mehr Immigration auszugleichen: „Große Ausländergruppen, wie etwa die Türken mit dann möglicherweise fünf oder sechs Millionen und mehr nach Aufnahme in die EU, wären nicht mehr als Minderheiten, sondern als Volksgruppen, wie etwa früher die Sudetendeutschen in der Tschechoslowakei oder die Völker im früheren Jugoslawien, mit Selbstbestimmungsansprüchen zu betrachten."[111] Bei seiner Warnung vor einer türkischen Community in Deutschland ging Schwarz wie selbstverständlich von der Annahme aus, dass eine gesellschaftliche Integration türkischer Zuwanderer nicht stattfindet oder nicht erfolgreich verlaufen kann. Durch seine Zeilen scheint ein Nationalstaatskonzept hindurch, das bestrebt ist, „die Deutschen" von „den Türken" fein säuberlich zu trennen. Schwarz zog erst gar nicht in Erwägung, dass ein geändertes Verständnis der Nation bzw. des Nationalstaates – eine Abkehr von völkischen Ideologien und dem Blutsrecht – zur Folge haben könnte, dass sich Einwanderer nicht in ethnische Communitys zurückziehen, sofern ihnen ein ernsthaftes Integrationsangebot gemacht wird. Und selbst wenn es so wäre: Worin besteht denn für eine Gesellschaft das Problem, wenn Einwanderer soziale Netzwerke bilden oder bevorzugt bestimmte Quartiere bewohnen? Zwar konzedierte auch Schwarz, dass Zuwanderung innerhalb eines gewissen Maßes unabdingbar sei, doch forderte er die Festlegung von Kontingenten nach ethnischer Zugehörigkeit bzw. Nationalität, Sprachkenntnissen, Bildungsstand und Berufsausbildung sowie den Nachweis eines Arbeitsplatzes und einer Wohnung. Zudem verlangte er von Zuwanderern für eine begrenzte Zeit die Bereitschaft, den Wohnsitz nur mit behördlicher Genehmigung zu wechseln; ferner soll der Zuzug von Familienangehörigen auf Ehegatten und minderjährige Kinder beschränkt werden.[112]

Schwarz postulierte eine Solidarität all jener, die per „Generationen-" oder „Gesellschaftsvertrag" miteinander verbunden sind. Bereits im Schulunterricht müsse damit begonnen werden, durch die „schonungslose Aufhellung der Sachverhalte" ein größeres Problembewusstsein zu schaffen: „Die Durchsetzung schmerzhafter politischer Maßnahmen setzt viel Überzeugungsarbeit voraus, weil die demokratischen Mühlen langsam mahlen."[113] Das hier von Schwarz entworfene Programm lässt erahnen, welche Erziehungsaufgaben den Lehrer(inne)n und anderen Sozialisationsinstanzen im Zuge der Durchsetzung bevölkerungspolitischer Maßnahmen zufallen: das Beschwören der Gemeinschaft, der Appell an die Verantwortung für den Erhalt des deutschen Volkes sowie die Verpflichtung darauf, Kinder zu bekommen. Ferner geht eine Rehabilitierung des Begriffs und des Konzepts der Bevölkerungspolitik

---

110 Vgl. Charlotte Höhn, Demographische Probleme des 21. Jahrhunderts aus deutscher Sicht, in: Zeitschrift für Bevölkerungswissenschaft 3-4/2000, S. 375ff.

111 Karl Schwarz, Aufforderung an die Demographen zum Einstieg in die Bevölkerungspolitik, a.a.O., S. 434f.

112 Vgl. ebd., S. 435

113 Ebd., S. 437

politik damit einher, dass NS-Verbrechen, z.B. Zwangssterilisationen und -abtreibungen, die Vernichtung „lebensunwerten" Lebens sowie die Bevölkerungspolitik gegenüber sog. arischen Frauen als „Untaten des Naziregimes" historisch ad acta gelegt werden.

Bevölkerungspolitik, durch die Verbrechen des NS-Regimes in der Bundesrepublik jahrzehntelang diskreditiert, wird gegenwärtig mit dem fragwürdigen Argument, die zunehmende „Vergreisung" der Gesellschaft („Altersheim Deutschland") und der drastische Geburtenrückgang beeinträchtigten längerfristig die Konkurrenzfähigkeit des heimischen Wirtschaftsstandortes auf dem Weltmarkt, in Medien, Fachwissenschaft und Politikberatung rehabilitiert. Neben (begrenzter) Zuwanderung wird meist Geburtenförderung favorisiert, die eine weitere Schrumpfung der Population aufhalten oder umkehren, kurz: eine ausgeglichene Bevölkerungsbilanz schaffen soll. Die von Jürgen Rüttgers propagierte Losung „Kinder statt Inder" zieht sich wie ein roter Faden durch ein Buch dreier Bamberger Bevölkerungswissenschaftler, in dem es heißt: „Humankapitalbildung und -erneuerung muss aus Eigenem geleistet werden, weil sich eine Nation sonst um die damit verbundenen Lern- und Organisationseffekte bringt. Die Einwerbung fremden Humankapitals ist so teuer, dass sie die Auflage eines Geburtenförderungsprogramms rechtfertigt."[114]

Unter der Überschrift „Kinder als Schicksal" verlieh die *Junge Freiheit* am 14. Januar 2000 ihrer Überzeugung Ausdruck, dass Immigration den Geburtenrückgang nicht stoppen könne: „Massive Zuwanderung zwecks Rentenabsicherung ist zwar originell, aber mit seriösen ökonomischen Argumenten nicht zu begründen. Stattdessen schweigt die politische Klasse zum eigentlichen Thema: wie die Deutschen schlicht ermutigt werden können, wieder mehr Kinder in die Welt zu setzen."[115]

Immer wieder wird deutlich, dass es im Demografie-Diskurs nicht nur um die Geburt von mehr Kindern geht. In der *Jungen Freiheit*, aber auch bei vielen Bevölkerungswissenschaftlern liegt die Betonung auf „deutsch". So beklagte Josef Schmid, hierzulande werde nie die Frage nach den politischen und sozialen Folgen der humanitär begründeten Menschenaufnahme bzw. nach den Existenzgrundlagen oder der „Brauchbarkeit der Zuwanderer" gestellt: „So entsteht beispielsweise der hohe Anteil an Großfamilien, die schon über Jahre hinweg Sozialhilfeempfänger sind."[116] Was bei den Autoren sonst mehr als erwünscht ist, nämlich Kinderreichtum, wird kritisiert, wenn es sich um Familien von Migrant(inn)en handelt, die staatliche Transferleistungen in Anspruch nehmen (müssen).

---

114 Josef Schmid/Andreas Heigl/Ralf Mai, Sozialprognose. Die Belastung der nachwachsenden Generation, München 2000, S. 153

115 Jörg Fischer, Kinder als Schicksal. Bevölkerungspolitik: Zuwanderung kann Folgen des Geburtenrückgangs nicht stoppen, in: JF v. 14.1.2000, S. 1

116 Josef Schmid, Der harte Faktor der Weltveränderung: die demographischen Entwicklungen bis zum Jahre 2050, a.a.O., S. 21

In der *Welt am Sonntag* wurde mit negativem Unterton über eine Gesetzesinitiative des Landes Niedersachsen berichtet, die das Ziel hatte, einen weiteren Zustrom von Spätaussiedler(inne)n zu verhindern. Der Diplomatische WamS-Korrespondent Jochen Kummer differenzierte deutlich nach ethnischen Kriterien, wie seine klare Parteinahme zugunsten russischer Einwanderer mit deutschen Vorfahren zeigte: „Das neue Zuwanderungsgesetz der rot-grünen Bundesregierung wird es Armuts- und Kriegsflüchtlingen sowie Arbeitsmigranten aus aller Herren Länder erlauben, weiterhin Schlupflöcher zu finden. Ausgerechnet an deutschstämmigen Aussiedlern aus der ehemaligen Sowjetunion aber soll ein striktes Exempel der Abweisung statuiert werden."[117] In dieselbe Kerbe schlug die *Junge Freiheit*. Sie sprach von einem „Rausschmiß erster Klasse für jene Landsleute, die als sogenannte Spätaussiedler aus den Nachfolgestaaten der Sowjetunion in das Land ihrer Väter, nach Deutschland, heimkehren wollen", und einem „Schlag gegen das Konzept des Staatsvolks als Abstammungsgemeinschaft", welches der Werteordnung des Grundgesetzes zugrunde liege: „In einen Topf geworfen mit all den anderen, die Einlaß in den trotz Rezession und Finanzkrise noch immer leidlich komfortablen deutschen Sozialstaat begehren, kommen die Volksdeutschen aus dem Osten mehr und mehr unter die Räder."[118]

Renaissance der (Traditions-)Familie und der Familienpolitik infolge des Geburtenrückgangs?

Im rechtsextremen Weltbild besitzt die Familie als „Keimzelle des Volkes" einen überragenden Stellenwert: „Ohne Familie keine glücklichen Kinder. Ohne Kinder keine Zukunft unseres Volkes."[119] Historisch begreift man die Familie als Urform sozialer Existenz. So hieß es 1975 in dem neurechten Theorieorgan Criticón: „Die Tatsache gewisser familiärer Strukturen ist älter als der Mensch und seine Kultur."[120] Für den Rechtsextremismus bildet die Familie das entscheidende Bindeglied zwischen den einzelnen Menschen und ihrer Nation. Heute erscheint sie Ultrarechten – wie das deutsche Volk – als Opfer gesellschaftlicher Degeneration und skandalöser Verhältnisse, die eine

117 Jochen Kummer, Jetzt kommen die Russen, in: Welt am Sonntag v. 3.3.2002. Paradoxerweise argumentierte der niedersächsische Innenminister Heiner Bartling auf der gleichen Grundlage, weil er seinen Vorstoß damit begründete, dass nur noch ein Viertel der Spätaussiedler/innen „Deutschstämmige" seien. Vgl. auch: „Bartling zitiert Statistik falsch". Aussiedlerpolitik des Landes kritisiert, in: Weser-Kurier v. 5.4.2002

118 Michael Paulwitz, Der rot-grüne Irrweg. Die Regierung will Ausländerzuzug erleichtern und den Nachzug von Aussiedlern stoppen, in: JF v. 1.3.2002

119 Carl Zimmerer, Die Familienpolitik braucht eine Wende!, in: Nation und Europa 1/1993, S. 38

120 Walter H. Ehrenstein, Familie, Individuum, Gesellschaft, in: Criticón 27 (1975), S. 15

„linksradikale", „sozialistische" oder liberale Politik geschaffen hat. Hartmut Hesse hält die demokratischen Parteien nicht nur für „kinder- und familienfeindlich", sie haben seines Erachtens darüber hinaus „kein ernsthaftes Interesse an der Bewahrung der völkischen Identität der deutschen Nation. Nur eine dem Volk und der Nation verpflichtete Partei wird eine wahrhaft familienfreundliche Politik treiben, weil sie die zentrale Bedeutung der intakten Familie für eine gedeihliche Entwicklung des einzelnen und des Volkes ungleich höher einschätzt als diejenigen, die das Individuum, das Kollektiv oder gar die Menschheit im Mittelpunkt ihres Denkens haben."[121]

Auch schon während der Kohl-Ära konstatierte Gustav Sichelschmidt, die von den „Altparteien" unterstützten Emanzipationsbestrebungen der Jugendlichen, Frauen und Männer mittels eines Spengler-Zitates tadelnd: „Die Befreiung von jeder Familienbindung steht (...) in einem kausalen Zusammenhang zum Verlust des Nationalgefühls. Indem man sich von der eigenen Familie abnabelt, distanziert man sich auch von nationalen Bindungen, ohne die der Mensch auf die Dauer nicht lebensfähig ist."[122] An den Erosionstendenzen der Institution gab man dem Liberalismus und der „'68er-Kulturrevolution" die Schuld, während allein die Katholische Kirche noch Ehe und Familie entschlossen verteidige: „Leider unternimmt der Staat hier sehr wenig, um nicht zu sagen gar nichts, um die Attacken der ideologisch motivierten Familienzerstörer zu verhindern oder wenigstens entschlossen zu bekämpfen. Dabei wäre es an der Zeit, die monogame Familie vor den Eindringungsversuchen beispielsweise der ‚Grünen', aber auch der Neo-Sozialdemokraten nachhaltig zu beschützen."[123]

Hubert Dröscher kritisierte die CDU/CSU-geführte Bundesregierung in seinen „Betrachtungen zur Bevölkerungsentwicklung in Westdeutschland" mit folgender Begründung: „Es gibt (...) keine auf Stabilisierung der deutschen Geburtenzahl zielende Familienpolitik. Sie stünde dem offiziellen Ziel einer vielrassischen Gesellschaft entgegen."[124] Unternehmer, die Gast- bzw. „Fremdarbeiter" in ihrer Firma beschäftigten, sollten die „Folgekosten" nach Dröschers Meinung dafür selbst übernehmen. „Dann blieben uns nur noch jene ausländischen Arbeitskräfte, die wir tatsächlich brauchen und die im Rahmen des ‚Rotationsprinzips' keine Gefährdung der deutschen Volkssubstanz darstellen würden."[125]

Es gab nur einen Bereich, der von Maßnahmen zur Kürzung sozialer Leistungen, unter Helmut Kohls Kanzlerschaft als für die Sicherung der Wettbewerbsfähigkeit des „Wirtschaftsstandortes D" notwendiger „Umbau" des

---

121 Hartmut Hesse, Rabenvater Staat, in: Nation Europa 11-12/1989, S. 73
122 Gustav Sichelschmidt, Familienpolitik oder Gesellschaftsveränderung?, a.a.O., S. 58
123 Werner Olles, Die Wiederkehr der Familie, in: Nation Europa 11-12/1989, S. 75
124 Hubert Dröscher, Betrachtungen zur Bevölkerungsentwicklung in Westdeutschland, in: Nation Europa 11-12/1989, S. 66
125 Ebd., S. 68

überbordenden Wohlfahrtsstaates begründet,[126] nicht betroffen war, sondern sogar eine gewisse Ausweitung erfuhr: die Familienpolitik. Seit 1986 konnten alle nicht oder nur bis zu 19 Stunden wöchentlich erwerbstätigen Mütter oder Väter ein Erziehungsgeld in Höhe von 600 DM monatlich beantragen, das höchstens 24 Monate lang gezahlt wurde. Einige CDU-geführte Bundesländer gewährten weitere 12 Monate lang ein Landeserziehungsgeld, das in Bayern übrigens zunächst nur an *deutsche* Eltern gezahlt wurde. Der gleichzeitig gewährte Erziehungsurlaub dauerte maximal 36 Monate. Während alleinerziehende Erwerbstätige und Arbeitslose nicht in den Genuss des Erziehungsgeldes kamen, stellte die Art der Regelung – dem konservativen Modell der Hausfrauenehe folgend – sicher, dass es sich bei Paaren in der Regel um die Mutter handelte, die bei dem Kind blieb. Typisch für die pronatalistische, den Belangen sozial Benachteiligter allerdings wenig angemessene Familienpolitik der liberal-konservativen Regierung war auch die Bundesstiftung „Mutter und Kind – Schutz des ungeborenen Lebens". Sie stellte für betroffene Frauen im Falle einer Notlage auf Antrag einmalig Geldmittel für die Babyausstattung, Schwangerenbekleidung, Kinderbetreuung und eine kindgerechte Wohnungsausstattung bereit.

In einem JF-Kommentar forderte Christa Meves, Kinderpsychologin und Mitherausgeberin des *Rheinischen Merkurs*, ein Programm zur Sanierung der Familie und zur Unterstützung der Kinder. Sie schreckte auch vor skurrilen Empfehlungen an die CDU/CSU/FDP-Koalition nicht zurück: „Zur Elternschaft sollte in Kursen ausgebildet werden. Für die Mütter sollten sie als Ausbildung zum Beruf ‚Mutter' mit einer Abschlußprüfung gewertet werden. (...) Die Mutter wird als eine Beamtin von größter Wertigkeit anerkannt und mit einer Pension bedacht."[127]

Die rot-grüne Bundesregierung erhöhte zwischen 1989 und 2002 drei Mal das Kindergeld und maß der Familienpolitik eine noch größere Bedeutung als ihre liberal-konservative Amtsvorgängerin zu. Trotzdem wurde sie in der Hamburger Wochenzeitung *Die Zeit* als „kinder- und elternfeindlich" abqualifiziert. Susanne Gaschke kritisierte dort besonders, dass Gerhard Schröder nach eigenem Bekunden das Kindergeld auf jene Familien konzentrieren wollte, die es wirklich nötig hätten: „Die SPD will bei der Neugestaltung des Familienlastenausgleichs von den reichen Eltern nehmen, um den armen Eltern zu geben, statt von Kinderlosen zu Kindererziehenden umzuverteilen."[128] Hier liegt allerdings der entscheidende Streitpunkt: Wenn man etwas für die

---

126 Vgl. hierzu: Christoph Butterwegge, Wohlfahrtsstaat im Wandel. Probleme und Perspektiven der Sozialpolitik, 3. Aufl. Opladen 2001, S. 101ff.

127 Christa Meves, Der Widerstand der Familie, in: JF v. 21.1.1994

128 Susanne Gaschke, Kinderfeindlich, elternfeindlich. Wie Kohl, so Schröder: Der Kanzler hat wenig Sinn und wenig Geld für Familienpolitik, in: Die Zeit v. 4.2.1999, S. 1. Später musste die Zeitung einräumen, dass der Staat laut einer Studie des Kieler Instituts für Weltwirtschaft nicht weniger als 317 Mrd. DM pro Jahr für die Familienförderung aufwendete (vgl. Elisabeth Niejahr, Teure Familien. Der Staat zahlt immerhin 317 Milliarden Mark, in: Die Zeit v. 6.9.2001) .

(armen) Kinder tun will, kann man zwischen reichen und weniger begüterten Familien umverteilen; will man hingegen das Gebären als solches fördern, muss man zwischen Kinderlosen und Familien umverteilen, ganz unabhängig davon, wie gut es den Letzteren finanziell geht.

Auch der konservative *Rheinische Merkur* beklagte das „Fehlen“ einer Familienpolitik, die in den Mittelpunkt staatlicher Bemühungen rücken sollte, um den Kindermangel in der Bundesrepublik zu bekämpfen: „Familienpolitik, richtig verstanden, müsste heute eine riesige Querschnittsaufgabe sein, mit Zugriffsmöglichkeiten auf alle Politikbereiche.“[129] In einem Leitartikel der WELT forderte Tissy Bruns die Bundesregierung auf: „Rot-Grün sollte endlich anerkennen, dass bei aller Vielfalt der Familienformen die eheliche Zweikindfamilie das Ideal der modernen Industriegesellschaft ist.“[130] Dazu will natürlich nicht so recht passen, dass in den ostdeutschen Bundesländern fast die Hälfte aller Kinder außerhalb der Ehe geboren werden – ganz zu schweigen von vielen Großstädten auch in Westdeutschland, wo es sich sogar um die Mehrheit der Neugeborenen handelt.

Gerhard Frey stellte in der *National-Zeitung*, dem Hauptpublikationsorgan seiner Partei, ein „Patentrezept zur Geburtennormalisierung“ vor, wonach der Staat für jedes deutsche Kind von seiner Geburt bis zum Ende seiner Ausbildung (zumindest bis zur Volljährigkeit) monatlich 1.000 DM zahlen würde. Der DVU-Vorsitzende möchte solche Gebärprämien, die Maßnahmen der NS-Bevölkerungspolitik gleichen, an die Stelle von „Überzahlungen“ setzen, die seiner Meinung nach an „Scheinasylanten, Bürgerkriegsflüchtlinge ohne Bürgerkrieg, ‚Kontingentflüchtlinge‘, Illegale“ gehen.[131]

Edmund Stoiber verlangte mehrfach eine „aktive Bevölkerungspolitik“, was selbst die konservative *Rheinische Post* zu der Bemerkung veranlasste: „Das klingt nach Mutterkreuz.“[132] Paul Rosen berief sich aber in der *Jungen Freiheit* auf die „Argumentationslinie des bayerischen Ministerpräsidenten“, wonach die demografischen Probleme der Bundesrepublik nicht gelöst würden, „wenn man 30jährige Zuwanderer ins Land strömen läßt, während 45jährige Deutsche heute in vielen Fällen als nur noch schwer vermittelbar gelten“.[133] Derselbe JF-Autor berichtete, in München wolle man vermeiden, dass der Kanzlerkandidat von CDU und CSU etwa von SPD-Generalsekretär Franz Müntefering „in die ausländerfeindliche oder überhaupt in die rechte

---

129 Christoph Birnbaum, Basta? Mit uns nicht!, Riesters Reformpläne verdecken: Das eigentliche Problem ist eine fehlende Familienpolitik, in: Rheinischer Merkur v. 17.11.2000

130 Tissy Bruns, Leitartikel: Kinder, Kinder!, in: Die Welt v. 6.4.2001

131 Gerhard Frey, Wie deutsch darf Deutschland sein?, in: National-Zeitung/Deutsche Wochen-Zeitung v. 10.11.2000

132 Reinhold Michels, Staat Europa? Nein!, CSU-Chef Edmund Stoiber fordert breite Unterstützung für die Familien, in: Rheinische Post v. 14.4.2001

133 Siehe Paul Rosen, Stoibers Nagelprobe. Zuwanderung: Die Abstimmung über Schilys Zuwanderungspläne wird den Bundestags-Wahlkampf beeinflussen, in: JF v. 28.12.2001

Ecke“ gestellt werde. Mit bedauerndem Unterton stellte die neurechte Wochenzeitung fest: „Die Zeiten, als Stoiber vor einer Gesellschaft warnte, die ‚durchmischt und durchrasst‘ sei, sind ohnehin vorbei.“[134] Man empfahl Stoiber eine „härtere Gangart“ und riet ihm, trotz des starken Drucks der Wirtschaft, die nach billigen Arbeitskräften verlange, den Eindruck zu vermeiden, er trete als „Hilfsbremser für Bundesinnenminister Schily“ auf. „Der Unionskandidat müßte hingegen deutlicher als bisher artikulieren, was den Deutschen auf den Nägeln brennt: daß nämlich die Aufnahme von bisher zwölf Millionen Zuwanderern aus dem meist fernen Ausland (legalen ebenso wie illegalen) das Land und die demographische Zusammensetzung an den Rand der Katastrophe gebracht hat.“[135] Da bei CDU und CSU Worte wie „Christentum“, „Vaterland“, „Heimat“ oder „Volk“ kaum noch vorkämen, solle Stoiber ein Versprechen erfüllen, das Helmut Kohl seinerzeit nicht eingelöst habe: „Stoiber müßte von einer ‚geistig-moralischen Wende‘ sprechen, die es zu erreichen gilt, wenn die Deutschen als Volk physisch und psychisch überleben wollen.“[136]

Demografie – mehr als pure Ideologie und Mittel der (sozial)politischen Demagogie?

Die verbreitete These vom demografischen Niedergang des „Standorts D“ eignet sich vorzüglich, um den neoliberalen „Um-“ bzw. Abbau des Sozialstaates und drastische Leistungskürzungen zu legitimieren. Während die durchschnittliche Lebenserwartung der Bundesbürger/innen aufgrund des technischen und des medizinischen Fortschritts steigt, gehen die Geburtenzahlen zurück und nimmt die Einwohnerzahl tendenziell ab. Dieser demografische Wandel erfordere, heißt es, schmerzhafte Eingriffe in „unsere sozialen Besitzstände“ und Sicherungssysteme. In den medialen Diskursen zur sozialen Sicherung erörtert man jedoch nicht, wie aus einer Verschiebung der Altersstruktur ggf. resultierende Schwierigkeiten solidarisch bewältigt werden können (z.B. durch die Verbreiterung der Basis des Rentensystems, die konsequente Bekämpfung der Arbeitslosigkeit, die Erhöhung der Frauenerwerbsquote und/oder die Erleichterung der Zuwanderung). Stattdessen fungiert die „immer ungünstigere Altersstruktur“ als Grundlage der Rechtfertigung für Sozial- und Rentenkürzungen.

Krisenszenarien einer zunehmenden „Vergreisung“ machen die Runde und setzen die Sozialpolitik massiv unter Druck. Teilweise klagten dieselben

134 Ders., Marsch nach Berlin. Edmund Stoiber erhöht die Siegeschancen der Union gegen Rot-Rot-Grün, in: JF v. 18.1.2002, S. 1

135 Carl Gustaf Ströhm, Härtere Gangart. Edmund Stoiber sollte eine neue „geistig-moralische Wende“ ankündigen, in: JF v. 25.1.2002

136 Ebd.

Kreise, die noch während der Asyldiskussion zu Beginn der 90er-Jahre „Das Boot ist voll!“ gerufen hatten, in einem menschenleeren Deutschland könne niemand mehr die Renten der alten Leute aufbringen. So behandelte der SPIEGEL die nach Bundeskanzler Gerhard Schröders Green-Card-Initiative entbrannte Kontroverse zur Einwanderung am 23. Oktober 2000 unter der Überschrift „Raum ohne Volk“, womit eine Nazi-Parole zynisch ins Gegenteil verkehrt wurde.[137] Und die rheinische Boulevardzeitung EXPRESS fragte in einer Reihe zur selben Thematik besorgt: „Sterben die Deutschen bald aus?“[138]

Rechtsextreme Gazetten berufen sich ihrerseits auf die Berichte und Berechnungen bürgerlicher Massenmedien, um ihre teilweise absurden Behauptungen seriös erscheinen zu lassen. Hier sei nur die Parteizeitung *Der Republikaner* genannt, wo es im Frühjahr 2001 unter der Überschrift „Rot-grüne ‚Rentenreform‘: Deutsche Kinder unerwünscht?“ nach mehreren Zitaten aus einem ZEIT-Artikel Susanne Mayers hieß: „In einer Zeit, in der von morgens bis abends die demographische Misere der Deutschen beklagt wird, beschließt die rot-grüne Mehrheit im Bundestag eine Rentenreform, die auf eine Bestrafung von Kindern hinausläuft. Die Folge wird sein, daß noch weniger deutsche Paare Kinder bekommen werden. Da drängt sich die Frage auf, ob nicht genau dies gewünscht ist. Die Rechnung der rot-grünen Gesellschaftsingenieure: Je weniger deutsche Kinder auf die Welt kommen, desto mehr Zuwanderer können ins Land strömen.“[139] Ganz ähnlich klang es zur selben Zeit beim Vorsitzenden der CDU-Sozialausschüsse, Hermann-Josef Arentz, der die rot-grüne Bundesregierung im Stil rechtsextremer Hetzblätter beschuldigte, ihre Familienpolitik fördere systematisch das Aussterben des deutschen Volkes.[140]

Heute wird die Demografie immer mehr zur Ideologie und zum Mittel der (sozial)politischen Demagogie umfunktioniert.[141] Ein gutes Beispiel dafür, wie der geistig-politische Boden für Leistungskürzungen im Sozialbereich durch demografische Schreckensvisionen geebnet wurde, bot das Manifest „Weil das Land sich ändern muss“, in dem Marion Gräfin Dönhoff, Helmut Schmidt, Wolfgang Thierse und andere Prominente 1992 mit aller Deutlichkeit erklärten: „Wirtschaftliche und soziale Besitzstände, die auf den demographischen Prämissen der Vergangenheit aufbauen, sind in Frage gestellt. Ih-

137 Siehe Einwanderung: Raum ohne Volk, in: Der Spiegel v. 23.10.2000, S. 42ff.

138 Große Debatte um Zuwanderung: Sterben die Deutschen aus?, in: Express (Köln) v. 22.7.2000; Sterben die Deutschen bald aus?, in: Express (Köln) v. 13.10.2000

139 Michael Wiesberg, Rot-grüne „Rentenreform“: Deutsche Kinder unerwünscht?, in: Der Republikaner 2-3/2001, S. 2

140 Vgl. Kindergeld soll erhöht werden. CDU beharrt auf Familiengeld, in: Weser-Kurier v. 3.1.2001

141 Vgl. hierzu: Christoph Butterwegge/Michael Klundt, Die Demografie als Ideologie und Mittel sozialpolitischer Demagogie?, Geburtenrückgang, „Vergreisung“ und Generationengerechtigkeit, in: dies. (Hrsg.), Kinderarmut und Generationengerechtigkeit, a.a.O., S. 59ff.

re Geschäftsgrundlage hat sich verändert oder ist gar entfallen. Besonders betroffen hiervon sind (...) alle sozialstaatlichen Besitzstände. Sie stehen vor nachhaltigen Veränderungen bis hin zum Widerruf."[142] Sozialpolitik reduziert sich demnach auf Familienpolitik, mit deren Hilfe die biologische Reproduktion der Bevölkerung gesichert werden soll: „Erst wenn die einsichtigen materiellen und immateriellen Bedürfnisse von Kindern innerhalb und außerhalb des Familienverbandes befriedigt sind, können durch die Gesellschaft weitere sozialpolitische Aufgaben erfüllt werden. Die Geburt von Kindern darf in Deutschland nicht aus Gründen materieller Bedürftigkeit unterbleiben. Die Bevölkerung muß erkennen, daß die Erziehung von Kindern ihre vitalste Aufgabe überhaupt (!) ist."[143]

Helmut Schmidt, als Mitherausgeber der Hamburger ZEIT nicht ohne publizistischen Einfluss, forderte unverhohlen eine „Politik für mehr Kinder", die sich, wie er allerdings einräumte, nicht sofort auswirken könne: „Die Wiederherstellung eines gesunden Altersaufbaus unserer Gesellschaft wird Jahrzehnte brauchen. Gleichwohl liegt hier – angesichts unserer stetig schrumpfenden und stetig überalternden Gesellschaft – eine der wichtigsten langfristigen Aufgaben! Dabei geht es nicht bloß um die Finanzierbarkeit zukünftiger Renten, sondern ganz grundsätzlich besteht absehbar die Gefahr des Verlustes an Vitalität und Kreativität der Nation – ein Verlust, der noch schwerer wiegen könnte als die Beeinträchtigung des Wohlfahrtsstaates. Hier wird Umdenken und Umlenken zu einer nationalen Aufgabe!"[144] Nötig wäre eine Politik für (arme) Kinder, nicht für *mehr* Kinder, die Elternschaft als solche fördert, anstatt nur Eltern zu fördern, die der staatlichen Unterstützung bedürfen, um ihrem Nachwuchs ausreichend gute Lebensbedingungen bieten zu können.

Josef Joffe, Chefredakteur und Herausgeber der ZEIT, forderte Bundeskanzler Schröder in einem Leitartikel zur Jahrtausendwende auf, seinen Landsleuten schonungslos die Wahrheit zu sagen: „Die Demografie, die uns stetig mehr Rentner und weniger Produzenten beschert, lügt nicht. Folglich geht es nicht zuvörderst um ‚Ausgleichsfaktoren' (bei der Rentenreform zunächst von Walter Riester geplant; *Ch.B.*), sondern um eine schlichte Einsicht, die der Kanzler von jedem Pult pfeifen müsste: Es muss kürzer ausgebildet, länger gearbeitet und/oder mehr geboren werden."[145] Fast fühlte man sich an die Aufrufe vergangener Dezennien erinnert, Opfer für Volk, Kaiser (später: Führer) und Vaterland zu bringen.

Die *Rheinische Post* gab einem Beitrag, der zwei Tage vor der Verabschiedung des Riester'schen Rentenreformgesetzes durch den Bundestag und im Rahmen ihrer Serie zum Rentensystem und zur demografischen Entwicklung erschien, den Titel „Eine Zeitbombe". Gleich im ersten Satz beruhigte

142 Marion Dönhoff u.a., Weil das Land sich ändern muss. Ein Manifest, Reinbek bei Hamburg 1992, S. 29

143 Ebd., S. 32

144 Helmut Schmidt, Alle müssen länger arbeiten, a.a.O.

145 Josef Joffe, Der Stillstand-Kanzler. Gerhard Schröder darf sich 2001 keine Reformpause gönnen, in: Die Zeit v. 28.12.2000, S. 1

sie ihre Leser/innen: „Aussterben werden die Deutschen vorläufig nicht.“[146] Der „guten Nachricht“ folgte aber die soziale Hiobsbotschaft, durch den Bevölkerungsschwund und die Verdopplung des Anteils der älteren Bürger/innen an der Gesamtbevölkerung bis zur Jahrhundertmitte werde die Gesetzliche Rentenversicherung mit ihrem Umlageverfahren in den Ruin getrieben: „Wenn (...) immer weniger Kinder geboren werden, müssen mittelfristig immer weniger Arbeitnehmer mit ihren Beiträgen die laufenden Zahlungen an immer mehr Rentner finanzieren. Notwendige Folge: Entweder steigen die Beiträge, oder die Rentenzahlen fallen niedriger aus.“[147] Hierbei handelt es sich jedoch um eine Milchmädchenrechnung, weil die dritte Möglichkeit, bisher noch gar nicht beitragspflichtige Gruppen (z.B. Selbstständige, sog. Freiberufler, Beamte und Abgeordnete) in die Gesetzliche Rentenversicherung einzubeziehen und/oder besser verdienende Versicherte durch An- bzw. Aufhebung der Beitragsbemessungsgrenze stärker zur Kasse zu bitten, genauso ignoriert wird wie die vierte, den Bundeszuschuss zu erhöhen.

Meinhard Miegel, als Leiter des Bonner Instituts für Wirtschaft und Gesellschaft enger Berater des früheren sächsischen Ministerpräsidenten Kurt Biedenkopf (CDU), sieht in der Tatsache, dass man Bevölkerungsfragen hierzulande „distanziert und gleichgültig“ behandelt, nicht nur eine „Spätfolge des Nationalsozialismus, dessen aberwitziges, rassistisches Ziel, die Deutschen innerhalb kurzer Zeit zu einem Hundert-Millionen-Volk anschwellen zu lassen und mit ihm halb Europa zu besiedeln, Bevölkerungswissenschaft und -politik in Verruf gebracht hat. (...) Noch wichtiger ist jedoch ein gewisses Urvertrauen, das die Deutschen in den Bestand und die Vitalität ihres Volkes haben.“[148] Für Miegel, dessen Buch „Die *de*formierte Gesellschaft“ von dem Kapitel „Die demographische Zeitbombe“ eingeleitet wird, steht die Bundesrepublik aufgrund ihrer negativen Bevölkerungsentwicklung an einer Wegscheide: Entweder flüchte sich die Bevölkerung unter die Fittiche eines sie zwar umfassend betreuenden, aber ihrer individuellen Freiheiten beraubenden Staates, oder sie schaffe eine Bürgergesellschaft, in der „bereits durchschnittlich Wohlhabende so weit wie möglich auf Obhut und Fürsorge des Staates verzichten und sich bewusst auf eigene Füße stellen.“[149] Mit der „Staatsgesellschaft“ meint und bekämpft Miegel einen Wohlfahrtsstaat, der durch seine Sozialpolitik über Jahrzehnte hinweg dafür gesorgt hat, dass sich die Kluft zwischen Arm und Reich zumindest vorübergehend schloss.

---

146 Christoph Schmitz, Eine Zeitbombe. Die Deutschen werden immer älter. Und sie bekommen immer weniger Kinder. Drastische Folgen für die Rente lassen sich nicht länger verdrängen, in: Rheinische Post v. 24.1.2001

147 Ebd.

148 Meinhard Miegel, Die deformierte Gesellschaft. Wie die Deutschen ihre Wirklichkeit verdrängen, 2. Aufl. Berlin/München 2002, S. 13f.

149 Siehe ebd., S. 82f. Übrigens publiziert der Buchautor auch in neurechten Zeitschriften; vgl. z.B. Meinhard Miegel, Die Wirkungen von Bevölkerungsentwicklung und materieller Wohlstandsmehrung auf das Arbeitskräfteangebot, in: Criticón 168 (2001); ders., Ein schwacher Trost, in: JF v. 27.7./3.8.2001.

Sofern die Fortpflanzungsrate der Menschen (eines Volkes bzw. seiner Familien) ins Zentrum der öffentlichen Aufmerksamkeit rückt, spielen Eigentums-, Macht- und Herrschaftsverhältnisse sowie die daraus resultierende Notwendigkeit der Gesellschaftsveränderung im Sinne größerer sozialer Gerechtigkeit bzw. Gleichheit (Umverteilung von Einkommen, Vermögen und Erwerbsarbeit) nur noch eine Nebenrolle. Dies liegt ausschließlich im Interesse derjenigen Klassen, Schichten und Gruppen, die überversorgt bzw. privilegiert sind.

Wie der Demografie-Diskurs in die Mitte wandert: Familienfetisch, Kinderkult und Muttermythos

Seit geraumer Zeit häufen sich Indizien dafür, dass der früher ultrarechte Demografie-Diskurs die bürgerliche Mitte erreicht hat. Boulevardzeitungen, aber auch seriöse Massenmedien, etablierte Politiker/innen und renommierte Publizist(inn)en sorgen sich um den Fortbestand des „deutschen Volkes“ und machen sich darüber Gedanken, wie einer solchen Gefahr zu begegnen ist. Das demografische Trauma, die Deutschen könnten in gar nicht sehr ferner Zukunft aussterben, treibt außer rechten Agitatoren, Neonazis und „Ewiggestrigen“ auch etablierte Kreise um. Schlagzeilen wie „Altersheim Deutschland“ oder „Land ohne Leute“ häufen sich, und so wandert der besagte Diskurs immer mehr in die politisch-publizistische Mitte, wo er dazu dient, die Kürzung sozialer Transferleistungen (für Ältere) zu rechtfertigen und einen Wiederaufschwung der pronatalistischen Familienpolitik zu begründen.

Michael Naumann, früher Kultur-Staatsminister im Kabinett Schröder/Fischer und seit dem 1. Januar 2001 sowohl Herausgeber wie auch Chefredakteur der ZEIT, stellte den „dramatischen Bevölkerungsrückgang“ in eine Reihe mit dem global operierenden Terrorismus, der unaufhaltsam scheinenden Weiterverbreitung nuklearer Waffen und der weltweiten Rezession. Gleichzeitig beklagte Naumann zu Recht, dass in Wahlkämpfen „Phrasen mit nationaler Färbung und deutsche Sentiments (etwa gegen die Brüsseler Bürokraten)“ geweckt würden und sich die anspruchsvolle Idee eines „Verfassungspatriotismus“, der allen Bürger(inne)n – egal, ob Deutschen oder Türken – gemeinsam sei, nicht durchgesetzt habe, vielmehr mit dem Vorschlag des brandenburgischen Sozialministers Alwin Ziel, ein aus der Verschmelzung mit dem benachbarten Berlin entstehendes Bundesland „Preußen“ zu nennen, der Rückwärtsgang eingelegt worden sei: „Die Rückwendung zu immer neuen Bildern der Vergangenheit, die sich zu einer Geschichtsdokumentation nach der anderen auf den Fernsehkanälen niederschlägt, erinnert an den Sturz eines Mannes von der Spitze eines Wolkenkratzers. In den letzten, panischen Sekunden gleitet seine Lebensgeschichte wie ein Film am geistigen Auge vorbei. Vielleicht fließen ja allzu viele Energien in unsere Aufarbeitung der Nationalgeschichte. Womöglich wäre der Gesellschaft besser gedient, wollten sich ihre klügsten Interpreten verstärkt den sozialen und wirtschaftlichen Problemen der Gegenwart zuwenden."[150]

In fast allen Massenmedien wird der demografische Wandel, zum Teil ganz erheblich, dramatisiert. Das folgende Horrorszenario aus einem „Land ohne Kinder: Die Alten-Republik" überschriebenen Artikel der mittlerweile eingestellten WOCHE ist keineswegs untypisch für die Art, wie man die zur Mitte des Jahrhunderts drohende „Vergreisung" schildert: „Es wird ein stilles, ein graues Land sein. Kinderlachen ist nur noch selten zu hören, das Leben fließt bedächtig dahin – im Senioren-Takt. Die Partei der Alten hat die Macht übernommen. Die Wirtschaft ist durch gigantische Renten- und Soziallasten und einen empfindlichen Mangel an juvenilen Käufern gedrosselt, Firmen buhlen um fit gebliebene Senioren und ausländische Fachkräfte. Die Städte haben sich geleert, der Immobilienmarkt ist kollabiert, Schulen und Wohnungen werden in großer Zahl abgerissen, weil viele der früheren Bewohner in Pflegeheimen leben."[151] In einem „Report über soziale Konflikte in schrumpfenden Städten" wurde Dranske auf der Insel Rügen als Beispiel dafür genannt, „was ganz Deutschland blüht: Bevölkerungsschwund, überall. Allenfalls Zuwanderung in unrealistisch hoher Zahl könnte helfen, die Bevölkerungsgröße zu stabilisieren."[152] Unter Berufung auf Hans-Peter Kohler, Leiter der Forschungsgruppe Soziale Dynamik am Max-Planck-Institut für demografische Forschung, das – mit vielen Stellen und einem für die Zeit knapper öffentlicher Kassen riesigen Etat ausgestattet – in Rostock errichtet wurde, sprach der Autor vom „Wüten der kleinen Kohorten" und einem „Werk der Zerstörung", das der Geburtenrückgang nach DDR-„Wende" und deutscher Wiedervereinigung angerichtet habe.

Nur selten meldeten sich Stimmen zu Wort, die mäßigend wirkten und die befürchteten Folgen des demografischen Wandels relativierten. So bemerkte Heik Afheldt in der ZEIT, dass 65 Millionen Einwohner für die Bundesrepublik ausreichend seien. Allerdings kam seine Argumentation nicht ohne Warnung vor zu viel (Arbeits-)Migration aus, die in alarmistischer Manier dargestellt wurde: „Man kann sich leicht ausrechnen, was für ein dramatischer Wettbewerb um ‚gute Einwanderer' entbrennen wird. Einwanderer, die möglichst kulturverwandt, arbeitswillig und gut ausgebildet, sprachbegabt und damit leicht integrierbar sind. Und Kinder sollten sie auch noch kriegen wollen. Das alles verlangt viel eher nach Kopfprämien als nach huldvoll gewährten Sondergenehmigungen wie Green Cards."[153] In einem weiteren ZEIT-Artikel mit dem reißerischen Titel „Die Bombe tickt ..." warf Afheldt der Po-

150 Michael Naumann, Ein Land im Rückwärtsgang, in: Die Zeit v. 21.2.2002, S. 1

151 Ludwig Greven, Land ohne Kinder: Die Alten-Republik, in: Die Woche v. 27.4.2001, S. 1

152 Roland Kirbach, Land ohne Leute. Der Bevölkerungsschwund in Deutschland facht neue Verteilungskämpfe an, in: Die Zeit v. 10.5.2001

153 Heik Afheldt, 65 Millionen reichen auch. Besser leben in Schrumpfgermanien?, Wenn die Einwohnerzahl zurückgeht, ist das keine Katastrophe, in: Die Zeit v. 17.5.2001

litik und der Wirtschaft unter Berufung auf eine unter seiner maßgeblichen Mitwirkung entstandene Studie der Friedrich-Ebert-Stiftung vor, die „absehbare dramatische Bevölkerungsentwicklung“ zu ignorieren: „Die Lasten der Sozialsysteme drohen ihre Träger zu erdrücken, die Staatsquote wird explodieren, und die Unternehmer werden vergeblich nach jungen, gut ausgebildeten Nachwuchskräften Ausschau halten.“[154]

Wenn die Familie zum Fetisch, das Kind zum Kultobjekt und die Mutterschaft zum Mythos wird,[155] hat der Rechtsextremismus mit seiner Ideologie, die soziale Zusammenhänge, Hintergründe und Beziehungen naturalisiert, relativ leichtes Spiel. Familienfetisch, Kinderkult und Muttermythos sind bestens geeignete Instrumente zur Durchsetzung einer unsozialen Politik, werden aber häufig nicht als solche erkannt, weil die eigentlichen Intentionen ihrer Träger im Dunkeln bleiben. So wird die „demografische Apokalypse“ beschworen, um ein Rollback des konservativen Familienidylls und reaktionärer Praktiken der Bevölkerungspolitik durchsetzen zu können. Dabei nimmt man billigend in Kauf, dass rechtsextreme Kernideologeme (Biologismus, Sozialdarwinismus und Sexismus), die ähnliche Forderungen beinhalten,[156] an politischem Einfluss gewinnen.

Mit der Aufwertung bzw. Überhöhung „des Kindes“ im öffentlichen Diskurs über den modernen Wohlfahrtsstaat korrespondiert eine Verteufelung der Kinderlosigkeit; das alt-neue Feindbild der „Doppelverdiener“ und „hedonistischer Singles“ ohne Nachwuchs feiert fröhliche Urständ.[157] Da sie nicht für eine „normale“ Reproduktion der Gesellschaft sorgen, gibt man ihnen die Schuld an den staatlichen Finanzproblemen, besonders hinsichtlich der Alterssicherung. Da war z.B. in *Aus Politik und Zeitgeschichte*, einer Zeitschrift, welche die Bundeszentrale für politische Bildung in Massenauflage herausgibt, vom „Luxus eines unabhängigen, kinderlosen Lebens“ die Rede, durch den die Betreffenden ihre Verantwortung dem „eigenen Volk gegenüber“ (!) missachteten.[158] Auch wurde ein Rentenabschlag für Kinderlose ins Gespräch gebracht, unabhängig von den Gründen, die das kritisierte Fortpflanzungsverhalten der Betroffenen bestimmen: „Wer keine Kinder in die Welt setzen möchte, weiß dann schon heute, dass er sich dafür zusätzlich absichern muss. Für kinderlose pensionierte Beamte (und nicht mehr aktive Selbstständige)

---

154 Ders., Die Bombe tickt ... doch die Politiker wollen nicht hören. Die überalterte Gesellschaft sprengt die Sozialsysteme, in: Die Zeit v. 27.12.2001

155 Vgl. zum Letzteren: Barbara Vinken, Die deutsche Mutter. Der lange Schatten eines Mythos, München 2001

156 Vgl. hierzu: Christoph Butterwegge, Rechtsextremismus, a.a.O., S. 36ff.

157 Vgl. dazu: Reiner Hans Dinkel, Die Kinderlosen: das neue Feindbild der Familien-, Steuer- und Sozialpolitik, in: Sozialer Fortschritt 1/1995, S. 11ff.

158 Siehe Herbert Susteck, Das gesellschaftliche Verständnis der Familie in der Bundesrepublik Deutschland, in: Aus Politik und Zeitgeschichte 52-53/1995, S. 20

würde eine solche Lösung einen ‚Solidaritätsbeitrag‘ zugunsten der Rentenkasse erfordern.“[159]

Bei der Verankerung solcher „familienfundamentalistischer“ Vorstellungen im öffentlichen Diskurs spielt das Bundesverfassungsgericht seit langem eine Pionierrolle. Am 3. April 2001 verkündete es in einem Urteil zur Pflegeversicherung, dass Eltern geringere Beiträge zahlen sollen, weil sie „neben dem Geldbeitrag einen generativen Beitrag zur Funktionsfähigkeit eines umlagefinanzierten Sozialversicherungssystems leisten“, wie es in der Begründung hieß.[160] Mit diesem BVG-Urteil und der Forderung, seine Grundzüge auf die anderen sozialen Sicherungssysteme zu übertragen, wurden die Menschen – unabhängig davon, welcher (Einkommens-)Schicht sie jeweils angehören – in ein angeblich privilegiertes Lager (der Kinderlosen) und ein vermeintlich benachteiligtes Lager (der Eltern) eingeteilt.

Fast alle Medien der Bundesrepublik begrüßten das Urteil überschwänglich. In dem „Ein Segen für die Familie“ genannten SPIEGEL-Artikel wurden die Karlsruher Richter besonders gelobt, weil ihr Spruch den Gesetzgeber zu einer Antwort auf das „demografische Desaster“ zwinge. „So pathetisch das klingen mag: Es geht um den Bestand des deutschen Volks.“[161] Wenn die Bestandserhaltung des biologisch definierten „Volkskörpers“ zu einer Hauptsorge auch seriöser Mainstream-Medien wird, rückt die Gesellschaft insgesamt politisch zwangsläufig nach rechts, wiewohl ihre führenden Repräsentanten es offenbar nicht bemerken.

Die neurechte *Junge Freiheit* sprach von einem „Sieg für die Familie“, titelte auf der ersten Seite „Kinder sind unser Kapital“ und frohlockte: „Familienpolitik wird nach diesem Urteil zu einem beherrschenden Themen im Bundestagswahlkampf 2002 werden.“[162] Man veröffentlichte in derselben JF-Ausgabe ein Interview mit dem Initiator der Verfassungsklage, Alfred Rollinger. Auf die Frage, ob die Politiker „über unsere Köpfe hinweg“ entschieden, antwortete der Vater von fünf Kindern mit einer Eloge auf das Karlsruher Gericht: „Das Verfassungsgericht ist eine große Gabe für die deutsche Nation. Es ist die einzige etwas monarchisch gefärbte Institution – die über den Tellerrand der Legislaturperiode hinausschaut.“[163] Weil sie wiedergewählt werden wollten, könnten Parteien nur begrenzt Verantwortung übernehmen, während das höchste deutsche Gericht frage, was für die nächsten Jahrzehnte

159 Peter Bofinger, Keine Kinder, weniger Geld!, Nur offensive Ansätze lösen das Rentenproblem, in: Die Zeit v. 27.4.2000

160 Siehe Wer Kinder erzieht, soll weniger zahlen. Der dramatische Geburtenrückgang und die wachsende Zahl der Pflegebedürftigen/Aus dem Urteil des Bundesverfassungsgerichts zur Pflegeversicherung, in: Frankfurter Rundschau v. 4.4.2001

161 Thomas Darnstädt u.a., Ein Segen für die Familie, in: Der Spiegel v. 9.4.2001, S. 102

162 Ein Sieg für die Familie. Bundesverfassungsgericht: Schwere Vorwürfe gegen Sozialgesetzgebung, in: JF v. 12.4.2001, S. 1

163 „Durchbruch der Schallmauer“. Alfred Rollinger, Initiator der Verfassungsklage zugunsten kinderreicher Familien, über die Reform der Pflegeversicherung, in: JF v. 12.4.2001

„zum Wohle der Gesamtheit" notwendig sei. Diese der Tendenz nach gegen die parlamentarische Demokratie gerichtete Argumentation tut so, als sei nur eine Diktatur oder ein von der Stimmabgabe unabhängiges Gericht in der Lage, das „Volksganze" im Auge zu behalten.

Die Bundesregierung startete gegen Ende 2001 eine Plakataktion und eine Anzeigenkampagne zum Thema „Familie Deutschland". Wie sogar die ZEIT, in der ziemlich häufig pronatalistische Töne angeschlagen werden, kritisch anmerkte, erinnerte die Kampagne fatal an die SED-Propaganda, entpuppte sich „als Fortwirkung eines Geistes, der noch hinter die DDR und weiter zurückreicht", und stellte dabei letztlich die biologische Reproduktionsfunktion der Familie ins Zentrum: „Auf keinem Bild sind Frauen mit Männern zu sehen, die mehr verbindet als der Zweck, Nachkommen zu erzeugen."[164]

Medien der Mitte flankierten die Regierungskampagne durch Berichte über das teilweise erheblich höhere Geburtenniveau in anderen Ländern, besonders dem „fruchtbaren Frankreich", welchem die Deutschen – so wurde unterschwellig suggeriert – etwa durch mehr Familiensinn und eine größere Kinderfreundlichkeit nacheifern sollten.[165] Nachdem viele Massenmedien den Geburtenrückgang auf die nachlassende Gebärfreudigkeit zurückgeführt hatten, häuften sich auch Berichte über ein Umdenken deutscher Frauen zum Thema „Kinderkriegen". So registrierte etwa der SPIEGEL im Juli 2001 erleichtert, dass „immer mehr Frauen die Mutterrolle neu entdecken" und „Kinder statt Karriere" machen wollten.[166] Ergänzt wurde die Titelgeschichte „Comeback der Mutter" des Hamburger Nachrichtenmagazins durch einen Artikel seines Münchener Konkurrenzorgans (vom selben Tag), welcher unter der Überschrift „Big, Big Daddy" verkündete: „Neue Väter hat das Land".[167] Birger P. Priddat, Professor für Volkswirtschaft an der Privatuniversität Witten/Herdecke, assistierte mit einem Aufruf an die Wirtschaftsunternehmen: „Mütter an die Macht. Frauen haben alles, was moderne Firmen suchen", welcher sechs Wochen später in der ZEIT erschien.[168]

Immer wieder klingen nostalgische Reminiszenzen an, wenn es um Familienidylle und Elternschaft geht. So hieß es beispielsweise in der ZEIT: „Es war einmal eine Zeit im christlichen Abendland, da galt Vaterschaft als Ausweis von Männlichkeit. Der Paterfamilias war eine Art irdischer Gottvater

---

164 Beate Clausnitzer, Maria und Joseph. Vater Staat: Eine Plakataktion der Bundesregierung wirbt für die Familie, in: Die Zeit v. 14.2.2002

165 Vgl. z.B. Arme Deutsche, glückliche Französinnen. Warum Frankreich einen Babyboom erlebt. Ein Gespräch mit dem Demografen Hervé Le Bras, in: Die Zeit v. 10.5.2001; Kindersegen in Frankreich. Geburtenrate weiter hoch, in: FAZ v. 7.2.2002; Matthias Beermann, Frankreich staunt über Baby-Boom. Europameister im Kreißsaal, in: Weser-Kurier v. 11.2.2002

166 Siehe Susanne Beyer/Marianne Wellershoff, Comeback der Mutter, in: Der Spiegel v. 16.7.2001, S. 66ff.

167 Vgl. Katrin Sachse, Big, Big Daddy, in: Focus v. 16.7.2001, S. 54ff.

168 Birger P. Priddat, Mütter an die Macht. Frauen haben alles, was moderne Firmen suchen, in: Die Zeit v. 31.8.2001

und Mittelpunkt einer möglichst zahlreichen Sippschaft. Wer zum Haushalt gehörte, unterstand seiner gesetzlich und gesellschaftlich unumstrittenen Autorität."[169] Gleich im Anschluss wurden zwei Jahreszahlen genannt, die das Familienidyll des „christlichen Abendlandes" ge- bzw. zerstört hätten: 1789 und 1968 sind nicht zufällig auch jene Daten, an denen Rechtsextremisten sämtliche Übel festmachen und hinter die sie durch Zerstörung der Demokratie zurück wollen.

Der bayerische Ministerpräsident, CSU-Vorsitzende und Kanzlerkandidat Edmund Stoiber glaubt, im Rückgang der Geburten gleichfalls eine „tickende Zeitbombe" zu hören.[170] Er profiliert sich im Bundestagswahlkampf als „Familienmensch", der seit beinahe 35 Jahren verheiratet ist und drei Kinder sowie zwei Enkel hat, was Gerhard Schröder wiederum veranlasst, gleichfalls als solcher aufzutreten. So sagte er dem Parteiorgan VORWÄRTS in einem Interview: „Ich bin sicherlich kein Familienmensch im engeren Sinne, also mit gemeinsamen Mahlzeiten jeden Tag, das lässt die enorme terminliche Belastung durch das Amt gar nicht zu. Aber wann immer es mir möglich ist, hat die Familie absoluten Vorrang."[171]

Alle zur Wahl stehenden Politiker/innen und Parteien buhlen um die Gunst der Eltern und solcher Paare, die es werden wollen.[172] Auch die von Edmund Stoiber erhobene Forderung nach einem „Familiengeld" und einem „Kinderbonus", welche den Rückgang der Geburten in Deutschland stoppen helfen sollen, gehört eindeutig in diesen Kontext.[173] Tatsächlich verständigte sich die Unionsfraktion im Bundestag auf ein monatliches Familiengeld von 1.200 DM, später hieß es dann nur noch: (bis zu) 600 Euro pro Kind im Alter bis zu drei Jahren. Zwar setzt neuerdings auch die Union auf eine Verbesserung der Vereinbarkeit von Mutterschaft und Beruf, die Versorgung mit Kinderbetreuungseinrichtungen ist jedoch nirgends so niedrig wie in Bayern. Durch das Familiengeld würde die Hausfrauenehe wieder aufgewertet und die

---

169 Jacqueline Hénard, Vater unser. Warum überaltert unsere Gesellschaft? Wegen allgemeiner Zukunftsunsicherheit und weil Frauen Karriere machen wollen, so sagt man. Aber wie denken eigentlich Männer über Kinder?, in: Die Zeit v. 27.12.2001

170 Edmund Stoiber, zit. nach: Elisabeth Niejahr, Geld allein macht nicht kinderreich, a.a.O.; Stoiber: 1000 Mark im Monat pro Kind. Geld in ersten drei Jahren soll Geburtenrate steigern, in: Weser-Kurier v. 2.1.2001, S. 1

171 „Die Familie hat für mich absoluten Vorrang". Interview mit Gerhard Schröder über Fernsehabende zu Hause, neue Familienformen, die Zukunft des Ehegattensplittings, die Leistungen der Regierung und die Pläne der SPD für die Zeit nach der Wahl, in: Vorwärts 4/2002, S. 6

172 Vgl. Vater, Mutter und Kind als Wahlkampfhit. SPD, Grüne und Union versprechen teure Verbesserungen in der Familienpolitik, in: Weser-Kurier v. 26.2.2002; Dietrich Eickmeier, Wahlkampfschlager Familie. Bundesregierung und Opposition versprechen Milliarden, in: Weser-Kurier v. 19.4. 2002; ergänzend: Christoph Butterwegge, Familie und Familienpolitik im Wandel, in: ders./Michael Klundt (Hrsg.), Kinderarmut und Generationengerechtigkeit, a.a.O., S. 225ff.

173 Vgl. Stoiber fordert 1000 Mark Familiengeld pro Kind, in: Frankfurter Rundschau v. 2.1.2001

Traditionsfamilie gefördert, aber auch eine Familie stärker profitieren, die wegen ihres zu hohen Einkommens kein Erziehungsgeld erhält.

Die CDU-Vorsitzende Angela Merkel betonte in der FAZ, dass „Institutionen und Traditionen, Region und Religion, Heimat und vor allem die Familie" hohe Güter für die „politische Mitte", als deren Repräsentantin sie sich fühlt, darstellten: „Kern unserer Gesellschaft und Kern unserer Politik ist die Familie. Die Mitte scheut sich nicht, Gutes zu bewahren, auch wenn es traditionell ist. Dazu gehört beispielsweise die Förderung von Ehe und Familie gegenüber anderen Lebensformen."[174] Wer so denkt, läuft u.a. Gefahr, eingetragene Lebenspartnerschaften zwischen Angehörigen desselben Geschlechts als „Homo-Ehe" zu diffamieren.

Vertreter der Wirtschaft begrüßen die Renaissance der (Traditions-)Familie, vielleicht auch deshalb, weil dadurch gesellschaftspolitisches und systemkritisches Denken zurückgedrängt wird. So lobte Ludwig Georg Braun, Präsident des Deutschen Industrie- und Handelskammertages (DIHK), das Engagement der Parteien für ein kinderfreundlicheres Klima im Wahljahr 2002 gegenüber dem Berliner *Tagesspiegel*: „Wenn mich jemand fragt, wo es in der Politik Erfolge gibt, dann nenne ich das *neue Bewusstsein* für die Familie."[175] Gleichzeitig lehnte es der Verbandsfunktionär ab, den Firmen die Einrichtung von mehr Betriebskindergärten zu empfehlen, welche alleinerziehende Müttern die Entscheidung zur Aufnahme von Erwerbsarbeit erleichtern würde.

Es ist zu erwarten, dass der Diskurs über den Geburtenrückgang, fehlende (deutsche) Kinder und die negativen Auswirkungen für den „Wirtschaftsstandort D" bzw. das System der sozialen Sicherung die mediale Öffentlichkeit künftig noch stärker beeinflussen wird. Er birgt die Gefahr einer weiteren Verquickung bzw. Überlappung rechtsextremer und etablierter Positionen der „Mitte" in sich. Politiker demokratischer Parteien und bürgerliche Medien liefern regelrechte Traumvorlagen für Rechtsextremisten, die mit ihrem Werben für eine pronatalistische Familien- bzw. eine nationale Bevölkerungspolitik wiederum Druck auf die Etablierten ausüben und das öffentliche Klima noch mehr als bisher vergiften.

Die sich abzeichnenden Veränderungen der gesellschaftlichen Altersstruktur können sowohl zu wachsendem Einfluss der Senior(inn)en auf staatliche Willensbildungs- und Entscheidungsprozesse wie auch zum Gegenteil führen. Ob sich letztlich die „Logik der Politik" (also mehr Stimmen für ältere Wahlbürger/innen entsprechend deren wachsendem zahlenmäßigem Gewicht) oder die „Logik der Ökonomie" (Hofierung der Kinder als „knappes Gut", das stärker zählt als nicht mehr produktiv Tätige) durchsetzt, wird maß-

174 Angela Merkel, Die Mitte ist rechts von links, in: FAZ v. 18.2.2002

175 „Als Unternehmer gebe ich lieber Zuschüsse für kommunale Kindergärten". Der Präsident des Deutschen Industrie- und Handelskammertages, Ludwig Georg Braun, über Familienförderung und die Verantwortung der Wirtschaft, in: Der Tagesspiegel v. 2.4.2002

geblich mit über die demokratische Qualität unserer Gesellschaft entscheiden. Wenn die Konzepte der Rechten unkritisch von der Mitte übernommen und immer häufiger zum Mainstream werden, dürfte die Demokratie am Ende auf der Strecke bleiben. Der demografische Wandel könnte freilich auch dazu genutzt werden, über die Frage zu streiten, ob das nationalistische Konstrukt „deutsches Volk" überhaupt noch zeitgemäß ist und in den Mittelpunkt der öffentlichen Diskussion gehört oder ob die Globalisierung – verstanden als Prozess des Zusammenwachsens der Welt – nicht zur kosmopolitischen Umorientierung führen muss.

Rechtsextremismus im Zerrspiegel von Wissenschaft, Politik und Medien

Christoph Butterwegge/Alexander Häusler

Rechtsextremismus, Rassismus und Nationalismus: Randprobleme oder Phänomene der Mitte?

Trotz der breit angelegten Mediendiskussion über den Rechtsextremismus, die nach dem 27. Juli 2000 (Handgranatenanschlag auf Aussiedler/innen überwiegend mosaischen Glaubens in Düsseldorf) begann und nach dem Brandanschlag auf die Düsseldorfer Synagoge am 2./3. Oktober desselben Jahres ihren Höhepunkt erreichte, hat sich die Öffentlichkeit in der Bundesrepublik nie wirklich ernsthaft mit dem Rechtsextremismus, seinen Hintergründen und Urhebern beschäftigt. Wenn nicht alles täuscht, war die entsetzte Reaktion des Auslandes der Auslöser dafür, dass die Auseinandersetzung mit dem Rechtsextremismus im Spätsommer und Herbst 2000 zum ersten Mal seit fast zehn Jahren wieder breiten Raum einnahm: Erst als der „Wirtschaftsstandort D" in Verruf geriet und ausländische Großinvestoren vor allem Ostdeutschland nach Hetzjagden auf Schwarze sowie der Schändung jüdischer Friedhöfe und von Synagogen „rechts liegen zu lassen" drohten, forderte Bundeskanzler Gerhard Schröder am 4. Oktober 2000 einen „Aufstand der Anständigen", rief man die Bürger/innen zur Zivilcourage auf und konstituierte sich das „Bündnis für Demokratie und Toleranz".[1] Als dann prominente Zeitgenoss(inn)en und Trendsetter angehalten wurden, ihr „Gesicht zu zeigen", war klar, dass man dem Übel wieder nicht auf den Grund gehen, sondern es beschönigen wollte und durch PR-Aktionen entschärfen zu können glaubte.

Da man Rechtsextremismus, Rassismus und Nationalismus nicht als strukturelles Problem begriff, richtete sich besagter „Aufstand der Anständigen" gegen rechtsextreme Personen und Parteien statt gegen deren ideologische Positionen und Programme. Wieder einmal zeigte sich jene von Klaus Schönekäs kritisierte „Doppelmoral", die darin besteht, dass ultrarechte Ideologeme innerhalb des etablierten Parteienspektrums durchaus artikulierbar sind, eigenständige rechtsextreme und Nazi-Organisationen aber in ein

1 Eine kommunal(politisch)e Variante dieses Argumentationszusammenhangs enthüllt folgender Artikel: Jürgen Zurheide, Das Attentat verdirbt den Ruf der Stadt. Ratlosigkeit in Düsseldorf/Jüdische Gemeinde geschockt, in: Weser-Kurier v. 2.9.2000

subkulturelles Ghetto abgedrängt werden.[2] Schon zu Beginn der 1990er-Jahre war diese Janusköpfigkeit unserer politischen Kultur unübersehbar: „Nicht der Rassismus als gesellschaftliches Problem wird verurteilt, sondern der bekennende bzw. gewalttätige Rassist erfährt eine Stigmatisierung, während sich die von ihm vertretene Abwehrhaltung gegen den Fremden im Zeichen eines grassierenden ‚Wohlstandschauvinismus' der Akzeptanz weiter Teile der Gesellschaft erfreut."[3] Hier liegt denn auch ein gravierender Schwachpunkt der Auseinandersetzung mit dem Rechtsextremismus im vereinten Deutschland: Die rigide Ausgrenzung von Nationalismus, Rassismus und Antisemitismus beschränkt sich im Wesentlichen auf ganz klar als rechtsextrem (im Sinne einer Nähe zum Nationalsozialismus/Hitlerfaschismus) identifizierbare Positionen und deren Träger, während ihnen zugrunde liegende Ressentiments, Haltungen und Deutungsmuster weithin toleriert, verharmlost oder sogar für politische Zwecke funktionalisiert werden.[4]

In dem ereignisfixierten Aufkommen und Abschwellen öffentlicher Diskurse um Gefahren sowie Ursachen rechtsextremer und rassistischer Gewalt manifestiert sich eine regelmäßig zutage tretende Einstellung öffentlicher Meinungsträger: Solche Phänomene scheinen als etwas von „außen" oder „den Rändern" Kommendes angesehen zu werden: als Entwicklungen, die sich „gegen uns", d.h. die bestehende sozioökonomische und politische Ordnung, sowie gegen den im gesellschaftlichen Alltag herrschenden „Normalzustand" richten. Rückt ein besonders verwerfliches rassistisch oder rechtsextrem motiviertes Ereignis wieder in den Blickpunkt medialen Interesses, so folgt darauf regelmäßig ein ritualisiertes Bekenntnis zur „Weltoffenheit" und „Toleranz" Deutschlands. „Wir", die Deutschen, heißt es dann in eigentümlichem Gleichklang, sind anders, eben „anständig", haben aus der Geschichte gelernt und sehen unser bzw. das Ansehen des „Wirtschaftsstandorts D" in der Welt durch derartige Ereignisse bedroht.[5]

In solchen Bekenntnissen dokumentiert sich ein Verständnis kollektiver Identität, das rechte bzw. rechtsextreme Äußerungen sowohl von ihrem geschichtlichen Hintergrund wie auch von ihren strukturellen Rahmenbedingungen abzutrennen sucht. Harro Honolka und Irene Götz beleuchten dagegen die hinter dem Verhalten mancher Einheimischer zu „Fremden" stehenden materiellen Interessen: „Aus soziologischer Sicht sind in kollektiven Identitäten Handlungsanweisungen für den Umgang mit Angehörigen der Out-group enthalten, die auf dem Hintergrund gesellschaftlicher Strukturen zu analysieren

2 Siehe Klaus Schönekäs, Bundesrepublik Deutschland, in: Franz Greß/Hans-Gerd Jaschke/Klaus Schönekäs, Neue Rechte und Rechtsextremismus in Europa. Bundesrepublik, Frankreich, Großbritannien, Opladen 1990, S. 311

3 Friedemann Schmidt, Die Neue Rechte und die Berliner Republik. Parallel laufende Wege im Normalisierungsdiskurs, Wiesbaden 2001, S. 332

4 Vgl. ebd., S. 331

5 Vgl. dazu: Kurt Pätzold, 365 Tage oder Was wurde aus dem „Aufstand der Anständigen"?, Berlin 2001

sind. So können nationale Identitäten für Verteilungskämpfe um knappe Güter instrumentalisiert werden.“[6]

Seit der Französischen Revolution kennt man im politischen Sprachgebrauch die Differenzierung zwischen „rechts“ und „links“. Spätestens mit dem Ende der sog. Blockkonfrontation erfuhr diese Einteilung des (partei)politischen und parlamentarischen Spektrums in den westlichen Demokratien durch eine sich allgemein durchsetzende Bezugnahme auf die Mitte eine gravierende Veränderung. Realpolitik bzw. „realistische“ Politik geriert sich im alltäglichen Konkurrenzkampf der Parteien um Wählerstimmen und medial erzeugte Massenstimmungen nicht mehr in erster Linie als links- oder rechtsorientierte Programmatik, sondern als eine wahlweise sach- oder wertorientierte, auf jeden Fall pragmatische und moderne Politik der „Mitte“. Rechts und Links gelten in einem solchen Kontext als „Extreme“, welche den nationalen „Normalzustand“ eben jener Mitte von den Rändern aus stören oder bedrohen.

Anthony Giddens, Direktor der London School of Economics und seit dem Wahlsieg Tony Blairs bzw. seiner reformierten britischen Labour Party Architekt der als sog. Neue Mitte klassifizierten Modernisierung sozialdemokratischer Politik, prognostizierte in einer wegweisenden Abhandlung künftiger Realpolitik u.a. einen Rückzug des Militarismus und benannte hierzu folgende, seiner Meinung nach künftig vorherrschende Trends: „die sich wandelnde und in mancher Hinsicht schwächer werdende Autonomie der klassischen Nationalstaaten; das Verschwinden deutlich sichtbarer Feinde; der verminderte Einfluß des herkömmlichen Nationalismus bei gleichzeitigem Aufkommen nationalistischer Bestrebungen auf substaatlicher Ebene; das funktionale Veralten des Massenkrieges“.[7] Merkmale einer solchen Politik der sog. Neuen Mitte, die Giddens affirmativ mit dem Begriff der „dialogischen Demokratie“ umschrieb, seien Prozesse der „sozioökonomischen Umgestaltung“ als politische Praxis eines „zivilen Kosmopolitismus“.[8] Giddens, der seine Vision der Neuen Mitte noch im Kontext einer reformierten „linken“ Politik verortet, begreift die von ihm geforderte „dialogische Demokratie“ als „Kampf gegen alle Arten des Fundamentalismus“.[9]

Die reale Praxis westlicher Demokratien, die sich mit dem politischen Modebegriff der „Neuen Mitte“ schmücken, kennzeichnen heute entgegen

---

6 Harro Honolka/Irene Götz, Deutsche Identität und das Zusammenleben mit Fremden. Fallanalysen, Opladen/Wiesbaden 1999, S. 16

7 Siehe Anthony Giddens, Jenseits von Links und Rechts. Die Zukunft radikaler Demokratie, Frankfurt am Main 1997, S. 312. Der Untertitel des 1994 im Englischen erschienenen Orginals lautete noch: „The Future of Radical Politics“. Dagegen impliziert die deutsche Übersetzung bezeichnenderweise eine Gleichsetzung von radikaler Politik „jenseits von Links und Rechts“ mit dem Begriff der Demokratie; ein solches Demokratieverständnis scheint mittlerweile zu den Grundannahmen politischer Selbstverständigung zu gehören.

8 Siehe ebd., S. 327

9 Siehe ebd., S. 16 (Vorwort zur deutschen Ausgabe)

Giddens' Prognosen andere Entwicklungen. Die symbolische Politik der Mitte beinhaltet die Verbreitung populistischer Schemata, wodurch sie mit Rückgriff auf nationalistische und zum Teil rassistische Etikettierungen bzw. Vorurteilsstrukturen selbst eine politische Spielart des fundamentalistischen Wertedualismus unter liberalkapitalistischen Vorzeichen fördert. Für Italien hat Marco Revelli diesen „Populismus der neuen Art" als eine Form symbolischer Politik der Mitte „für den freien Wettbewerb der Singularitäten" beschrieben: „Darin drückt sich die Art aus, in der der ‚Liberalismus von oben' der neuen mondialisierten Institutionen des postfordistischen Kapitalismus in die einzelnen nationalen Bereiche eindringt, indem er den Nationalstaat, die konsolidierten politisch-administrativen Apparate (das, was rein theoretisch das eigene systematische Gegenstück darstellen müßte und tatsächlich aber, ganz im Gegenteil, die effizienteste Ressource ist) benutzt, um einen schrittweisen Prozeß, möglichst kontrolliert und bar von konfliktiven Zerwürfnissen des Abbaus und der Überwindung der verbliebenen keynesianischen Garantien, zu organisieren."[10]

Die zur Abgrenzung gegenüber dem Multikulturalismus oft zitierte Huntington'sche These vom „Kampf der Kulturen" („clash of civilizations") oder Bassam Tibis Formel vom „Krieg der Zivilisationen", [11] die nach den Terroranschlägen des 11. September 2001 ihre gefährlichen Folgen für das friedliche Zusammenleben in der Bundesrepublik deutlicher als vorher erkennen ließen, sowie öffentliche Debatten um die „deutsche Leitkultur", den angeblich nötigen Nationalstolz oder „Grenzen der Belastbarkeit" im Hinblick auf Zuwanderung zeugen von der Etablierung eines neuen Wertekanons in der politischen Mitte. Dieser bestätigt rechte, nationalistische und rassistische Einstellungen, wodurch er seinerseits Elemente fundamentalistischen Denkens aufweist. Die viel beschworene „Politik der Mitte" selbst ist es, die Freund-Feind-Schemata als ideologischen Kitt für soziale Zerfalls- und Entsolidarisierungstendenzen im Gefolge der Globalisierung bzw. der neoliberalen Modernisierung produziert.

Rassismus und Nationalismus prägen als konstitutive Merkmale des Rechtsextremismus in einem zunehmenden Maße „autoritäre Entwicklungen" der gesellschaftlichen Mitte. Diese ziehen eine Politik nach sich, die „partikularistisch mit ethnisch-kulturellen, religiösen oder ausschließlich territoria-

---

10 Marco Revelli, Die gesellschaftliche Linke. Jenseits der Zivilisation der Arbeit, Münster 1999, S. 120 und S. 123

11 Siehe Samuel P. Huntington, Der Kampf der Kulturen (The Clash of Civilizations). Die Neugestaltung der Weltpolitik im 21. Jahrhundert, München/Wien 1996; Bassam Tibi, Krieg der Zivilisationen. Politik zwischen Vernunft und Fundamentalismus, 3. Aufl. Hamburg 1998; vgl. zur Kritik u.a.: Christoph Butterwegge, Globalisierung der Ökonomie – Entgrenzung der Gewalt?, „Kampf der Kulturen" und „Weltwirtschaftskrieg" als Paradigmen der internationalen Beziehungen, in: Elke Renner/Grete Anzengruber/Hannes Zuber (Red.), Friedenserziehung. Einsicht in die Verhältnisse – Klärung der Ziele, Schulheft 101 (2001), S. 33ff.

len Kriterien begründet wird und sich dabei auf kollektive Identitäten stützt".[12] Der Bremer Politikwissenschaftler Michael Zürn betont zu Recht, dass im Kontext eines „verschärften Standortwettbewerbs Klassenkonflikte zugunsten von ethnischen und rassistischen Konfliktlinien an Bedeutung verlieren."[13] Eine derartige Verschiebung gesellschaftlicher Widersprüche auf konstruierte Feindbilder weist partiell Affinitäten zu Tendenzen auf, die Zeev Sternhell, Mario Sznajder und Maia Asheri als „Grundelemente des Faschismus" benennen: einen „völkische(n) Nationalismus, genährt durch Sozialdarwinismus und oft auch biologischen Determinismus".[14] Sternhell, Sznajder und Asheri zufolge waren gerade die „kollektivistisch, antiindividualistisch und antirationalistisch"[15] verklausulierten Erhöhungen nationaler Kultur und Größe für das Aufkommen des Faschismus maßgeblich: „Das versagende Proletariat sollte durch jene aufstrebende Macht der modernen Welt ersetzt werden, die aus dem Fortschritt, den Unabhängigkeitskriegen und der kulturellen Integration geboren worden war: durch die Nation. Alle ihre Klassen sollten zusammengeschweißt werden im gemeinsamen Kampf gegen die bürgerliche, demokratische Dekadenz."[16] Die antirationalistische Produktion von Feindbildern mittels symbolischer Politik unter national(istisch)en Prämissen prägt unter ganz anderen – weitgehend neoliberalen – Verhältnissen auch den politischen Alltag westlicher Demokratien heute.

Die von Max Horkheimer und Theodor W. Adorno beschriebene Dialektik der Aufklärung findet ihren eigentümlichen Widerhall in den Reaktionen auf die Terroranschläge am 11. September 2001. Das daraufhin von George W. Bush jr. bemühte Symbolwort „Kreuzzug", verstanden als Kampf des „Guten gegen das Böse", entspringt der gleichen politischen Semantik wie jener der medial als „Feinde der zivilisierten Welt" titulierten Attentäter.[17] Sind es heute die Antipoden des „Satans USA", gegen die zur Waffe gerufen wird, so war zur Zeit der Blockkonfrontation die UdSSR unter Ronald Reagan zum „Reich des Bösen" erklärt worden: 1983 hatte sich der damalige US-Präsident dieser christlich-fundamentalistischen Rhetorik bedient, als er vom „Kampf zwischen Recht und Unrecht, zwischen Gut und Böse" sprach.[18] Als George

---

12 Siehe Dietmar Loch/Wilhelm Heitmeyer, Einleitung: Globalisierung und autoritäre Entwicklungen, in: dies. (Hrsg.), Schattenseiten der Globalisierung. Rechtsradikalismus, Rechtspopulismus und separatistischer Regionalismus in westlichen Demokratien, Frankfurt am Main 2001, S. 15

13 Siehe Michael Zürn, Politische Fragmentierung als Folge der gesellschaftlichen Denationalisierung?, in: ebd., S. 120

14 Zeev Sternhell/Mario Sznajder/Maia Asheri, Die Entstehung faschistischer Ideologie. Von Sorel zu Mussolini, Hamburg 1999, S. 24

15 Siehe ebd., S. 17

16 Ebd., S. 45

17 Vgl. Niels Weber, Sprache nach dem Angriff auf die USA: Zur politischen Semantik von Feind, Verbrecher, Barbar und Krieg, in: Frankfurter Rundschau v. 21.9.2001

18 Ronald Reagan, zit. nach: Markus Brauk, Apokalyptische Bibelinterpretation und rechte, nationalistische Sicht der laufenden Ereignisse passen gut zusammen, in: Frankfurter Rundschau v. 21.9.2001

W. Bush im Januar 2002 bezogen auf den Irak, Iran und Nordkorea von einer „Achse des Bösen" sprach, knüpfte er sehr deutlich an Reagans Worte an. Selbst eher linksliberale US-Intellektuelle stimmten Bush und seiner Wortwahl zu, wie beispielsweise Edward Luttwak in der *Frankfurter Allgemeinen Zeitung*.[19]

In der kurz nach den Selbstmordanschlägen auf das World Trade Center und das Pentagon entfachten, nahezu religiös-fundamentalistisch aufgeladenen Wertedebatte, die sich im Dualismus zwischen der „zivilisierten westlichen Welt" als dem schlechthin „Guten" und der islamistischen, muslimischen, sog. Dritten oder schlicht „restlichen" Welt als dem „Bösen" bewegte, schien in Deutschland innen- wie außenpolitisch das Bekenntnis zur NATO vom Prozess der politischen Liberalisierung und Demokratisierung abgekoppelt zu sein: Außenpolitisch drückte sich jenes Bekenntnis in der nahezu einmütig bekundeten Bereitschaft zu militärischen Gegenmaßnahmen aus; innenpolitisch implizierte es die Durchsetzung restriktiver bzw. repressiver Maßnahmen in der Zuwanderungs- und der sog. Sicherheitspolitik, welche an die Notstandsgesetze der 1960er-Jahre erinnern und die vorsichtigen Schritte hin zu einer multikulturell-liberal orientierten, weltoffenen wie zugleich solidarischen Gesellschaft auf einen Schlag wieder zunichte zu machen drohen. Zugleich enthalten derartige Forderungen nach Beschränkung oder Abschaffung bürgerlicher Freiheitsrechte autoritäre, nationalistische sowie rassistische Elemente. So wähnte Ulrich Reitz, Chefredakteur der konservativen Tageszeitung *Rheinische Post*, in einem militärischen Beitrag der Bundeswehr zum Kampfeinsatz in Afghanistan ein „nationales Interesse" zu erkennen. Deutschland sei nämlich auch „Zielscheibe" des islamistischen Terrorismus: „Darauf muss nun die gesamte Innenpolitik ausgerichtet werden. Deutschland wird sich tief verändern. Es ist wohl der Preis der Freiheit."[20] Anlässlich der Regierungserklärung zur militärischen Unterstützung der US-Regierung ließ es sich Friedrich Merz, Vorsitzender der Unionsfraktion, denn auch nicht nehmen, Bundeskanzler Schröder im Parlament voller Pathos eine „nationale Allianz der Entschlossenheit" anzubieten.[21] Letzterer hatte schon den Mazedonien-Einsatz der Bundeswehr mit Deutschlands „nationalen Interessen" auf dem Balkan begründet.

Die allseits beschworene Zugehörigkeit zur „westlichen Zivilisation" kapitalistischer Prägung vernebelt nicht nur den inneren Zusammenhang von Terrorismus und herrschender Weltordnung, sondern verankert unter Rückgriff auf fundamentalistisch ideologisierte „Gut- und Böse"-Schemata auch mittels symbolischer Politik repressive und antidemokratische Regulations-

---

19 Vgl. Edward Luttwak, Die Rationalität Amerikas. George W. Bush hat Gründe, von einer „Achse des Bösen" zu sprechen, in: FAZ v. 9.2.2002; ... dann ist Gewalt als letzter Ausweg moralisch gerechtfertigt. US-Intellektuelle rechtfertigen den „gerechten Krieg" gegen den Terror und unterstützen Präsident George W. Bush/Auszüge aus dem Aufruf, in: Frankfurter Rundschau v. 14.2.2002

20 Ulrich Reitz, Deutschland mittendrin, in: Rheinische Post v. 20.9.2001

21 Vgl. Stefan Reker, Schröder und der Geist von 1776, in: Rheinische Post v. 20.9.2001

formen. Der Historiker Philip Gassert erkennt in der Glorifizierung des Westens und der Idealisierung seiner Werte „ein zutiefst deutsches Thema“, da die Orientierung an den Werten des Westens zugleich die Möglichkeit einer Abkopplung vom deutschen Sonderweg und von dessen Kulmination im nationalsozialistischen Menschheitsverbrechen impliziere. Das allseits verkündete Bekenntnis „zum Westen“ verdränge überdies antidemokratische Entwicklungen im Inneren. Auch in Bezug auf Deutschland empfiehlt Gassert einen Perspektivwechsel: „Wie ‚westlich‘ stellt sich das Land nicht nur aus der Sicht der europäischen Nachbarn und von jenseits des Atlantiks dar, sondern aus der ‚nichtwestlichen‘ Sicht der asiatischen Völker und der ‚Dritten Welt‘, ganz zu schweigen aus der Perspektive von ‚Randgruppen‘ innerhalb der deutschen Gesellschaft, etwa den Türkisch sprechenden Einwanderern?“[22]

Gassert weist darauf hin, dass das öffentliche Ringen um nationale Selbstverortung einem neuen Zeitgeist unterliege, der exemplarisch bei Arnulf Baring zum Ausdruck kam, als dieser erklärte: „Man muß die Vielgestaltigkeit, Vieldeutigkeit und Offenheit unserer Geschichte annehmen. Sie ist nicht nur beunruhigend, nicht nur Anlass zur Sorge. (...) Unsere Vergangenheit hat viele große Momente. Auch wir haben Anlass zu Selbstvertrauen, Würde und bescheidenem Stolz.“[23] Ein keineswegs unbedeutender Teil der (links)liberalen Intelligenz wurde gleichfalls vom Zeitgeist erfasst und benutzte fortan nationale Identifikationsriten. So bekundete der ZEIT-Mitherausgeber und Chefredakteur Josef Joffe seinen „nationalen Stolz“ darauf, „dass auf einem autoritär und totalitär verseuchten Boden eine Demokratie Wurzeln geschlagen hat, die in mancher Hinsicht liberaler ist als die französische oder britische.“[24]

Wohl nicht zufällig griff die konservative FAZ einen Vortrag des Historikers Karl Heinz Bohrer auf, der die angebliche Konzentration der „gesellschaftskritischen Intelligenz“ in Deutschland auf den Holocaust als Ausdruck pathologischer „Erinnerungslosigkeit“ gegenüber einer nationalen „Fernvergangenheit“ wertete, womit er die vermeintliche Unfähigkeit kritisierte, die deutsche Geschichte anders als im Kontext des Nationalsozialismus zu erfassen, was eine „Atrophie des nationalen Geschichtsbewußtseins“ sei.[25] Hier offenbarte sich die definitive Abkehr vom Kernpostulat der älteren Kritischen Theorie und von der Lebensmaxime exilierter Antifaschist(inn)en, Auschwitz als Zentrum des Erinnerungsdiskurses im postfaschistischen Deutschland zu begreifen. Aufgrund seiner geistigen Nähe zu Diskursen wie der Walser-

---

22 Philipp Gassert, Der Westen als nationaler Mythos der Berliner Republik, in: Frankfurter Rundschau v. 19.9.2001

23 Arnulf Baring, Es lebe die Republik, es lebe Deutschland!, Stationen demokratischer Erneuerung 1949-1999, Stuttgart 1999; zit. nach: Philipp Gassert, Der Westen als nationaler Mythos der Berliner Republik, a.a.O.

24 Siehe Josef Joffe, Deutsch und stolz: worauf? Auf die Demokratie, die europäische Bindung und die Abkehr von der alten Arroganz, in: Die Zeit v. 22.3.2001

25 Siehe Hans Ulrich Gumbrecht, Aus den Fugen geraten. Das deutsche Geschichtsbewußtsein und der Holocaust, in: FAZ v. 5.9.2001

Bubis-Kontroverse oder der Nationalstolz-Debatte avancierte der Historiker in der FAZ zum Kronzeugen für den Wandel zu einer „selbstbewußt" auftretenden Nation: „Die Hoffnung, auf diese Weise von der nationalsozialistischen Vergangenheit ‚erlöst' zu werden, schließt die Hoffnung auf eine neue Generation von Deutschen ein, die, wie Karl Heinz Bohrer es formuliert hat, ‚die Gegenwart jener furchtbaren Vergangenheit verinnerlicht hat, so daß ihr Selbstbewußtsein dabei nicht mehr schielen' muß."[26]

Auch konservative Wahlkampfstrategien sind von einer (Re-)Nationalisierung des politischen Jargons geprägt. So schlug der hessische Ministerpräsident Roland Koch schon sehr früh vor, die „nationale Identität" zum beherrschenden Thema des Bundestagswahlkampfes 2002 zu machen.[27] Damit waren selbst liberale Politiker einverstanden, von denen man hätte erwarten dürfen, dass sie möglicherweise eher als Konservative ein Gespür für die damit verbundenen Gefahren hätten. FDP-Chef Guido Westerwelle sagte der Neuen Rhein/Ruhr-Zeitung: „Es geht um gesunden Patriotismus, nicht um dumpfen, spießigen Nationalismus. Diese Unterscheidung ist mir als Politiker der demokratischen Mitte sehr wichtig."[28] Natürlich besitzt jeder Mensch nicht nur seine persönliche Identität, sondern übernimmt auch ein Gemisch kollektiver Identitäten. Warum darunter jedoch die „nationale Identität" einen besonderen Stellenwert haben sollte, ist nicht einsehbar. Statt gegen Rechtsextremismus zu immunisieren, wie viele Beobachter meinen, bildet sie geradezu dessen Basis. Seit wieder so viel über (das vereinte) Deutschland gesprochen wird, erfahren Nichtdeutsche verstärkt Ablehnung und im Extremfall rassistische Gewalt. Nationalismus ist kein Heilmittel, das – als „Patriotismus" verharmlost bzw. in homöopathischen Dosen genossen – die Demokratie stärkt und – höher dosiert – zum politischen Gift wird. Man muss ihm vielmehr entschlossen begegnen, um die negative Wirkung des Nationalismus in einem Land zu kompensieren, das auf der Basis dieser Ideologie zwei Weltkriege vom Zaun gebrochen hat.

Nach der Ernennung Edmund Stoibers zum Kanzlerkandidaten der Union im Januar 2002 zeichnete sich ab, dass er SPD und Bündnis 90/Die Grünen im Wahlkampf durch eine Konzentration auf das Gebiet „Zuwanderung, Ausländer und multikulturelle Gesellschaft" als Gefahr für die nationale Sache darstellen und so in die Defensive drängen wollte. Stoiber bestimmte „das Vaterland" als „genau die Mitte" und begründete seine Ablehnung des rotgrünen Zuwanderungsgesetzes im Bundesrat gegenüber der ZEIT mit ökonomischen Nutzenkalkülen: „Die gegenwärtige Mischung unserer Zuwanderung ist schlecht. Wir brauchen eine größere Wettbewerbsfähigkeit im Blick auf die Fachkräfte, wir wollen ein attraktiver Raum für die hellsten Köpfe in der

---

26 Ebd.
27 Vgl. Koch irritiert selbst Freunde, in: NRZ v. 3.9.2001
28 „Deutsche sollten auf ihr Land stolz sein dürfen". Guido Westerwelle (FDP) will wie Roland Koch die „nationale Identität" im Wahlkampf diskutieren, in: NRZ v. 7.9.2001

Welt sein. (...) Auf der anderen Seite haben wir eine erhebliche Zuwanderung aus sozialen Gründen, eine Zuwanderung in unsere sozialen Sicherungssysteme, wir haben in hohem Maße eine Zuwanderung über den Missbrauch des Asylrechts."[29]

Die öffentlich in Szene gesetzten symbolträchtigen Schlüsselbegriffe wie „selbstbewußte Nation", „nationale Identität", „nationales Interesse", „Heraustreten aus dem Schatten der Vergangenheit" oder auch „Westbindung" speisen sich aus dem ideologischen Repertoire (post)faschistischer bzw. neurechter Theoriefragmente und sind – wie weiter unten gezeigt wird – propagandistische Waffen, die dem geistigen (Um-)Feld des Rechtsextremismus entstammen. Auf den ersten Blick mag es vielleicht irritieren, dass hierzu unter spezifischen Prämissen auch der Begriff „Westbindung" gezählt werden kann; gilt doch allgemein gerade ein in der sog. Berliner Republik vorgetragenes Bekenntnis „zum Westen" als Beleg für eine Abkehr vom „deutschen Sonderweg", Chauvinismus und Revanchismus sowie als Garantie für eine zivile, demokratische Innen- und Außenpolitik. In einer richtungweisenden Schrift zum Thema „Westbindung" wurde der Nationalismus 1993 von neurechter Seite mit einer prowestlichen Bekenntnisrhetorik verknüpft. Man ersetzte den Antiamerikanismus rechtsextremer Provenienz im Kontext der militärischen Niederlage des NS-Regimes durch eine normative Inanspruchnahme der Westbindung für einen Nationalismus mit machtpolitischen und militärischen Optionen. Das traditionelle Wunschbild einer geopolitischen Vormachtstellung Deutschlands ist für die sog. Neue Rechte mit der Forderung nach einer Rekonstruktion nationaler Identität kompatibel: „Es könnte zur großen intellektuellen Leistung der ‚Generation nach 1989' werden, die Herausforderung anzunehmen, Deutschland sein Selbstbewußtsein als Land der Mitte zurückzugeben."[30]

Obwohl hieraus selbstverständlich nicht der Schluss gezogen werden kann, dass Bekenntnisse „zum Westen" generell neurechtem Gedankengut entspringen, ist zu konstatieren, dass nationalistische und völkische Ideologeme in den etablierten Diskurs um die Form der Einbettung Deutschlands in einen europäischen bzw. „westlichen" Rahmen Eingang gefunden haben. Charlotte Wiedemann sieht gerade darin, auf welche Art man Europa thematisiert, einen Gradmesser dafür, „wie stark die politische Debatte in Deutschland unter die Hegemonie eines vormals ‚rechts' apostrophierten Denkens geraten" sei.[31]

---

29 „Die Mitte – das ist das Vaterland". Wie Edmund Stoiber in Berlin regieren will: Der Kandidat der Union verkündet das Ende der Spaßgesellschaft, in: Die Zeit v. 21.3.2002

30 Ansgar Graw, (Historiker-)Streit unter Adenauers Enkeln, in: Rainer Zitelmann/Karlheinz Weißmann/Michael Großheim (Hrsg.), Westbindung. Chancen und Risiken für Deutschland, Frankfurt am Main/Berlin 1993, S. 381

31 Siehe Charlotte Wiedemann, Die Themen der Rechten sind die Themen der Mitte, in: Jens Mecklenburg (Hrsg.), Handbuch deutscher Rechtsextremismus, Berlin 1996, S. 829

Durch die parteipolitische Instrumentalisierung von Begriffen wie „Abschottung", „Festung" oder „Wirtschaftsblock" im Rahmen der europäischen Integration werden Abwehr- und Machtmechanismen sichtbar, die einem universell-solidarischen Denken widersprechen. Sie sind zugleich gekoppelt an die Betonung „nationaler Interessen", die exemplarisch bei einem lange als besonders „modern" geltenden Politiker wie dem früheren sächsischen Ministerpräsidenten Kurt Biedenkopf deutlich zum Ausdruck kamen, welcher es mit „der neu gewonnenen Identität Deutschlands" nicht für vereinbar hielt, „daß wir unsere Identität europäisch definieren".[32]

Auch an den Universitäten lässt sich eine schrittweise Rechtsentwicklung feststellen,[33] verbunden mit nationalistischen Tendenzen und ethnokulturalistischen Interpretationen einer „Westbindung" der Bundesrepublik. Andrei S. Markovits und Martin Jander machen darauf aufmerksam, dass sogar am Otto-Suhr-Institut der Freien Universität Berlin, das gemeinhin als Hochburg einer kritischen Sozialwissenschaft gilt, antiamerikanische und völkische Töne zu hören seien. Als Beispiel hierfür wird nicht nur das Wirken des Professors und ehemaligen Studentenführers Bernd Rabehl angeführt, der aus seiner sich als „nationalrevolutionär" verstehenden völkisch-kulturalistischen Geisteshaltung keinen Hehl macht.[34] Markovits und Jander betonen vielmehr, dass auch in anderen Lehrveranstaltungen ein sich antiamerikanisch gebender Nationalkulturalismus um sich gegriffen habe.[35] Genannt wird ein Seminar zur „Anglisierung/Amerikanisierung der deutschen Sprache als politologisches und politisches Problem", das im Sommersemester 2001 von dem (inzwischen emeritierten) Hochschullehrer Fritz Vilmar, früher Mitglied der SPD-Grundwertekommission, und Horst Hensel, dem stellvertretenden Vorsitzenden des „Vereins Deutsche Sprache" (VDS), unter dem massiven Protest eines ad hoc entstandenen „Bündnisses kritischer StudentInnen" abgehalten wurde. In der Ankündigung des Blockseminars, das ausgerechnet am 20. April („Führers Geburtstag") 2001 zum ersten Mal stattfand, hieß es: „Auszugehen ist (...) von der westdeutschen Tendenz nach der nationalsozialistischen Katastrophe, sich bereitwillig der kulturellen, politischen und ökonomischen Dominanz der USA unterzuordnen." Daraus leitete man die Behauptung ab, jene Amerikanisierung ziehe eine „kulturelle Selbstverleugnung" nach sich,

32 Siehe Kurt Biedenkopf, zit. nach: ebd., S. 830

33 Vgl. hierzu: Christoph Butterwegge/Gudrun Hentges (Hrsg.), Alte und Neue Rechte an den Hochschulen, Münster 1999

34 Als eindeutiger Beleg kann ein Beitrag Rabehls in dem rechtsextremen Theorieorgan *wir selbst* gewertet werden, wo ein als nationalrevolutionär tituliertes völkisch-kulturalistisches Gesellschaftsbild zum Maßstab politischen Denkens und Handelns erhoben wird (vgl. Bernd Rabehl, Nationalrevolutionäres Denken im antiautoritären Lager der Radikalopposition zwischen 1961 und 1980. Niederschrift einer am 6. Dezember 1998 in München weitestgehend frei gehaltenen Vortragsrede, in: wir selbst – Zeitschrift für nationale Identität 3-4/1998).

35 Vgl. dazu und zum Folgenden: Andrei S. Markovits/Martin Jander, Sprachkampf an der FU. Die antiamerikanische Kulturrevolution einiger 68er – Besichtigung einer gefährlichen Baustelle, in: konkret 10/2001, S. 24f.

und verkündete als Programm für das Seminar: „In diesem Zusammenhang ist auch das Phänomen negativer nationaler Identität von Funktions- und Positions-Eliten in Werbung, Politik, Wissenschaft/Kultur zu analysieren, sowie Kritik daran durch Bürger und Bürgerinitiativen, die sich u.a. auf Art. 3,3 GG berufen."

Als eine solche Initiative versteht sich jener „Verein Deutsche Sprache", dessen Beauftragter für Hochschulfragen Fritz Vilmar und dessen Anliegen es ist, „für die Erhaltung der sprachlichen und kulturellen Vielfalt Europas" einzutreten.[36] Nun kann man über die Sinnhaftigkeit eines solchen Engagements unterschiedlicher Meinung sein; problematische Züge erhält das Ansinnen jedoch durch eine völkisch-kulturalistische Herleitung, welche in einem von Horst Hensel verfassten Plädoyer für die nationale „Kulturrevolution" aufscheint. Darin wird die Anglisierung der Sprache als bewusster Akt mit dem Ziel gedeutet, einem Volk „einen Teil seiner Sprache zu nehmen, es somit in seiner Denkfähigkeit zu beeinträchtigen", was „Ausdruck für eine allmähliche Aufgabe als Volk" sei. Als mögliches Mittel eines solchen offenbar bewusst von außen gesteuerten Wirkens nennt Hensel die „moralische Geiselhaft", der die Deutschen hilflos ausgeliefert seien, weil sie „aufgrund eines Zusammenhangs von Konkurrenz um Marktanteile, einer nur gegenüber Deutschen möglichen spezifischen Diskriminierung im Konkurrenzkampf" gegen die Bundesrepublik inszeniert werde.[37]

Hensel verknüpft seinen Antiamerikanismus in Anlehnung an ultrarechte Argumentationsmuster mit der Ablehnung von Zuwanderung, die einen „invasorischen Charakter" angenommen habe und schreckliche Folgen nach sich ziehe: „Ein Blick auf die regelmäßigen rassischen und ethnischen Auseinandersetzungen sogar in den USA als einer Einwanderernation zeigt dies."[38] Eine solche – verschwörungstheoretisch ausgerichtete – Inszenierung der „inneren Kolonisation" Deutschlands mittels moralischer Erpressung in Analogie zu NS-Verbrechen erweist sich nicht nur als Resultat völliger analytischer Niveaulosigkeit, da die Bundesrepublik in der Realität nachweisbar sowohl „Gewinner" wie zugleich entscheidende Antriebskraft des Prozesses der Globalisierung bzw. der neoliberalen Modernisierung ist. Als gefährlich für die demokratische Kultur muss vielmehr auch der Tatbestand gelten, dass neurechte Ideologeme eines völkischen Nationalismus sowie eines in diesem Fall deutlich zutage tretenden Ethnokulturalismus in den etablierten Wissenschaftsbetrieb und staatliche Institutionen einsickern.

---

36 Zit. nach: ebd., S. 24

37 Siehe Horst Hensel, Sprachverfall und kulturelle Selbstaufgabe; zit. nach: ebd.

38 Ebd.

Die publizistische und pseudowissenschaftliche Umdeutung des Rechtsextremismus zum Rand- oder Jugendproblem

Die öffentlichen Debatten über den „Extremismus" begegnen dem Problem eines zunehmend offener, offensiver und brutaler agierenden Rassismus bzw. Nationalismus fast ausschließlich ereignisfixiert, sensationslüstern und entweder banalisierend oder hysterisierend. Nicht die häufig spürbare moralische Empörung über furchtbare Gewalttaten ist fragwürdig, wohl aber der vielfach unreflektierte und opportunistische Umgang damit. Diskussionen über Angriffe auf Migrant(inn)en oder Demokrat(inn)en sind keineswegs frei von widersprüchlichen Deutungen, Verkürzungen und Bemühungen um eine politische Instrumentalisierung, wie man überhaupt den Eindruck gewinnt, dass in der politischen wie der Fachöffentlichkeit häufiger Entschuldigungen als Erklärungen für rassistische Gewalttaten gesucht werden.[39]

Im Mittelpunkt des Interesses standen Themenkomplexe wie „Jugendgewalt", fremdenfeindliche Übergriffe und Hetzjagden, antisemitische Vorfälle (z.B. Schändungen jüdischer Friedhöfe und Synagogen) oder die Forderung nach einem Verbot der NPD. Weitgehend unberücksichtigt blieben die politisch-sozialen Strukturbedingungen für Rechtsextremismus, Rassismus und Nationalismus. Eine monokausale Reduzierung des Problems auf seine verfassungsrechtlichen oder jugend- bzw. gewaltspezifischen Aspekte verengt den Blick auf sichtbare Phänomene und verhindert somit, dass analytische Erkenntnisse in Bezug auf die Ursachen des Rechtsextremismus gewonnen werden.[40]

Rechtsextremismus wird als *Rand*phänomen im doppelten Wortsinn – als Problem marginalisierter Gruppen einerseits und als politische Marginalie andererseits – oder sogar als *Protest*phänomen behandelt, das sich gegen die ganze Gesellschaft, ihre Führungskräfte bzw. den parlamentarisch-demokratischen Staat richtet. Dadurch entlastet sich die „Mitte" und delegiert die Verantwortung für „extremistische Auswüchse" oder rechte, „fremdenfeindliche" Gewaltexzesse an „die Jugend" oder „die Skinheads". Sie selbst trifft folglich überhaupt keine Schuld mehr an rechtem Terror und rassistischen Übergriffen, die schon rein terminologisch zu einer mehr oder weniger verständlichen „Abwehrreaktion" sozial benachteiligter Gruppen am untersten Ende der Schichtungshierarchie entschärft werden.

---

39 Vgl. hierzu: Christoph Butterwegge, Rechtsextremismus, Rassismus und Gewalt. Erklärungsmodelle in der Diskussion, Darmstadt 1996; ders., Entschuldigungen oder Erklärungen für Rechtsextremismus, Rassismus und Gewalt?, Bemerkungen zur Diskussion über die Entstehungsursachen eines unbegriffenen Problems, in: Christoph Butterwegge/Georg Lohmann (Hrsg.), Jugend, Rechtsextremismus und Gewalt. Analysen und Argumente, 2. Aufl. Opladen 2001, S. 13ff.

40 Vgl. Aufruf: Jugendliche sollen nicht pauschal als „Problemgruppe" definiert werden. Eine Erklärung von Wissenschaftlerinnen und Wissenschaftlern gegen Rechtsextremismus und Fremdenfeindlichkeit, in: SozialExtra 9/2000, S. 26f.

Neben dem rechtsextremen Parteienspektrum avancierte in der öffentlichen Debatte die sog. Skinhead-Szene zum Identifikationsobjekt für Ansätze zur Erklärung der Rechtsentwicklung in der Bundesrepublik. Die gesellschaftlichen Ethnisierungstendenzen wurden dagegen nicht kritisch analysiert, sondern durch die öffentliche Fokussierung auf das Thema „Jugend und Gewalt" in den Hintergrund gedrängt. Zitiert sei eine Zeitungsmeldung, die so tut, als handle es sich um eine Modifikation unpolitischer, an Phänomene im Tierreich erinnernde Rivalitäten in der männlichen Adoleszenz: „‚Revierkämpfe' wurden unter Heranwachsenden auch in früherer Zeit zuweilen mit den Fäusten ausgetragen. Doch wenn aus ‚Langeweile, Frust und Hass' geschlagen, getreten oder gar getötet wird, dann sind Tabugrenzen überschritten, taugen alte Maßstäbe nicht zur Erklärung."[41]

Eine solche Reduktion spiegelte sich auch in den Bewertungen des Verfassungsschutzes wider. Beispielsweise erklärte Ernst Uhrlau, damals Direktor des Hamburger Landesamtes: „Wegen der Aggressivität der von der Musik und den Texten erzeugten Stimmung können bei den Konzerten gerade politisch noch nicht eindeutig festgelegte Skins leicht rekrutiert und für Aktionen gegen einen personifizierten Gegner gewonnen werden."[42] Mit dieser oder einer ähnlichen Begründung könnten genauso gut Anhänger/innen international bekannter Rockgruppen wie der Rolling Stones als „extremistisch" gebrandmarkt werden.

Tatsächlich besteht das größte Problem mit rechtsextrem eingestellten Skinhead-Szenen darin, dass sich diese durch populistische Kampagnen der gesellschaftlichen Mitte gegen „Asylnotstand" oder „Wirtschaftsasylanten" zu gewalttätigem Rassismus geradezu angestachelt fühlen, wie der Anstieg „fremdenfeindlicher Straftaten" im Zuge eben jener öffentlichen Kampagnen vielfach belegte. So weist etwa der Freiburger Historiker Ulrich Herbert in seiner Untersuchung zur Geschichte der deutschen Ausländerpolitik darauf hin, dass die „fremdenfeindliche Bewegung der frühen neunziger Jahre (...) keine selbstgesteuerte Bewegung" war: „Sie hatte eines Anstoßes von außen bedurft. Hier liegt die Bedeutung der Asylkampagne der frühen 90er Jahre, die in einer denkbar zugespitzten Umbruchsituation ein klares Feindbild bot und durch die sich ständig überbietende Tonlage einen Enthemmungsprozeß in Gang setzte, der sich dann rasch dynamisierte."[43]

Ein solches von Herbert mit Beispielen aus der damaligen Asyldebatte illustriertes Ursache-Wirkungs-Verhältnis zwischen dem (Rechts-) Populismus und dem gewalttätigen Rassismus auf der Straße taucht in den Analysen des Verfassungsschutzes nicht auf. Die Skinheadszene wird dort als „Bewegung" charakterisiert, welche mehrheitlich „gewaltverherrlichend und frem-

---

41 Gegenwehr gegen Gewalt-Exzesse. Regierung und Bürger in Mecklenburg-Vorpommern bemühen sich um Vorbeugung, in: Weser-Kurier v. 29.1.2001

42 Ernst Uhrlau, Gefahr von rechts, in: Kursbuch 113 (1993), S. 166

43 Ulrich Herbert, Geschichte der Ausländerpolitik in Deutschland: Saisonarbeiter, Zwangsarbeiter, Gastarbeiter, Flüchtlinge, München 2001, S. 308

denfeindlich" orientiert sei. Sie bilde eine „jugendliche Subkultur mit rechtsextremen Einflüssen", so die gängige wie zugleich undifferenzierte Kennzeichnung in Publikationen des Verfassungsschutzes und seiner (formellen wie informellen) Mitarbeiter.[44] Analog zu linken Bewegungen erscheint Subkultur als gefährliches „Extrem", das einen an sich intakten gesellschaftlichen Normalzustand von den Rändern her bedroht. Vertreter einer „wehrhaften Demokratie" bzw. eines „starken Staates" wie Uwe Backes und Eckhard Jesse begreifen die Skinheads gar als „Autonome"[45] und setzen in pseudowissenschaftlicher Manier antifaschistische Protestbewegungen mit rechtsextremistischen Strömungen gleich. Konfrontationen zwischen neonazistischen und linken, antirassistischen Kräften werden hierbei auf das Niveau von „jugendlichen Bandenkriegen" heruntergespielt: „Ein Teil der Skinheads, die zum Teil mit NS-Symbolen hantieren und im jugendlichen Alter sind, zeichnet sich durch Militanz und rassistische Grundvorstellungen aus. Die Rolle der Ideologie ist ebenso nur schwach entwickelt wie der Organisationsgrad. Auch sie, die sich gegen eine Vereinnahmung von rechtsextremen Organisationen wehren, müssen als eine soziale Bewegung begriffen werden. Auseinandersetzungen zwischen ‚Antifa' und ‚Anti-Antifa'-Gruppen haben in letzter Zeit zugenommen."[46]

Ob radikal gegen rechts oder militant rassistisch – aus Sicht der „Extremismus"-Forschung werden linke und rechte Szenen unabhängig von ihren politischen Wertmaßstäben gleichgesetzt. Im Zentrum solcher ideologisch motivierter Zuschreibungen und Vergleiche steht der undifferenzierte Verweis auf ein den „politischen Rändern" gleichermaßen zugeordnetes Gewaltpotenzial. Rassistisch motivierte Gewaltakte werden zu willkürlichen Ereignissen und systematisch verharmlost: „Die ‚Szene' der rechtsextremen und fremdenfeindlichen Skinheads entwickelte überwiegend keine formalisierten Organisationsstrukturen, sondern bestand aus lockeren Cliquen ohne Programmatik und Planung. Fremdenfeindliche Anschläge geschahen zumeist spontan und unter Alkoholeinfluß."[47]

In solchen Ausführungen paart sich Bagatellisierung mit glatten Unwahrheiten. Denn neben dem Phänomen alltäglicher rassistisch motivierter Gewalt

---

44 Vgl. z.B. Ministerium für Inneres und Justiz des Landes Nordrhein-Westfalen – Abteilung Verfassungsschutz (Hrsg.), Skinheads und Rechtsextremismus. Instrumentalisierung einer jugendlichen Subkultur, Düsseldorf 1998; Christian Menhorn, Skinheads: Portrait einer Subkultur, Baden-Baden 2001

45 Uwe Backes/Eckhard Jesse, Politischer Extremismus in der Bundesrepublik Deutschland, Bonn 1993, S. 461: „Bisher ist der Begriff der ‚Autonomen' lediglich auf das linke Milieu angewendet worden. Wer jedoch von ‚rechten Autonomen' redet, macht sich nicht notwendigerweise eine contradicitio in adjecto zu eigen. Schließlich hat sich in den letzten Jahren, gefördert durch die Wiedervereinigung, auch eine subkulturelle Szene von rechtsaußen gebildet."

46 Ebd.

47 Uwe Backes, Rechtsextremismus in Deutschland. Ideologien, Organisation und Strategien, in: Aus Politik und Zeitgeschichte. Beilage zur Wochenzeitung *Das Parlament* 9-10/1998, S. 33

ohne organisierten politischen Bezugsrahmen weisen diverse in sog. Freien Kameradschaften organisierte rechtsextreme Skinheadszenen und andere Gruppen, etwa die sog. Hammerskins, sowohl straffe Organisationsstrukturen als auch einen programmatischen NS-Bezug auf. Neonazistische Rechtsrock-Netzwerke wie „Blood & Honour“ oder militante Neonazi-Gruppen wie die „Skinheads Sächsische Schweiz“ (SSS) wurden daher verboten. Bei der zuletzt genannten Vereinigung handelte es sich um eine Terrorgruppe, die Waffen- und Sprengstoffdepots besaß; sie rekrutierte sich nicht etwa aus sog. Modernisierungsverlierern, sondern „angesehenen Bürgern“ – vom Handwerksmeister über den Bankkaufmann bis zum Gemeinderat.[48] Unter der Überschrift „Nazis aus der Mitte der Gesellschaft“ schrieb Peter Gärtner in der *Hersfelder Zeitung*: „Sie kommen aus der Mitte der Gesellschaft und gehen ganz normalen Berufen nach.“[49]

„Extremismus“-Forscher geben sich sachlich-objektiv, rein wissenschaftlich und nüchtern-neutral; ihre Relativierungen dienen aber nicht nur der Diskreditierung antifaschistischen Engagements, sondern auch der Abwehr von Kritik an strukturellem Rassismus. In einem solchen argumentativen Kontext werden institutionelle Einschränkungen von Minderheits- und Bürgerrechten als notwendig zum Schutz vor Rechtsextremismus interpretiert. Dass neben den Publikationen des Bundesamtes und der Landesämter für Verfassungsschutz auch die Ergebnisse der Extremismusforschung ganz eindeutig politisch motiviert sind, zeigt die Kooperation ihrer führenden Repräsentanten mit Rainer Zitelmann, einem Wortführer der sog. Neuen Rechten, auf die Wolfgang Wippermann hinweist, der die ganze Forschungsrichtung unter Ideologieverdacht stellt.[50]

Man bagatellisiert den Rechtsextremismus jedenfalls und erhöht sein gesellschaftliches Ansehen, wenn man die REPublikaner trotz gegenteiliger Beteuerungen aufgrund angeblich überwiegender Gemeinsamkeiten im Hinblick auf ihre „extremistische“ Haltung gegenüber dem demokratischen Verfassungsstaat mit der Partei des Demokratischen Sozialismus (PDS) gleichsetzt.[51] Auch muss es verwundern, wenn in einer Broschüre des Bundesamtes für Verfassungsschutz unter dem Titel „Extremistische Bestrebungen im Internet“ die autonome Antifa, in der sich Jugendliche gegen den Rechtsextremismus engagieren, kommunistische Splittergruppen und die PDS abgehan-

---

48 Vgl. Peter Carstens, Die angesehenen Bürger von den „Skinheads Sächsische Schweiz“, in: FAZ v. 30.6.2000

49 Peter Gärtner, „Skinheads Sächsische Schweiz“: Nazis aus der Mitte der Gesellschaft, in: Hersfelder Zeitung v. 6.4.2001

50 Siehe Wolfgang Wippermann, „Doch ein Begriff muß bei dem Worte sein“. Über „Extremismus“, „Faschismus“, „Totalitarismus“ und „Neofaschismus“, in: Siegfried Jäger/Alfred Schobert (Hrsg.), Weiter auf unsicherem Grund. Faschismus – Rechtsextremismus – Rassismus. Kontinuitäten und Brüche, Duisburg 2000, S. 24f.

51 Vgl. Carmen Everts, Politischer Extremismus. Theorie und Analyse am Beispiel der Parteien REP und PDS, Berlin 2000, S. 293ff.

delt werden, bevor militante Neonazis samt ihren hasserfüllten Websites das erste Mal auftauchen.[52]

Für die Eskalation rechter Aggression wurden teilweise nicht die Täter, sondern die Opfer von Brandanschlägen und Übergriffen auf Migrant(inn)en selbst verantwortlich gemacht. So schrieben Fachwissenschaftler/innen, nachdem sie Erklärungsmuster für fremdenfeindliche Gewalt empirisch getestet hatten: „Die Gewalt hat etwas mit unverarbeiteten Einwanderungsschüben zu tun. Eine singuläre Situation, nämlich die Überforderung der Kommunen durch zwei sich überlappende Einwanderungswellen (der Aussiedler und der Asylbewerber) hat zu Konflikten geführt, die nun in einer zweiten Phase die Konstitution einer fremdenfeindlichen Bewegung in Deutschland möglich machen."[53] Werner Bergmann sah Versuche zur „Protestmobilisierung von rechts" gleichfalls in eine soziokulturelle Bewegung münden, die sich aus der persönlichen „Erfahrung von Fremdheit im Zuge massenhafter Migrationsprozesse" speise.[54]

Die im Zeichen der Globalisierung eher noch zunehmende Migration erscheint nicht als bloßer Auslöser, sondern als Ursache gewalttätiger „Abwehrreaktionen", denen in Wahrheit die Mobilisierung entsprechender Ressentiments durch Medien und etablierte Politik vorausgingen. So hat Anne Claire Groffmann im Rahmen ihrer Analyse der 1991/92 kampagnenartig zugespitzten Asyldiskussion überzeugend nachgewiesen, dass die jugendlichen Gewalttäter von der Union und ihren publizistischen Helfern in doppelter Hinsicht funktionalisiert wurden: „Zum einen dienten sie als Beweis dafür, wie die Zuwanderung die Bevölkerung in eine Notlage gebracht habe. Zum anderen lenkte die starke Stigmatisierung von der inhaltlichen Nähe ab und stellte eine scheinbar klare Distanz zwischen den Argumenten der Unionsparteien und den Taten der Jugendlichen her."[55]

Jens Alber hebt die Verantwortung der etablierten Parteien und Politiker für die Akzeptanz von Arbeitsmigrant(inn)en und Flüchtlingen hervor: „Ausländerfeindliche Einstellungen wachsen nicht automatisch auf der Basis von Zuwanderung, sondern entstehen in einem politischen Klima, zu dem die politischen Eliten ganz wesentlich beitragen.[56] Jürgen Fijalkowski weist die von vermehrter Migration auf zunehmende Fremdenfeindlichkeit und Gewalt

---

52 Vgl. Bundesamt für Verfassungsschutz (Hrsg.), Extremistische Bestrebungen im Internet, 2. Aufl. Köln, Juni 1999

53 Helmut Willems/Stefanie Würtz/Roland Eckert, Erklärungsmuster fremdenfeindlicher Gewalt im empririschen Test, in: Roland Eckert (Hrsg.), Wiederkehr des „Volksgeistes"?, Ethnizität, Konflikt und politische Bewältigung, Opladen 1998, S. 212

54 Siehe Werner Bergmann, Ein Versuch, die extreme Rechte als soziale Bewegung zu beschreiben, in: ders./Rainer Erb (Hrsg.), Neonazismus und rechte Subkultur, Berlin 1994, S. 184

55 Anne Claire Groffmann, Das unvollendete Drama. Jugend- und Skinheadgruppen im Vereinigungsprozeß, Opladen 2001, S. 67

56 Jens Alber, Zur Erklärung von Ausländerfeindlichkeit in Deutschland, in: Ekkehard Mochmann/Uta Gerhardt (Hrsg.), Gewalt in Deutschland. Soziale Befunde und Deutungslinien, München 1995, S. 64

schließende Kausalkette gleichfalls zurück: „Die Ideologen und Täter eines ausländerfeindlichen Rechtsextremismus benennen die Zuwanderung und ihre Folgen zwar selbst gern als Motiv und Rechtfertigung ihres Verhaltens. Aber man muss einen Unterschied zwischen Geschehnisverursachungen und ideologiekritisch zu betrachtenden Rechtfertigungsversuchen machen."[57]

Wer solche Zusammenhänge übersieht, unterschätzt die Bedeutung politischer Diskurse der Mitte und gelangt leicht zu falschen Prognosen. So sagte 1994 ein renommierter Fachwissenschaftler den Rückgang des rechten Gewaltpotenzials mit folgender in die Irre führender und verharmlosender Begründung voraus: „Der Rechtsextremismus selbst wird heute ganz überwiegend als zentrales gesellschaftliches Problem angesehen und entsprechend bekämpft. (...) Die demokratischen Parteien haben hinsichtlich der Asylgesetzgebung und der Einwanderungsdiskussion zentrale Themen der rechten Parteien besetzt und damit angesichts eines zentralen gesellschaftlichen Problems und Konfliktes das Vertrauen in ihre Handlungsfähigkeit wiederherstellen können."[58] Statt vorschnell Entwarnung zu geben, hätte man wissen müssen, dass die Besetzung rechter Themen durch Politiker der Mitte rassistischen und nationalistischen Einstellungs- bzw. Verhaltensmustern nicht den Boden entzieht, deren Träger vielmehr ganz im Gegenteil bestärkt und diese sogar ermutigt, gegenüber Migrant(inn)en, Obdachlosen, Homosexuellen, Linken und anderen „Feinden" selbst Hand anzulegen.

Rechtsextremismus als Problem der gesellschaftlichen Mitte

In der Fachdiskussion wird allerdings zunehmend anerkannt, dass Fremdenfeindlichkeit, Rassismus bzw. rechtsextreme Tendenzen, wie sie im vereinten Deutschland feststellbar waren und sind, nicht losgelöst von Diskursen der Mitte begriffen werden können.[59] Exemplarisch sei hier nur die häufig zitierte Bemerkung Wilhelm Heitmeyers genannt, Rechtsextremismus entwickle sich „aus der Mitte der Gesellschaft" heraus. Bezogen auf die seit dem Sommer

---

57 Jürgen Fijalkowski, Transnationale Migration und Rechtsradikalismus, in: Jürgen W. Falter/Hans-Gerd Jaschke/Jürgen R. Winkler (Hrsg.), Rechtsextremismus. Ergebnisse und Perspektiven der Forschung, Opladen 1996 (PVS-Sonderheft 27), S. 221

58 Helmut Willems, Kollektive Gewalt gegen Fremde: historische Episode oder Genese einer sozialen Bewegung von rechts?, in: Werner Bergmann/Rainer Erb (Hrsg.), Neonazismus und rechte Subkultur, Berlin 1994, S. 226

59 Vgl. dazu: Rainer Dollase/Thomas Kliche/Helmut Moser (Hrsg.), Politische Psychologie der Fremdenfeindlichkeit. Opfer – Täter – Mittäter, München 1999; Wolfgang Frindte (Hrsg.), Fremde – Freunde – Feindlichkeiten. Sozialpsychologische Untersuchungen, Opladen/Wiesbaden 1999; Heinz Lynen von Berg, Politische Mitte und Rechtsextremismus. Diskurse zu fremdenfeindlicher Gewalt im 12. Deutschen Bundestag (1990-1994), Opladen 2000; Klaus Ahlheim/Bardo Heger, Vorurteile und Fremdenfeindlichkeit. Handreichungen für die politische Bildung, 3. Aufl. Schwalbach im Taunus 2001

2000 geführte Debatte über den organisierten Rechtsextremismus, seine Ursachen und Erfolg versprechende Gegenstrategien stellt Heitmeyer fest: „Die aktuelle Diskussion ist defensiv und hechelt den rechtsextremen Gruppen hinterher. Man setzt am Ende der Entwicklungsprozesse von menschenfeindlichen Einstellungen an, die in die Wählerschaften der demokratischen Parteien hineinragen und auf die man bei knappen Wahlentscheidungen angewiesen ist.“[60]

Vereinzelt wiesen auch politische Entscheidungsträger/innen die Verharmlosungsbemühungen und Beruhigungsversuche zurück. So wandte sich Birgit Fischer, Ministerin für Frauen, Jugend, Familie und Gesundheit des Landes Nordrhein-Westfalen, im Rahmen jener Debatte prononciert gegen eine Beschränkung der Kritik auf gesellschaftliche Randgruppen wie Skinheads und wenige Neonazi-Organisationen: „Rechtsextremismus kommt vielmehr aus der Mitte der Gesellschaft.“[61] Michael Zürn weist darauf hin, dass die Politik der sog. Mitte zentralen Anteil am Anstieg rassistischer Gewalt hat, und zwar durch „das Schüren von fremdenfeindlichen Einstellungen seitens politischer Gruppierungen, die aus den genannten Ängsten Stimmungskapital schlagen wollen; aber auch durch Regierungen, die sich gewisser Handlungskompetenz beraubt sehen und ihre Position durch das Ausspielen der nationalen Karte stärken möchten“.[62]

Was bedeutet die Feststellung, dass der Rechtsextremismus in der gesellschaftlichen Mitte wurzelt, für seine Erforschung? Einen wichtigen Hinweis zur Beantwortung dieser Frage verdanken wir Thomas Herz: „Man muß die Eliten in den Blick nehmen.“[63] Führungsgruppen in Wirtschaft, Politik und Verwaltung prägen durch die Art ihres Denkens und Handelns nicht nur das geistige Klima eines Landes, sondern beeinflussen auch die Entwicklung des öffentlichen Lebens und der außerparlamentarischen Kräfte ganz entscheidend. Unter Berufung auf Pierre Bourdieu schreibt Herz weiter: „Da politische Kultur öffentlich ist und kollektive Geltung besitzt, kommt es für die Forschung darauf an, die ‚Wort-Führer‘ in den Blick zu nehmen.“[64]

Ethnisierende Zuschreibungen und nationalistische Positionen sind stärker in die politische „Mitte“ der Gesellschaft gerückt. Daher hat der viel beschworene „Konsens der Demokraten“ gegen den grassierenden Rechtsextremismus auch eine problematische Note. Denn die dringend notwendige Abwehr von Rechtsextremismus, Rassismus und Nationalismus kann nur Wir-

---

60 Wilhelm Heitmeyer, Rechts kommt nicht aus dem Nichts, in: SozialExtra 9/2000, S. 10

61 Birgit Fischer, Zur aktuellen Debatte um Rechtsextremismus, Fremdenfeindlichkeit und Gewalt, in: spw – Zeitschrift für Sozialistische Politik und Wirtschaft 115 (2000), S. 10

62 Michael Zürn, Politische Fragmentierung als Folge der gesellschaftlichen Denationalisierung?, a.a.O., S. 125

63 Thomas Herz, Politische Kultur im neuen Staat. Eine Kritik der aktuellen Forschung, in: PROKLA 91 (1993), S. 246

64 Ebd., S. 247

kung zeigen, sofern die Bekämpfung der strukturellen Ursachen nicht vernachlässigt wird. Wenn es allerdings um die eigene Mitverantwortung an exzessivem Rassismus sowie Auswüchsen rechtsextremer Militanz geht, wandelt sich der öffentlich proklamierte Antifaschismus der etablierten Politik zu völliger Ignoranz bzw. Verweigerung: „Ich halte nichts von der These, dass der Extremismus aus der Mitte kommt", bekundete etwa Innenminister Schily, gefragt danach, ob das Gerede über die „deutsche Leitkultur" die Übergriffe auf Ausländer mit hervorbringe und dem Rechtsextremismus Vorschub leiste.[65]

In demselben ZEIT-Interview warb Schily, auf Integrationsprobleme der türkischen Minderheit (Stichwort: Berlin-Kreuzberg) und Tendenzen zur Gettoisierung angesprochen, zwar für all jene Migrant(inn)en um Verständnis, die, wenn sie nach Deutschland kommen, zu Menschen mit der ihnen vertrauten Sprache und denselben Gewohnheiten ziehen. Er fügte allerdings hinzu: „Das ist übrigens eine Eigenschaft, die auch dem deutschen Volkscharakter nicht fremd ist. Deutsche haben in Übersee auch immer die Nähe zu Deutschen gesucht." Mit einem Begriff wie „deutscher Volkscharakter" leistet man der Ethnisierung sozialer Verhaltensweisen selbst dann Vorschub, wenn er im Rahmen der Argumentation für Migration und multikulturelles Zusammenleben benutzt wird.

Die konservative Presse wiederum bemühte den prominenten Sozialdemokraten gern als politischen Kronzeugen, wenn sie die Unionsparteien gegen den Vorwurf des Rassismus zu verteidigen suchte: „Bundesinnenminister Schily, ein Vorbild in Pragmatismus, könnte in dem neu entfachten, unerquicklichen Links-Rechts-Gezeter die Formel der Vernunft gefunden haben: ‚Richtig ist, dass wir mit der Wortwahl aufpassen müssen. Aber es darf nicht so sein, dass selbsternannte Moralrichter die Terminologie vorgeben.'"[66] Mit eben einer solchen moralisch wie zugleich wertefundamentalistisch aufgeladenen Terminologie wurde Schily nach den Terroranschlägen in den USA von einem Großteil der Medien für seine restriktive bzw. repressive Haltung im Hinblick auf Zuwanderung und Innere Sicherheit gelobt.

Wie die Mitte und Nationalkonservative, welche sich ihr zugehörig fühlen, jede Urheberschaft im Hinblick auf eine längst „normal" gewordene rassistische Alltagsrealität leugnen und stattdessen linke Parteien oder Protestbewegungen für schuldig erklären, entbehrt nicht grotesker Züge. So machte der Konstanzer Erziehungswissenschaftler Wolfgang Brezinka, welcher auch schon für die neurechte Wochenzeitung *Junge Freiheit* (JF) schrieb, die Außerparlamentarische Opposition (APO) der 1960er-Jahre und ihre Nachwirkungen auf das Bildungswesen für den aktuellen Rechtsextremismus verantwortlich: „Alle höheren Ideale wurden herabgesetzt; Ehrfurcht, Treue, Unterordnung, Gehorsam und selbstlose Dienstbereitschaft sind verspottet worden.

---

65 Stolz, stolzer, am stolzesten. Innenminister Otto Schily: „Fangen Sie nicht schon wieder mit der Leitkultur an", in: Die Zeit v. 2.11.2000

66 Reinhold Michels, Renaissance der Vorurteile, in: Rheinische Post v. 12.8.2000

Die folgenreichste Veränderung für die normative Kultur aber war das Absterben des christlichen Glaubens, der ,Tod Gottes' im Bewußtsein der meisten Menschen. Damit ist die stärkste Quelle für Geborgenheit und Grundvertrauen, für moralische Anstrengungsbereitschaft und für sicheres Rechts- und Unrechtsbewußtsein versiegt."[67] Diese absurde Behauptung griff JF-Chefredakteur Dieter Stein wieder auf, als er bestritt, dass die sich um die Jahrtausendwende häufenden Anschläge auf Synagogen und jüdische Einrichtungen mit Antisemitismus erklärt werden können, den es in Deutschland gar nicht mehr gebe. Stein bezog sich dabei auf eine Rede, die der „christliche ZDF-Fernsehjournalist Peter Hahne" bei der Fränkischen Glaubenskonferenz am 8. Oktober 2000 in Nürnberg gehalten hatte: „Seiner Meinung nach sind sie auf eine ,zunehmende Gottlosigkeit in unserer Gesellschaft' zurückzuführen, ,in der Biblisches dem Belieben und Göttliches dem Gespött preisgegeben wird'."[68] Es handle sich bei den Anschlägen um Vandalismus als „Teilaspekt einer enthemmten Gesellschaft, in der auch christliche Friedhöfe geschändet, Denkmäler aller Art beschmiert, historische Gebäude besudelt" würden, wofür Stein in gewohnter Manier die „68er Kulturrevolution" verantwortlich machte: „Gerade die atheistische Linke will es nicht hören, daß Verrohung, Gewaltverherrlichung und Werteverfall etwas zu tun haben mit dem Einreißen von Traditionen, dem Schleifen von Fundamenten und der Verachtung einer Schöpfungsordnung, auf die sich beispielsweise auch unser Grundgesetz – noch! – beruft."[69] Durchaus folgerichtig glauben Konservative und Wirtschaftsliberale, der Rechtsextremismus lasse sich durch die „Wiederbelebung alter Werte" zurückdrängen.[70]

Rechtsextremismus, so zeigen diese Erklärungen, wird – herausgelöst aus seinem politischen und gesamtgesellschaftlichen Kontext – als etwas „Fremdes" begriffen. „Rechts" oder „rechtsextrem" sind demnach nur die „Ewiggestrigen" oder die „gewaltbereiten Jugendlichen", die „Skinheads" oder Parteien wie die NPD. Auf solche wahrnehmbaren – besser: nicht mehr zu übersehenden – Erscheinungsformen des Rechtsextremismus beschränkt sich die öffentliche und institutionelle Auseinandersetzung mit ihm. Massenmedien beziehen sich dabei meist auf besonders spektakuläre Vorfälle oder Gewaltverbrechen, um mittels dämonisierender Berichterstattung in entpolitisierender Form die „Abartigkeit" und „Andersartigkeit" der Rechtsextremisten hervorzuheben. Eine derartige Entpolitisierung der Debatte drängt die strukturellen

67 Wolfgang Brezinka, Gewalt, Staat und Erziehung, in: Pädagogische Rundschau 1/1995, S. 10f.

68 Dieter Stein, Anschläge auf Gotteshäuser: Spätfolgen der Kulturrevolution, in: JF v. 13.10.2000, S. 1

69 Ebd.

70 Siehe z.B. Otto Graf Lambsdorff, Aufstand des Anstands. Mit einer neuen Wertediskussion gegen Gewalt, in: Reinhard Appel (Hrsg.), Wehret den Anfängen!, Prominente gegen Rechtsextremismus und Fremdenhaß, Bergisch Gladbach 1993, S. 75. Der frühere Wirtschaftsminister und FDP-Vorsitzende scheint Stichwortgeber für Gerhard Schröders „Aufstand der Anständigen" gewesen zu sein.

Bedingungen von Entstehung bzw. Entfaltung rassistischer Haltungen und für deren systematische Verbreitung in den Hintergrund.

Zugleich werden Bedrohungsszenarien im Kontext von Zuwanderung entworfen, die Ressentiments und Abwehrhaltungen gegenüber Migrant(in-n)en und Flüchtlingen erzeugen. Dabei ist es gerade die Umdeutung sozioökonomischer Krisenprozesse in ethnische Konfliktkonstellationen, welche dem Rassismus argumentativ Nahrung gibt. Hier spielt die Boulevardpresse eine besonders unrühmliche Rolle, aber auch Journalist(inn)en der seriösen Medien werden ihrer Verantwortung nicht gerecht.[71] Ein für den Mediendiskurs typisches Beispiel bot der von Samuel P. Huntington unter dem Titel „Die Gefahren der neuen Migration“ verfasste Gastkommentar in der WELT. Dort betonte der US-amerikanische Politikwissenschaftler und Harvard-Professor die kulturellen Unterschiede zwischen den Herkunfts- und den Aufnahmeländern sowie daraus erwachsende Integrationsschwierigkeiten der Zuwanderer.[72]

Rechtsextreme Propaganda entsteht und wirkt nicht im luftleeren Raum, knüpft vielmehr an die Vorurteile und rassistischen Überzeugungen in der Bevölkerung an. Laut einer Studie der beiden Politikwissenschaftler Oskar Niedermayer und Richard Stöss über rechtsextreme Einstellungen in Berlin und Brandenburg war der Anteil von Menschen mit rechtsextremen Positionen zwischen 1998 und 2000 um etwa 10 Prozent gestiegen.[73] Unter den Befragten stimmten zwischen 16 (Berlin) und 18 Prozent (Brandenburg) dem Satz „Anschläge auf Asylbewerberheime kann ich gut verstehen“ zu.[74] Auch eine breit angelegte Repräsentativerhebung, die das Münchener *polis*-Institut im Auftrag der Friedrich-Ebert-Stiftung durchführte, belegte eindeutig, dass Rechtsextremismus beileibe kein Unterschichtphänomen ist. „Und erst recht sind die autoritären Einstellungen dahinter ein Problem der bürgerlichen Mitte geblieben, die sich bereitwillig zur staatlichen Protestkundgebung gegen den Rechtsextremismus versammelt, die NPD verbieten möchte, mit dem Finger auf ein paar Außenseiter am Rande zeigt und guten Gewissens unverändert die Reflexion über ihre eigenen Widersprüche, Ängste und Ressentiments abwehrt.“[75] Eine neuere, von Dietmar Sturzbecher durchgeführte Studie zur „Jugend in Ostdeutschland“ kam zu dem Ergebnis, dass zwar die Zahl rechts-

71 Vgl. hierzu: Christoph Butterwegge/Gudrun Hentges, „Ausländer und Asylmissbrauch“ als Medienthema: Verantwortung und Versagen von Journalist(inn)en, in: ders./Georg Lohmann (Hrsg.), Jugend, Rechtsextremismus und Gewalt, a.a.O., S. 83ff.

72 Vgl. Samuel P. Huntington, Gastkommentar: Die Gefahren der neuen Migration, in: Die Welt v. 11.5.2001

73 Vgl. Pitt von Bebenburg, Wissenschaftler schlagen Alarm, in: Frankfurter Rundschau v. 12.8.2000

74 Ebd.

75 Gunter Hofmann, Starke Hand gesucht. Eine Studie der Friedrich-Ebert-Stiftung belegt: Autoritäre Einstellungen und Angst vor den Fremden stecken auch in den Köpfen der bürgerlichen Mitte, in: Die Zeit v. 20.12.2000

extrem eingestellter Schüler/innen während der letzten Jahre zurückgegangen sei, sich aber die Ausländerfeindlichkeit „in die Mitte des Meinungsspektrums verlagert" habe.[76] Unter den fremdenfeindlich Gesinnten seien heute besonders viele Mädchen, was mit Einstellungsänderungen der Familien zu tun habe.

Wellen rassistisch motivierter Gewalt und rechtsextremer Anschläge stehen im Zusammenhang mit der öffentlichen Diskussion um (Möglichkeiten bzw. Grenzen der) Zuwanderung und (Probleme der) Asylpolitik in Deutschland. Rechte Straftäter können sich – teilweise nicht ohne Grund – als Vollstrecker eines breit bekundeten „Volkswillens" fühlen, was durch entsprechende Erklärungen und Stellungnahmen etablierter Politiker unterstrichen wird. Die immer wieder behauptete Weltoffenheit Deutschlands scheint auf für den „Standort D", die eigene Volkswirtschaft bzw. die nationale Kapitalakkumulation „Nützliche" beschränkt zu sein; den im politischen Jargon wiederholt als „Sozialschmarotzer" oder „Parasiten" bezeichneten Flüchtlingen und Asylbewerber(inne)n schlägt jedoch eine wachsende Ablehnung entgegen, was die Rassismus-Kommission des Europarates (ECRI) im Juli 2001 scharf rügte: „Besonders besorgniserregend sind die Situation von und die Einstellung gegenüber jenen, die als ‚Ausländer' betrachtet werden, die unzureichenden Maßnahmen für die Integration und die fehlende Anerkennung, dass die deutsche Identität mit anderen Identitätsformen als den traditionellen einher gehen kann."[77]

Der genannte ECRI-Report monierte, dass in der Bundesrepublik ca. 9 Prozent der Bevölkerung keine deutsche Staatsangehörigkeit besitzen, „obwohl sie ihr ganzes oder einen großen Teil ihres Lebens in diesem Land verbracht haben und dort vermutlich bleiben werden", weshalb Deutschland aufgefordert wurde, „seine Haltung zum Erwerb der doppelten Staatsangehörigkeit zu überdenken".[78] Bezüglich der Lage der Flüchtlinge und Asylbewerber/innen hieß es: „ECRI ist über Berichte von Ausweisungen von Menschen besorgt, die Gefahr laufen, Opfer von Menschenrechtsverletzungen in ihrem Herkunftsland zu werden. Dies steht im Widerspruch zum Grundsatz der Nichtzurückweisung und Artikel 3 der Europäischen Konvention zum Schutz der Menschenrechte und Grundfreiheiten."[79] Auch die etablierten Kreise verschonte der Report mit Blick auf das sich verschlechternde Meinungsklima in Deutschland nicht von Kritik: „Politiker, Journalisten und andere Personen des öffentlichen Lebens spielen hierbei eine wichtige Rolle. Sie sollten ver-

76 Zit. nach: Philip Wolff, Studie „Jugend in Ostdeutschland": Erfolge in Brandenburg beim Kampf gegen Rechts. Schüler wenden sich von Extremismus ab/Sorge über Fremdenfeindlichkeit in der gesellschaftlichen Mitte, in: Süddeutsche Zeitung v. 24.1.2002

77 Zweiter Bericht über Deutschland. Vorgelegt von der Europäischen Kommission gegen Rassismus und Intoleranz in Straßburg am 3. Juli 2001, in: Blätter für deutsche und internationale Politik 8/2001, S. 1009

78 Siehe ebd., S. 1010

79 Ebd.

meiden, negative Klischeevorstellungen und Feindseligkeiten gegenüber Ausländern und Angehörigen von Minderheitengruppen zu verbreiten."[80] Die berechtigte Kritik „von außen" stieß bei der Regierung jedoch auf taube Ohren: „Mehr als zornig", so berichtete der SPIEGEL, habe Bundesinnenminister Schily auf den ECRI-Report reagiert und in Erwägung gezogen, dem Europarat deutsche Zuschüsse zu streichen.[81]

(De-)Konstruktion der symbolischen Begriffe „Mitte" und „Extremismus"

„Extremismus der Mitte" ist ein Terminus, der 1930 von Theodor Geiger zur Kennzeichnung des kleinbürgerlichen Herkunftsmilieus der NS-Bewegung eingeführt und 1958 von Seymour Martin Lipset, einem US-amerikanischen Soziologen, wieder aufgenommen wurde, um den historischen Faschismus als Mittelklassebewegung zu charakterisieren.[82] Im westlichen Teil Deutschlands dominierte damals, auf dem Höhepunkt des Kalten Krieges, wie auch noch lange danach die Totalitarismus- bzw. Extremismustheorie. Sie setzt den Nationalsozialismus und den Stalinismus, den Faschismus und den Kommunismus bzw. den Rechts- und den Linksradikalismus gleich. Letzterem galt jedoch das Hauptaugenmerk der Behörden, weil er mit dem SED-Regime und der Sowjetunion auswärtige Stützen besaß, die man als Todfeinde des Bonner Staatswesens ansah.

Die Konzentration auf die Extreme lenkte allerdings von der „Mitte" und ihrer Verantwortung für die politische Entwicklung des Landes ab. Extremismusforscher/innen blenden den historischen Entstehungszusammenhang und die Rolle des Staates bei der Entwicklung von Rechtsextremismus aus. Sie analysieren Personen, Organisationen und Ideologien, ignorieren aber die Reaktion von Institutionen. „Das von der konventionellen Extremismusforschung übernommene Begriffspaar Demokratie/Extremismus setzt voraus, daß die Institutionen sich ‚demokratisch' verhalten gegenüber dem ‚antidemokratischen' Extremismus. Praktisch wird dieser empirisch zweifelhafte Zusammenhang jedoch kaum thematisiert."[83]

Extremismustheoretiker behandeln den Rechts- wie den Linksextremismus primär als Gegner der politischen bzw. Staatsordnung, nicht als ein soziales Phänomen, das in der Gesellschaft wurzelt. Sie setzen auf eine „wehr-

80 Siehe ebd., S. 1016

81 Vgl. Europarat: „Schuss vor den Bug", in: Der Spiegel v. 9.7.2001, S. 17

82 Vgl. Wolfgang Kraushaar, Extremismus der Mitte. Zur Geschichte einer soziologischen und sozialhistorischen Interpretationsfigur, in: Hans-Martin Lohmann (Hrsg.), Extremismus der Mitte. Vom rechten Verständnis deutscher Nation, Frankfurt am Main 1994, S. 27ff.

83 Hans-Gerd Jaschke, Streitbare Demokratie und Innere Sicherheit. Grundlagen, Praxis und Kritik, Opladen 1991, S. 46

hafte Demokratie“, die Extremisten von links und rechts nicht an ihrem Engagement hindern, aber aus dem politischen Machtzentrum heraushalten soll; eine Maßgabe, die sich schon angesichts der in Europa seit den 1990er-Jahren entstandenen Bündnisse zwischen den sog. Volksparteien und rechtspopulistischen, separatistischen oder auch rechtsextremen Strömungen als kontraproduktiv erwiesen hat. In deutschen Kommunen gab es gleichfalls wiederholt Absprachen mit aufkommenden rechtpopulistischen „Bürger(wehr)bewegungen“.

Für Gerd Wiegel ist das Extremismusmodell als analytische Kategorie zur Untersuchung des Einflussgewinns der äußersten Rechten „weitgehend nutzlos. Mit seinem Instrumentarium lassen sich die Gründe für diese Mobilisierungserfolge nicht ermitteln, bleiben die inhaltliche Dimension der extremen Rechten, die Verbreitung ihrer Ideologeme in weiten Teilen der Bevölkerung ungeklärt. Es handelt sich hier vielmehr um ein staatlich gefördertes Konzept zur ideologischen Absicherung des ‚demokratischen Verfassungsstaates‘ westlicher Prägung.“[84]

In der Frühphase der Bundesrepublik beinhaltete die Strategie der „Extremistenverfolgung“ administrative Maßnahmen und Repressionen des Staates, von den Kommunistenprozessen der Adenauer-Ära bis zu den Berufsverboten im Gefolge des sog. Radikalenerlasses vom 28. Januar 1972, die der Europäische Gerichtshof in Straßburg über 13 Jahre danach als Verstoß gegen die Menschenrechte brandmarkte. Lange vor jener Zeit erklärte der spätere Bundesinnenminister Werner Maihofer auf dem Kongress „Demokratie vor dem Notstand“ in Bonn: „Der Feind steht in unserem Staat heute weder links noch rechts, sondern in der Mitte: bei jenen halben Demokraten und halben Autokraten, von denen man jedenfalls in einer künftigen innen- und außenpolitischen Krise eines nicht erwarten kann: daß sie die Errungenschaften unserer freiheitlichen rechts- und sozialstaatlichen Demokratie aus Überzeugung und mit Entschlossenheit verteidigen.“[85]

Umstritten ist die Bezeichnung „Extremismus der Mitte“, weil sie den Rechtsextremismus nicht nur „aus der Mitte der Gesellschaft“ hervorgehen sieht und ihn als Folgeerscheinung bzw. als Produkt einer „Politik der Mitte“ charakterisiert, sondern diese selbst damit abqualifiziert. Exemplarisch sei Wolfgang Kraushaar zitiert: „Es bedarf einer Veränderung des politischen Koordinatensystems, einer kategorialen Erweiterung um den Begriff Extremismus der Mitte.“[86] In sprachlicher Umdeutung richtungsorientierter Termi-

---

84 Gerd Wiegel, Extremismus der Mitte. Vom politischen Interesse der Extremismus- und Totalitarismusforschung, in: Widerspruch 39 (2000), S. 171

85 Werner Maihofer, zit. nach: Wolfgang Kraushaar, Radikalisierung der Mitte. Auf dem Weg zur Berliner Republik, in: Richard Faber/Hajo Funke/Gerhard Schoenberner (Hrsg.), Rechtsextremismus. Ideologie und Gewalt, Berlin 1995, S. 69

86 Wolfgang Kraushaar, Radikalisierung der Mitte, a.a.O., S. 66

nologien der politischen Szenerie hat Kurt Lenk ein Buch gar „Rechts, wo die Mitte ist" genannt.[87]

Zwar leitet sich die politische Unterscheidung zwischen „rechts" und „links" aus der räumlichen Sitzverteilung in der Französischen Nationalversammlung nach der Revolution von 1789 ab; sie stellt neben ihrer Funktion als Möglichkeit zur Differenzierung zwischen zentralen Wertmaßstäben und Gesellschaftsbildern zugleich eine Form räumlich vollzogener Abgrenzung zwischen Parteien bzw. politischen Strömungen in der parlamentarischen Demokratie dar, die bis heute Gültigkeit besitzt. Betrachtet man jedoch den inhaltlichen Gehalt aktueller Äußerungen in Parlamenten zu Themen wie „Zuwanderung", „Innerer Sicherheit", „nationalem Interesse" oder etwa über die Zugehörigkeit zu eben jener „Mitte", so dürfte die eindeutige Zuordnung bestimmter Äußerungen zur Sitzordnung auf der linken und rechten Seite des Hohen Hauses schwerlich möglich sein.

Nun lässt sich trefflich darüber streiten, wie die Begriffe „Extremismus" und „Mitte" politisch überhaupt zu deuten oder zu werten sind. In der Parteipolitik gehört es beispielsweise jenseits einer eher Links oder Rechts zu verortenden Programmatik zur einhelligen propagandistischen Maßgabe, sich als „Partei der Mitte" zu profilieren. Dies impliziert folgerichtig unterschiedliche, ja konträre Deutungen des Begriffs der Mitte. So zählt der ehemalige CDU-Vorsitzende Wolfgang Schäuble sogar die seit dem Frühjahr 2001 in Italien regierende Koalition aus neoliberal orientierten Rechtspopulisten (Forza Italia), Neo- oder Postfaschisten (Alleanza Nazionale) und Separatisten (Lega Nord) zur „Mitte". Er zieht eine Parallele zu dem Regierungsbündnis von FPÖ und ÖVP: „Eine ähnliche Entwicklung kann man auch in Österreich beobachten, seit Wolfgang Schüssel Bundeskanzler ist – was im Übrigen denen Recht gibt, die sagen: ‚Aufgabe großer Volksparteien ist es, zur Mitte hin zu integrieren.'"[88]

Besonders in Großbritannien und in Deutschland entfaltet sich für die Sozialdemokratie eine „neue Mitte" aus einer als „Modernisierungsprozess" begriffenen konzeptionellen Inanspruchnahme wertkonservativer und neoliberaler Ideologie- und Programmfragmente, die mit nationalstaatlich orientierten Arbeits- und Erwerbskampagnen aus dem Erbe der historischen Arbeiterbewegung angereichert sind. Roland Tichy, Berater von Bundeskanzler Gerhard Schröder, hält in bedenkenswürdigem Einklang mit konservativen und wirtschaftsliberalen Positionen die „deutschen Tugenden" für einen Trumpf

87 Siehe Kurt Lenk, Rechts, wo die Mitte ist. Studien zur Ideologie: Rechtsextremismus, Nationalismus, Konservatismus, Baden-Baden 1994; vgl. dazu auch: Margret Jäger/Siegfried Jäger, Rechtsaußen in der „Mitte"?, Völkische Ideologeme im öffentlichen Diskurs der Gegenwart, in: dies., Gefährliche Erbschaften. Die schleichende Restauration rechten Denkens, Berlin 1999, S. 103ff.

88 Wolfgang Schäuble zur Italien-Wahl und (zu) den Medien-Beteiligungen der SPD: „Kräfte der Mitte gestärkt", in: Rheinische Post v. 17.5.2001

im Prozess der Globalisierung.[89] Eben jene Tugenden machte der stellvertretende CDU-Vorsitzende Jürgen Rüttgers der Sozialdemokratie mit dem Argument streitig, die SPD versuche so, von links aus „die politische Mitte zu erobern", welche orginär von der CDU besetzt sei.[90] Die CDU-Vorsitzende Angela Merkel wiederum wusste über die Mitte kaum mehr zu sagen, als dass sie „rechts von links" liege.[91] Es herrscht also überall Verwirrung hinsichtlich der richtungsmäßigen Zuordnung jener viel beschworenen „Politik der Mitte". Heimo Schwilk, ein neurechter Autor, der zusammen mit Ulrich Schacht das Buch „Die selbstbewußte Nation" herausgegeben hatte, warf den Volksparteien daher nicht ohne Grund „neuen Opportunismus" im Kampf um die Mitte vor.[92]

Nach Ansicht des französischen Politikwissenschaftlers Maurice Duverger ist der Dualismus politischer Parteien ein natürliches Phänomen, das eine sog. Politik der Mitte faktisch ausschließe: „Jede Politik bedingt eine Alternative zwischen zwei Lösungen, denn die vermittelnden Lösungen lehnen sich an die eine oder andere an. Das besagt nichts anderes, als daß es in der Politik keine Mitte gibt. Es mag wohl eine Partei der Mitte geben, aber keine Richtung der Mitte. (...) Jede Mitte ist in sich selbst gespalten – die linke und die rechte Mitte, denn sie selbst ist nur die künstliche Zusammenfassung des rechten Flügels der Linken und des linken Flügels der Rechten. Es ist die Bestimmung der Mitte, zerteilt, hin- und hergeworfen, aufgelöst zu werden."[93]

Oskar Negt wies das Problem des Rechtsextremismus schon 1981 als eines „des gesellschaftlichen Zentrums, nicht der Randgruppen" aus. Für den Hannoveraner Soziologen war „Faschismus schon immer eine Frage des Zentrums der Gesellschaft",[94] weshalb „Alltagsfaschismus" die potenzielle Gefahr der heutigen Zeit sei: „Um wirkliche Ursachenforschung des Rechtsradikalismus betreiben zu können, muß eben in erster Linie der gesellschaftliche Boden freigelegt werden, auf dem derartige (...) Reaktionen entstehen."[95] Ähnlich wie bei der Herleitung rechtsextremer Tendenzen verhält es sich auch im Hinblick auf deren Bekämpfung: „Die Beseitigung des Rechtsextremismus kann nur an der Wurzel geschehen, dort, wo von der Gesellschaft

---

89 Siehe Roland Tichy, Ab in die Neue Mitte!, Die Chancen der Globalisierung für eine deutsche Zukunftsgesellschaft, Hamburg 1998, S. 12f.

90 Jürgen Rüttgers, Neue Mitte oder Beliebigkeit, in: Frankfurter Rundschau v. 14.2.2001

91 Siehe Angela Merkel, Die Mitte ist rechts von links, in: FAZ v. 18.2.2002

92 Siehe Heimo Schwilk, Von links nach rechts ... und umgekehrt, in: Welt am Sonntag v. 3.3.2002

93 Maurice Duverger, Die politischen Parteien, Tübingen 1959, S. 229f.; zit. nach: Kurt Lenk, Die Links-Rechts-Skala und die Magie der Mitte, in: ders./Berthold Franke (Hrsg.), Theorie der Politik. Eine Einführung, Frankfurt am Main/New York 1987, S. 98

94 Siehe Oskar Negt, Rechtsextremismus und Gewalt. Ein Problem des gesellschaftlichen Zentrums, nicht der Randgruppen, in: Norbert Kremeyer u.a. (Hrsg.), Heute schon gelebt?, Alltag und Utopie, Offenbach 1981, S. 56

95 Ebd., S. 46

selber Motive für gewaltmäßige Aktionen und für Vorurteile produziert werden."[96]

Die modisch wirkende Bezeichnung „Extremismus der Mitte" verweist auf die soziale Basis des Phänomens bzw. auf die bürgerliche Herkunft seiner Hauptprotagonisten, negiert jedoch seine Richtungsbezogenheit und Wechselbeziehungen zwischen Zentrum und Peripherie. Termini wie „Neue Rechte" und „Extremismus der Mitte" dokumentieren die zunehmende Unsicherheit der Fachöffentlichkeit in Bezug auf Wesen, Wurzeln und Ausdrucksformen eines sich wandelnden Phänomens. Die scheinbar paradoxe Bezeichnung „Extremismus der Mitte" ist mehrdeutig und missverständlich. So arbeitet Wolfgang Kraushaar nicht weniger als vier verschiedene Ansätze heraus, in denen mit diesem Begriff operiert wird. Es handelt sich dabei um die Kennzeichnung der sozialen Herkunft von Neonazis, die Identifizierung der Komplizenschaft zwischen rechtsextremen Tätern und Politikern, Hintermännern und staatlichen Behörden, die Charakterisierung moderner rechtspopulistischer Parteien und schließlich um die Untersuchung reaktualisierter rechtskonservativer Ideologien.[97]

Falls der politisch schwer definierbare Begriff einer Mitte überhaupt im Spannungsfeld zwischen Links und Rechts verwendet werden kann, müsste man aufgrund der inhaltlichen Zentralität orginär rechtsextremer Ideologeme und Schlagworte im öffentlichen Diskurs eigentlich von einer „Erosion der politischen Mitte" sprechen: „Damit hat die politische Mitte selbst das Vordringen der Neuen Rechten gefördert, der es immer wieder gelingt, diese nicht bearbeiteten Ressentiments und neopopulistischen Ideologeme zu thematisieren und in die Reihen der etablierten Parteien zu tragen. Um es deutlicher zu sagen: Die äußerste Rechte befindet sich nicht mehr am Rand des politischen Spektrums, sondern in dessen Mitte."[98]

Schlagworte der (Neuen) Rechten und der Mitte

Einen inhaltlichen Anstoß zu den zentralen Debatten um Zuwanderung oder die sog. nationale Identität gaben Intellektuelle, die sich selbst als Neue Rechte, Jung- oder Nationalkonservative bezeichnen und republikanisch-demokratische Grundwerte wie Gleichheit, Freiheit und Solidarität in Frage stellen. Die Neurechten vertreten einen modernisierten (Deutsch-)Nationalismus, der sich in die Tradition der sog. Konservativen Revolution (während der Weimarer Republik) und des Kampfes gegen die Westintegration nach

---

96 Ebd., S. 54

97 Vgl. Wolfgang Kraushaar, Extremismus der Mitte, a.a.O., S. 26

98 Ursula Birsl/Peter Lösche, (Neo-)Populismus in der deutschen Parteienlandschaft. Oder: Erosion der politischen Mitte, in: Dietmar Loch/Wilhelm Heitmeyer (Hrsg.), Schattenseiten der Globalisierung, a.a.O., S. 369f.

1945 stellt. Sie streiten für eine „selbstbewußte" Nation, ein starkes Deutschland sowie eine schlagkräftige Außenpolitik, wobei nicht nur die politisch-institutionelle und geistig-kulturelle „Westbindung" der Bundesrepublik kritisiert, sondern auch für mehr Härte des Staates gegenüber inneren (linken) Feinden plädiert wird: „Es geht um wehrhafte Demokratie. Aber dieser Begriff wurde ausgehöhlt und seiner Bedeutung beraubt, weil die Wehrlosigkeit und Wehrunwilligkeit gleichsam zum Maßstab der Sittlichkeit gekürt wurden."[99]

Was die CDU/CSU/FDP-Koalition nach dem Regierungswechsel 1982 in Angriff nahm, jedoch nie zu Ende führte, forderte die Neue Rechte mit Nachdruck ein: „Eine geistig-moralische ‚Wende' ist nötig, wie sie bereits einmal versprochen wurde, sich dann aber als leere Wahlkampfhülse erwies."[100] Allerdings soll nicht der Mensch bzw. sein Recht auf Selbstbestimmung/-verwirklichung, sondern die Nation, das Volk bzw. der Staat im Mittelpunkt stehen. Gefragt sind wieder „Eliten", die nach überkommenen Regeln leben, alte Traditionen pflegen und ein größeres Pflichtbewusstsein erkennen lassen: „Eine ‚Trendwende' ist nur dann möglich, wenn Werte wiederentdeckt werden, um die zu kämpfen zum Bedürfnis wird, wenn es wieder religiöse und emotionale Klammern gibt, die Opferbereitschaft, Staatsbewußtsein, Nationalbewußtsein erzeugen, wenn neben das aufgeklärte Wissen mit seinen Desillusionierungen auch wieder der demütige Glaube mit seinen Hoffnungen getreten ist."[101]

Das geistige Band, durch das jene ziemlich heterogenen Kräfte, die als „Neue Rechte" firmieren, zusammengehalten werden, bildet der (völkische bzw. Standort-)Nationalismus. Er ist zugleich identitätsstiftend für das gesamte Feld des organisierten Rechtsextremismus. Migrant(inn)en, Flüchtlinge und ethnische Minderheiten sind das Feindbild der extremen Rechten, weil sie durch ihre bloße Existenz den Idealen eines „homogenen Volkskörpers" widersprechen. Wie die „Rasse", so ist auch die „Nation" eine soziale Konstruktion, wobei Letztere sich auf einen souveränen Staat und sein Gewaltmonopol bezieht. Nationalismus und Rassismus bilden als Ideologien sozialer Ungleichheit, die miteinander korrespondierende Ausschließungs- bzw. Diskriminierungspraktiken legitimieren, zwei Seiten einer Medaille.

Als zentrale symbolische Begriffe der extremen Rechten zur Erlangung kultureller Hegemonie[102] können die beiden Chiffren „nationale Identität" und

---

99 Ansgar Graw, Dekadenz und Kampf. Über den Irrtum der Gewaltlosigkeit, in: Heimo Schwilk/Ulrich Schacht (Hrsg.), Die selbstbewußte Nation. „Anschwellender Bocksgesang" und weitere Beiträge zu einer deutschen Debatte, Frankfurt am Main/Berlin 1994, S. 285

100 Ebd.

101 Ebd.

102 Zu dem Begriff „kulturelle Hegemonie" vgl. Sabine Kebir, Gramscis Zivilgesellschaft. Alltag, Ökonomie, Kultur, Politik, Hamburg 1991; zur Bedeutung Gramscis zur Erforschung von Ethnisierungsprozessen vgl. Stuart Hall, Ideologie, Kultur, Rassismus. Ausgewählte Schriften, Bd. 1, Hamburg/Berlin 2000; zur Adaption des gram-

„selbstbewußte Nation“ gelten. Der Historiker Lutz Niethammer weist darauf hin, dass es neurechte, „nationalrevolutionäre“ und nationalkonservative Intellektuelle wie Armin Mohler, Caspar Freiherr von Schrenck-Notzing, Henning Eichberg oder Bernhard Willms waren, „die um 1980 in der Bundesrepublik den Begriff der nationalen Identität in den Mittelpunkt zu rücken versuchten und damit seiner Etablierung in der rechten Mitte zuvorkamen oder sie mit vorbereiteten.“[103]

Die gesellschaftliche Brisanz des Rassismus in der Bundesrepublik ergibt sich jedoch aus dessen Eindringen in politisch hegemoniale Diskurse. „Ethnopluralismus“, mit dem ethnische Differenz und Abschottung legitimiert werden, ist ein Kampfbegriff der sog. Neuen Rechten,[104] welcher auch Eingang in die alltäglichen medialen und politischen Auseinandersetzungen um Zuwanderung und multikulturelles Zusammenleben gefunden hat. Gefährlich macht Neurechte, Jungkonservative und Nationalkonservative, dass ihre Zielvorstellungen mit realen Kräfteverschiebungen in der etablierten Politik korrespondieren. Wer diesen Zusammenhang übersieht, unterschätzt das Entwicklungspotenzial eines sich nicht bloß aus (diskurs)taktischen Gründen zur Mitte öffnenden Rechtsextremismus.

„Leistungsfähigkeit“, „Pflichtbewusstsein“, „Ehrgefühl“, „Heimatliebe“ und „Patriotismus“ bilden Stichworte für eine Rechtsentwicklung, die auf Sympathien bei Denkfabriken („think tanks“) von Führungskräften in Wirtschaft, Politik und Militär rechnen kann. Dietmar Loch weist darauf hin, dass es „auch Anhänger des modernen Rechtsradikalismus in den oberen Schichten, d.h. in den an einem dezidierten Neoliberalismus interessierten Teilen der ‚neuen‘ Mittelschichten und der transnationalen ‚Leistungseliten‘“ gebe: „Bei diesen nationalistischen Eliten manifestiert sich (...) der transnationale Autoritarismus der ‚Modernisierungsgewinner‘.“[105]

---

scianischen Theorems durch die extreme Rechte vgl. Thomas Asseuer/Hans Sarkowicz, Rechtsradikale in Deutschland. Die alte und die neue Rechte, München 1992; Felix Krebs, Mit der Konservativen Revolution die kulturelle Hegemonie erobern. Das Zeitungsprojekt *Junge Freiheit*, in: Jean Cremet/Felix Krebs/Andreas Speit, Jenseits des Nationalismus. Ideologische Grenzgänger der „Neuen Rechten“ – ein Zwischenbericht, Hamburg/Münster 1999, S. 53ff.; zur Nutzbarkeit von Gramscis Hegemoniebegriff in der staatstheoretischen Diskussion vgl. Alex Demirović/Hans-Peter Krebs/Thomas Sablowski (Hrsg.), Hegemonie und Staat. Kapitalistische Regulation als Projekt und Prozess, Münster 1992

103 Siehe Lutz Niethammer, Kollektive Identität. Heimliche Quellen einer unheimlichen Kultur, Hamburg 2000, S. 487

104 Vgl. in affirmativer Absicht: Henning Eichberg, Nationale Identität. Entfremdung und nationale Frage in der Industriegesellschaft, München/Wien 1978; aus kritischer Sicht: Mark Terkessedis, Kulturkampf. Volk, Nation, der Westen und die Neue Rechte, Köln 1995

105 Dietmar Loch, Die radikale Rechte in westlichen Demokratien: „Geschlossen“ gegen die „offene Gesellschaft“?, in: ders./Wilhelm Heitmeyer (Hrsg.), Schattenseiten der Globalisierung, a.a.O., S. 473

So weisen Kritiker darauf hin, dass mit der Gründung des „Instituts für Staatspolitik“ aus den Reihen der „Deutschen Gildenschaft“ sowie JF-Autoren nach deren Urteil ein „Reemtsma-Institut von rechts“[106] entstanden sei, welches als „Brückenkopf“ zwischen der Neuen Rechten und den Nationalkonservativen fungiere. Ähnlich verhält es sich laut SPIEGEL mit der „rechtskonservativen Kaderschmiede der Unionsparteien“, dem Studienzentrum Weikersheim, das den „umstrittenen Politikwissenschafter“ Klaus Hornung an seine Spitze und Brandenburgs Innenminister Jörg Schönbohm zu dessen Stellvertreter wählte. [107] Demnach publizierte das CDU-Mitglied in dem vom baden-württembergischen Verfassungsschutz als einen „der größten rechtsextremistischen Verlage in Deutschland“ betrachteten Hohenrain-Verlag und schreibt für die *Junge Freiheit.*

Die Anlehnung des etablierten politischen Jargons an rechtsextreme Diskurse hat schon länger Konjunktur: In der Debatte um die Änderung des Asylrechts 1991/92 begründete der damalige Bundeskanzler Helmut Kohl die angebliche Notwendigkeit zur Einschränkung des Asylrechts mit einem „Staatsnotstand“. In demselben Zusammenhang zeigten Personen des öffentlichen Lebens ein gewisses Verständnis für die zeitgleich stattfindenden pogromartigen Übergriffe gegenüber Asylbewerber(inne)n in Rostock-Lichtenhagen oder suchten sie zu entschuldigen. So nahm der damalige Ministerpräsident von Mecklenburg-Vorpommern, Berndt Seite, zur Eskalation rechter Gewalt folgendermaßen Stellung: „Dass das natürlich umschwappt, wenn man in der Menge ist, dafür habe ich auch Verständnis.“ Weiter erklärte der CDU-Politiker gegenüber Jounalist(inn)en: „Sehen Sie, es muss Schluss sein, dass wir am Finger rumoperieren, sondern der Körper ist krank mit dem Problem Asylaufnahme in Deutschland.“[108] Edmund Stoiber, damals Innenminister des Freistaates Bayern, warnte im Rahmen der Asyldebatte gar im Jargon der extremen Rechten vor einer „Durchrassung der Gesellschaft“.[109]

Der Historiker Ulrich Herbert führt hinsichtlich des inszenierten Feindbildes der multikulturellen Gesellschaft auf, dass zentrale Einwände gegen Zuwanderung und Multikulturalismus schon Anfang der 90er-Jahre nicht nur von Rechtsextremen, sondern zugleich von offizieller Seite und staatlichen Stellen erhoben wurden: „Eine der einflußreichsten Stimmen gegen die vorwiegend linke und linksliberale, aber auch bei zahlreichen Liberalkonservativen verbreitete Vision der multikulturellen Einwanderungsgesellschaft kam aus dem Innenministerium. Der dort für die Ausländerpolitik zuständige Mi-

106 Junge Freiheit, zit. nach: Braunzone: „Institut für Staatspolitik“. Ein Institut zur ideologischen Aufrüstung der CDU, in: Antifaschistisches Infoblatt Nr. 52 (Frühjahr 2001)

107 Siehe Extremismus: Weiter rechts, in: Der Spiegel v. 28.5.2001, S. 20

108 Berndt Seite, zit. nach: Hajo Funke, Rechte Gewalt, Einstellungen in der Bevölkerung und Öffentlichkeit, in: Christoph Butterwegge/Georg Lohmann (Hrsg.), Jugend, Rechtsextremismus und Gewalt, a.a.O., S. 64

109 Vgl. die lobende Erwähnung in der rechtsextremen Presse, z.B. bei Thomas Clement, Berlin will er stürmen, in: Junge Freiheit v. 22.1.1999

nisterialdirektor Schiffer beschrieb in einem Vortrag 1991 die Position seines Hauses: Ausgangspunkt war dabei der Gedanke der kulturellen Identität der Deutschen, ‚ein übergreifendes Grundmuster von identitätsstiftenden gemeinsamen Erinnerungen, Werthaltungen und Vorstellungen, die die (meisten) Deutschen als Angehörige einer Nation verbinden'."[110] Herbert zufolge weist die Ablehnung einer multikulturellen Gesellschaft, die jener Beamte damit begründete, dass es die „Einheimischen (...) nicht hinnehmen" würden, „wenn ihre ureigene nächste Lebens- und Erfahrungssphäre durch Überfremdung gefährdet" sei, Affinitäten zu rechtsextremen Argumentationsmustern auf.[111]

NPD, DVU und REPublikaner, die mit Parolen wie „Kriminelle Ausländer raus!" oder „Ausländer-Stopp" rassistische Stimmungen schüren, konnten sich durch solche Bekundungen bestätigt fühlen. Im hessischen Landtagswahlkampf 1999 und im nordrhein-westfälischen Landtagswahlkampf 2000 machte die Union „Migration und Integration von Zuwanderern" in einer Weise zum Thema, die von rechtsextremen Forderungen und Parolen manchmal schwer zu unterscheiden war.

Heute ist das Beharren auf ethnischer „Andersartigkeit", „Kulturkampf", „Belastungsgrenzen" und Bedrohung durch Zuwanderung im politischen und öffentlichen Gefüge der Bundesrepublik fast zu einem selbstverständlichen Argumentationsmuster geworden. Mathias Brodkorb ging im SPD-Theorieorgan *Die Neue Gesellschaft/Frankfurter Hefte* noch weiter: „Solange (...) die etablierte Politik nicht die Frage stellt, welchen Beitrag sie selbst zur Zunahme der Fremdenfeindlichkeit leistet, bleibt die momentane Diskussion fadenscheinig. Es macht wenig Sinn, nur auf Stoibers ‚durchrasste Gesellschaft' oder Rüttgers ‚Kinder statt Inder'-Kampagne zu deuten, denn auch SPD und Gewerkschaften haben in Vergangenheit und Gegenwart ihren Beitrag dazu geleistet, dass rechtsextremes Gedankengut auf guten Nährboden trifft: Gewerkschaften konzentrieren sich seit Jahren auf nationale Standortpakte, anstatt die Herausforderungen der Globalisierung offensiv anzugehen."[112] Wenn der DGB und seine Einzelgewerkschaften die (primär gegen ausländische Konkurrenten auf dem Weltmarkt gerichtete) Standortlogik übernehmen, fällt es rechtsextremen Parteien leichter, Parolen wie „Deutsche Arbeitsplätze zuerst für Deutsche!" zu verbreiten.[113] „Und auch die SPD muss sich ins Stammbuch schreiben lassen: Ressentiments in Teilen der Bevölkerung kann man nicht wirksam begegnen, indem man ihnen politisch nachgibt, sondern

110 Ulrich Herbert, Geschichte der Ausländerpolitik in Deutschland: Saisonarbeiter, Zwangsarbeiter, Gastarbeiter, Flüchtlinge, a.a.O., S. 323

111 Siehe ebd., S. 324

112 Mathias Brodkorb, Rechtsextremismus ist kein Problem von „Randgruppen", in: Die Neue Gesellschaft/Frankfurter Hefte 10/2000, S. 581f.

113 Vgl. ergänzend hierzu: Christoph Butterwegge, Rechtsextremismus, Standortnationalismus und Gewerkschaften, in: Gewerkschaftliche Monatshefte 11-12/2001, S. 728

nur, indem man beharrlich für eine weltoffene und fortschrittliche Politik wirbt.“[114]

Lutz Niethammer konstatiert nationalistische Formen der Intervention auch seitens prominenter sozialdemokratischer Politiker wie etwa Altbundeskanzler Helmut Schmidt, der 1993 „aus der Notwendigkeit heraus, daß Deutsche ihre nationale Identität erst lernen müssen“,[115] die Deutsche Nationalstiftung ins Leben rief. Da man Deutschland als „Kulturnation“ begreift, was auf das bis heute dominante Nationsverständnis der Romantik verweist, wurde schon seit Beginn der 1970er-Jahre (unter Willy Brandt) auf eine Nationalstiftung der Bundesrepublik Deutschland für Kunst und Kultur hingearbeitet.

In der globalisierten Wirtschaft wird weniger Wert auf die Nationalität der Arbeitnehmer/innen gelegt; dort werden vielmehr räumlich mobile, für die Kapitalakkumulation passend qualifizierte Migrant(inn)en zur kostengünstigen Verwertung gesucht, etwa von der Tiroler Sparkasse, die – per Internet und „politisch inkorrekt“ dem Zeitgeist entsprechend – unter „Kanake.html“ die Anstellung eines Migranten zur antirassistischen Tat verklärt. Auf ihrer Website heißt es: „Sein handwerkliches Können, seine Art, offen auf die Menschen zuzugehen, und sein unerschütterlicher Optimismus sind sein Kapital. Gute Gründe für uns, ihn auch als Geschäftspartner vorurteilslos zu akzeptieren. Übrigens: Kanake ist hawaiianisch. Das deutsche Wort dafür ist Mensch.“[116]

Diskurse der etablierten Politik

In den öffentlichen Diskursen um deutsche Identität, doppelte Staatsbürgerschaft, die Anpassung der Zugewanderten an eine Leitkultur sowie Patriotismus und Nationalstolz kamen ethnisch konstruierte Homogenitätsvorstellungen zum Ausdruck. Die fest im Massenbewusstsein verankerte völkisch-nationalistische Traditionslinie verhinderte bisher, dass migrationsbedingte Veränderungen als gesellschaftliche Herausforderung angenommen wurden. In der Abwehr dieser Anforderung manifestiert sich eine Mobilisierung des uralten völkischen Mythos einer homogenen deutschen Kulturnation, den Wolf-Dietrich Bukow und Erol Yildiz als „kleinbürgerlich-völkisches Idyll“ bezeichnen.[117]

---

114 Mathias Brodkorb, Rechtsextremismus ist kein Problem von „Randgruppen“, a.a.O., S. 582

115 Helmut Schmidt, Interview in: Focus 44/1996; zit. nach: Lutz Niethammer, Kollektive Identität, a.a.O., S. 552

116 Zit. nach: Hito Steyerl, Haunting Humanism. Ethnizität, Humanitarismus, Neoimperialismus, in: jour fixe initiative berlin (Hrsg.), Wie wird man fremd?, Münster 2001, S. 159

117 Siehe Wolf-Dietrich Bukow/Erol Yildiz, Der aktuelle Staatsbürgerschaftsdiskurs: mehr als neuer Wein in alten Schläuchen?, in: Christoph Butterwegge/Gudrun Hent-

Die Wiederbelebung völkischen Denkens spitzte sich in der konservativen Forderung nach einer „deutschen Leitkultur" zu. Dabei handelte es sich um einen populistischen Nationalismus, der von rechtsextremen Verlautbarungen kaum zu unterscheiden war. In ihrem einstimmig verabschiedeten Eckpunktepapier zur Zuwanderung markierte die CDU das Bekenntnis zur „Leitkultur in Deutschland" als Basis ihrer Migrations- und Integrationspolitik. Die Parteivorsitzende Angela Merkel betonte, das Papier sei das „sehr klare Bekenntnis zu unserem Vaterland", und warf den Sozialdemokraten ein „gestörtes Verhältnis" dazu vor; als „Lebenslüge" bezeichnete sie in diesem Zusammenhang die Vision einer multikulturellen Gesellschaft.[118] Die rechtsextremen REPublikaner begrüßten den CDU-Vorstoß und bekannten sich auf ihrem Parteitag am 19. November 2000 gleichfalls zum Begriff der deutschen Leitkultur, verbunden mit dem Hinweis, dass so „die schwerwiegenden Probleme der Deutschen" zum Ausdruck gebracht würden.[119]

Solche schwerwiegenden Probleme mit der gesellschaftlichen Realität in der Bundesrepublik sah auch die bayerische Schwesterpartei der CDU: Trotz gegenläufiger Entwicklungen im Bereich der Migration beharrte Alois Glück, Vorsitzender der CSU-Landtagsfraktion, auf der Feststellung: „Wir bleiben dabei: Deutschland ist kein Einwanderungsland im klassischen Sinn."[120] Der CSU-Vorsitzende Edmund Stoiber suchte diesen Widerspruch zwischen Definition und Realität mit folgender Erklärung aufzulösen: „Auch wenn man unkontrollierte Zuwanderung hat, ist man noch lange kein Einwanderungsland."[121] Einen ganz ähnlichen Tenor wies das im Jahr 2001 von den beiden Schwesterparteien gemeinsam verfasste Positionspapier auf.[122] Die jahrzehntelang betriebene Zuwanderungspolitik hat die Bundesrepublik zwar faktisch zum Einwanderungsland gemacht; ginge es nach dem Willen eines Großteils der etablierten Politik, würden die Zugewanderten jedoch weitgehend rechtlos den ökonomischen Anforderungen genügen. Hierbei wird auf ethnische Grenzziehungen rekurriert, die für Migrant(inn)en den Status von „Fremden" reservieren.

Bezüglich der Kennzeichnung Deutschlands als Einwanderungsland vertreten die REPublikaner dieselbe Ansicht. So leiten sie ihr Bekenntnis zu einer „deutschen Leitkultur" her: „Inzwischen ist die Frage nach der Zuwande-

---

ges/Fatma Sarigöz (Hrsg.), Medien und multikulturelle Gesellschaft, Opladen 1999, S. 53

118 Angela Merkel, zit. nach: CDU hält am Begriff der „Leitkultur" fest, in: Handelsblatt v. 7.11.2000

119 Siehe „Republikaner" begrüßen „deutsche Leitkultur", in: Frankfurter Rundschau v. 20.11.2000

120 Alois Glück, zit. nach: Streit in der Union um Zuwanderung, in: Handelsblatt v. 8.11.2000

121 Edmund Stoiber, zit. nach: ebd.

122 Vgl. „Deutschland ist kein klassisches Einwanderungsland". Gemeinsames Positionspapier von CDU und CSU zur Steuerung und Begrenzung von Zuwanderung vom 10. Mai 2001, in: Blätter für deutsche und internationale Politik 6/2001, S. 762ff.

rung in Kombination mit der demographischen Fehlentwicklung, vor der wir zu Beginn des 21. Jahrhunderts stehen, zur Schicksalsfrage für die Deutschen geworden. Definieren wir als Deutsche heute nicht, nach welchen Regeln und in welchem Maße bzw. überhaupt Zuwanderung nach Deutschland stattfinden soll, besteht die Gefahr, daß die Deutschen in Zukunft zur Minderheit im eigenen Lande werden. Deswegen bedarf es jetzt und heute einer Ablösung der Zuwanderungspolitik der letzten Jahrzehnte. Dazu gehört aus Sicht der Republikaner das klare Bekenntnis, daß Deutschland kein Einwanderungsland ist und werden kann.“[123]

Durch einen solchen Kampf um Definitionsmacht und die Durchsetzbarkeit von ethnisierenden Begrifflichkeiten verschiebt sich der öffentliche Diskurs über den Umgang mit Zuwanderung nach rechts. Zuwanderung wird zu einem begrifflichen Synonym für Bedrohung oder „Überfremdung“, die man „steuern“, „eingrenzen“ oder gar „stoppen“ muss, um die „eigene Identität“ bewahren zu können.

Angesichts völkisch-nationalistischer Kampagnen des Konservatismus und des Rechtsextremismus vollzogen auch rot-grüne Regierungskreise einen Schwenk. Zuerst verkündete Bundesinnenminister Otto Schily (SPD) im November 1998 gegenüber dem Berliner *Tagesspiegel*: „Die Grenze der Belastbarkeit Deutschlands durch Zuwanderung ist überschritten.“[124] Renate Künast, damals Vorsitzende der Bündnisgrünen und heute Bundesministerin für Verbraucherschutz, Ernährung und Landwirtschaft, kritisierte die Linke zwei Jahre später in der *taz*, sie habe sich „nicht darum bemüht, auf die Ängste und Sorgen in der Bevölkerung einzugehen“. Weiter behauptete die Politikerin, dass „Multikulti“ ein ebenso unklarer Begriff wie jener der Leitkultur sei, und forderte außerdem eine „Enttabuisierung“ der Debatte. Sie rekurrierte dabei auf dieselben Bedrohungsszenarien, welcher sich auch Rechtsextreme in ihrem Kampf gegen „Überfremdung“ bedienen: „Über Einwanderung zu reden heißt: Über die Zukunft Deutschlands zu reden. Da gibt es viel zu besprechen: Gibt es Quoten? Gibt es Kriterienkataloge? Wie viele sollen kommen? Wer entscheidet das? Setzt sich die deutsche Wirtschaft alleine durch? Auch taz-Leser und Redakteure haben bestimmte Stadtbezirke verlassen und gesagt: Ich will nicht, daß mein Kind eine Schulklasse besucht, wo 80 Prozent der Kinder kein Deutsch sprechen.“[125]

Verweise auf die „Sorgen in der Bevölkerung“ signalisieren eine gewisse Annäherung an völkisch-nationalistische Diskurse. Denn jene Menschen, die sich Sorgen um den grassierenden Rassismus machen oder gar existenziell

---

123 Eine deutsche Leitkultur ist zur Sicherung des inneren Friedens und der Stabilität unserer Demokratie unverzichtbar, in: Der Republikaner 12/2000

124 „Der Rechtsextremismus ist die größte Gefahr“. Otto Schily: Kritiker des Großen Lauschangriffs erkennen den erheblichen rechtsstaatlichen Zugewinn nicht, in: Der Tagesspiegel v. 15.11.1998. Der SPIEGEL griff das Ministerwort in seiner Ausgabe vom 23. November desselben Jahres (Jenseits von Schuld und Sühne, S. 22f.) auf und titelte „Zu viele Ausländer? Sprengsatz für Rot-Grün“.

125 Renate Künast, Wir wollen Vielfalt, in: taz v. 2.11.2000

von ihm bedroht werden, tauchen in einer solchen ethnisierenden Zuschreibung „der" Bevölkerungsängste gar nicht mehr auf. Stattdessen vollzieht sich ein Ringen um die Frage, welche Partei der „Kontrolle" einer herbeigeredeten „Bedrohung" besser „zum Wohle der Bevölkerung" Herr werden kann.

Führende Sozialdemokraten suchten sich dadurch als zentripetale „Kraft der Mitte" rechts von Bündnis 90/Die Grünen zu positionieren, dass sie unter nationalökonomischen Gesichtspunkten zwischen „nützlichen und „unnützen" Migrant(inn)en differenzierten. „Zuwanderung heißt Auswahl. Gefragt sind hochqualifizierte Fachkräfte, Wissenschaftler, Studenten", erklärte Dieter Wiefelspütz, innenpolitischer Sprecher der SPD-Bundestagsfraktion, im Rahmen der Diskussion über einen Parteienkompromiss zur Regelung der Zuwanderung. Gleichzeitig grenzte Wiefelspütz sich klar von den Vertreter(inne)n multikultureller Demokratiekonzepte ab: Jene, so sagte er, schwelgten in Utopien, blendeten die im Zusammenleben zwischen Deutschen und Ausländern bestehenden Probleme aus und täten so, als sei das Leben „ein dauerndes Ausländerfestival. (...) Wenn Deutschland ein Einwanderungsland ist, dann dürfen wir auch auswählen und bestimmen, wer zu uns kommen darf."[126]

Aus den zitierten Stellungnahmen wird ersichtlich, wie sich ökonomische Verwertungsrationalität mit ethnisierenden Vorurteilen amalgamiert. Den rationalen Anforderungen an Zuwanderung für Kapitalverwertungsinteressen stellt man mit pejorativen Begriffen („dauerndes Ausländerfestival") eine Verneinung multikultureller Realität gegenüber, welche die Zugewanderten in dem niedrigeren Status von „Ausländern" belässt. Real existiert die multikulturelle Gesellschaft jedoch genauso, wie die Bundesrepublik aufgrund ihrer Zuwanderungspolitik und von deren Folgewirkungen faktisch bereits seit langem ein Einwanderungsland ist. „Die multikulturelle Gesellschaft ist kein Konzept", so erläutert Safter Çinar, stellvertretender Vorsitzender der Türkischen Gemeinde in Deutschland, die ideologiebeladene Diskussion: „Man kann sie weder verordnen noch verbieten, sie setzt sich im Alltag durch. Und auch diejenigen, die meinen, man müsse diesen Begriff bekämpfen, leben heute multikulturell. Das Problem ist, dass es jetzt opportunistische Tendenzen gibt, sich von der Idee der multikulturellen Gesellschaft abzusetzen. Dadurch erscheint es so, dass die Konservativen, die immer dagegen gekämpft haben, irgendwie Recht bekommen hätten. Aber die Realität wird multikulturell bleiben, zumindest solange wir hier einen demokratischen Staat haben."[127]

Ablehnung und Leugnung der Wirklichkeit einer multikulturellen Gesellschaft sind konstituierender Bestandteil einer Ethnisierungsstrategie, die legitime Ansprüche allochthoner Bevölkerungsgruppen in einem zusehends brutaler geführten gesellschaftlichen Verteilungskampf abwehrt. Gleichzeitig wird das öffentliche Meinungsbild durch einen ethnisierten Alltagsdiskurs bestimmt: „So setzt sich langsam eine ‚ethnische Weltanschauung' in öffentli-

---

126 Dieter Würfelspütz, Zuwanderung kann gesteuert werden, in: Handelsblatt v. 11.12.2000

127 Safter Çinar, Die Realität ist multikulturell, in: Jungle World v. 15.11.2000

chen, wissenschaftlichen und alltäglichen Kommunikationen durch. Jeder weiß inzwischen, was ‚fremd' ist, warum man davor Angst haben muss, wie man damit umgeht und weshalb gegen die sog. Ausländer das ‚christlich' geprägte Territorium zu verteidigen ist."[128]

Die fortschreitende Ethnisierung des politischen Alltagsdiskurses sowie die Manöver gegen die doppelte Staatsbürgerschaft und die Green-Card-Initiative oder die Debatte um eine „deutsche Leitkultur" lassen die offiziellen Kampagnen gegen den Rechtsextremismus sowie Bündnisse „für Demokratie und Toleranz" in einem anderen Licht erscheinen. Denn trotz solcher Aktivitäten und staatlicher Repression gegenüber rechtsextremen Organisationen in der Bundesrepublik erhalten diese eine indirekte Bestätigung. Sie können sich als die konsequentesten Verfechter nationaler Interessen profilieren und greifen daher auch die Kampagnen der politischen „Mitte" auf. *Nation und Europa*, die älteste Zeitschrift des deutschen Rechtsextremismus, druckte beispielsweise das CDU-Wahlkampfplakat „Mehr Ausbildung statt mehr Einwanderung" mit der Bildunterschrift ab: „CDU-Politiker Jürgen Rüttgers gab die richtige Parole aus – doch es war seine Partei, die den Deutschen das Problem der Überfremdung beschert hat."[129]

Die rechtsextremen Strömungen sehen sich mit ihren Forderungen gesellschaftlich im Aufwind und spitzen die gesellschaftlichen Diskurse auf einen exzessiven Rassismus zu: „Hurra, das Ende der Ausländerfeindlichkeit! Dank dem ‚Doppelpaß' geht's jetzt um den Kern der Sache – die Rasse!"[130] So überschrieb das *Zentralorgan*, eine Szene-Zeitschrift des militanten Neonazismus, im Kontext der CDU-Kampagne gegen die doppelte Staatsbürgerschaft eine Ausgabe.

Es ist jedoch nicht nur das konservative Lager, dessen Kampagnen sich der Zustimmung von Rechtsextremisten erfreuen. Bei der Niedersachsen-Wahl 1998 rief eine „Interessengemeinschaft Deutschland zuerst" nach entsprechenden Interview-Äußerungen des SPD-Spitzenkandidaten mit folgender Begründung zur Stimmabgabe für diese Partei auf: „Gerhard Schröder steht für die Abschaffung der maßlosen Unterstützung für Asylanten und Wirtschaftsflüchtlinge. Auch wir fordern: Keine Deutsche Mark für Scheinasylanten! (...) Gerhard Schröder sagt: ‚Wer unser Gastrecht mißbraucht, für den gibt es nur eins: Raus und zwar schnell!' Auch wir fordern: Kurzer Prozeß für alle ausländischen Verbrecher! Sofortige Abschiebung aller kriminellen Ausländer!"[131] Diverse rechtsextreme Zeitschriften und die DVU veröffentlichten gleichfalls Wahlaufrufe für die SPD mit expliziter Bezugnahme auf jene Äußerungen Schröders gegenüber *Bild am Sonntag* vom 20. Juli 1997; eine einstweilige Verfügung des zwischenzeitlich zum Bundeskanzler

---

128 Wolf-Dietrich Bukow/Erol Yildiz, Der aktuelle Staatsbürgerschaftsdiskurs, a.a.O., S. 61f.
129 Nation und Europa 7-8/2000, S. 15
130 Zentralorgan 5 (1/1999)
131 Zit. nach: Otto Köhler, Wunderbares Land, in: konkret 11/2000, S. 27

avancierten Politikers gegen die DVU wegen der fortwährenden Verwendung seines Ausspruchs lehnte das Hamburger Landgericht am 6. September 2001 aufgrund fehlender Rechtsmittel ab.

Die genannten Beispiele politischer Diskurse und Empfehlungen im Umgang mit Zuwanderung bzw. multikultureller Realität lassen eine zunehmende Ethnisierung der Debattenkultur erkennen. Die Übernahme rechtsextremer Begrifflichkeiten und Argumentationsmuster im hegemonialen Diskurs deutet auf eine gesellschaftliche Aufwertung ethnonationalistischer Denkansätze hin.[132] Zugleich vollzieht sich im politischen Umgang mit rechtsextremen und rassistischen Phänomenen eine gefährliche Entwicklung, wenn mit dem Hinweis auf die „Gefahr von rechts“ und angebliche „Belastungsgrenzen“ der deutschen Bevölkerung eine Kulturalisierung der Politik auf Kosten von Menschen mit Migrationshintergrund betrieben wird.

Diskurse in etablierten Medien

In der Auseinandersetzung mit multikulturellen Erscheinungsformen im gesellschaftlichen Alltag spielen Massenmedien eine Schlüsselrolle als Multiplikatoren für ethnische Differenzierungen und Zuschreibungen. Meistens wird über die ca. 7,4 Millionen „Ausländer/innen“ ähnlich wie über das Ausland berichtet: Nachrichtenwert haben fast nur negative Meldungen, wodurch eine ethnische Differenzierung zementiert wird, die Migrant(inn)en in Verbindung mit Problemzuständen bringt. Manche Journalisten schrecken auch nicht vor Bedrohungsszenarien zurück, die Zuwanderung in den bildlichen Kontext von Naturkatastrophen stellen. So erschien der SPIEGEL am 6. April 1992 unter der Überschrift „Asyl. Die Politiker versagen“ mit einem Titelbild, das einen endlos wirkenden Strom dicht aneinander gequetschter, dunkelhäutiger Menschen zeigt, die durch ein geöffnetes Tor auf den Betrachter zudrängeln. Illustrationen dieser Art rufen Assoziationen mit „brechenden Dämmen“, „Überschwemmungen“ oder „Asylantenfluten“ wach. Durch derartige Kollektivsymbole werden schon bildlich Bedrohungsgefühle gegenüber Zuwanderern und Flüchtlingen geweckt.

Die angebliche Gefahr der „Fremdheit“ illustrierte der SPIEGEL am 14. April 1997 auf einem Titelbild mit bewaffneten ausländischen Jugendlichen, verschleierten Mädchen sowie einer aggressiv schreienden und die türkische Fahne schwenkenden Frau. Die dazugehörige Überschrift lautete: „Ausländer und Deutsche: Gefährlich fremd. Das Scheitern der multikulturellen Gesellschaft“. Nicht die rassistischen Vorurteile der Einheimischen wurden thematisiert, sondern die „gefährlichen Fremden“. In mehreren Artikeln präsentierte das Hamburger Nachrichtenmagazin rassistische Ansichten pauschalisierend

---

132 Vgl. dazu: Detlev Claussen/Oskar Negt/Michael Werz (Hrsg.), Kritik des Ethnonationalismus, Frankfurt am Main 2000

als Folge einer angeblichen Überfremdung, beispielsweise in einem Artikel über das Leben in dem als „Balkan des Nordens“ bezeichneten Stadtteil Wilhelmsburg.[133] Dort war die Rede von „tief verschleierten Gestalten mit Sehschlitzen“, die an den als bedrängt bezeichneten deutschen Bürger(inne)n „vorbeihuschen“. Letztere wiederum zitierte man mit Sprüchen wie diesem: „Ein deutsches Geschäft nach dem anderen machte zu, und sofort waren Ausländer drin, die auf ihre Clans zurückgreifen und die Lohnkosten drücken können, die Ladenschlusszeiten ignorieren und Stühle auf die Straße stellen.“ Schilderungen des Interviewten wurden durch die eigene Berichterstattung verstärkt: „In Stübens Gesellschaftssälen, wo Burger (der Interviewte; *Ch.B./A.H.*) mit den ausgemergelten Nachbarskindern erst einen Löffel Lebertran und dann die Köstlichkeiten der Schwedenspeisung bekam, wo er als junger Mann Maskeraden feierte und in den Mai tanzte, da befindet sich heute der Marmara-Hochzeitssaal. Da feiern türkische Paare, die oft mit Geldscheinen behängt sind, im Kreis von vielen hundert Gästen.“ Die „Überfremdung“, so lautet das implizite Fazit einer solchen Berichterstattung, ist schon bittere Wirklichkeit in Deutschland. Zugleich wurde in dem Artikel darauf hingewiesen, dass sich das Beispiel Wilhelmsburg in vielen Teilen der Bundesrepublik wiederfinden lasse.

Stark ethnisierende Bedrohungsszenarien in etablierten Medien enthalten implizite Aufforderungen zum Handeln gegen die Zugewanderten; rechtsextreme Gruppierungen sehen sich deshalb oftmals als „Vollstrecker“ eines solchen Anliegens. „Republikaner verhindern türkisches Einkaufszentrum“, vermeldete die Parteizeitschrift stolz den Erfolg einer rassistischen Kampagne: „In Kornwestheim wird es keinen ‚türkischen Aldi‘ geben. Weil die Republikaner die Sorgen der Bürger aufgriffen und Druck auf die Öffentlichkeit machten, scheiterte das Vorhaben eines türkischen Geschäftsmannes, mitten in der nahe Ludwigsburg gelegenen Stadt ein türkisches Einkaufszentrum zu errichten. (...) Bürger befürchteten, daß Kornwestheim mit seinem ohnehin viel zu hohen Ausländeranteil zum Magneten für kaufwillige Türken aus dem gesamten Kreisgebiet werden könnte.“[134] Die rassistische Propaganda der REPublikaner trug dazu bei, dass die Stadt den Kaufvertrag mit dem Investor stornierte und das Gebäude zurückkaufte.

Durchaus im Einklang mit einer allgemeinen Tendenz der medialen Migrationsberichterstattung fühlen sich die Rechtsextremen als Verfechter „deutscher Interessen“ gegen „die Türken“ oder gegen andere „Ausländer“. Schlagworte wie „Asylantenfluten“ oder „Zustrom Illegaler“ wecken tief verwurzelte Feindbilder und lenken von Versäumnissen der nationalen Beschäftigungs- und Migrationspolitik ab. Auf das Stichwort „illegale Einwanderung“ Bezug nehmend, betonte der Migrationsreport 2000, dass „die politisch und publizistisch auf der öffentlichen Bühne vielgeziehenen – wenngleich in der

133 Ariane Barth, „Ein ungeheuer belastendes Klima“, in: Der Spiegel v. 30.10.2000, S. 114

134 Republikaner verhindern türkisches Einkaufszentrum, in: Der Republikaner 7-8/2000

Schattenwirtschaft des informellen Sektors als irregulär Beschäftigte unverzichtbaren und allen Kontrolldemonstrationen zum Trotz vielfach indirekt tolerierten – ‚illegalen Einwanderer' als neues Feindbild schon da waren, bevor es überhaupt legale Einwanderer gab; denn ein Einwanderungsgesetz, an dem sich Einwanderungswillige orientieren könnten, fehlt in Deutschland nach wie vor."[135]

Der ethnisierte Diskurs etablierter Medien umfasst auch Meldungen über interkulturelle Ereignisse. In der Rheinmetropole wurden unter Beteiligung des Oberbürgermeisters und gemeinsam mit der Partnerstadt Istanbul „Kölner Türkei-Tage" durchgeführt, die unter dem Motto „Brücken schlagen" den interkulturellen Austausch fördern und verstetigen sollten. Gegen die Einwände einer lokalen „Interessengemeinschaft Neumarkt" wegen der Nutzung „ihres Platzes" verteidigte der damalige Oberbürgermeister die Veranstaltung als wichtigen Beitrag für das „Zusammenleben von Türken und Deutschen in Köln". Die größte Lokalzeitung, der *Kölner Stadt-Anzeiger*, kündigte daraufhin den Festakt als „Türkentage auf dem Neumarkt" an.[136] Die häufige Wiederholung des Begriffs „Kölner Türkentage" in dem Zeitungsartikel ließ erkennen, dass es sich bei dieser ethnisierenden Wortverfremdung nicht etwa um einen Druckfehler handelte. So wurde in dem Bericht aus einem Forum für interkulturellen Austausch ein Fest von Türk(inn)en – ein „Türkenfest" eben – gemacht. Bezeichnend ist, dass eine solche sinnentstellende Verfremdung nicht für Diskussionen sorgte; sie fiel schlicht gar nicht mehr auf.

So werden die als Gefahr beschworenen „Parallelgesellschaften" von Journalist(inn)en selbst konstruiert. Die multikulturelle Realität erfährt in medialen Diskursen eine oft genug bewusst betriebene Umdeutung zur Bedrohung für die einheimische Bevölkerung. In der hitzig geführten Debatte um die „deutsche Leitkultur" kam diese mediale Umdeutung deutlich zum Ausdruck: Mit der Schlagzeile „Lebenslüge Multikultur" überschrieb beispielsweise die *Rheinische Post* einen Kommentar zum Thema, an dem sich ein solcher Umdeutungsprozess exemplarisch illustrieren lässt. „Multikultur ist eine Illusion", hieß es da, „sogar eine nicht einmal wünschenswerte, weil Parallelgemeinschaften sich herausbilden würden und ein womöglich gar blutiger Kampf um Vorherrschaft in der Gesellschaft anfinge."[137] Eine real nicht existente homogene Kultur wurde mit dem Hinweis auf die Gefahr von Parallelgemeinschaften verteidigt, der faktische Prozess kultureller Dynamik und Interdependenz dagegen mittels ethnisierender Bedrohungsszenarien abgelehnt. Um einen selbst mit herbeigeredeten „blutigen Kampf" bestehen zu können, griff man einen Begriff auf, der sehr umstritten war: „Tatsächlich bedeutet Leitkultur vor allem: Schutz."[138] Diesen benötigt, wer mit multikulturellem

135 Klaus J. Bade/Michael Bommes, Migration und politische Kultur im „Nicht-Einwanderungsland", in: Klaus J. Bade/Rainer Münz (Hrsg.), Migrationsreport 2000. Fakten – Analysen – Perspektiven, Frankfurt am Main/New York 2000, S. 187f.

136 Siehe Türkentage auf dem Neumarkt, in: Kölner Stadt-Anzeiger v. 18.10.2000

137 Ulrich Reitz, Lebenslüge Multikultur, in: Rheinische Post v. 30.10.2000

138 Ebd.

Zusammenleben ein Feindbild assoziiert – eine „islamistische Leitkultur etwa, die sich weit weniger menschenfreundlich geriert als die unsrige, verfassungspatriotische“.[139]

Mit einem Kunstgriff suchte man den Terminus des Verfassungspatriotismus – in der öffentlichen Diskussion zunächst als Gegenbegriff zur „deutschen Leitkultur“ verwendet – für die Ethnisierung und Kulturalisierung des Diskurses um Zuwanderung und Integration zu instrumentalisieren. Die als „Schutz“ vor „blutigen Kämpfen“ geforderte „Leitkultur“ speist sich aus einem völkisch-nationalistischen Denken, das sich in ähnlicher Form in allen rechtsextremen Medien findet. Auch dort wird der „Kampf“ gegen multikulturelle Erscheinungsformen zur „Überlebensfrage“ der Deutschen hochstilisiert. So hieß es zum Thema „Leitkultur“ in der Zeitschrift *Nation und Europa*: „Wer seine Kultur bewahren will, muß um sie kämpfen, muß Kinder in die Welt setzen und den längeren Atem haben. Die Deutschen machen da keine Ausnahme.“[140]

Hinweise auf den Kausalzusammenhang zwischen ethnisierenden und rechtsextremen Forderungen missfallen den Vertreter(inne)n einer sog. Leitkultur. Unter der Überschrift „Linke Leitkultur“ schrieb die *Frankfurter Allgemeine Zeitung*: „Die Auseinandersetzung darüber, worüber in dieser Republik gesprochen und gestritten werden darf, geht über den üblichen Machtkampf zwischen den Parteien hinaus. (...) So ist die ‚multikulturelle Gesellschaft‘ zu einem unantastbaren Leitbild geworden; wer es grundsätzlich in Frage stellt oder die ihm zugrunde liegende Achtung kultureller Einzigartigkeit auch für deutsche Traditionen und Konventionen einfordert (...), wird, wenn er Glück hat, nur als Nationalist verschrien.“[141] Inhaltlich nahezu deckungsgleich äußerte die REP-Parteizeitung, keiner wisse, „was eigentlich unter ‚rechts‘ zu verstehen ist. (...) Über Nacht kann jeder jeden zum Neo-Nazi erklären. Heute noch Ankläger, morgen Angeklagter. Auch die Unionsparteien sind inzwischen von der Faschismus-Keule erreicht worden. (...) Dabei fragt man sich, wer eigentlich die Maßstäbe setzt.“[142]

Aus Sicht der *Rheinischen Post* ist es die deutsche Linke, die mit der Setzung solcher Maßstäbe den Konservatismus diskreditiert. Sie wolle, meinte ein Kommentator der in Düsseldorf erscheinenden Tageszeitung, „alles, was politisch rechts von ihr Position bezieht, voran konservative Schwergewichte aus dem Lager von CDU und CSU, in den Sack mit ‚den Rechten‘ stecken. Wenn Roland Koch das individuell einklagbare Recht auf Asyl in Frage stellt und davor warnt, mit falschen politischen Tabus den rechtsradikalen Sumpf weiter zu befeuchten, hält ihm die Linke vor, er leite Wasser auf die Mühlen von Neonazis. Wenn Edmund Stoiber eine aktive Familienpolitik verlangt,

139 Siehe ebd.
140 Karl Richter, Deutsche Leitkultur, in: Nation und Europa 11-12/2000, S. 5f.
141 Berthold Kohler, Linke Leitkultur, in: FAZ v. 24.10.2000
142 Rolf Schlierer, Pogrom gegen rechts, in: Der Republikaner 9/2000

weil die Deutschen zu wenig Kinder kriegen, unterstellt man ihm, er betreibe Blut- und Boden-Bevölkerungspolitik."[143]

Man rechtfertigt nationalistische Äußerungen und Kampagnen mit dem Hinweis darauf, dass sie von „Konservativen" betrieben und daher – so die Argumentationslogik – nicht „rechts" oder gar rechtsextrem seien. Tatsächlich wurde beispielsweise die Unterschriftenkampagne der Union zum „Doppelpass" von Neonazis begrüßt und aktiv unterstützt. Auch jene Passanten, die an CDU/CSU-Infoständen fragten, wo sie „gegen Ausländer" unterschreiben könnten, teilten diese Sichtweise.

Dennoch sind Rassismus und Rechtsextremismus in der medialen Wahrnehmung meist Phänomene, die „von außen" kommen, sich scheinbar losgelöst von den herrschenden politischen Verhältnissen und Diskursen entwickeln oder gar – wie bei der Diskussion um Zuwanderung – als angeblich zwangsläufige Folgeerscheinung des Migrationsprozesses dargestellt werden. Hier offenbart sich die Konsequenz der weitgehenden Ethnisierung sozialer Auseinandersetzungen. Ethnisierung stellt eine semantische Basis für den um sich greifenden Rassismus dar, weil ultrarechte Positionen durch die Dominanz „nationaler Interessen" im öffentlichen Diskurs argumentative Rückendeckung erhalten.

In ihrer Frontstellung gegen die multikulturelle Gesellschaft stimmen rechtsextreme und Teile der etablierten Kreise überein. Durch die öffentliche Intervention von Paul Spiegel, dem Vorsitzenden des Zentralrates der Juden in Deutschland, wurde die Überschneidung nationalkonservativer und rechtsextremer Forderungen zum Gegenstand scharfer Auseinandersetzungen. Auf der großen Berliner Kundgebung gegen Rechts am 9. November 2000 stellte Spiegel die Frage, was „das Gerede um die Leitkultur" solle: „Ist es etwa deutsche Leitkultur, Fremde zu jagen, Synagogen anzuzünden, Obdachlose zu töten?"[144] Spiegel rief in Anwesenheit von Angela Merkel und Friedrich Merz die „Damen und Herren Politiker" auf: „Überlegen Sie, was Sie sagen, und hören Sie auf, verbal zu zündeln!"[145] Spiegels Äußerungen sorgten für großes mediales Aufsehen: Wohl aus Angst, öffentlich antisemitischer Ressentiments bezichtigt zu werden, warf man unterschwellig die Frage auf, warum gerade der Vorsitzende des Zentralrates der Juden in Deutschland so scharfe Formulierungen benutze; eine versteckte Anfeindung, die dem verstorbenen Ignatz Bubis schon in den 90er-Jahren in schändlicher Form wegen seines engagierten Eintretens gegen Rassismus und Rechtsextremismus regelmäßig widerfuhr.[146]

---

143 Reinhold Michels, Renaissance der Vorurteile, in: Rheinische Post v. 12.8.2000

144 Paul Spiegel, „Es geht um unser Land". Rede zum Gedenken an die Reichspogromnacht vom 9. November 1938, in: Ulrich Schneider (Hrsg.), Tut was!, Strategien gegen Rechts, Köln 2001, S. 18

145 Ebd., S. 19

146 Zu den antisemitischen Ausfällen gegenüber Ignatz Bubis wegen dessen engagiertem Auftreten nach den pogromartigen Übergriffen in Rostock durch einen dortigen CDU-Politiker sowie später durch den Schriftsteller Martin Walser vgl. Ignatz Bubis, „Da-

Wie stark trotz gegenteiliger Proklamationen auch antisemitische Stereotype in der „Mitte der Gesellschaft“ verbreitet sind, zeigt ein Blick in die Schriften des Chemnitzer Politikwissenschaftlers Eckhard Jesse, Mitherausgeber einer im renommierten Nomos-Verlag erscheinenden und von der Bundeszentrale für politische Bildung finanzierten Jahrbuch-Reihe „Extremismus & Demokratie“. Jesse behauptet dort, dass die „vielfach privilegierte jüdische Position in der Bundesrepublik“ selbst für einen ansonsten unbedeutenden Rechtsextremismus und Antisemitismus verantwortlich zeichne, welcher „mehr Phantom als Realität“ sei.[147] Letzterer werde – wie sonst ist Jesses Formulierung zu deuten – von den Juden selbst heraufbeschworen: „Jüdische Organisationen brauchen Antisemitismus in einer gewissen Größenordnung, um für ihre Anliegen Gehör zu finden und ihre – legitimen – Interessen besser zur Geltung zu bringen.“[148]

Von der Vereinigungseuphorie zur Globalisierungshysterie: deutscher Nationalismus im Wandel

Die deutsche Vereinigung hat den Nationalismus wieder zu einer relevanten Größe gemacht. Nun bekamen Kräfte spürbar Auftrieb, denen „das Nationale“ immer schon mehr als „das Soziale“ am Herzen gelegen hatte. Zwar konnten REPublikaner, DVU und NPD von dem „Jahrhundertereignis“ nicht profitieren, sondern eher die Unionsparteien, als eigentliche Sieger fühlten sich aber jene, die nach „Mitteldeutschland“ nun auch die ehemaligen Ostgebiete des sog. Dritten bzw. Großdeutschen Reiches „heimholen“ wollten.

Wiewohl es nach der Vereinigung von DDR und Bundesrepublik weder hüben noch drüben einen „Nationalrausch“ (Wolfgang Herles) gab, hat eine partielle Renationalisierung der Politik und der politischen Kultur stattgefunden.[149] Die am 20. Juni 1991 getroffene Entscheidung des Parlaments, in das Reichstagsgebäude nach Berlin überzusiedeln, wurde zumindest in Teilen der Öffentlichkeit als Distanzierung von der „Bonner Republik“, als definitive

mit bin ich noch längst nicht fertig“. Die Autobiographie, Berlin 1998, S. 240f.; Micha Brumlik/Hajo Funke/Lars Rensmann, Umkämpftes Vergessen. Walser-Debatte, Holocaust-Mahnmal und neue deutsche Geschichtspolitik, Berlin 2000

147 Siehe Eckhard Jesse, Philosemitismus, Antisemitismus und Anti-Antisemitismus. Vergangenheitsbewältigung und Tabus, in: Uwe Backes/Eckhard Jesse/Rainer Zitelmann (Hrsg.), Die Schatten der Vergangenheit, Berlin/Frankfurt am Main 1990, S. 545

148 Ebd., S. 546

149 Vgl. dazu: Andreas Dietl/Heiner Möller/Wolf-Dieter Vogel, Zum Wohle der Nation, Berlin 1998; Siegfried Jäger u.a., Der Spuk ist nicht vorbei. Völkisch-nationalistische Ideologeme im öffentlichen Diskurs der Gegenwart, Duisburg 1998; Margret Jäger/Siegfried Jäger, Gefährliche Erbschaften. Die schleichende Restauration rechten Denkens, Berlin 1999

Abkehr von der Westorientierung und längst überfällige „Rückbesinnung auf die Nation" interpretiert. Seit nicht mehr zwei miteinander verfeindete Teilstaaten existieren, erscheint Deutschland wieder als politisches Kollektivsubjekt, das „selbstbewußt" handeln soll und seinen Bürger(inne)n mehr Leistungs- bzw. Leidensfähigkeit abverlangen muss.[150]

Die 1991/92 extrem zugespitzte Asyldebatte hat nicht nur dem Grundrecht geschadet, sondern auch die Verfassung und die demokratische Kultur der Bundesrepublik lädiert.[151] Günter Grass sprach mit Blick auf die Asylhysterie vom „Niedergang der politischen Kultur im geeinten Deutschland", ja sogar von einem „Rechtsrutsch", welcher als „bundesweite Verlagerung der politischen Mitte" begriffen werden müsse.[152] Obwohl im Rahmen des Asylkompromisses zwischen CDU/CSU, FDP und SPD avisiert, blieb die Reform des Staatsbürgerschaftsrechts, das sich immer noch auf das Jus sanguinis (mit „deutschem Blut" als Zugehörigkeitskriterium) stützte, bis zum Regierungswechsel im Herbst 1998 ganz aus und wurde anschließend auch nur halbherzig verwirklicht. „Trotz aller in der Bundesrepublik erfolgten Angleichung an die westliche politische Kultur scheint eine zentrale Kategorie noch nicht heimisch geworden: die der republikanischen Staatsbürgernation."[153]

Maßgeblich dafür, dass sich auch jetzt wenig änderte, war die Unterschriftensammlung von CDU und CSU gegen den „Doppelpass", d.h. die vom bayerischen Ministerpräsidenten Edmund Stoiber „gefährlicher als die RAF" genannte Mehrstaatigkeit bzw. multiple Staatsbürgerschaft.[154] Die von Stoiber initiierte und von dem damaligen CDU-Vorsitzenden Wolfgang Schäuble zusammen mit Roland Koch, dem Spitzenkandidaten in Hessen, organisierte Kampagne ließ eine Arbeitsteilung bzw. Doppelstrategie der beiden Schwesterparteien erkennen: „Die CSU sprach mit populistischen Parolen gegen kriminelle Ausländer und Terroristen ‚das Volk' an, die CDU begegnete danach den Vorwürfen, die Aktion sei ausländerfeindlich, mit der Beteuerung, alles geschehe im Namen der Integration, also irgendwie auch zum Wohle der

---

150 Vgl. z.B. Arnulf Baring, Deutschland, was nun?, Ein Gespräch mit Dirk Rumberg und Wolf Jobst Siedler, Berlin 1991; Heimo Schwilk/Ulrich Schacht (Hrsg.), Die selbstbewußte Nation, a.a.O.; Arnulf Baring, Scheitert Deutschland?, Abschied von unseren Wunschwelten, Stuttgart 1997

151 Vgl. dazu: Heribert Prantl, Deutschland – leicht entflammbar. Ermittlungen gegen die Bonner Politik, München/Wien 1994; Alfons Söllner, Asylpolitik im „deutschen Frühling". Eine zeitgeschichtliche Momentaufnahme, in: Christoph Butterwegge/ Siegfried Jäger (Hrsg.), Europa gegen den Rest der Welt?, Flüchtlingsbewegungen – Einwanderung – Asylpolitik, Köln 1993, S. 127ff.

152 Siehe Günter Grass, Rede vom Verlust. Über den Niedergang der politischen Kultur im geeinten Deutschland, Göttingen 1992, S. 22

153 Bruno Schoch, Der Nationalismus – bekannt, nicht erkannt, in: Berthold Meyer (Red.), Eine Welt oder Chaos?, Frankfurt am Main 1996, S. 53

154 Siehe „Das will das Volk nicht". Interview mit Edmund Stoiber, in: Focus v. 4.1.1999, S. 22

Ausländer."[155] Durch ihre Unterschriftenaktion gelang es der Union, die hessische Landtagswahl im Februar 1999 zu gewinnen, womit sich die Mehrheitsverhältnisse im Bundesrat zugunsten von CDU und CSU verschoben. Dem geschickten Schachzug der Opposition hatte die rot-grüne Koalition nichts Substanzielles entgegenzusetzen, weil sie ihr Reformziel nicht offensiv verteidigte und auf eine Mobilisierung für die grundlegende Modernisierung des antiquierten deutschen Staatsbürgerschaftsrechts verzichtete. Stattdessen schwenkte man sofort auf den Kompromissvorschlag, das sog. Optionsmodell der FDP, ein. „Der ursprüngliche Charakter der geplanten Reform wurde derart verwässert, dass er seine Zielsetzung, die staatsbürgerliche Integration von lange und dauerhaft hier lebenden ‚Ausländern', nicht den Erwartungen entsprechend erfüllen konnte."[156]

Während Eberhard Seidel im Hinblick auf das Gesetz zur Reform des Staatsangehörigkeitsrechts vom 15. Juli 1999 – u.E. viel zu pathetisch – von einem „Quantensprung" sprach,[157] hoben andere Kommentator(inn)en klarer die Ambivalenz des verwirklichten Modells hervor. Zwar gilt das Abstammungsprinzip nicht mehr absolut, die betroffenen Jugendlichen müssen sich aber in der Regel bis zu ihrem 23. Lebensjahr für *eine* Staatsbürgerschaft entscheiden. „Entscheidend dürfte sein, wie in der Praxis die beiden Ausnahmefälle für den ansonsten erforderlichen Verzicht auf die ausländische Staatsangehörigkeit (nicht möglich oder dem/der Betreffenden nicht zumutbar) definiert werden."[158]

Gudrun Hentges erklärt die Brisanz und Resonanz der im Oktober 2000 entbrannten „Leitkultur"-Diskussion mit dem Zeitpunkt, zu welchem sie geführt wurde: „Ein Jahrzehnt nach der Auflösung des sozialistischen Staatensystems und der Wiedervereinigung der beiden deutschen Staaten stellt sich die Frage nach der ‚selbstbewußten Nation' neu – nicht nur in der sog. Sicherheits- und Verteidigungspolitik, sondern auch im Bereich der Ausländer- und Asylpolitik."[159] Tatsächlich befindet sich die Bundesrepublik an einem möglichen Wendepunkt ihrer Entwicklung, wo wichtige Weichenstellungen auf zentralen Politikfeldern erfolgen. Ob das vereinte Deutschland wieder nach

155 Andreas Klärner, Aufstand der Ressentiments. Einwanderungsdiskurs, völkischer Nationalismus und die Kampagne der CDU/CSU gegen die doppelte Staatsbürgerschaft, Köln 2000, S. 94

156 Gudrun Hentges/Carolin Reißlandt, Blut oder Boden – Ethnos oder Demos?, Staatsangehörigkeit und Zuwanderung in Frankreich und Deutschland, in: Dietrich Heither/Gerd Wiegel (Hrsg.), Die Stolzdeutschen. Von Mordspatrioten, Herrenreitern und ihrer Leitkultur, Köln 2001, S. 183

157 Siehe Eberhard Seidel, Die Jahrhundertreform. Von der doppelten Staatsbürgerschaft zum Einwanderungsgesetz, in: Blätter für deutsche und internationale Politik 8/1999, S. 968

158 Wolfgang Grenz, Die Ausländer- und Asylpolitik der rot-grünen Bundesregierung, in: Christoph Butterwegge/Gudrun Hentges (Hrsg.), Zuwanderung im Zeichen der Globalisierung. Migrations-, Integrations- und Minderheitenpolitik, Opladen 2000, S. 107

159 Gudrun Hentges, Die Büchse der Pandora. Deutsche Leitkultur und nationale Interessen, in: Ulrich Schneider (Hrsg.), Tut was!, a.a.O., S. 65

einer Weltmachtrolle strebt und sich dafür ökonomisch-technologisch wie militärisch rüstet, dürfte von den dominanten Diskursen abhängen, deren Verlauf jedoch auch ganz wesentlich beeinflussen.

Das in der Bundesrepublik stärker als in anderen Ländern verbreitete Bewusstsein, auf den internationalen Märkten „einer Welt von Feinden" gegenüberzustehen und die Überlegenheit des „eigenen" Wirtschaftsstandortes durch „deutschen Erfindungsgeist", größeren Fleiß und mehr Opferbereitschaft unter Beweis stellen zu müssen, nennen wir „Standortnationalismus". Seit einiger Zeit avanciert Konkurrenzfähigkeit zum Dreh- und Angelpunkt der Wirtschafts- und Sozialpolitik, was nicht ohne Konsequenzen für das gesellschaftliche Klima bzw. die politische Kultur bleibt: „Die Betonung des ökonomischen Nutzenkalküls sieht nicht nur von schlichten mitmenschlichen Verpflichtungen ab, sie grenzt auch all jene aus, die uns tatsächlich oder vermeintlich nur zur Last fallen."[160] Für die Nichtdeutschen resultieren daraus schlechtere Aufenthaltsbedingungen: „In einer Situation, in der das ‚ganze Volk' angehalten wird, ‚den Gürtel enger zu schnallen', liegt es auf den Stammtischen, daß ‚Fremde', seien es Arbeitsmigranten, Asylbewerber oder Flüchtlinge, nicht auch noch von den ohnehin knappen Mitteln bedient werden können. ‚Deutsch sein' heißt unter den Bedingungen des modernen Wohlfahrtsstaates, den eigenen Wohlstand zu verteidigen und Ansprüche anderer Gruppen zu delegitimieren und abzuwehren."[161]

Ende der 80er-/Anfang der 90er-Jahre gewann die Ethnizität nicht nur in Ländern der südlichen Hemisphäre und ostmitteleuropäischen Transformationsstaaten, sondern auch in westeuropäischen Gesellschaften an Bedeutung. Der im Kalten Krieg verbreiteten Angst vor einer „Unterwanderung" durch Kommunisten folgte die Angst vor einer „Überfremdung" durch Arbeitsmigrant(inn)en und „Asylanten". Jeder Ethnisierungsprozess hat zwei Seiten: Zuerst erfolgt eine Stigmatisierung „der Anderen"; mit der Konstituierung/Konturierung einer nationalen bzw. „Volksgemeinschaft" sind allerdings weiter reichende politische und ökonomische Ziele verbunden.[162] Mit der Ethnisierung sozialer Beziehungen geht die „Kulturalisierung" der Politik einher, die sich nicht mehr auf materielle Interessen bezieht, sondern auf die Wahrung kollektiver Identitäten reduziert wird.

Tendenzen zur Abschottung der westeuropäischen „Wohlstandsfestung" gegenüber Zuwanderern sowie zur Abgrenzung zwischen „Innen" und „Außen" verstärken sich wechselseitig. Ethnisierung dient als Ressource und Pra-

---

160 Gert Schäfer, Ausländerfeindliche Topoi offizieller Politik, in: Wolfgang Kreutzberger u.a., Aus der Mitte der Gesellschaft – Rechtsradikalismus in der Bundesrepublik, Frankfurt am Main 1993, S. 88

161 Frank-Olaf Radtke, Fremde und Allzufremde. Der Prozeß der Ethnisierung gesellschaftlicher Konflikte, in: Forschungsinstitut der Friedrich-Ebert-Stiftung, Abt. Arbeits- und Sozialforschung (Hrsg.), Ethnisierung gesellschaftlicher Konflikte. Eine Tagung der Friedrich-Ebert-Stiftung am 11. Oktober 1995 in Erfurt, Bonn 1996, S. 14

162 Vgl. Wolf-Dietrich Bukow, Feindbild: Minderheit. Zur Funktion von Ethnisierung, Opladen 1996

xis, um ökonomische, politische und soziale Benachteiligungen auf kulturelle sowie „rassische" Differenzen zu schieben.[163] Durch die zunehmende Ethnisierung der sozialen Beziehungen verschwimmen innergesellschaftliche Konfliktlinien. „Die konkurrierenden ‚Standortgemeinschaften' machen das Ethnische zur Grundlage einer vorgeblichen ‚Solidarität', und die ‚Herausgefallenen' werden mittels ethnisch-kultureller Stigmata ausgeschlossen."[164]

Die deutsche „Globalisierungshysterie", fußend auf einer neoliberalen Hegemonie, die auch nach dem Regierungswechsel im Herbst 1998 fortdauerte,[165] begünstigt Ausgrenzung und rassistische Gewalt: „Die Marktchancen für rechtsextreme Gesellschaftsentwürfe sind insofern günstig. Als Reaktion auf Globalisierungsängste werden sie nationalistisch sein, als Reaktion auf die westliche liberale Weltgesellschaft autoritär, dies auch schon der eigenen Tradition wegen, und neu inspiriert durch die westliche Konkurrenzideologie sozialdarwinistisch."[166]

Wohlstandschauvinismus, Rechtspopulismus und Standortnationalismus mit völkischem Einschlag als hegemoniales Projekt?

Rechtsextreme Einstellungen und rassistische Gewalt nehmen im viel beschworenen „Zeitalter der Globalisierung" eher zu, weil sie als spezifische Formen der Ausgrenzung gegenüber ethnischen Minderheiten, Flüchtlingen und Arbeitsmigrant(inn)en fungieren, die aufgrund einer Polarisierung der Weltökonomie, Pauperisierung und Marginalisierung von Millionen Menschen im Süden und Osten für die (potenziellen) „Modernisierungsopfer" im entwickelten Westen bzw. Norden eine scheinbare Gefahr bilden, zumindest Sündenböcke und „Blitzableiter" für ultrarechte Demagogie abgeben.

Globalisierung, als neoliberale Modernisierung ins Werk gesetzt, führt zu diversen Spaltungen: Soziale Polarisierung innerhalb der und zwischen Gesellschaften; Dualisierung des Prozesses transnationaler Wanderungen in Experten- bzw. Elitenmigration einerseits und Elendsmigration andererseits; Krise bzw. Zerfall der Städte, bedingt durch Marginalisierung und sozialräumliche Segregation, gehören zu den negativen Folgen,[167] auf die der Rechts-

163 Vgl. Albert Scherr, Ethnisierung als Ressource und Praxis, in: PROKLA 120 (2000), S. 399ff.

164 Mark Terkessidis, Kulturkampf, a.a.O., S. 286

165 Vgl. hierzu: Christoph Butterwegge/Rudolf Hickel/Ralf Ptak, Sozialstaat und neoliberale Hegemonie. Standortnationalismus als Gefahr für die Demokratie, Berlin 1998

166 Stefan Welzk, Globalisierung und Neofaschismus, in: Kursbuch 134 (1998), S. 42

167 Vgl. dazu: Sebastian Herkommer (Hrsg.), Soziale Ausgrenzungen. Gesichter des neuen Kapitalismus, Hamburg 1999; Hans-Jürgen Bieling, Dynamiken sozialer Spaltung und Ausgrenzung. Dynamiken sozialer Spaltung und Ausgrenzung. Gesellschaftstheorien und Zeitdiagnosen, Münster 2000; Jens S. Dangschat (Hrsg.), Modernisierte

extremismus bzw. -populismus eine demagogische, aber keine wirklich überzeugende Antwort gibt. Wo die Umverteilung von unten nach oben erfolgt und mit dem Hinweis auf den Globalisierungsprozess – als zur Sicherung der Konkurrenzfähigkeit des „eigenen“ Wirtschaftsstandortes notwendig – gerechtfertigt wird, entsteht ein gesellschaftliches Klima, das solche Tendenzen fördert: „Die Kehrseite des radikalen Neoliberalismus ist Sozialdarwinismus.“[168]

Dass rechtspopulistische Strömungen trotz vager Versprechungen, missverständlicher Aussagen und zum Teil fehlenden Führungspersonals so viel Erfolg haben, liegt wohl auch darin begründet, dass sich die regierende Sozialdemokratie fast überall in Europa nicht mehr als *Arbeiter*partei bzw. als politischer Arm der Gewerkschaftsbewegung versteht, sondern die Globalisierungs- oder Modernisierungsgewinner vertritt und damit das Feld für rechte Sozialdemagogen räumt. „Wenn schließlich *auch* die SPD auf die tiefer werdende soziale Spaltung der Gesellschaft mit einer Programmatik der radikalisierten Flexibilisierung und Individualisierung von Erwerbsarbeit reagiert und damit marktkonformes Denken in tendenziell allen Lebensbereichen befördern will, so bedeutet dies, dass die ‚Modernisierungsverlierer‘ ohne *jede* politische Stimme bleiben – so lange, bis der Rechtspopulismus ihr verletztes Gerechtigkeitsempfinden für seine Zwecke zu instrumentalisieren weiß.“[169]

Nationalistische und rechtsextreme Politikkonzepte gewinnen ihre Überzeugungskraft aber nicht allein – wie Albert Scherr schreibt – „daraus, dass sie in der Lage sind, Globalisierung als eine Bedrohung zu inszenieren und sich selbst als Schutz vor dieser Bedrohung zu präsentieren“.[170] Vielmehr tritt neben diese Form des „Abwehrnationalismus“ (von unten) ein Standortnationalismus (von oben), der Globalisierung bzw. neoliberale Modernisierung als Chance begreift, die gesamte Gesellschaft nach dem Vorbild des Marktes umzustrukturieren, sie dadurch effizienter zu machen und Konkurrenzvorsprünge gegenüber Mitkonkurrenten auf dem Weltmarkt in materielle Vorteile für die Angehörigen des eigenen Wirtschaftsstandortes umzumünzen.

Wenn die Kritik an einem angeblich überbordenden, die Wirtschaft lähmenden und den Standort gefährdenden Wohlfahrtsstaat im Mittelpunkt der Wahlkampfpropaganda einer Rechtspartei steht, spricht Frank Decker von „ökonomischem Populismus“, den er gegenüber einer „politischen“ (bzw. „in-

---

Stadt – gespaltene Gesellschaft. Ursachen von Armut und sozialer Ausgrenzung, Opladen 1999; Peter Bremer, Ausgrenzungsprozesse und die Spaltung der Städte. Zur Lebenssituation von Migranten, Opladen 2000

168 Hajo Funke, Der aufhaltsame Marsch der neuen Rechten durch die Institutionen, in: Blätter für deutsche und internationale Politik 2/1998, S. 185

169 Birgit Mahnkopf, Gerecht ist, was effizient macht oder: Die Entdeckung produktionsorientierter Ungleichheit durch die neue Sozialdemokratie, in: Elmar Altvater u.a., Neoliberalismus – Militarismus – Rechtsextremismus, Wien 2001, S. 94

170 Siehe Albert Scherr, Rechtsextremismus und Globalisierung als Herausforderungen für die politische Jugendbildungsarbeit, in: Christoph Butterwegge/Gudrun Hentges (Hrsg.), Politische Bildung und Globalisierung, Opladen 2002, S. 173

stitutionellen") sowie einer „kulturellen" Variante desselben Phänomens innerhalb westlicher Demokratien abhebt.[171] Zwischen dem Neoliberalismus und der sog. Neuen Rechten[172], die sich fast überall extrem marktradikal gebärdete, bevor sie – aus wahltaktischen Gründen – programmatische Konzessionen an breitere Schichten (Arbeitermilieu, sozial Benachteiligte) machen musste, besteht ein politisch-ideologisches Interdependenzverhältnis. „Selbst dort, wo neue rechtsradikale Parteien ihre wirtschaftsliberale Rhetorik einschränken, bedeuten die Konsequenzen ihres Aufstiegs Wasser auf die Mühlen neoliberaler Sozialstaatskritik."[173]

Geradezu prototypisch für den Rechtspopulismus in Westeuropa stehen Jörg Haider und seine FPÖ, deren Wahlerfolge primär darauf beruhten, dass sie über einen längeren Zeitraum hinweg neben sozialen Aufsteigern und Befürwortern eines Modernisierungskurses auch sozial Benachteiligte und zutiefst verunsicherte Mittelständler gewinnen konnten,[174] bis die Belastung der österreichischen Arbeitnehmer/innen durch die österreichische Bundesregierung unter maßgeblicher Beteiligung der Partei vor allem bei der Wiener Gemeinderats- bzw. Landtagswahl im März 2001 erhebliche Stimmenverluste nach sich zog. Krisen- und Auflösungserscheinungen innerhalb des politischen Systems führen jedoch auch dann, wenn sich keine rechtspopulistische Partei etablieren oder auf Dauer halten kann, zu tektonischen Verschiebungen zwischen seinem Zentrum und der Peripherie, die sich quasi „nach innen" bewegt, was Ursula Birsl und Peter Lösche treffend kommentieren: „Die äußerste Rechte befindet sich nicht mehr am Rand des politischen Spektrums, sondern in dessen Mitte."[175]

Wilhelm Heitmeyer vertritt die These, „daß sich ein autoritärer Kapitalismus herausbildet, der vielfältige Kontrollverluste erzeugt, die auch zu Demokratieentleerungen beitragen, so daß neue autoritäre Versuchungen durch staatliche Kontroll- und Repressionspolitik wie auch rabiater Rechtspopulis-

---

171 Siehe Frank Decker, Parteien unter Druck. Der neue Rechtspopulismus in den westlichen Demokratien, Opladen 2000, S. 213f.

172 Vgl. zu den Terminologien, Typologien und Theorien über die sog. Neue Rechte: Christoph Butterwegge, Rechtsextremismus, Freiburg im Breisgau/Basel/Wien 2002, S. 66ff.

173 Herbert Kitschelt, Politische Konfliktlinien in westlichen Demokratien: ethnisch-kulturelle und wirtschaftliche Verteilungskonflikte, in: Dietmar Loch/Wilhelm Heitmeyer (Hrsg.), Schattenseiten der Globalisierung, a.a.O., S. 439

174 Vgl. z.B.: Brigitte Bailer-Galanda/Wolfgang Neugebauer, Haider und die Freiheitlichen in Österreich, 2. Aufl. Berlin 1997; Christa Zöchling, Haider. Licht und Schatten einer Karriere, 2. Aufl. Wien 1999; Hans-Henning Scharsach (Hrsg.), Haider. Österreich und die rechte Versuchung, Reinbek bei Hamburg 2000; ders./Kurt Kuch, Haider. Schatten über Europa, Köln 2000

175 Ursula Birsl/Peter Lösche, (Neo-)Populismus in der deutschen Parteienlandschaft. Oder: Erosion der politischen Mitte, in: Dietmar Loch/Wilhelm Heitmeyer (Hrsg.), Schattenseiten der Globalisierung, a.a.O., S. 369f.

mus befördert werden."[176] Genannt seien in diesem Zusammenhang nur die sog. Anti-Terror-Pakete von Bundesinnenminister Otto Schily, die sich von den rechtspopulistischen Parolen zur Inneren Sicherheit und zur Bekämpfung der Kriminalität, wie sie die Partei Rechtsstaatlicher Offensive (PRO) von „Richter Gnadenlos" Ronald Barnabas Schill vertritt, der nach seinem Erfolg bei der Hamburger Bürgerschaftswahl im September 2001 (19,4 Prozent der Stimmen) Innensenator sowie Zweiter Bürgermeister der Freien und Hansestadt wurde, kaum noch unterschieden.

Ralf Dahrendorf spricht mit Blick auf die gleichzeitig zu verfolgenden Zielsetzungen von einer „Quadratur des Kreises", was er wie folgt begründet: „Es geht darum, drei Dinge miteinander zu verbinden, die sich nicht bruchlos verbinden lassen, nämlich erstens Wettbewerbsfähigkeit in den rauhen Winden der Weltwirtschaft zu erhalten und zu verstärken, zweitens dabei nicht soziale Solidarität und sozialen Zusammenhalt zu opfern, drittens schließlich, das alles zu tun unter den Bedingungen und durch die Institutionen freier Gesellschaften."[177] Hinsichtlich der Gefährdung demokratischer Strukturen warnt Dahrendorf davor, mögliche autoritäre Entwicklungstendenzen nur bei den politischen Extremen zu suchen: „Wenn es solche Veränderungen gibt, dann kommen sie wahrscheinlich durch den Haupteingang. Man muß viel genauer beobachten, was bei den zentralen politischen Parteien passiert, und nicht immer nur auf die Randparteien blicken, die allenfalls symbolisieren, was als Grundtendenz vorhanden ist."[178]

Durch den Abbau von Grundrechten wird dem Rechtsextremismus mitnichten Einhalt geboten, sondern seitens der etablierten Politik, des Staates und seines Sicherheitsapparates eher Vorschub geleistet, weil autoritäre Strukturen den ultrarechten Zielsetzungen solcher Gruppen entsprechen und gewissermaßen ein Etappenziel auf dem Weg in eine andere Republik darstellen, an das sie im Weiteren anknüpfen könnten. Dahrendorf hält denn auch eine längere Phase für möglich, in der sich auf breiter Basis undemokratische Entwicklungstendenzen durchsetzen: „Ein Jahrhundert des Autoritarismus ist keineswegs die unwahrscheinlichste Prognose für das 21. Jahrhundert."[179]

Dabei ist die Identifikation mit der Nation wieder ausdrücklich erwünscht, geht es doch darum, alle Kräfte im Dauerwettkampf mit anderen „Wirtschaftsstandorten" zu mobilisieren. Die seit der Wiedervereinigung verstärkt geführte „Standortdebatte" erwies sich als Einfallstor für einen neuen Nationalismus. Plötzlich spielten die sozialen Interessengegensätze zwischen Kapital und Arbeit keine große Rolle mehr, ging es doch um die Sicherung

---

176 Siehe Wilhelm Heitmeyer, Autoritärer Kapitalismus, Demokratieentleerung und Rechtspopulismus. Eine Analyse von Entwicklungstendenzen, in: ebd., S. 500

177 Die Quadratur des Kreises. Ökonomie, sozialer Zusammenhalt und Demokratie im Zeitalter der Globalisierung. Ein Gespräch mit Ralf Dahrendorf, in: Blätter für deutsche und internationale Politik 9/1996, S. 1060

178 Ebd., S. 1065

179 Ralf Dahrendorf, Anmerkungen zur Globalisierung, in: Ulrich Beck (Hrsg.), Perspektiven der Weltgesellschaft, Frankfurt am Main 1998, S. 52

des angeblich bedrohten „Standorts D". Nach Günther Wolfswinkler manifestiert sich im aktuell hegemonialen Regulationsverhältnis die Verantwortung des politisch-administrativen Systems für eine „illusorische Gemeinschaft",[180] die ethnisierter Feindbilder zu ihrer Selbstlegitimierung bedarf.

Während der Neorassismus die kulturelle Differenz thematisiert, verabsolutiert der moderne Standortnationalismus die Konkurrenzfähigkeit und postuliert einen Parteien wie Interessengruppen übergreifenden Konsens im Wirtschafts- und Sozialbereich, der Konflikte mit (gewerkschaftlichen) Verbandsinteressen jedoch nicht ausschließt. Da die „Standortgemeinschaft" aufgrund des völkisch-nationalistischen Staatsverständnisses, das in Deutschland weiterhin herrscht, auch als ethnisch homogenes Kollektiv gedacht wird, entsteht ein ideologisch brisantes Gemisch: Neorassismus und Standortnationalismus gehen eine politische Symbiose ein. Rückt die Konkurrenz so stark in den Mittelpunkt aller zwischenstaatlichen und -menschlichen Beziehungen wie heutzutage wegen des neoliberalen Wettbewerbswahns, lässt sich die ethnische bzw. Kulturdifferenz (auch und gerade in Wahlkämpfen) relativ leicht politisch aufladen. Einen zentralen Anknüpfungspunkt dafür bietet die zuerst von neurechter Seite erhobene Forderung nach „nationaler Identität" und einer Wandlung Deutschlands zur „selbstbewußten Nation".

Das demagogische Schüren von Feindbildern ist kein originäres Kennzeichen von Rechtsextremen. Vielmehr weist Wilhelm Heitmeyer treffend darauf hin, „daß sich durch die bereits erkennbaren ökonomischen, sozialen und politischen Folgen eines autoritären Kapitalismus günstige Bedingungen für die Ausbreitung des Rechtspopulismus ergeben."[181] Heitmeyer misst denn auch nicht dem traditionellen Rechtsextremismus das größte Bedrohungspotenzial im Hinblick auf die Untergrabung westlicher Demokratien zu, sondern deren etablierten Kräften: „Denn ein Teil der von den Rechtsextremen geforderten Positionen wurden z.T. durch den autoritären Kapitalismus selbst schon ‚entpolitisiert' aufgegriffen."[182]

---

180 Siehe Günther Wolfswinkler, Marxistische Theoriearchitektur und die Dynamik staatlichen Wandels. Legitimationsmuster, Herrschaftsstruktur und Funktionsweise des kapitalistischen Staates im Spiegel staatstheoretischer Entwicklungslinien, Duisburg 2000, S. 104

181 Wilhelm Heitmeyer, Autoritärer Kapitalismus, Demokratieentleerung und Rechtspopulismus, a.a.O., S. 528

182 Ebd., S. 529f.

Thomas Pfeiffer/Kerstin Jansen/Tim Stegmann/Sandra Tepper

Vom Aufstand der anständigen Presse

Rechtsextremismus-Berichterstattung in deutschen Tageszeitungen

Der deutsche Rechtsextremismus hat Schlagzeilen gemacht: Im Sommer des Jahres 2000 griffen zahlreiche Massenmedien das Thema auf und berichteten darüber so ausführlich wie selten zuvor. Beiträge über rechtsextreme Parteien, die Gewaltbereitschaft der Neonazi-Szene oder die Verbreitung ihrer Propaganda im Internet rückten auf Titelseiten und prominente Programmplätze vor. Damit riefen die Medien ein seit Jahren virulentes Problem ins Bewusstsein, das öffentlich vielfach nur am Rande oder im Rahmen spektakulärer Ereignisse zur Kenntnis genommen worden war, für welche die Städte Hoyerswerda, Rostock, Mölln und Solingen zu Synonymen geworden sind.

Haben die Medien ihren Aufklärungsauftrag nachgeholt, oder kam ihnen das Thema als Füllmaterial für das „Sommerloch" des Jahres 2000 gerade zupass? Verebbte die Berichterstattung wie so oft nach einer kurzen Welle gesellschaftlicher und medialer Aufmerksamkeit? Wie viel substanzielle Information erreichte das Publikum, oder handelte es sich nur um hektische Reaktionen auf ein Thema, mit dem sich Politiker zu profilieren suchten? Wir haben die Berichterstattung in den sechs Monaten bis zum 31. Januar 2001 untersucht.[1] An frühere Forschungsergebnisse zur Rechtsextremismus-Berichterstattung anknüpfend, sollen die quantitative Inhaltsanalyse von fünf Tageszeitungen sowie drei Fallstudien Schlaglichter auf die Pressewahrnehmung des Themas werfen.

1. Forschungsstand

Ob die Medien „die Anstifter der Brandstifter" seien[2], fragte Siegfried Jäger 1997 und brachte damit eines der zentralen Themen in der wissenschaftlichen

1 Das war jener Tag, an dem die Bundesregierung das NPD-Verbot beim Bundesverfassungsgericht beantragt hat.

2 Siegfried Jäger, Die Anstifter der Brandstifter?, Zum Anteil der Medien an der Eskalation rassistisch motivierter Gewalt in der Bundesrepublik Deutschland, in: Bernd Scheffer (Hrsg.), Medien und Fremdenfeindlichkeit. Alltägliche Paradoxien, Dilemmata, Absurditäten und Zynismen, Opladen 1997, S. 73ff.

Diskussion um die Rechtsextremismus-Berichterstattung auf den Punkt. Jäger legte nahe, die Frage zu bejahen, und argumentierte vorrangig mit latent rassistischen Stereotypen in den Medien, die beispielsweise das von ihm geleitete Duisburger Institut für Sprach- und Sozialforschung in zahlreichen Beiträgen dokumentiert hat.[3] Hans-Bernd Brosius und Frank Esser sind auf breiter empirischer Basis der Wirkung von Medienberichten über rechtsextreme Gewalt nachgegangen und fanden ihre Hypothese bestätigt, dass die Berichterstattung über spektakuläre Geschehnisse wie die Pogrome von Hoyerswerda und Rostock-Lichtenhagen („Schlüsselereignisse") Nachfolgetaten stimuliert habe. Zwar hätten nicht einzelne Pressebeiträge einen „Ansteckungseffekt"[4], wohl aber der Tenor der Berichterstattung: Die „relativ konsonante, reflexartige Reaktion des gesamten Mediensystems, vor allem jedoch des Fernsehens, nach den Schlüsselereignissen führt zu der zum Teil massenhaften Verbreitung von Straftaten".[5] Somit seien die journalistischen Nachrichtenfaktoren[6] verantwortlich für eskalierende Gewalt. Insbesondere die ereignisbezogene Primärberichterstattung habe Nachfolgetaten veranlasst, weniger die hintergründig politische Berichterstattung. So sei es manchen Tätern als „Belohnung" erschienen, mittels ihrer Gewalttaten in die Medien zu kommen. Außerdem hätten diese Hemmschwellen abgebaut: Vor den Kameras artikulierten Anwohner des angegriffenen Rostocker Wohnheims ihre Sympathie mit den Gewalttätern, und die Aktionen führten aus Sicht der Täter zum Erfolg (die Flüchtlinge mussten den Stadtteil verlassen).[7] Aus dieser Perspektive erscheinen Medien zuvorderst als Verstärker oder gar Auslöser rechtsextremer Gewalt, ungeachtet des Vorwurfs, Journalisten hätten rechtsextreme Aktionen inszeniert, um besonders aufmerksamkeitsträchtige Bilder zu erhalten.[8] „Ge-

3 Vgl. z.B. Siegfried Jäger/Jürgen Link (Hrsg.), Die vierte Gewalt. Rassismus und die Medien, Duisburg 1993; Siegfried Jäger, der Groß-Regulator. Analyse der BILD-Berichterstattung über den rassistisch motivierten Terror und die Fahndung nach der RAF im Sommer 1993, Duisburg 1993

4 Hans-Bernd Brosius/Frank Esser, Eskalation durch Berichterstattung?, Massenmedien und fremdenfeindliche Gewalt, Opladen 1995, S. 195. Diese bei Brosius/Esser häufige Metapher halten wir für problematisch, weil sie rassistische Gewalt zur Krankheit stilisiert und nicht als bewusstes Handeln darstellt.

5 Siehe ebd., S. 196

6 Nachrichtenfaktoren – Kriterien, nach denen Journalisten über die Veröffentlichung von Nachrichten entscheiden – wurden 1965 erstmals von Johan Galtung und Marie H. Ruge systematisiert, die folgende unterschieden: Elite-Nationen, Elite-Personen, Frequenz, Schwellenfaktor, Eindeutigkeit, Negativismus, Bedeutsamkeit, Konsonanz, Überraschung, Kontinuität, Variation/Komposition und Personalisierung. Einen Überblick über die Nachrichtenwertforschung gibt Christiane Eilders, Nachrichtenfaktoren und Rezeption. Eine empirische Analyse zur Auswahl und Verarbeitung politischer Information, Opladen 1997, S. 19ff.

7 Vgl. Hans-Bernd Brosius/Frank Esser, Eskalation durch Berichterstattung?, a.a.O., S. 192f.

8 Vgl. z.B. ebd., S. 73. Der bekannteste nachgewiesene Fall dürfte jener des Filmemachers Michael Born sein, der unter anderem einen Beitrag über Ku-Klux-Klan-Aktivitäten in Deutschland fälschte und an Fernsehredaktionen verkaufte.

fragt wird heute gar nicht mehr danach, wie Medien Gewalt verhindern können, sondern vielmehr, wie möglichst wenig Schaden durch medial veröffentlichte Gewalt angerichtet werden kann.“[9]

Skepsis ist allerdings angebracht. Hans-Jürgen Weiß u.a. weisen zu Recht auf das methodische Grundproblem von Studien wie der von Brosius/Esser hin. Es bestehe darin, „dass es nahezu unmöglich ist, die medialen bzw. journalistischen Wirkungskomponenten aus dem gesamten Kommunikationsprozess, der denkbaren Medienwirkungen zugrunde liegt, herauszuisolieren.“[10] So führt Ruud Koopmans die rassistischen Pogrome der frühen 1990er-Jahre – aus unserer Sicht plausibler – auf einen weiteren Faktor zurück: Er belegt einen engen statistischen Zusammenhang zwischen der Anzahl der Gewalttaten und der damals in scharfem Ton geführten Diskussion um Zuwanderung, insbesondere das Asylrecht für politisch Verfolgte. Koopmans geht von einem „Prozess gegenseitiger Eskalation“ aus: „Auf der einen Seite hatte die Problematisierung von Ausländern und insbesondere Asylbewerbern in der öffentlichen Debatte einen Anstieg der Gewalt zur Folge, die dann wieder zu einer Intensivierung der politischen Debatte führte.“[11]

Mögliche Anstiftungseffekte hängen – so weit besteht Konsens – weniger davon ab, ob die Medien über Rechtsextremismus berichten, als davon, wie sie dies tun. Autor(inn)en aus Wissenschaft und journalistischer Praxis haben immer wieder auf Defizite hingewiesen, die eine vielfach verzerrte Darstellung des Problems in der Presse nach sich ziehen. Zu den häufigsten Vorwürfen zählt der einer punktuellen, ereigniszentrierten und somit hintergrundarmen Berichterstattung,[12] die suggeriert, der Rechtsextremismus sei ein temporäres Phänomen. Spektakuläres gerät in den Blick, unterschwellige Entwicklungen fallen hingegen häufig durch die Raster des Nachrichtengeschäfts. So finden Wahlerfolge – wie die 12,9 Prozent der DVU bei der Landtagswahl von Sachsen-Anhalt im April 1998 – eine breite, aber kurzfristige Aufmerksamkeit. Die Wahlentscheidung deuteten die Medien, wie Christoph Butterwegge meint, verharmlosend als Protestakt, nicht als bewusste Zustimmung zu rechtsextremer Programmatik. Nach dem schlechten Abschneiden rechtsextremer Parteien bei den Bundestagswahlen 1994 und 1998

---

9 Uwe Sander, Beschleunigen Massenmedien durch Gewaltdarstellungen einen gesellschaftlichen Zivilisationsverlust?, in: Wilhelm Heitmeyer (Hrsg.), Das Gewalt-Dilemma. Gesellschaftliche Reaktionen auf fremdenfeindliche Gewalt und Rechtsextremismus, Frankfurt am Main 1994, S. 285

10 Siehe Hans-Jürgen Weiß u.a., Gewalt von Rechts – (k)ein Fernsehthema? Zur Fernsehberichterstattung über Rechtsextremismus, Ausländer und Asyl in Deutschland, Opladen 1995, S. 169

11 Ruud Koopmans, Rechtsextremismus und Fremdenfeindlichkeit als einwanderungs- und ausländerpolitisches Problem, in: Andrea Grimm (Hrsg.), Rechtsextremismus. Bestandsaufnahme, gesellschaftliche und politische Folgerungen, Loccum 2000, S. 21

12 Vgl. z.B. Georg Ruhrmann, Fremde im Mediendiskurs. Ergebnisse empirischer Presse-, TV- und PR-Analysen, in: Matthias Jung/Martin Wengeler/Karin Böke (Hrsg.), Die Sprache des Migrationsdiskurses. Das Reden über „Ausländer“ in Medien, Politik und Alltag, Opladen 1997, S. 64f.

hätten die Medien geradezu den Eindruck vermittelt, als sei das Problem des Rechtsextremismus gelöst. Substanzielle Berichte über die Parlamentsarbeit rechtsextremer Fraktionen, ihre Agitationstechniken und Argumentationsmuster seien dagegen selten, Strategien und Strukturen der Szene blieben somit häufig im Dunkeln.[13] Zur Erkenntnis trägt auch jenes „voyeuristische(n) Ritual" nicht bei, das Andrea Böhm in Berichten über den ostdeutschen Rechtsextremismus festgestellt hat und den Beteiligten feste Rollen zuweist: „der Ossi als dumpfer Rassist, der Wessi als Zuschauer, welcher sich ein bisschen gruseln darf, und der Ausländer als meist anonymes Opfer."[14] Die Differenzierung, dass Rechtsextremismus ein gesamtdeutsches Problem mit graduell unterschiedlichen Erscheinungsformen in den neuen und alten Bundesländern ist, kommt in den Medien selten vor.

Mehrere Autoren kritisieren, die Presse reduziere den Rechtsextremismus – der medialen Neigung zur Personalisierung folgend – auf wenige Figuren, deren faktische Bedeutung mitunter drastisch überzeichnet werde.[15] So rankten sich um den führenden deutschen Neonazi Michael Kühnen, der durch provokativ inszenierte Aktionen die Öffentlichkeit suchte und dessen Agitation, Homosexualität und AIDS-Tod eine medienwirksame Spannung erzeugten, zu seinen Lebzeiten zahlreiche Berichte. Insbesondere durch den umstrittenen Dokumentarfilm „Beruf: Neonazi" von Winfried Bonengel gelangte der Münchner Rechtsextremist Bela Ewald Althans ins Rampenlicht, den Siegfried Jäger eine „blasse Randfigur" nennt.[16]

Bevorzugtes Berichterstattungsobjekt sind rechtsextreme Gewalttaten, deren politischen Hintergrund die Medien häufig nicht oder zu wenig deutlich machen, wodurch „Rechtsextremismus mehr als kriminelles Handeln und weniger als (gesellschafts)politisches Problem" erscheint.[17] In einigen Medien besteht zudem die Tendenz, ihn auf ein *Jugend*phänomen zu reduzieren. In ihrer Untersuchung rassistischer Feindbilder in *Bild am Sonntag* und *Der Spiegel* analysiert Brigitta Huhnke exemplarisch einen Beitrag des Boulevardblatts über Skinhead-Aktivitäten und wirft der Zeitung vor, rechtsextreme Gewaltakte gegen Nichtdeutsche als „Probleme gestörter Adoleszenz" zu verharmlosen. Sie führt den Text als Beispiel einer „Umkehrung des Täter-Opfer-Verhältnisses" an.[18] Die Opfer finden nach Einschätzung von Christoph

13 Vgl. Christoph Butterwegge, Ambivalenzen der politischen Kultur, intermediäre Institutionen und Rechtsextremismus, in: Wilfried Schubarth und Richard Stöss (Hrsg.), Rechtsextremismus in der Bundesrepublik Deutschland. Eine Bilanz, Opladen 2001, S. 305f.

14 Siehe Andrea Böhm, Die mediale Täter-Opfer-Falle: Ausländer als Objekte journalistischer Begierde, in: Christoph Butterwegge/Gudrun Hentges/Fatma Sarigöz (Hrsg.), Medien und multikulturelle Gesellschaft, Opladen 1999, S. 93

15 Vgl. z.B. Franziska Hundseder, Medien und Rechtsradikalismus. Zwischen Sensationsgier und Ignoranz, in: Vorgänge 118 (1992), S. 1ff.

16 Siehe Siegfried Jäger, Die Anstifter der Brandstifter?, a.a.O., S. 90

17 Siehe Christoph Butterwegge, Ambivalenzen der politischen Kultur, a.a.O., S. 305

18 Vgl. Brigitta Huhnke, Intermediale Abhängigkeiten bei der Inszenierung rassistischer Feindbilder seit Mitte der achtziger Jahre am Beispiel der Wochenzeitungen „Bild am Sonntag" und „Der Spiegel", in: Siegfried Jäger/Jürgen Link (Hrsg.), Die vierte Gewalt,

Butterwegge in der Berichterstattung viel weniger Aufmerksamkeit als die Täter.[19] Auch über zivilgesellschaftliche Gegenaktionen sei lange Zeit kaum berichtet worden, was Christiane Rajewsky und Adelheid Schmitz aber mit auf die mangelnde Geschlossenheit der Initiativen bis zum Beginn der 90er-Jahre zurückführen.[20] In der Folgezeit wurden Gegenaktivitäten – insbesondere Massenveranstaltungen wie die Lichterketten – breiter publiziert, teilweise sogar von Medien und ihren Vertretern – beispielsweise vom Bundesverband deutscher Zeitungsverleger (BdZV) – initiiert.[21]

Skinhead-Szene und plumpe Neonazis, welche die Symbolsprache des „Dritten Reiches" benutzen, sind – besonders im Fernsehbild – zum Inbegriff des deutschen Rechtsextremismus geworden. Damit suggeriert die Berichterstattung, dass es sich im Wesentlichen um ein subkulturelles, von gesellschaftlichen Außenseitern – häufig „Ewiggestrigen" genannten – dominiertes Phänomen handle. Die Frage, wie Rechtsextremismus durch aktuelle Bedingungen hervorgebracht werden kann, stellt sich aus dieser Perspektive nicht.[22] Ebenso kommen latente, somit weniger augenfällige, aber umso stärker verbreitete Formen des Rechtsextremismus in der Berichterstattung kaum vor.[23] Dasselbe gilt für die intellektuell ummäntelte, vorwiegend publizistisch aktive und selten durch spektakuläre Aktionen agitierende Neue Rechte. So werden das Umfeld des Rechtsextremismus und dessen Verbindungen zu bürgerlich-seriösen Kreisen ausgeblendet. Wolfgang Gessenharter macht darauf aufmerksam, dass die Neue Rechte eine gewisse Medienpräsenz erst in dem Moment erhielt, als sich einige Verfassungsschutzbehörden – insbesondere die von Hamburg und Nordrhein-Westfalen – für sie interessierten. Dies bestätige, „wie sehr der deutsche Verfassungsschutz in der Vermessung der extremen politischen Positionen über ein Monopol verfügt."[24]

---

a.a.O., S. 236 und S. 241ff. Inwieweit dieser Beitrag typisch für die Rechtsextremismus-Berichterstattung der *BamS* ist, macht Huhnke allerdings kaum deutlich. Ein ähnliches Beispiel aus *Bild* schildert Siegfried Jäger, Der Groß-Regulator, a.a.O., S. 47f.

19 Vgl. Christoph Butterwegge, Ethnisierungsprozesse, Mediendiskurse und politische Rechtstendenzen, in: ders. (Hrsg.), NS-Vergangenheit, Antisemitismus und Nationalismus in Deutschland. Beiträge zur politischen Kultur der Bundesrepublik und zur politischen Bildung, Mit einem Vorwort von Ignatz Bubis, Baden-Baden 1997, S. 194

20 Vgl. Christiane Rajewsky/Adelheid Schmitz, Wegzeichen. Initiativen gegen Rechtsextremismus und Ausländerfeindlichkeit, Tübingen 1992, S. 23f.

21 Vgl. Ralph Weiß, Zwischen Anstiftung und Aufklärung. Zur Rolle der Medien gegenüber dem Rechtsextremismus – ein Forschungsüberblick, in: Sabine Jungk (Hrsg.), Zwischen Skandal und Routine. Rechtsextremismus in Film und Fernsehen, Marburg 1996, S. 188

22 Vgl. Uwe Sander, Beschleunigen Massenmedien durch Gewaltdarstellungen einen gesellschaftlichen Zivilisationsverlust?, a.a.O., S. 281f.

23 Vgl. z.B. Hans-Gerd Jaschke, Fremdenfeindlichkeit, Rechtsextremismus und das Fernsehen. Eine medienkritische Betrachtung, in: Institut für Sozialforschung (Hrsg.), Aspekte der Fremdenfeindlichkeit. Beiträge zur aktuellen Diskussion, Frankfurt am Main/New York 1992, S. 62

24 Siehe Wolfgang Gessenharter, Die Neue Rechte in Deutschland, in: József Wieszt/Ernst Gattol/Kari Kinnunen (Hrsg.), Integration contra Nationalismus. Handbuch für Erwach-

Weder gelten die angeführten Tendenzen für alle Medien, noch sind sie spezifische Defizite der *Rechtsextremismus*-Berichterstattung. Ralph Weiß und Bettina Nebel zeigen am Beispiel dreier lokaler Hörfunksender, dass sich einige Medien auch bei flauer Ereignislage intensiv mit diesem Thema befassen. Zumindest einer der untersuchten Sender versieht seine Beiträge über rechtsextreme Gewaltakte auch mit den wichtigen, aber häufig fehlenden Kontextinformationen.[25]

In ihrer Studie zur Fernsehberichterstattung bestätigt die Forschungsgruppe um Hans-Jürgen Weiß zwar Ereignisabhängigkeit und Oberflächlichkeit vor allem der Beiträge im Privatfernsehen, hält dies aber themenunabhängig für den Normalfall dessen, „was unter den strukturellen Rahmenbedingungen der privaten und öffentlich-rechtlichen Programmformate in der dualen Rundfunkordnung derzeit fernsehjournalistisch möglich und üblich ist." Sie weist allerdings auch auf eine problematische Entwicklung hin, die im Themenfeld „Rechtsextremismus" besonders deutlich zu Tage tritt: die Vernachlässigung sachlicher Zusammenhänge zugunsten einer möglichst authentischen und exotischen Milieudarstellung. Auf diese Weise kann das Fernsehen zur Bühne rechtsextremer Akteure werden; so geschehen insbesondere beim TV-Talk der Rechtsextremisten Franz Schönhuber („Gottschalk Late Night", 26. November 1992) und Jörg Haider („Talk in Berlin", 3. Februar 2000) mit unzureichend vorbereiteten Moderatoren. Beim Lokalsender „TV.Berlin" darf Ex-Senator Heinrich Lummer, der aus seiner Nähe zur extremen Rechten inzwischen kaum mehr einen Hehl macht, gleich selbst wöchentlich als Talkmaster auftreten.

Bei allen Defiziten der Berichterstattung, die zu einer Verharmlosung des Problems beitragen können, darf man den allermeisten Journalist(inn)en in Deutschland keine Nähe zum rechten Spektrum unterstellen. So sehen fast alle (96,8 Prozent) in der Untersuchung von Andreas Albes befragten Chefredakteure und Ressortleiter/innen die Aufgabe der Presse darin, den Einfluss rechtsextremer Parteien einzuschränken. Zwar sind sich die Medienmacher im Ziel weitgehend einig, erhebliche Divergenzen bestehen aber darüber, welche Konsequenzen für die journalistische Praxis zu ziehen sind.[26]

---

senenbildung, Celle/Duisburg 1997, S. 164; vgl. ergänzend: Thomas Pfeiffer, Aufforderung zum kritischen Blick. Wenn Ultrarechte seriös daherkommen, in: Journalist 8/1997, S. 31

25 Vgl. Ralph Weiß/Bettina Nebel, Lokalradio und Rechtsextremismus. Aufklärung im Hörfunk, Opladen 1993, S. 144ff.

26 Vgl. Andreas Albes, Die Behandlung der Republikaner in der Presse, Frankfurt am Main 1999, S. 93 und 131f.

2. Presseanalyse

2.1 Vorgehensweise

Die folgende Presseanalyse basiert auf einem zweischrittigen Verfahren, das neben einer quantitativen Inhaltsanalyse drei kurze hermeneutische Fallstudien umfasst. Das Sample des quantitativen Teils bilden fünf deutsche Tageszeitungen, aus denen jeweils zwei periodisch wechselnde Ausgaben pro Woche untersucht wurden. Die Auswahl der Zeitungen repräsentiert im Wesentlichen die Bandbreite des entsprechenden Marktes in Deutschland: So wurden die *Aachener Zeitung* (*Aachener*) als Regionalzeitung, die *Bild-Zeitung* (*Bild*) als Boulevardblatt, die *Frankfurter Allgemeine Zeitung* (FAZ) als Teil der konservativ ausgerichteten Presse, die *Süddeutsche Zeitung* (SZ) für das bürgerlich-liberale Spektrum sowie die *tageszeitung* (*taz*) mit einem deutlicher linksliberalen Profil in das Sample einbezogen.[27]

Insgesamt wurden rund 900 Artikel aus dem Zeitraum vom 25. Juli 2000 bis zum 31. Januar 2001 untersucht. Dabei fanden alle Artikel Berücksichtigung, die direkt oder indirekt rechtsextreme Tendenzen oder Taten behandeln. Hierzu gehören zunächst Beiträge über rechtsextreme Aktivitäten und latenten Rechtsextremismus,[28] aber auch solche über staatliche Gegenaktivitäten, also das Handeln von Polizei und Justiz, Gesetzesinitiativen und das Auftreten von Politikern, sowie nichtstaatliche Gegenaktivitäten wie Demonstrationen und Initiativen gegen Rechts. Das Kategorienschema der Analyse erfasst zum einen Darstellungsform und Platzierung der Artikel: Handelt es sich um einen Hintergrundbericht[29] oder nur eine Kurzmeldung, erscheint der Artikel auf der Titelseite oder im Innenteil, ist der Artikel durch Illustrationen ergänzt oder nicht? Darüber hinaus sollten folgende Kategorien den Inhalt möglichst präzise erfassen: Um welchen Gegenstand handelt es sich, wo hat das Ereignis stattgefunden, und wer sind die Akteure; handelt es sich bei rechtsextremen Aktivitäten um Straftaten, und wurden diese von Jugendlichen begangen?

2.2 Quantitative Inhaltsanalyse

Das Thema „Rechtsextremismus“ ist in der Stichprobe – wenn auch in schwankender Häufigkeit – kontinuierlich präsent, was auf die außergewöhnlich hohe Zahl aktueller Berichterstattungsanlässe im betreffenden Halbjahr

---

27 Für die freundliche Unterstützung danken wir der *Aachener Zeitung*, *Bild Köln* und der *taz ruhr*.

28 Die Artikel über Sebnitz wurden ggf. als „rechtsextreme Straftaten“ codiert, da zum Erscheinungszeitpunkt die Vermutung bestand, dass rechte Skinheads Joseph ermordet hatten.

29 Bei der Codierung der Darstellungsform haben wir die unterschiedlichen Zeitungsformate berücksichtigt.

(die wichtigsten werden in drei Fallstudien näher betrachtet) zurückzuführen ist und den Schluss auf eine generell beständige Berücksichtigung des Themas in der Presse nicht zulässt.

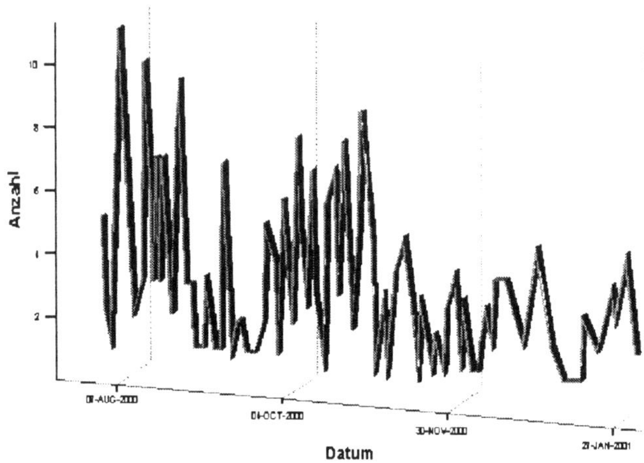

Die Hypothese, Medien stellten Rechtsextremismus eher als kriminelles Handeln und weniger als gesellschaftspolitisches Problem dar, lässt sich der Tendenz nach bestätigen. Für die Richtigkeit dieser Annahme spricht die Tatsache, dass sich über die Hälfte der untersuchten Beiträge mit Straftaten sowie dem Handeln von Polizei, Justiz und Gesetzgeber befassen. Für alle Zeitungen gilt ferner, dass Berichte über rechtsextreme Straftaten fast immer *Gewalt*delikte behandeln – hingegen bleiben etwa Propagandadelikte nahezu unbeachtet.[30] Den *staatlichen* Gegenmaßnahmen widmen die untersuchten Medien die größte Aufmerksamkeit; gleichwohl befasst sich mehr als ein Fünftel der Beiträge mit *zivilgesellschaftlichen* Gegenaktivitäten, die somit einen für uns überraschend hohen Stellenwert in der Berichterstattung besitzen.

Die These, Medien stellten den Rechtsextremismus in Deutschland überwiegend als ein *Jugend*phänomen dar, lässt sich für die von uns untersuchten Zeitungen zumindest mit den Mitteln der quantitativen Inhaltsanalyse so pauschal nicht bestätigen. Berichte über rechtsextreme Straftaten von Jugendlichen und von Nichtjugendlichen[31] halten sich bei *Aachener* und *Bild* ungefähr

30 Eine Ausnahme bilden antisemitische Straftaten, über die häufig auch dann berichtet wird, wenn sie keine Gewalttaten sind.

31 „Nichtjugendliche" wurde codiert, wenn die Handelnden nicht ausschließlich Jugendliche waren.

die Waage, bei FAZ, SZ und *taz* überwiegen die Artikel über Nichtjugendliche. Auch sind die Berichte über jugendliche Gewalttäter weder öfter bebildert, noch finden sie sich häufiger auf den Titelseiten. Einschränkend ist jedoch zu bemerken, dass z.B. textbezogene Fotos von Skinheads den Eindruck erwecken können, es handle sich bei den Handelnden ausschließlich um Jugendliche. Bei den Artikeln über rechtsextreme Aktivitäten, die keine Straftaten sind, kommen ausschließlich auf Jugendliche bezogene Beiträge kaum vor.

Zwischen den untersuchten Tageszeitungen lassen sich Übereinstimmungen, aber auch erheblich differierende Tendenzen in der Berichterstattung ausmachen. *Aachener* und *Bild* berichten besonders ereignisbezogen: Rechtsextrem motivierte Straftaten und daraus resultierende Gegenaktivitäten stellen sie in den Vordergrund, während Berichte über rechtsextreme Aktivitäten, die keine Straftaten sind, und latenten Rechtsextremismus kaum oder gar nicht vorkommen. Die Gewichtung in diesen beiden Zeitungen ist dennoch unterschiedlich. Fast die Hälfte aller Artikel in der *Aachener* behandeln nichtstaatliche Gegenaktivitäten, was auch auf den Typus der Regionalzeitung zurückzuführen ist: Zahlreiche Artikel widmen sich beispielsweise Projekttagen örtlicher Schulen und Initiativen von Vereinen. Berichterstattung über staatliche Gegenaktivitäten ist etwas seltener, macht aber immerhin rund ein Drittel der Artikel aus. In *Bild* wie auch der SZ kommen alle staatlichen Gegenaktivitäten – also das Handeln von Politik, Polizei und Justiz – etwa doppelt so häufig vor wie nichtstaatliche. *Bild* berichtet von allen Zeitungen zudem am häufigsten über das Handeln von Polizei und Justiz. Verstärkt wird der Eindruck einer stark ereignisbezogenen Berichterstattung durch das häufige Erscheinen dieser Artikel auf den Titelseiten, die häufige großflächige Illustrierung der Beiträge und Phasen, in denen das Thema „Rechtsextremismus" in der *Bild*-Berichterstattung praktisch nicht vorkommt. Die übrigen Zeitungen setzen andere Schwerpunkte. So rückt die FAZ staatliche Maßnahmen in den Vordergrund: Beiträge über das Handeln von Polizei oder Justiz und „sonstige staatliche Gegenaktivitäten" (z.B. Gesetzesinitiativen) machen fast 60 Prozent ihrer Berichterstattung zum Thema aus; nichtstaatliche Gegenaktivitäten spielen eine untergeordnete Rolle. In der *taz* sind staatliche und nichtstaatliche Gegenaktivitäten ungefähr gleich stark vertreten.

In allen Zeitungen wird zwar ähnlich häufig über rechtsextreme Straftaten berichtet,[32] jedoch behandeln FAZ, SZ und *taz* auch latenten Rechtsextremismus[33] und rechtsextreme Aktivitäten, die keine Straftaten sind. Letzere machen in diesen Zeitungen immerhin 35 Prozent der Artikel über rechtsextreme Aktivitäten aus. Wenn Berichte über latenten Rechtsextremismus auftauchen, so behandeln sie häufig die Situation im Ausland; auf Deutschland bezogene Artikel über latenten Rechtsextremismus verengen diesen meist auf

32 Die *taz* bildet hier mit 18 Prozent die Spitzenreiterin: Ihre Berichterstattung ist relativ kontinuierlich und berücksichtigt auch kleinere Vorkommnisse.

33 Bei allen drei Zeitungen sind das etwa 10 Prozent der gesamten Berichterstattung zum Thema.

marginale Ereignisse und stellen ihn keineswegs als gesamtgesellschaftliches Problem dar (z.B. rassistische „Stammtisch-Parolen"). Rechte Tendenzen in reputierlichen Kreisen kommen lediglich in der SZ fünfmal vor und auch dort nur als Kurzmeldungen über Prozesse, in denen Polizeibeamten rassistisches Verhalten vorgeworfen wird.

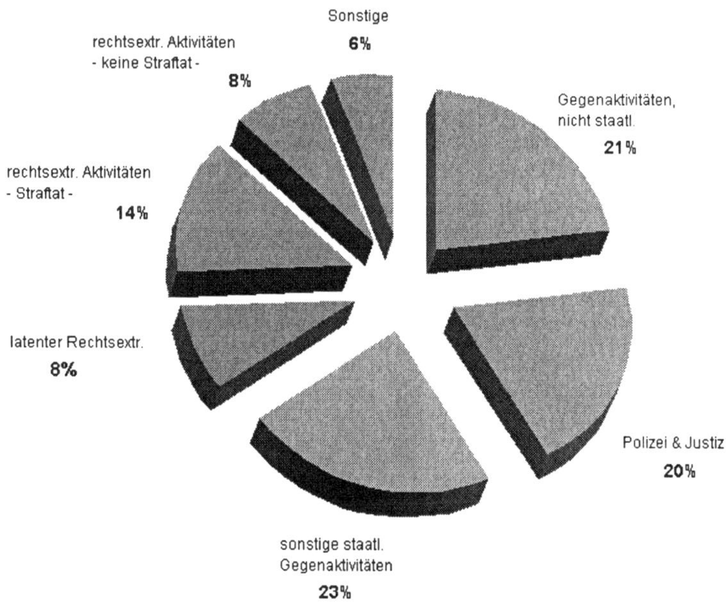

Die Konzentration auf Rechtsextremismus als Kriminalitätsproblem versperrt den Blick auf bestimmte Auswirkungen und thematische Schwerpunkte des Rechtsextremismus. Organisationen und Kameradschaften sowie Führungspersonen der Szene finden in der Berichterstattung nur selten Erwähnung.[34] Die Diskussion um den NPD-Verbotsantrag wäre zumindest ein Anlass gewesen, eine der rechten Parteien genauer zu beleuchten. Die in Deutschland zahlreich erscheinenden Publikationen (Bücher und rechte Presse) sowie die dahinter stehenden Verlage erweisen sich als „blinder Fleck" der demokratischen Presse. Das gilt auch für die rechte Musikszene. Weder finden einzelne Bands oder Labels Erwähnung, noch wird die Anbindung bestimmter Musikszenen an den Rechtsextremismus systematisch beleuchtet.[35] Vereinzelt thematisiert wird allerdings die unter Fußballfans teilweise vorhandene rechte

34 In Einzelfällen kommen solche Berichte durchaus vor. So porträtierte *Bild Hamburg* in für das Boulevardblatt ungewöhnlich ausführlicher Weise die führenden Neonazis Christian Worch und Thomas Wulff.

35 So z.B. die Gabber-Szene; vgl. Verfassungsschutzbericht des Landes NRW 2000, S. 109f., sowie zu den Gothics: S. 112f.

Gesinnung und Gewaltbereitschaft. Darüber hinaus tauchen die intellektuelle Neue Rechte und ihre Verbindungen zu bürgerlich-konservativen Kreisen in der Berichterstattung selten bis gar nicht auf. Kein Beitrag unseres Samples widmet sich diesem Thema.[36]

2.2.1 Vergleich zwischen Ost- und Westdeutschland[37]

Rund die Hälfte aller Artikel bezieht sich speziell auf die alten oder die neuen Bundesländer. 71 Prozent davon entfallen auf Erstere und 29 Prozent auf Letztere. Ein ähnliches Verhältnis stellen wir auch in Bezug auf die Darstellung der Artikel fest: Sowohl die Häufigkeit auf den Titelseiten als auch die der Illustrierung bewegt sich in diesem Rahmen. Ein verzerrtes Bild entsteht allerdings durch das Verhältnis der Berichte über rechtsextrem motivierte Straftaten in Ost und West. Da die absolute Zahl rechtsextremer Gewalttaten[38] in den alten Bundesländern etwa doppelt so hoch ist wie die in den neuen, wäre zu erwarten, dass sich diese Verteilung in der Berichterstattung widerspiegelt. Dies ist allerdings bei mehreren Zeitungen keineswegs der Fall. Vielmehr besteht die Tendenz, Taten in den neuen Ländern stärker zu berücksichtigen. Während SZ und *taz* im Rahmen des kriminalstatistischen Verhältnisses über rechtsextreme Straftaten berichten, finden sich in *Aachener* und FAZ etwa gleich viele Artikel über die alten und neuen Länder – in *Bild* kommen Straftaten in den neuen Ländern sogar deutlich häufiger vor.[39] Diese Tendenz zeigt sich auch in Platzierung und Darstellungsform der Berichterstattung. Die Frage, ob die Zeitungen auf diese Weise Ost-West-Stereotype (re)produzieren, kann unsere Untersuchung nicht mit Gewissheit beantworten. Ihre Daten sprechen allerdings dafür, dass der Rechtsextremismus in den neuen Ländern den Leser(inne)n in unangemessenem Maße als größeres Problem vermittelt, jener im Westen hingegen eher vernachlässigt wird.

---

36 Zwei längere Beiträge der SZ, die sich mit der Regisseurin Leni Riefenstahl und dem Juristen Carl Schmitt befassen, gehen auf deren Bedeutung für die Neue Rechte nicht ein. Insbesondere die zentrale Rolle Schmitts als Ideengeber dieser Strömung bleibt somit unberücksichtigt. Auch rechte Tendenzen in deutschen Burschenschaften tauchen in den Beiträgen der Stichprobe nicht auf.

37 Unser Sample umfasst keine Tageszeitung, die ihren Sitz in den neuen Bundesländern hat. Damit dürften Beiträge über den ostdeutschen Rechtsextremismus in der Stichprobe eher unterrepräsentiert sein.

38 Wir gehen hier von der Anzahl der *Gewalt*taten aus, da rechtsextreme Straftaten, die keine Gewalttaten sind, in der Berichterstattung kaum vorkommen. Im Jahr 2000 wurden 998 rechtsextreme Gewalttaten in Deutschland registriert. Rund 65 Prozent davon entfielen auf die alten Länder, 35 Prozent auf die neuen; vgl. Verfassungsschutzbericht des Bundes 2000, S. 33ff.

39 Durch die medienpräsenten Ereignisse in Sebnitz kommt es zu keiner erheblichen Verzerrung der Ergebnisse: Zwar fallen sie auf der Seite der neuen Länder ins Gewicht, allerdings liegen mit den beiden Düsseldorfer Anschlägen auch medial stark präsente Vorfälle in den alten Ländern im Untersuchungszeitraum.

2.2.2 Rechte im Ausland

Der Anteil an der Berichterstattung über Rechte im Ausland liegt bei etwa 10 Prozent der untersuchten Beiträge.[40] Fast die Hälfte der Artikel bezieht sich auf die Politik Jörg Haiders und seiner Freiheitlichen Partei Österreichs (FPÖ). Die Berichterstattung erstreckt sich über den gesamten Untersuchungszeitraum, allerdings berichten *Aachener* und *Bild* fast gar nicht über die Ereignisse in Österreich. Immerhin findet die Berichterstattung über die FPÖ in einigen Fällen sogar auf der Titelseite statt. Der Rechtsextremismus in anderen Ländern wird jedoch so gut wie nicht behandelt. So gelangen rechtsextreme Straftaten im Ausland nur in Ausnahmefällen in die deutsche Tagespresse, wenngleich SZ und *taz* vereinzelt über sie berichten. Artikel über das Ausland finden meist als kürzere Beiträge im Innenteil der Zeitungen Platz. Etwa 20 Prozent der Artikel sind Hintergrundberichte, von denen wiederum die Hälfte auf die FPÖ entfällt. Auch über Verbindungen deutscher Rechtsextremisten zu Personen bzw. Gruppen im Ausland oder über Agitatoren, die Rechte in Deutschland beeinflussen, wird kaum berichtet: Die wichtigste Ausnahme im Untersuchungszeitraum stellen einige wenige Artikel über den englischen Holocaust-Leugner David Irving dar, der seinerzeit einen öffentlichkeitswirksamen Prozess gegen die Autorin Deborah E. Lipstadt führte und ihn verlor.

2.3 Fallstudien

2.3.1 Die Düsseldorfer Anschläge vom Juli und Oktober 2000

2.3.1.1 Ereignisse

Am 27. Juli 2000 explodierte am Düsseldorfer S-Bahnhof Wehrhahn eine Splitterbombe und verletzte neun Menschen zum Teil schwer; unter ihnen war eine schwangere Frau, die ihr Kind verlor. Da es sich bei sechs der neun Verletzten um Eingewanderte jüdischen Glaubens handelte, wurde ein rassistischer Hintergrund vermutet; die Staatsanwaltschaft Düsseldorf ermittelte jedoch in alle Richtungen. Bis heute konnten die Verantwortlichen für den Anschlag nicht ausfindig gemacht werden.

In der Nacht vom 2. auf den 3. Oktober 2000 zündeten drei Brandsätze im Eingangsbereich der Düsseldorfer Synagoge. Durch das Eingreifen einer Augenzeugin entstand nur geringer materieller Schaden; Menschen wurden nicht verletzt. Am 7. Dezember 2000 wurden zwei Männer festgenommen, ein Jordanier und ein deutscher Staatsbürger marokkanischer Herkunft, welche die Tat gestanden. Als Tatmotiv gaben die beiden persönliche Rache für Gewalttaten von Israelis gegen Palästinenser im Gaza-Streifen an. Die Er-

---

40 Ausnahmen: *Bild* bei 3 Prozent und *FAZ* bei 20 Prozent

mittler stellten in der Wohnung der Täter antisemitische Schriften sicher, fanden aber keine Anhaltspunkte für Kontakte zur rechtsextremen Szene. Am 7. März und 4. April 2001 verurteilte das Düsseldorfer Amtsgericht die Täter zu eineinhalb Jahren Haft auf Bewährung bzw. zwei Jahren und drei Monaten Haft ohne Bewährung.

2.3.1.2 Berichterstattung in der Tagespresse

Die Düsseldorfer Anschläge vom Juli und Oktober 2000 fanden in der Tagespresse ein breites Echo. In den Tagen nach den Anschlägen gehörten sie zu den bedeutendsten Nachrichten in Deutschland. Im Fall der Düsseldorfer Anschläge kann von zwei jeweils zwei- bis dreiwöchigen Berichterstattungswellen gesprochen werden. Die erste Welle begann mit dem Bombenanschlag auf die Düsseldorfer S-Bahn-Station am 27. Juli 2000 und endete in allen untersuchten Zeitungen etwa Mitte August. Anfang Oktober 2000 begann mit dem Anschlag auf die Düsseldorfer Synagoge die zweite Welle der Berichterstattung. Sie fand ihren Abschluss im Dezember mit der Ergreifung der mutmaßlichen Täter.

Beim Anschlag auf die S-Bahn-Station wurde zwar von allen Zeitungen ein rechtsextremer Hintergrund für möglich gehalten, aber ausdrücklich betont, dass es sich um auch von Vertretern der Sicherheitsbehörden geäußerte Vermutungen handle. Jedoch wurden diese Mutmaßungen oft wiederholt und mit Beiträgen kombiniert, die Rechtsextremismus zum Thema hatten. So zog insbesondere die Berichterstattung über den Anschlag auf die Bahnstation im Juli/August eine intensive öffentliche Diskussion über das Verbot der NPD nach sich. Ausdrücklich formulierte dies die *Aachener* in ihrer Schlagzeile „Anschlag gegen Ausländer löst Debatte um Rechtsextreme aus – Düsseldorfer Splitterbombe: Regierung vermutet rassistische Tat“ (29.7.2000). Die Annahme einer politisch motivierten Tat drängte sich auf. Die SZ zitierte Spekulationen des Bundesinnenministers in ihrer Aufmacherschlagzeile: „Bombenanschlag in Düsseldorf – Schily vermutet rassistischen Hintergrund“ (29.7. 2000), relativierte die Vermutung aber in der Unterzeile. Wiederum die *Aachener* veröffentlichte später einen Beitrag mit dem Titel „Kontakt zu rechter Szene Düsseldorfs von Polizei bestätigt“ (5.8.2000), mit dem sie suggerierte, die Tat sei ohne Zweifel von Rechtsextremisten verübt worden. Erst im Text wurde deutlich, dass einem mutmaßlichen Düsseldorfer Rechtsextremisten die Tat nicht nachzuweisen war und die Polizei vor einer Vorverurteilung warnte. Vor allem die FAZ machte die ungeklärte Sachlage deutlich: Sie überschrieb einen größeren Beitrag auf der Titelseite mit der äußerst zurückhaltenden Formulierung „Noch keine Hinweise auf Täter und Motiv“ (29.7.2000) und schloss sich später der Befürchtung einer „vorschnelle(n) Schuldzuweisung“ an (31.7.2000), welche die Stadt Düsseldorf hegte.

Intensität und Stil der Berichterstattung in den fünf untersuchten Zeitungen unterscheiden sich deutlich. So berichtete die FAZ zwar seltener als die übrigen Zeitungen und nur in den ersten Tagen nach dem Anschlag. Dies ist als bewusste Zurückhaltung und Begrenzung der Berichterstattung auf eine tatsächlich neue Faktenlage zu verstehen. Gegensätzlich verhielt sich *Bild*. Zwar berichtete auch sie weniger häufig als andere Tageszeitungen, insbesondere SZ und *Aachener*. Sie griff den Anschlag nur in ihren Ausgaben vom 28. und 29. Juli 2000 auf, an den Tagen unmittelbar nach dem Ereignis. Allerdings setzte die Boulevardzeitung spezifische Akzente: Sie rückte die familiäre Situation und das persönliche Leid der Opfer in den Vordergrund, wodurch das Thema emotionalisiert und entpolitisiert wurde. Mutmaßungen zu den Hintergründen des Anschlags, die nicht auf konkreten Anhaltspunkten basierten, führte sie breiter aus als alle übrigen Zeitungen. Zudem griff sie auch in nachrichtlichen Beiträgen zu deutlich wertenden Formulierungen und sprach etwa vom „feige(n) Attentäter und seine(r) selbst gebastelte(n) Bombe".

Die Berichterstattung über den Anschlag vom 27. Juli 2000 und die folgende NPD-Debatte setzten eine Dynamik in Gang, die sich auf die Auseinandersetzung mit dem Anschlag auf die Düsseldorfer Synagoge am 2. Oktober desselben Jahres auswirkte. Die vergleichsweise starke Zurückhaltung, welche die untersuchten Medien nach dem 27. Juli übten, wich nun einer nahezu einhelligen Be- und Verurteilung des Anschlages als neonazistische Tat (*Bild* am 4.10.2000: „widerlicher rechtsextremistischer Zwischenfall"). Dies galt umso mehr nach dem Besuch des Bundeskanzlers am Tatort und seinem viel zitierten Appell zum „Aufstand der Anständigen", der die bereits gut zwei Monate andauernde, aber vergleichsweise technokratische und offenbar weitgehend folgenlose Rechtsextremismus-Debatte pathetisch fortsetzte. Insbesondere reagierte der Kanzler auf die Äußerung, mit welcher der Vorsitzende des Zentralrates der Juden in Deutschland, Paul Spiegel, nach dem Anschlag in allen untersuchten Zeitungen – wenn auch in unterschiedlichen Varianten – zitiert worden war: Spiegel hatte gefragt, „ob es richtig ist, dass Juden in Deutschland leben, ob es richtig war, hier wieder jüdische Gemeinden aufzubauen" (zit. nach: SZ v. 4.10.2000), und kritisiert, Neonazis würden nicht entschieden genug bekämpft. Der „Aufstand der Anständigen" wurde zum geflügelten Wort für die gesellschaftliche Auseinandersetzung mit dem Rechtsextremismus. Großflächig und meist zustimmend zitiert, allenfalls mit dem freundlichen Hinweis versehen, die Politik dürfe sich nicht aus der Verantwortung stehlen (*Aachener* v. 7.10.2000), geriet Schröders Düsseldorfer Rede zum erfolgreichen Stück symbolischer Politik.

Auf die neue Informationslage nach dem Geständnis der Verdächtigen reagierten die untersuchten Zeitungen unsicher: Ihrer Chronistenpflicht folgend gaben sie die Mitteilung weiter, konnten aber die Irritationen, welche durch die scheinbare Gewissheit eines Neonazi-Anschlags, den arabischen Hintergrund der mutmaßlichen Täter sowie die bei ihnen gefundenen NS-Symbole (Hitler-Bilder) entstanden, überwiegend nicht durch eine Analyse der Zusammenhänge auffangen. Hierum bemühte sich immerhin die *taz* (v. 9.10.2000), die in einem längeren Beitrag den Antisemitismus als mögliches ideologisches Scharnier zwischen Rechtsextremismus und Islamismus herausstellte und auf die personellen Überschneidungen beider Lager im Spektrum der Holocaust-Leugner hinwies. Sie kombinierte Sachverstand der Redaktion mit kurzfristig eingefangenen offiziellen Stimmen, ließ allerdings widersprüchliche Einschätzungen zweier Verfassungsschützer im Raum stehen.

Die Berichterstattungswellen nach beiden Anschlägen trugen zum Verständnis der Zusammenhänge nur begrenzt bei. Ungeklärte Tatsachen wurden im ersten Fall häufig, im zweiten überwiegend nicht hinreichend als solche deutlich gemacht. Wo erläuternde Analyse und Hintergrunderhellung nötig gewesen wären, blieben sie meist aus. Die Behandlung des Themas „Rechtsextremismus" führte in den Sommermonaten der Tendenz nach eher zu weniger Sorgfalt und Informationsgehalt der Berichterstattung und begünstigte Alarmismus. Das Kanzler-Wort vom „Aufstand der Anständigen" wurde wohl gerade deshalb so häufig zitiert, weil es die Emotionsspirale des Themas weiter drehte.

2.3.2 Die Debatte um ein Verbot der NPD

2.3.2.1 Ereignisse

Am 1. August 2000 forderte der bayerische Innenminister Günther Beckstein (CSU) die Bundesregierung auf, beim Bundesverfassungsgericht das Verbot der NPD zu beantragen. Gleiches war in den vergangenen Jahren bereits verschiedentlich geschehen – allerdings ohne nennenswerte Resonanz. Aufgrund einer Reihe von Gewalttaten gegen Ausländer/innen, Obdachlose und Bürger/innen jüdischen Glaubens brachte der Vorstoß Becksteins eine umfassende Debatte in Gang. Nach kurzem Zögern schloss sich die Bundesregierung der Forderung des CSU-Politikers an. Am 10. August kündigte Justizministerin Herta Däubler-Gmelin (SPD) an, das Kabinett werde ein Verbot beantragen, wenn die rechtlichen Voraussetzungen erfüllt seien. Einen Tag später traf sich in Berlin eine Bund-Länder-Arbeitsgruppe, welche die Möglichkeit des NPD-Verbots prüfen sollte. Zwei Monate später sagte Bundesinnenminister Otto Schily (SPD), es gebe genügend Anhaltspunkte für ein Verbot; anschließend sprachen sich auch die Innenminister und Ministerpräsident(inn)en der meisten Bundesländer für den Verbotsantrag aus. Am 8. November beschloss das Kabinett, einen entsprechenden Antrag beim Bundesverfassungsgericht zu stellen. Der Bundesrat folgte dem Vorbild der Regierung und entschied sich mit elf von 16 Stimmen für einen eigenen Verbotsantrag. Als letztes Verfassungsorgan beschloss der Bundestag mit den Stimmen von SPD, Bündnis 90/Die Grünen und PDS einen eigenen Antrag.

2.3.2.2 Berichterstattung in der Tagespresse

Der Vorstoß Becksteins löste im Sommer 2000 eine alle Parteien ergreifende Debatte aus, die sich in den Medien widerspiegelte. Das mögliche NPD-Verbot beherrschte monatelang Presse und Rundfunk. Besonders intensiv berichteten die untersuchten Zeitungen in den Monaten August bis Anfang November, bevor der „Fall Joseph" das Thema von den Titelseiten verdrängte. Vor dem Einreichen des Verbotsantrages der Bundesregierung beim Bundesverfassungsgericht am 30. Januar 2001 griff die Presse das Thema für wenige Tage wieder auf, bis es für fast ein Jahr gänzlich aus der aktuellen Berichterstattung verschwand. Erst die sog. V-Mann-Affäre machte das Verfahren im Januar/Februar 2002 wieder zu einem viel beachteten Medienthema.

Die Berichterstattung der untersuchten Tageszeitungen folgte auffällig eng den Debatten der Politiker: Bezeichnenderweise war es die Forderung Becksteins, die das NPD-Verbot auf die Titelseiten brachte. Die ausgewerteten Artikel dokumentieren die mediale Tendenz, Politiker-Statements zwar aufzugreifen, den Verbotsantrag oder den Charakter der NPD aber nur selten zu thematisieren. So blieb die Bedrohung, welche von der NPD ausgehen soll, abstrakt. Die Verbindungen der Partei zur Gesellschaft oder ihre Finanzierungsquellen wurden nicht aufgezeigt. Auch die aktivistische Jugendorganisation „Junge Nationaldemokraten" (JN) kam in der medialen Diskussion praktisch nicht vor. Lediglich FAZ und SZ veröffentlichten einzelne Hintergrundartikel, die sich meist auf Aussagen von Verfassungsschützern oder auf Umfragen stützten. Insgesamt blieb die Diskussion um die NPD eine Debatte ohne Gesichter. In der Berichterstattung wurde nicht deutlich, wer hinter der NPD steht. Führungspersonen wie der Vorsitzende Udo Voigt wurden nicht vorgestellt, die Unterschiede zwischen den rechtsextremen Parteien selten erläutert. Warum beispielsweise die NPD gefährlicher sein soll als REPublikaner oder DVU, legte die untersuchte Presse nicht dar. Die Regionalzeitungen oder -ausgaben (*taz ruhr* und *Aachener*) versäumten es zudem, die Aktivitäten der NPD in ihrem Verbreitungsgebiet zu recherchieren. Somit wurde das Thema „NPD-Verbotsantrag" für die Leser/innen nicht greifbar und erschien mehr als Zankapfel streitender Politiker.

Viele Journalist(inn)en bemühten sich, die parteienübergreifende Debatte abzubilden und verschiedene Stimmen einzufangen. So titelte die FAZ „Landespolitiker uneins über Verbot" (4.8.2000) und fasste anschließend die Aussagen von sechs Ministerpräsidenten und Ministern zusammen. Auch bei der eigenen Bewertung des Verbotsantrages folgten die untersuchten Zeitungen der Auffassung der meisten Politiker, insbesondere der Bundesregierung. Während sie die Erfolgsaussichten von Antrag und Verbot zunächst skeptisch kommentierten, schwenkte nach der Vorentscheidung des Bundesinnenministers auch die Sichtweise dieser Medien um. Die FAZ stellte beispielsweise mit der Überschrift „Skepsis gegenüber NPD-Verbot" (15.8.2000) zunächst die Zweifel in den Vordergrund ihrer Berichterstattung. Auch die SZ titelte am 2. August „Ein Verbot, das nicht geboten ist" und warnte, das Problem des Rechtsextremismus könne auf diese Weise nicht gelöst werden. Etwa zwei Monate später kippte das Medienecho: So meinte die *taz*, „viele gute Gründe" sprächen für das Verbot (10.10.2000). Zumindest verhalte sich die NPD seit Beginn der Debatte in der Öffentlichkeit zurückhaltender. Besonders deutlich wurde die veränderte Darstellung bei der *Aachener*. Noch am 10. Oktober 2000 warnte das Blatt, „Sorgfalt statt Tempo" walten zu lassen, um nur sechs Tage später vorschnell in einer Überschrift zu prognostizieren: „NPD in Kürze verboten" (16.10.2000). Nach der Einreichung des Antrages der Bundesregierung blieb die Zeitung bei dieser Bewertung und bezeichnete ein NPD-Verbot als „aktiven Schutz der Menschenwürde" (31.1.2001).

Allein *Bild* ließ kaum Zweifel an der Richtigkeit des NPD-Verbotes erkennen. Ein Interview mit Günther Beckstein versah die Zeitung mit der Zitat-Schlagzeile „Schluss mit dem braunen Spuk der NPD!" (5.8.2000). Zwei Monate später kommentierte *Bild*, Deutschlands Innenminister hätten „die Chance, ein Signal der wehrhaften Demokratie in die Welt zu senden", und fragte ungeduldig: „Die NPD verbieten – wie schnell geht das?" (20.10.2000) Im Vergleich zu den anderen Tageszeitungen spielte das NPD-Verbot in der *Bild*-Berichterstattung allerdings keine zentrale Rolle. Hier beherrschte der „Fall Joseph" mehr noch als in den übrigen Zeitungen die Titelseiten. Besonders ausführlich berichteten FAZ und SZ. Sie analysierten die vorangegangenen Verbotsverfahren gegen die Sozialistische Reichspartei (SRP) und die Kommunistische Partei Deutschlands (KPD) und diskutierten mit Rechtsexperten die Erfolgsaussichten des Verbotsantrages. Besonderes Gewicht hatten aber auch hier die innenpolitischen Auseinandersetzungen zwischen Parlamentarier(inne)n sowie Bundes- und Landesregierungen.

Kurz vor der Entscheidung der Bundesregierung hatte die Debatte eine solche Eigendynamik entfaltet, dass sie selbst für Politik und Medien zum häufigsten Argument für das Verbot geworden war: Die *taz* sah beispielsweise den Bundestag „unter dem Druck des politischen Klimas" und kommentierte am 9. Dezember 2000: „Von dem Augenblick, als die Bundesregierung und der Bundesrat ihre Beschlüsse gefasst hatten, war das Parlament nicht mehr frei. (...) Die Mehrheit des Parlaments musste gestern den Verbotsanträgen der anderen Verfassungsorgane folgen. Alles andere wäre ein propagandistischer Sieg für die NPD gewesen." Auch die *Aachener* sah die Verfassungsorgane in Zugzwang. Obwohl die Abgeordneten noch über die Qualität des vorgelegten Materials der Bundesregierung stritten, stellte das Blatt am 3. November 2000 fest: „Man kann nicht mehr anders." Allerdings spielte die Überlegung, dass die Forderung nach einem NPD-Verbot kaum mehr als politischer Aktionismus im Sommer 2000 und damit ein Akt „symbolischer Politik" gewesen sein könnte, welcher Handlungsfähigkeit beim Problem Rechtsextremismus vorspiegeln sollte, zu keinem Zeitpunkt eine größere Rolle in der Berichterstattung.[41] Alternativen wurden in den Zeitungen kaum diskutiert. Zwar bezeichneten SZ und *Aachener* den Verbotsantrag als letztes und schärfstes Mittel der Demokratie. Und sowohl FAZ als auch SZ zitierten eine Studie der Konrad-Adenauer-Stiftung, die in einem Verbot der NPD

---

41 Die *taz* führt diese These später in einem längeren Beitrag aus; vgl. Christoph Seils, Selbstläufer symbolischer Politik, in: tageszeitung v. 24.7.2001, S. 4 (ungekürzte Fassung unter: www.miteinander-ev.de/npd-verbot.html)

„kein wirksames Mittel zur Eindämmung rechtsextremistischer Gewalttaten" sah (FAZ v. 16.11.2000). Darüber hinausgehende Lösungen wurden aber kaum vorgestellt. So blieb die Berichterstattung sowohl bei der Darstellung des Problems als auch bei Lösungsmöglichkeiten überwiegend oberflächlich.

Politiker waren die wichtigste Quelle der Berichterstattung, mit erheblichem Abstand gefolgt von Verfassungsschützern und Juristen, die durchaus zur sachlichen Aufklärung der rechtlichen Aspekte eines Parteienverbots beitrugen. Andererseits kamen Stellungnahmen der NPD praktisch nicht vor. Obwohl der Vorwurf der Verfassungswidrigkeit (noch) nicht bewiesen war, rückte die Presse von dem journalistischen Grundsatz ab, jede Seite eines Konfliktes anzuhören. Dies war als bewusste Entscheidung der Medien zu verstehen, denn die NPD sperrt sich erfahrungsgemäß nicht gegen Interviews. Auch die juristischen Reaktionen der NPD waren nur der FAZ einen kurzen Artikel wert (27.1.2001).

Nicht nur Politiker versuchten, sich vom Rechtsextremismus zu distanzieren. Auch die untersuchten Zeitungen waren bemüht, sich im Mainstream der veröffentlichten Meinung zu positionieren. Dabei nahmen sie eine nachgerade staatstragende Rolle ein, die jener als kontrollierender „vierter Gewalt" entgegensteht. Dass sich die Journalist(inn)en als Mitstreiter/innen im Kampf gegen den Rechtsextremismus sahen, zeigen beispielsweise Serien in *Bild* und *Aachener*, die sich demonstrativ gegen Fremdenfeindlichkeit aussprachen, und ist den untersuchten Zeitungen sicherlich nicht vorzuwerfen. Gepaart mit mangelnder Recherche führt ihr Verhalten aber kaum zum Ziel, vielmehr dazu, dass das Problem des Rechtsextremismus abstrakt bleibt, und zu der trügerischen Hoffnung, der Staat allein verfüge über die Mittel, es zu lösen.

2.3.3 Der „Fall Joseph"

2.3.3.1 Ereignisse

Am 13. Juni 1997 kam der sechsjährige Joseph Abdulla im Schwimmbad der sächsischen Kleinstadt Sebnitz ums Leben. Gestützt auf die Obduktion der Leiche ging die Staatsanwaltschaft Dresden von einem Badeunfall aus. Im Sommer 2000 legte die Mutter des Kindes, Renate Kantelberg-Abdulla, 15 eidesstattliche Erklärungen angeblicher Augenzeugen vor, wonach es sich um einen Mord durch Neonazis handelte. Der Junge sei von 50 Skinheads gequält, betäubt und im Bad ertränkt worden. Die zuständige Staatsanwaltschaft nahm die Ermittlungen wieder auf und drei Verdächtigte wegen Mordverdachts vorübergehend fest. Eine zweite Obduktion klärte die Todesursache nicht abschließend. In den Vernehmungen der Staatsanwaltschaft erwiesen sich die Belastungszeugen zunehmend als unglaubwürdig. Gegen die Mutter des Kindes, mit der sich Gerhard Schröder getroffen hatte, wurden Ermittlungen wegen des Verdachts der Anstiftung zur Falschaussage aufgenommen. Ein drittes medizinisches Gutachten ergab im Januar 2001 keine Hinweise auf

Fremdeinwirken. Im Juli stellte die Staatsanwaltschaft die Ermittlungen zum Tod des Jungen ein.

2.3.3.2 Berichterstattung in der Tagespresse

Der „Fall Joseph" löste eine kurze, aber äußerst starke Welle der Berichterstattung in Rundfunk und Presse aus. Von Ende November bis in den Dezember 2000 zählten die Geschehnisse in Sebnitz zu den dominierenden Themen der deutschen Medien; tagelang prägten sie die Titelseiten. Die Welle verebbte im Dezember und endete am 25. Januar 2001 mit dem abschließenden medizinischen Gutachten.

Ausgelöst wurde die intensive Berichterstattung durch *Bild*. Das größte deutsche Boulevardblatt machte seine Ausgabe vom 23. November 2000 mit der Schlagzeile „Neonazis ertränken Kind" auf und ließ keinen Zweifel an den Umständen, die zum Tod des Kindes geführt hätten. Im Stil eines Augenzeugenberichts wurden die Abläufe des angeblichen Verbrechens im Detail beschrieben. Durch einen Schriftbalken und ein immer wiederkehrendes Foto des Kindes waren die Beiträge zum „Fall Joseph" in den Folgetagen verbunden und bildeten eine Fortsetzungsstory. Erst am 24. November sprach man im Innenteil beiläufig von einem „Verdacht". Die übrigen Zeitungen griffen den Fall unmittelbar nach dem ersten Aufmacher des Boulevardblatts ausführlich und mit prominenter Platzierung auf. Sie berichteten zurückhaltender; häufig spiegelten aber auch sie eine falsche Eindeutigkeit der Faktenlage vor. So titelte die *taz*: „Badeunfall erweist sich als rassistischer Mord" (24.11.2000), wenngleich der folgende Beitrag die Zweifel an den Geschehnissen deutlich machte. Die SZ mahnte mal zur Vorsicht, mal schrieb sie von einem Kind, das „in den Wellen des Schweigens" erstickt worden sei (24.11. 2000) oder „ertränkt wie eine Katze" (25.11.2000.). Der Leitartikler der *Aachener* fügte zwar skeptische Bemerkungen ein, traf aber die Feststellung: „Einige haben etwas gesehen und gewusst und drei Jahre geschwiegen! Das ist so erbärmlich an diesem Fall." (25.11.2000) Für diese Zeitung hatte der Fall eine geringere Bedeutung als für die Überregionalen, was sich im Umfang der Berichterstattung niederschlug und darin, dass alle Beiträge außer den Kommentaren allein auf Agenturmaterial beruhten. Um Zurückhaltung bemühte sich die FAZ: Sie titelte – im Nachrichtenjournalismus verpönt – mit Fragezeichen („Sechsjähriger Junge von Rechtsradikalen ermordet?") und referierte ausführlich Zeugenaussagen, die als direkte oder indirekte Zitate gekennzeichnet und mit Konjunktiv, „sollen ... haben" und „demnach" versehen waren (24.11.2000). Aber auch die FAZ vermied den Eindruck nicht, dass die Geschehnisse, wie sie die von Renate Kantelberg-Abdulla benannten Zeugen schilderten, wenn schon nicht bewiesen, dann aber höchstwahrscheinlich so passiert waren.

Bestimmte die Mord-Version anfangs den Tenor der Berichterstattung, kippte die Mediendarstellung wenige Tage später, blieb aber tendenziös. Nachdem Zweifel an den Aussagen der Mutter des Kindes aufgetaucht waren, ließ selbst *Bild* die wichtigste Quelle fallen: Aus „Renate (48)", deren Aussagen anfangs über jeden Zweifel erhaben schienen, wurde nun die dubiose „Frau Kantelberg" (28.11.2000). Von einer klaren Faktenlage konnte auch zu diesem Zeitpunkt keine Rede sein. Ambivalenzen und Ungewissheiten auszuhalten und dem Publikum transparent zu machen, erwies sich in dem von Konkurrenzdruck geprägten Mediengewerbe nicht zum ersten Mal als kaum zu meisternde Schwierigkeit.[42] Die Bedrohung der Familie Abdulla durch Rechtsextremisten war den untersuchten Zeitungen zwar immer noch eine Meldung wert; FAZ und *Aachener* trugen aber auch die Nebelkerze weiter, die Sachsens damaliger Ministerpräsident Kurt Biedenkopf – offensichtlich politisch motiviert – gezündet hatte. Biedenkopf deutete an, dass die Randale vor dem Haus der Familie von „Vertretern eines elektronischen Mediums" inszeniert und bezahlt worden sei (29.11.2000). Anhaltspunkte oder gar Beweise dafür nannte er freilich nicht.[43]

Der aufwühlende Kriminalfall stand eindeutig im Zentrum der Berichterstattung. Hintergründe kamen zwar zu kurz, aber gelegentlich vor: *Bild* beschrieb – zutreffend, wenn auch äußerst knapp – die starke rechtsextreme Präsenz in Sebnitz und Umgebung (25.11.2000); die *Aachener* druckte einen dpa-Hintergrundbericht über die Neonazi-Kameradschaft „Skinheads Sächsische Schweiz" (SSS), zu deren Hochburgen Sebnitz bis zu ihrem Verbot zählte (25.11.2000). Die *taz* widmete sich eingehend dem latenten Rechtsextremismus in Ost und West sowie rassistischen Tendenzen in der etablierten Politik (1.12.2000). In zwei informativen Beiträgen machte die FAZ die Aussagekraft der medizinischen und kriminologischen Gutachten transparent (30.11.2000), die fast immer verkürzt und mitunter verzerrt referiert wurden. Nur in dieser Zeitung tauchte das vielfach kritisierte Gutachten des Kriminologischen Forschungsinstituts Niedersachsen wiederholt mit vollständigem Titel („Todesfall Joseph Abdulla – eine erste Analyse auf der Basis von Unterlagen der Familie Abdulla") auf, wodurch die Vorläufigkeit der Aussagen deutlich wurde.

Einer bekannten Routine folgend, mehrten sich nach einer knappen Woche der Berichterstattungswelle Kommentare, in denen Journalist(inn)en die Rolle der Medien kritisch reflektierten. Häufig blieben die Stellungnahmen vage und verwiesen auf Fehler „der Medien" im Allgemeinen (z.B. *Aachener* v. 2.12.2000). Die *taz* nannte ihre oben zitierte Überschrift zu diesem Zeitpunkt „unhaltbar" (2.12.2000) und sprach anschließend mehrfach von einem

---

42 Mariam Niroumand (Weltmitte, Weltgewissen. Der Brand in der Lübecker Hafenstraße – Reaktionen in Printmedien und im Fernsehen, in: Sabine Jungk [Hrsg.], Zwischen Skandal und Routine, a.a.O., S. 96ff.) wies auf ähnlich vorschnelle Berichte nach dem Brand im Lübecker Flüchtlingsheim vom 17./18. Januar 1996 hin; ihre suggestive Setzung, diese Kurzschlüsse seien auf eine deutsche Büßermentalität zurückzuführen, blieb allerdings analytisch oberflächlich.

43 Dieselbe nebulöse Behauptung stellte der Leiter der sächsischen Staatskanzlei, Thomas de Maizière, auf. Sie wurde z.B. von der Deutschen Presseagentur (Medien könnten Neonazis im Fall Joseph bezahlt haben, dpa-Meldung v. 29.11.2000, 9:14:02 Uhr) als indirektes Zitat übernommen.

„Fehler", nicht ohne diesen durch kritische Verweise auf andere Blätter zu relativieren. Besonders ambivalent war die Haltung von *Bild*: In einem nahezu ganzseitigen Beitrag wies sie den Vorwurf mangelnder Sorgfalt ihrer Berichterstattung zurück (2.12.2000). Bemerkenswert war der Hinweis, mit dem sie die Vorverurteilung von Beschuldigten rechtfertigte: Die Verhaftung dreier Tatverdächtiger am 21./22. November 2000 habe letzte Zweifel der Redaktion am Tathergang beseitigt. Am 26. Juli 2001 entschuldigte sich die Zeitung öffentlich(keitswirksam) für ihre Berichterstattung.

Die journalistische Beschäftigung mit den Ereignissen in Sebnitz stellte weniger einen „Medien-GAU" dar, wie Bürgermeister Mike Ruckh meinte.[44] Eher handelte es sich aus unserer Sicht um den zugespitzten Regelfall der Rechtsextremismus-Berichterstattung. Wohl nicht nur dieser: Rainer Jogschies sieht in der medialen Beschäftigung mit Sebnitz den Prototyp eines zunehmenden „Emotainments", das Information zugunsten der Emotion hintanstelle.[45] Spektakuläre Einzelereignisse wurden von einigen Medien mehr noch als nur oberflächlich – nämlich grob falsch – dargestellt, falsche Tatsachen suggeriert. Der Bericht der *Bild*-Zeitung, die ihr scheinbar exklusives Wissen in Aufsehen und Auflage ummünzen wollte, zog einen „Mainstreameffekt" (Deutscher Presserat) nach sich, der professionelle Skepsis aushebelte. In der Annahme, was der Marktführer und andere Blätter schrieben, könne gänzlich falsch nicht sein, und in der Sorge, ein spektakuläres Thema zu verpassen, kolportierten viele Medien die falsche Vermutung. Prüfende Recherche fand viel zu selten statt.[46]

Der Presserat nannte den „Fall Joseph" einen „Tiefpunkt der Medienberichterstattung".[47] Im Februar 2001 sprach er gegen *Bild*, *Berliner Morgenpost* und *taz* öffentliche Rügen aus. Die Zeitungen hätten, hieß es, den publizistischen Grundsatz verletzt, in Berichten über schwebende Ermittlungs- oder Gerichtsverfahren keine präjudizierende Stellungnahme vorzunehmen. Das Gremium hob hervor, mit den Entscheidungen gegen einzelne Zeitungen sei die übrige Presse nicht entlastet. Man habe nur über diejenigen Veröffentlichungen beraten, gegen die förmlich Beschwerde erhoben worden war. Durch die überwiegende Berichterstattung im „Fall Joseph" hat die Presse ihrem Auftrag und vielfach erklärten Anspruch, drängende, aber vernachlässigte Themen auf die politische Agenda zu setzen und das gesellschaftliche Problembewusstsein zu schärfen, einen Bärendienst erwiesen. Wer – wie etwa der hessische Ministerpräsident Roland Koch – schon vorher behauptet hatte, die Medien bauschten das Thema „Rechtsextremismus" auf,[48] fühlte sich bestätigt.

---

44 Zit. nach: SZ v. 1.12.2000, S. 5. Die Journalismus-Fachzeitschrift *message* (1/2001) griff die Formulierung in ihrem Themenheft „Anatomie eines Medien-Gaus" auf.

45 Siehe Rainer Jogschies, Emotainment – Journalismus am Scheideweg. Der Fall Sebnitz und die Folgen (Journalismus: Theorie und Praxis 1), Münster/Hamburg/London 2001

46 Jogschies weist die mangelnde Recherche detailliert nach; vgl. ebd., S. 106ff.

47 Siehe Deutscher Presserat, www.presserat.de, 9.9.2001

48 Vgl. Roland Koch: Unser Land ist nicht rechtsradikal, in: Bild v. 17.10.2000

2.4 Fazit

Im untersuchten halben Jahr war der Rechtsextremismus kein vernachlässigtes Thema der deutschen Presse, die Anzahl der erschienenen Beiträge vielmehr beachtlich. Auch durch ihre häufige Platzierung auf den Titelseiten zeigten die untersuchten Medien, dass ihnen die Auseinandersetzung mit rechten Tendenzen und möglichen Gegenmaßnahmen wichtig ist. Allerdings dokumentiert bereits die quantitative Analyse die Schlagseite der Berichte: Diese prägten vorwiegend ein Bild des Rechtsextremismus als Problem, dem mit den Mitteln der Kriminalitätsbekämpfung entgegenzutreten sei. Während Beiträge über Straftaten und staatliche Sanktionen häufig waren, fanden weniger augenfällige Formen wie der Alltagsrassismus oder die intellektuell ummäntelte Neue Rechte kaum Beachtung. Die Gründe mögen vielfältig sein; dazu zählt sicherlich der erhöhte Rechercheaufwand, der hinsichtlich solcher subtilerer Aspekte nötig ist. Zudem fallen staatliche Quellen wie Polizei und Verfassungsschutz als Informationslieferanten hierbei weitgehend aus.

Zu drei wichtigen Gegenständen des Untersuchungszeitraums bestätigen die Fallstudien ein Recherchedefizit. Wenige Beiträge förderten Hintergründe zu Tage; die meisten beschränkten sich darauf, das tagesaktuelle Geschehen abzubilden. Die strukturelle Verflechtung sowie ideologische und strategische Ansätze der vielgestaltigen rechten Szene blieben somit unklar. Dabei wäre gerade das Aufzeigen solcher Zusammenhänge wichtig, um in politischen Streitfragen wie der des NPD-Verbotes Stellung beziehen zu können. Ein Mangel an Recherche verleitet zur Spekulation. Dass aus Mutmaßungen allzu häufig vorschnelle Gewissheit werden kann, haben insbesondere der Anschlag auf die Düsseldorfer Synagoge und der „Fall Joseph" deutlich gemacht.

Gravierende Defizite, die nicht ausschließlich Probleme der Rechtsextremismus-Berichterstattung sind, sollten Positivbeispiele nicht verdecken, die in unterschiedlicher Häufigkeit in allen untersuchten Zeitungen zu finden waren. Dass sie allzu selten sind, ist in der Regel nicht schlechter Absicht oder mangelnden Fähigkeiten von Journalist(inn)en geschuldet, sondern deren Arbeitsbedingungen, die von Konkurrenz- und Zeitdruck geprägt sind. Substanziellere Darstellungen und Analysen des Rechtsextremismus – international, bundesweit und auf lokaler Ebene – sind als zentraler Beitrag zur Abwehr solcher Tendenzen aber unverzichtbar. Medien stehen in der Verantwortung, ihn zu leisten. Wie keine zweite Instanz sind sie in der Lage, Problembewusstsein zu schaffen und Informationen über die Strukturen und Ideologie der rechtsextremen Szene einer breiten Öffentlichkeit zur Verfügung zu stellen. Kommen sie dieser Aufklärungsfunktion nicht nach, sind gesellschaftliche Abwehrmaßnahmen zum Scheitern verurteilt.